一九四五年

严惩贪污整饬吏治*

（一九四五年一月十五日）

行政院为严惩贪污整饬吏治起见，决定办法四项，分令所属遵办。所定办法如严格执行惩治贪污条例，厉行检举贪污，防止主管长官之纵容庇护，公布贪污案件等，均切实扼要，便于执行，具见政府对于革新政治具有最大之决心，无论抗战或是建国，均需要政治清明，然后庶可使政府一切措施发生力量，完成任务。故严惩贪污整饬吏治确是当前最基本的要图。

关于贪污案件，除普通法律可以处理外，政府原已订定惩治贪污条例，行之有年。但事实上，政治上的贪污案件，仍是层出不穷，迄未根绝，尤其在抗战期间，政令纷繁，弊端百出，政治愈到下层，贪污愈是普遍。国人不难想像，一方面万千忠勇军民为国家民族流汗流血，一方面少数官吏剥削人民，侵占国力，该是一个何等可耻的对照。天下痛心疾首之事孰有逾于此者！所以我们听到政府决心严惩贪污整饬吏治，空谷足音，实不胜其兴奋快慰之情！

爰贡献下列意见，以供政府之参考。

第一，根绝贪污不能完全依赖严刑峻法。例如，役政舞弊，军法从事，其严可知。但过去役政方面，流弊极多，而少数乡镇保甲长种种不法行为，更是家喻户晓之事。故要整饬吏治，首须从制度上予以改进。一面固应慎重官吏人选，以达到选贤与能之目的，同时更应充实机构加强管制，以减少舞弊之机会。若干最易舞弊之工作，如役政粮政，不妨采用委员会制度，会议执行，相互监督，自较乡镇保甲长之独断独行，远为妥当，以法制人是政治学上一个不易的原理。我们不应该希望官吏均是不会作恶的圣贤，故整饬吏治必须从改革制度入手，务使任何官吏消极的减少作恶的机会至最低限度，积极的可以发挥工作的最大效能。严惩贪污，只是头痛医头，而非正本清源之道。

其次，关于惩治贪污，不仅须鼓励国民负责检举，并应尽量将贪污案件宣

---

* 此文系作者为重庆《时事新报》撰写的社评。——编者注

布社会，造成舆论制裁的力量。以往民间检举贪污者固亦甚多，但国人一般心理，无不视告发为畏途。因为如果由此结怨，则法律上之保障力量实甚微弱。社会上所谓好人，无不以明哲保身为处世之道。现在我们厉行检举贪污，最要紧的一点就是要发扬社会制裁贪污的力量，然后庶可希望人民勇于检举，不畏报复。行政院所订办法第四项规定"惩办贪污案件得随时宣布社会使其发生示儆作用"，确有绝对实行的必要。并且舆论制裁，不仅可以帮助惩罚贪污，并可防止官官相护的流弊。社会上种种罪恶均是在黑暗中产生的，公开宣布，就是由黑暗入于光明，使纵容庇护贪污案件必将获得正义的制裁。

最后我们希望政府一方面须要严厉惩治贪污，另一方面则应保障并奖励循良官吏。尤其我国地方政治，恶势力根深蒂固，由来已久，要想做一个奉公守法的好官，真是困难之至。地方官吏如欲有所作为，自难免得罪土劣，备受攻击。如照行政院所订检举办法，"不拘匿名具名，有保无保，予以行查受理"，则循良官吏恐将以大部分时间应付控诉，而无暇执行其职务。并且行查受理，如果不得其人，则流弊更多，防不胜防。这是政府应该重加考虑的一点。

总之，严惩贪污只是整饬吏治之一种办法，其意义是消极的。我们必须在制度上积极地予以改进，俾恶人无法作恶，而好人可多多行善，然后庶可使吏治整饬、政治清明。

防止物价上涨*

（一九四五年一月二十五日）

防止物价上涨，乃政府管制战时经济的政策，而物价上涨，却成了人民司空见惯的事体。物价幸而一时平稳，政府即解释为管制已收实效，补贴办法成功，并未进一步研究如何杜绝根诛的办法，只在表面应付，仍脱不了头痛医头、脚痛医脚的套头。物价不幸果然上涨，则一般消费者只得逆来顺受，认为抗战生活中必经之过程而已。

农历年关又届，市场上早已发生波动，尤以日用百货跳跃最快。布料绸货涨了，皮鞋一双到了一万几，听说山米之外，平米亦要跟着加价。满城一片风雨声，加重人们心头暗影。游资大肆活跃，兴风作浪，所到之处，无不猖狂披靡。物价由此愈受刺激，愈加上扬。我们研究历年物价问题，愈足以证明游资作祟是一个最大的因素。

根据经济学的原理，物价决定于供求关系，诚然不错。因此有人主张，政府要彻底管制物价，必须掌握大量物资，再彻底一点，必须从生产制造作起，再在配销上求其公允，物价自必趋于合理。有人主张，食米为物价升降之标准，于是管理粮食价格。又有人说，棉布为农村所必须，统制分配棉布，可以安定物价。更有人以为盐与物价最有关系，盐斤本在政府掌握之内，只须加强管理，便可以控制物价。以上一切一切，政府统在办理，而统制范围并不止此。政府有如许大的管理实权，掌握了许多民生必需物资，雇用了许多经理检查人员，有法令作后盾，有金钱供运用，何至于控制不住全国的经济，乃至于重庆一市的物价！

虽然，物价上涨是战时应有现象，而暴涨却不是应有之事，必有其特殊原因。政府标本兼治，亦看到了游资作祟的伎俩。提倡储蓄，发售黄金，以吸收游资，而尤着重在运用黄金。黄金高潮，曾盛极一时，据说一年之中，为政府

---

* 此文系作者为重庆《时事新报》撰写的社评。——编者注

收回了二百一十亿的法币。不能不谓局部成功。但游资来源汹涌，无法杜绝根源，何况自黄金改期货后，市场日见萧条，购存兴趣不浓，已难鼓励法币回笼。

问题仍然复杂，不易彻底办理。而我们总认为一切责任在政府。问题是政府有无力量、有无办法、有无办事效率、有无廉洁官吏？我们标榜战时经济，就要有战时办法来应付。中国老百姓拘束不惯，一向自由自在。例如检查旅客行装等等琐碎规则，都不耐烦遵守，何况其他比较大而减少个人自由更多之规定。大家高喊"战时即平时"，深深的中了流毒而不自觉。

对于当前物价问题，论者甚多。我们不必再举高深理论，只要求一合理扼要的办法，付之实施。我们要先在物资分配上着想，限制了物资出路，资本主义及金融主义一瞧好处不大，自然调转作风，政府再以黄金种种引导其上路，黄金利益要高，兑现不易，宁使投资者战后发财，眼前却要冻结。有人要问买黄金利率纵高，是以后的事，现在人们聪明，要来个现实，岂不是不通？但如若堵住了游资四方八面的出路，只留一个黄金或公益储蓄的生门，那游资岂不伏伏贴贴入君之瓮。现在我们如何分配物资、限制出路？想到的计划只是一种概念，不能谓为毫无问题，不过以统筹分配来谋物价的相当稳定，不是不通的。我们不必仿效英、美、德、日统治的彻底，因为我们条件不够。但将重要城市人口统筹一下，按口发给分配券，令各人就其日用必需，自向各商店缴价领购，货物有无，政府不必负责，然价格应有合理订定，人口分配既定，需要量亦定，游资不必囤货，商人不必抬价，需要与供给自易趋于平衡。这是就日用百货来说，如能行之有效，自可逐渐扩大范围。控制量的分配，游资便无从作祟，物价上涨自亦易防止。

新时代与新商业[*]

（一九四五年二月）

一

经济以商业为前驱，社会以商业为脉络，商业能有健全之发展，则社会经济始能有飞跃的进步。尝考西方文明之开拓，实以商业为先锋，古代之希腊、中世之荷兰、近代之英国莫不如此。希腊扼地中海之锁钥，荷兰躔北海之咽喉，英吉利更以为岛国握海上交通之联系。环境的优势，均足促成商业之发展。即以英国而论，数百年来所以能拓疆启宇，属地遍五洲，推源溯始，实得力于航海与商业之力。凡是盎格鲁撒克逊民族足迹所及，初则握商业之霸权，继则操政治之命脉，托玛·柯克（Thomas Cook）以一东印度公司，即足掌握亚洲第二大陆之政治。所以伦敦大学经济史教授诺尔（Knowles）特称之为十九世纪英国之商业革命，以与工业革命并称。盖工业革命之契机，实导发于商业革命也。经济之发展，先有广大之商业市场，方能刺激工业之大量生产；有大量生产之要求，方能刺激工业科学的发明。蒸汽机车与纺织机器所以发明于英国，繁盛于曼彻斯特，实得力于商业之刺激。更进一步，而支配一世之经济思潮。亚当·斯密（Adam Smith）之大著《原富》（The Wealth of Nations）与其所主张之"自由贸易"（free trade），即受英国商业之刺激，更进一步而支配一时之政治运动。在野之勃莱特（Bright）、科布登（Cobden）与在朝之拉塞尔（Sir John Russell）、弼尔（Sir Robert Peel）无不为自由贸易而奋斗。终有一八四六年最著名的"谷物条例的废止"（The Repeal Corn Law），遂奠定大不列颠百余年来繁荣之基。由是以观，西方文明之发展以商业为前锋，历史所示业已昭然若揭。

至于中国近代商业史之研究，如以时代划分，诚未有更适于今日者矣。自

---

[*] 此文发表于《新商业》杂志第一卷第四期"论著"。——编者注

一八四二年（前清道光二十二年）五口通商之日起，逮今恰及百年。此一世纪（one hundred years or a century）中，中国经济之演变，恰成一个阶段。直至此次抗战，始将此阶段告一结束。至于此种结束工作能否彻底，此后之开创工作能否遂行，是否即能藉抗战之力，将中国近代商业史以至经济史，由旧世纪跻入一新世纪，在眼前则尚属疑问，未可遽抱乐观。但吾人所可断言者，旧时代必须结束，新时代必须展开，中国之经济与商业，必须蔚成一新姿态，始足负荷新时代之使命。抗战之要求，早经注定，吾人必须如此，顺是则存，反是即等于亡，中间决无留连牵就仍循故辙之余地！

二

过去百年来中国经济史之特征，果何在乎？一言以蔽之，即（孙中山）总理遗教中所称之"次殖民地经济"是已。"次殖民地"云者，无自主之主权，无完整之壁垒，经济命脉操之于人，商业活动由人支配。但亦与纯粹之殖民地不同，仍拥独立之虚名，仍为条约之对手，所有国度人口历史文化，均非任何单一国家所能独吞。于是在门户开放机会均等之美名下，供列强商品角逐之场。盖自一八四二年南京条约五口通商以来，即造成此种命运，勾心斗角，愈演愈烈，直至此次抗战，始告一段落。

吾人今日据实论事，则百年来之中国经济与商业，可以三语简括之：以趋势态言，为自外向内；以分量言，为外重内轻；以形态势言，为次殖民地。自五口通商以来，吾国已成消纳过剩商品之最大市场，人为生产，我为消费，人事加工，我供原料，形格势禁，不许吾人由农业生产进而为工业生产，由代销商业进而为自销商业，以动摇列强商品之广大市场！吾国直至挽近，仍不能工业化而逗留于农业国者，非重视农本而有所不忍舍也，乃欲进为工业化而有所不可得也。且进步国家如美如苏，其经济内涵，农业亦非不重，但彼之农业，乃工业化或机械化（industrialization or mechanized）的农业，而非逗留于原始生产的农业。列强为工商，中国为农牧，以吾国所产之原料品，供彼工商国家生产之需，制成之后，则又销之吾国，此列强之如意算盘，行之百年而未见其不利者。

在此过程中，亦有若干工业以暂时无碍于列强而遂其一时之发展者。但亦以整理原料造成半制品以供外国之高度工业生产者为主。假使民族工业之制品，一旦与列强进口之商品取得市场竞争之资格，则此项工业与商业，必且立受打击、震撼而无以自存。以舶来品所盘踞之通商口岸为重心，所有病态之工业、稚态之农业与买办式之商业，则环绕于此等重心，以偷生于旦暮，此非百年来中国经济史之逼真的写照乎？

此中亦非无若干进步可言也。消纳过剩商品，亦须提高进口国家之购买力，不然则大量生产奔轶绝尘，而消纳能力反而牛步迟迟，则舶来商品之销路必且大受限制。稍有远识之前进国家，必且协助中国之开发，增加其人民之购买力，为自家制造之商品确保其市场。例如外汇之稳定、交通之开发、铁路轮舶之所届，亦即舶来品涌到之处。倘仅以消费形态言之，则国内大都市之生活，何异巴黎与纽约？据此而自诩为现代化，其可乎？

三

此种趋势与形态，积之百年，不为不久，列强之间亦既习而安之，即吾中国亦既习而安之。在此种势力均衡之下，中国政治亦得以独立国之名义拖延岁月。而不知列强之中竟有不甘久拘于此种局面者，于是而有一九三一年九一八之发动。日本处境既狭，人口又稠，高度工业化之结果，一方需要更多之原料，同时要求更大之商品市场，此种野心燃之已久，禁脔在望，岂容白色列强之长此阻塞？于是近二十年来日本对我之国策，第一步为经济提携之磋商，不遂，则为武力侵略之占领。西洋绅士以为日本军阀未必即敢冒天下之大不韪，方且从容暇豫，派调查团作报告书，提联盟会，期以绥靖方式，维持百年来远东经济之大局，而不知日本军阀，业已剑及履及，侵入华北，侵入长江，甚且侵入华南。此种突击战略，将百年来中国经济史所形成之特殊形态，一举而粉碎之，欲以日本为独占的工商业国，而中国为供应独家的农业国，打破列强均沾之商品市场，完全置诸日本独占势力之下。中国于此，不甘自屈，乃有此次空前未有之长期抗战。经济之原因为主，其他之原因为从，轻重之分，不容否认。

日本既已决心发动，果能实现其凤愿而使中国经济再降而为纯殖民地之形态乎？则将应之曰：绝对不能！惟既往之局，一经打破，则此后必须开拓一新世纪，展开"自主经济"之新姿态。纵令中国不知自爱，经此抗战之重大牺牲，仍返昔日之旧窠曰，则远东列强间经济斗争之因素依然未清，仍植异日战争之毒素。即"在日本方面，眼看西方列强，始终未肯放弃特权，亦自难戢其愤怒与馋涎，待时拨起战争之火焰，更作第二次之尝试"❶。若是则远东之浩劫，仍难避免。中国固然无幸，列强又有何益？盖必促中国经济之独立与解放，始能裨益人群，永绝商业侵略之妄想。

四

然则此后中国之经济史与商业史，其趋势亦可睹矣。日本之武力侵略，既已打破百年来之旧局，中国之长期抗战亦已奠定此后转捩之新机，而英美友邦，亦均烛照及此，废除百年来之不平等条约，放弃一八四二年以来在中国所攫攘之特权，促成中国经济之独立与解放。吾国之企业家，有眼光有学识之工商业者，亟宜乘此时机，与政府协作，促成新工业之树立与新商业之发展。吾人因不能效李斯特（List）时代之德意志，妄谈保护贸易政策，但亦须以独立的经济单位之立场，与世界互通有无。惟有使中国成为强有力之经济单位，始能增强东亚之安定性。吾人以此自期，盟友亦应以此相助。新时代之商业家，决不是从前囿于国内之内地商人，亦非奔走洋场之买办阶级，一方须为工业化运动之先锋，同时须为世界和平而努力。视野须扩大而学养须提高，瞻识须恢弘而魄力须深厚。必如是，始能负起新时代之使命！不禁跂予望之。

---

❶ 见民国三十年一月五日《大公报》译载美国裴斐教授（Professor Nathaniel Peffer）所著《奠立远东永久和平的基本条件》一文。

物价波动之主要原因*

（一九四五年二月五日）

新年以来，物价不断上涨。最初是米、煤，继之以菜蔬、食物，最后是一般日用百货，几乎是无一而不涨价。现在逼近农历年关，向例是百货畅销之时，故一般人对于这种季节性的物价上涨并不感到惊异。但是实际上，最近物价之波动，并非完全由于季节关系。例如就米粮一项而言，农历年节前之短期间内是没有涨价的理由的。现在正是一般农民出售谷米购办年货之时，市场上的米粮应该供过于求，粮价照例亦应趋跌。而最近一月之内，粮价竟涨到一倍以上，是没有方法用常理来解释的。由于粮价高涨，而一切物价自必随之而涨，亦是绝对不可避免的现象。故目前制止物价波动，必须先从稳定粮价入手。

为什么粮价忽然飞涨？为什么去年秋收后数月以内粮价能够稳定，而现在突然发生波动？这是研究物价问题者必须注意的一点。照我们的看法，粮价波动之主要原因还是由于游资作祟。若干年来，物价问题中有一个铁律，就是游资所向之物资，其价必涨，绝无例外。去年秋后，一因丰年丰收，二因时局紧张，显然是米粮交易难图大利，且有不测风险，故游资迄未敢向粮市问津。因此粮价能够稳定下来，而一切日用必需物品的价格亦随之而稳定。现在情形不同了。第一，战局好转，人心安定，囤积米粮绝无风险。第二，中央黄金政策，稳扎稳打，游资投机，亦无厚利可图。第三，其他百货，由于人民购买力之低落，久已陷于滞销状态，故囤积百货，虽有利可图，但销路可虞。有此三因，游资于彷徨之余，必有一大部分游向千稳万妥的粮食市场。

游资既然有对粮食进攻的趋势，粮市上的供求关系自难保持平衡，因而粮价必然是日趋上涨，粮价既涨，工资必涨，一切公私的开销亦必增加，而一般物价自无停滞不进之理。这是一种恶性的连环关系。最主要的一环既已恶化，其他各环自必将同受恶化。故我们以为，现在要稳定物价必须先能稳定粮价。谷

---

* 此文系作者为重庆《时事新报》撰写的社评。——编者注

贱固要伤农，粮贵则为害更大。这是我国战时经济一个特殊的现象。假使我们忽略此种现象，则对于稳定物价之任何措施，均难获得有效的结果。

现在粮价的涨势，仍然是扶摇直上，尚未中止。中等的食米。每一市石之价格，已接近万元大关。五口之家，仅食米一项，即须万元的开支。社会上能够维持这种生活者，实居少数。若粮价再要上涨，必将造成不可想象的严重后果！故我们希望政府必须集中力量采取紧急措置，稳定粮价。固然，我国向无粮食集中市场，管制方面，困难甚多。但是粮食究非如黄金之易于收藏，调查工作亦比较容易收效。就四川而言，各地囤粮大户，乡镇保甲长及大多数人民无不知之。政府如能运用地方基层干部力量，确切调查囤粮大户，予以严密管制或限价收购，则囤粮者必知所警惧，不敢再对粮食打主意，而粮价自可渐趋稳定。现在最可乐观的一点，就是粮食不缺。故政府应该不难征购大量米粮，加以运用，藉谋粮价之稳定。

粮价波动是物价问题的症结所在。故解决物价问题必须先谋稳定粮价，若不此之图，则对其他方面之任何严密管制，或仍难免一如往昔，劳而无功！

战时对外贸易问题之检讨*

（一九四五年三月八日）

近来商界人士对于统购统销办法有所呼吁，一时舆论甚嚣尘上。统购统销之是非得失，以及其过去究有若何收获，吾人姑不具论。然而吾人几微之印象，认为政府在抗战时期，必须掌握外销特产，以供政府运用，则统购统销尚不失为物力总动员方式之一，可以采用。政策是一事，而执行又是一事。执行方式容须改善，但政策基本精神未可厚非，若言者不察，混为一谈，因噎而废食，天下事往往如此罣误。

统购统销是一事，对外贸易又是一事，其间亦不容混为一谈。统购统销为因应战时环境需要，为对外贸易之一种手段。统购统销今日可以宣布撤除，而对外贸易业务则未可令其中断。政府主管机关今日可以中止执行统购统销法令，但管理对外贸易之工作则必须继续办理。战后发展对外贸易问题，似较战时统购统销尤为繁重，故战时不可不为战后预为绸缪，主管机关所应加重考虑者，在此而不在彼。

对外贸易之重要，尽人皆知。大英帝国由是而建立，新大陆由是而繁荣，中国将来亦必由是而完成经济建设。英、美倡导自由贸易，皆于政府组织中设立专管部署负责处理，德、日均有商部，世界各小国家亦均有类似之机构。诚以国际关系已因交通发达而日臻密切，贸易居一切关系之先，亦为国际间最频繁、最复杂之事，必须特设机构，因应处理。民国初成立时，设有农商部，后改实业部，对外贸易部份未受相当重视，自贸易委员会设立以后，政府始有专管进出口贸易机关，此后如能赋予应有之权，当可责其发挥实效。

抑有进者，自不平等条约缔结以来，中国在进出口贸易上备受束缚，早已失去其自主自动地位，经营斯道者以及生产农工，当能回忆其景象。抗战以还，洋商歇业，中国进出口业务虽云不绝如缕，而中国主动地位则已收回，况自英、

---

* 此文系作者为重庆《时事新报》撰写的社评。——编者注

美新约成立，此后贸易实权将一切操之于我。抗战为一切之转捩点，对于贸易尤然。我人对此应如何珍重实仍有待于今日之努力。

中国进出口业同业以往依赖洋商者居多，同时其资金人力亦不充实，战后谋发展，则有待于战时之准备。在政府收回主动贸易为不易之举，自须妥为运用，协助商人，向外发展。在商人则不可稍失时机，先行培植自身之基础。尤须在政府指导管理之下，认清对象，齐一步骤，协力迈进。否则基础不坚，对象不清，步骤错乱，在战后狂潮急浪之中，友邦同业挟其资力技术经验卷土重来，将有几何立足之地！吾人极端欢迎外国投资与技术之协助，但同时希望国人亦有其独立经营自由发展之机会。二者相得益彰，则中国经济建设更可加速完成。凡此种种，亦均有待于今日之努力。

转运困难，为战时应有之现象，战事一日不结束，运输困难一日未能解除。亦正因为国家正倾全力作战，所有运输胥为军事运输，无暇顾及民营，以致运输困难更难克服。吾人今日经营进出口贸易，诚为艰苦卓绝之事。中国如此，盟邦亦复如此。唯其如此，盟邦进出口业均在停顿状态之中，而其闭门积极计划战后之努力则似非战神所可阻挠者。国人对此未可忽之。

吾人深觉战后对外贸易之重要，而战后之发展，必须于战时预为准备。时机稍纵即逝，转瞬胜利结束，愿政府及国人共为及时之努力。

加强物价管制的必要*

（一九四五年四月二十四日）

自旧历年关起，以迄今日，不到三个月，物价一直在不合理的波动着。这三个月内，可以说没有一种食物或日用必需物品的价格不是一倍一倍地上涨。这种现象如果发生于自由经济的社会里，还有可说，现在我们的战时物价始终在政府管制之下，则未免太不合理了。

数年以来，政府对于物价管制，不能说没有尽责，也不能说毫无效果。但是，政府的管制力量始终未能遏止一般物价的不断暴涨，则是铁的事实。由于物价不断暴涨，所以大家认为管制失效，因此便有人主张减少管制。这好像是说，政府的管制也成为物价波动之一种原因。我们承认管制不良，所以收效不宏，或甚至影响物价，但绝对不能同意放任政策反可以稳定战时物价的看法。例如，囤积居奇是物价波动之主要原因，我们能说政府放弃管制便可根绝囤积居奇的现象么？战时交通不便，大部物资用于作战，日用物资的缺乏是无可避免的。由物资缺乏而影响到市场上之供求失调，因而促成物价上涨，亦是自然的演变。战时各国，如英、美友邦，无不采用严密管制政策以制止物价之波动，并已获有效果。我国管制政策之失效，固是事实，但不可因噎废食，在原则上反对管制。故关于物价问题，我们认为，政府还应该负起责任，加强管制，才有办法。

但是，管制虽属必要，管制办法则应力求改进，以收获更大的效果。以往管制之失效，多半由于办法及执行方面的缺点。爰贡献以下两点意见，以供参考。

第一，管制的范围应该再予缩小。我们始终主张政府物价管制的对象应以几种人人所需的食粮及日用物品为限。例如米、油、煤、布等均是每人生存所必须者。政府如能稳定住这几种物价，则其他物价纵然暴涨，一般人民的生活必可不致受到深切的影响。以政府的力量，要掌握这几种物资，因而控制其价

---

* 此文系作者为重庆《时事新报》撰写的社评。——编者注

格，并非不可能之事。并且，米、油、煤、布的价格如能稳定，人力工资自将随之稳定，这对于社会自可发生一种安定的力量。

第二，管制的方法尚须力求改进。最重要的一点，就是管制必须彻底。所谓彻底，是说政府对于某种物价之管制，事前应有充分的准备，执行以后则应有贯彻到底的决心。例如，政府决心管制粮价，自应随时详确调查全国存粮的状况。一旦粮价发生波动，政府即可应用政治力量征购私人存粮之一部或全部以调剂粮食市场。他如油、煤、布等，均可采用同样办法。我们绝对相信，政府以全力管制少数几种物资的价格，必能圆满完成其任务的。固然，此项办法所需周转资金甚巨，管制机关往往因经费困难而束手无策。结果，若干管制措施，成为管而不制。这是以往物价管制失效最重要的一个原因。故政府对于物价管制，凡力所难及者，宁可少管，既已决定管制，则必须不惜人力财力，贯彻到底。管而不制，不仅有损政府威信，并对物价有不良的影响。

以上两点是我们对管制物价所贡献的意见。现在一般薪水阶级的生活实在太艰苦了。战时节约耐苦是国民的本分，但也有一个最低的限度。并且，站在社会公道的立场，战争的苦果是应该全体国民分尝的。在此物价不合理的继续上涨中，显然是多数人吃苦，少数人发财。这种现象的存在是一件可耻的事。故无论从那一方面讲，政府均有积极负起责任，加强物价管制以扫除这种可耻现象之义务。

中央银行的过去及将来*

（一九四五年八月一日）

中央银行总裁孔祥熙氏最近辞职，府令财政部长俞鸿钧氏兼任，就过去成例而论，以度支兼司金融，此举可谓顺理成章。孔氏任中行总裁十有二年，而最近八年，尤为我国历史上空前艰苦的时期；现代战争，几乎全靠经济和财力，前方打仗，等于赌博，谁的资本雄厚，谁就操最后胜算。中国苦撑了这几年，幸而百折千回，渡过难关。今虽胜利在望，但此后经济困难，财力竭蹶自必加甚，我们愿乘此俞氏就职之期，略贡所见。

中国之有中央银行，即从民国十三年，国父创设的"广州中央银行"算起，到现在也只有二十一年的历史，比起欧美各国的国家发行银行来，真是瞠乎其后，更不必说有二百五十多年历史的英格兰银行了。但是现在的中央银行，应该从民国十七年才算开始，广州中央银行后来改为广东省银行，民国十五年随北伐军在汉口成立的中央银行，因种种原因，不到一年即陷于停顿状态。民国十七年国府定都南京以后，才公布条例，正式成立。所以中央银行到现在只有十七年的历史，可是在这短短的十七年中，它却经历了中国财政史上空前的变革，负担起无比的责任。中央银行成立以来最大的成就是按照国父钱币革命的理想，改革币制。民国二十二年四月实行废两改元以后，我国才算确定了银本位币制。国币铸发权集中于中央造币厂和中央银行。接着因白银涨价，大量外流，才开征白银出口平衡税，中行负担起控制外汇的责任。民国二十四年政府宣布白银国有，实行法币政策，确立管理货币制度。这是中国币制史一件大事，我国币制向来采取自由发行制度，银行钱庄，甚至外人在华所设银行，都可以自由发行。不特政府无法统制，而且时局一紧，往往发生挤兑风潮，人民受害不浅。自法币政策实施以后，才能由政府统一发行，国家财政才有基础，人民也不再受商业行庄之累。因此国际论者认为中国若无一九三五年之币制改革，则

---
* 此文系作者为重庆《时事新报》撰写的社评。——编者注

无一九三七年之抗战。中行成立以后另一重大任务是代理国库，中行自民国二十二年设国库局以后，确立国税的经征经收分立制度，使税收机关只管征税，而将收款业务移属国库，使政府得以集中准备于国库，为此后税制树立良好楷模。此外如管制外汇，统筹金融，也由中行负责，从抗战开始，直至民国三十年二月，始终能维持对外汇率，稳定内地物价。至于八年以来庞大的军需，和各地饥馑所加于政府负担，我们也不难想像的。

现在抗战到了最后关头，不但财政的困难加深，而且金融复员转瞬即届。而战后建国，也是刻不容缓的要务。要支持抗战的最后阶段，其任务将十倍于前，金融复员，尤其是今后最大的课题。因为中央银行是银行之银行，不仅它自身的复员工作已极繁重，而且它有统筹全国各银行及其他金融和业务机关复员的责任。战时财政演变到今日的地步是逐渐而来的，而今后复员却需要迅速确实，不能任其逐渐演变。并且我们这次抗战只是一个过程，终极的目标是建国。而一谈到建国，真是经纬万端，无一线不牵涉财政。所以今后金融上的三大问题：支持抗战最后阶段、战后金融复员、实施建国大计，都是中国史无前例的大事。我们希望俞部长能公忠体国，完成这个艰巨的任务。

贸易自由之检讨[*]

（一九四五年八月八日）

国际间自有贸易关系发生，直到现在为止，国际贸易不外乎两种现象：一是自由贸易，一是保护贸易，两者交相循环更迭，综错运用。甲国今日提倡自由，明日亦许实行保护；乙国之变化，亦复如此。何以故，国情变迁，贸易之运用。亦必随之变迁，以求配合，国家利益，允为至上。征之以往历史，例证甚多。

国际贸易对于一国之经济外交，所关重要，人所共知。何以我国国人及政府以往忽略之如彼，今日又忽略之如此。以往之忽略，造成洋商买办，中间剥削之流；今后之忽略，如非洋商买办，卷土重来，亦必为巨商豪贾，操纵把持。我们不应听使一国经济命脉，乃至全民福利，操诸少数人之手。尤其在三民主义国家内，政府政策是要发达国家资本，节制私人资本，更不容许巨商豪贾之垄断把持一国对外贸易。

我们对自由贸易及保护贸易，并无成见，但自由与保护，须从国家全盘利益上打算。苟自由绝对于国家有益，必须尽力促其成功；倘国家经济脆弱，尚须有适度之保护，以助其成长，则实行保护政策，乃理之所当然。何择何从，必须洞澈大势，统筹全局，斟酌尽善而后可。但所虑者，如谈自由，则以为一切放宽，毫无范围，其结果可置国家民族利益全然不顾；如谈保护，则必将流入统制，有过分束缚商民之讥，皆所不取。此中运用，在昔多在关税税率之适宜调整，以配合国家需要。

国家对外贸易政策，六全代会所通过之政纲政策案内，关于民生主义第二项，已有明确指示。所谓工业化需要，指进口贸易而言，所谓国际繁荣之需要，指出口贸易而言，两者皆以国家需要而言，针对国家利益，推动贸易，为政府应有之立场。吾人于此，当于自由与保护之间，择一以为最为适宜之方策。将来

---

[*] 此文系作者为重庆《时事新报》撰写的社评。——编者注

论者纷纭，各有所见，吾人不暇今日一一预为指陈，评其得失。不过吾人于此可先得一种概念，政府为因应国家之需要，对于贸易必有相当之管理，以期达成目的。管理之内容，在积极方面，为奖励某种商品之进口出口；在消极方面，为限制及禁止某种商品之进口出口。如推行关税保护政策，上项管理之作用，更为显著，如采取自由政策，亦必不至为绝对的自由。

目下经营出口贸易商人，见于外汇黑市之波动，以为政府统购统销之结果，外汇利益尽归于政府，指此为政府与民争利之事实。我们为商人想，立场当然正确，利之所在，人必趋之。我们为政府想，政府有其国策，国营必有其意义。政府办理不当，国营有亏职守，人民可以监督纠举。政策或有疑义，商民亦应兼顾自身利益及全国利益，站在公平立场，推诚请愿政府考虑，才是正当的办法。在此战局开展，胜利即将来临之时，政府自亦应未雨绸缪作战后开展对外贸易之计。故战时的统购统销办法，确有重加检讨修正以谋适应环境之必要。

总之，国家利益，允为至上，对于贸易，决当以此为前题。我们可以自由，我们可以保护管理，我们亦可以立刻废除统购统销，但有一句话，如何方不违反国家利益？这是我国决定贸易政策之基本原理。

当前工商业的危机*

（一九四五年八月二十五日）

胜利来临以后，造成了许多困难复杂的问题。其中最显著的一个现象，就是工商业所遭遇的空前危机。这种危机，目前方在开始，其严重情形或尚未为一般人所了解，一旦交通恢复，流亡民众开始还乡，经济恐慌必将加深，并可能产生最不幸的后果。负责经济复员之主管机构，不能不注意及此，速为之计。

经济恐慌发生的原因，最重要者有下列两点：

第一是物价暴落。日本投降消息传出以后，市场上首先受影响的是黄金、美钞，其次是布匹、百货、五金、电料等舶来品，再次是粮食及其他食品。这些物价，无不一致下跌。这个道理很简单，因为中国市场上物价波动最重要的一个原因是人心看涨。所以通货膨胀虽不到千倍，而物价竟涨到二千五百倍以上。这显然是一种不合理的人为现象，而不能完全以经济规律去解释的。现在胜利来临，大家一齐重温战前的好梦，心理上整个地转变，通货看稳，物价看跌，于是有货者大量抛货，消费者停止购买，其结果当然是物价倾泻不已。

第二是信用紧缩。信用紧缩之造成，是有种种原因的。一，政府应变复员，现在需要大量法币现钞，以应急需，故不能不紧缩放款，因而造成市面上筹码之缺乏。二，战后各人均有其个人的打算，所以任何人，生产者、消费者及商人，均想吸收现款，藉供不时之需。于是有货者要抛货，贷款者要收款，顾客逼银行，银行收放款，因而造成通货呆滞、头寸奇缺的现象。许多人为了急需现钞周转，不得不大量抛出黄金、美钞。二者价格之暴落，即系此故。这种整个市场上信用紧缩的结果，当然更会刺激物价之跌落。

物价跌落与信用紧缩的结果，必然是：许多银行要倒闭，许多商人要破产，尤其做投机事业者即将首先尝到其作恶的苦果；至于生产之停顿，亦将无可避免。因为在此物价步步下跌之时，生产者自不愿以市价购入原料，而将来以低

---

* 此文系作者为重庆《时事新报》撰写的社评。——编者注

价售出物品。这种赔本的生意，虽最愚者亦不肯有所尝试。那么，我们所能想像得到的，一方面生产停顿，一方面商人及银行业纷纷破产，自不免造成社会经济空前的危机。这种经济危机，如果长此恶化下去，则不仅我们的复员工作无从着手，当前的社会秩序亦将无法维持。这是我们不能不特别促起政府注意的一点。

故我们希望，政府立即采取紧急措施，以挽救当前工商业的危机。第一，政府必须尽力救济战时创立的生产工业，以维持战时生产的水准。因为生产停顿，整个经济即将有崩溃之虞。至于救济的方式，贷款不如定货。因为在目前物价步步下跌的状况下，任何生产者，亦绝对不会以所贷之款用之于生产。故政府应该不问市价之涨落照合理的规定价格向工厂定货。这样，厂家虽无厚利可图，但亦不怕蚀本，然后可以安心生产。第二，一般物价既然步步下跌，政府不妨开始购进必需的物品，一方面藉以制止物价之暴跌，一方面达到掌握物资之目的。须知目前物价的狂落，正如数年来物价暴涨一样，均非正常的现象。战后短期间内，国内的物资似仍将供不应求，国外的物资亦不会大量输入，故物价仍有再度暴涨之可能。政府未雨绸缪，亟应乘此时机掌握大量物资，以作将来稳定物价之用。政府苟能做到这两点，当可暂时使市场趋于稳定。至于向以投机为业者之破产，乃是自作自受，不足怜悯，政府自无予以救济之必要。

国难商人要救济吗？*

（一九四五年九月二十一日）

近来本报接到许多读者投书，对于政府拨巨款以救济国难商人，表示许多意见：其言愤激，我们不便发表。归纳起来，不外两点意见：其一，八年来公教人员备受荼毒，其原因即为国难商人凭藉特殊势力，吸尽了他们的膏血，今胜利获致，政府对于艰苦挣扎的公教人员，竟无奖掖酬庸，所谓胜利加薪，竟成画饼口惠。其二，国难商人有罪无功，久成民族罪人，平日骄奢淫逸，无法无天；今以胜利骤至，物价稍跌，政府便如慈母蓄子，爱护惟恐不周。这种政策，不但令人民失望，简直奖励作恶，自堕纲纪。我们愿就这两点，略为申论并加补充。

战时物价之高涨，超过货币发行，本非自然现象。政府虽高喊限价议价以弭谤，实则袖手放任，从未有效制裁。此中原委，呼之欲出；道路侧目，而有司恬然不以为耻！其妨害抗战建国，厥罪浮于汉奸。不仅使军士及公教人员庾毙挣扎，而且根本破坏社会良好组织，冲决一切道德藩篱。政府虽有公务员不准经商之立法，实际上衮衮大员，长袖善舞，从未闻有以此见黜者。国难官商非法牟利的后果，真是罄竹难尽。举其大者而言，战士的血尚未流到战场，已被他们吸枯。公务员啼饥号寒，行政效率无从提高。战前仅有学术萌芽，因此萎缩枯耗。其影响不仅使人民受难，而且妨害今后数十年的建国生机。政府在战时既无法有效制裁，今以胜利之来，使他们自食恶果，还算便宜了他们。有司对于这批既得利益集团，何以这样恭顺，实在令人百思不解。若谓后方生产工厂，对抗战不无功绩，应该另案办理，不应与奸商混为一谈。并且许多厂主，事实上早在囤积居奇，购黄金、玩美钞，分明已失去工业意义。政府既欲救济，应就各厂分别考察，或助其迁移复员，或救济失业技工，而于无依无靠的手工业，可以分别补助。今有司一闻物价稍跌，便滥发巨帑，不问工商，一律救济，一若

---

* 此文系作者为重庆《时事新报》撰写的社评。——编者注

国难商人要救济吗？

惟恐物价之不涨，其平日所谓限价议价之诚意，至此乃昭然大白于天下！其尤不合理者，以黄金作抵，高出时价。然则冻结在美国三万万美金存款的存户，也该因美钞跌价而加以"救济"了！

至于一般公教人员，其未兼营商业者大都是忠贞之士，虽受艰苦，决无怨毒。政府如加以奖励，是义务而不是赏赐。这个观念，政府必须弄清，否则别具用心者，便会有似是而非的谬论。今物价稍跌，米价仍在一万二千元以上，便传有减少米代金之议，何其示人以不广！试问六月以前米价已涨至万余，而代金仍只七千五百元，政府不以为非，何以自解？政府有数十万万的巨款以救济发够了国难财的商人，而不问战士及公教人员之历年备受荼毒，这个政府代表那一个集团的利益？既在秋节劳军甚嚣尘上，何不把这批巨款移赠士兵、将士遗族和出征军人家属？国难商人现在虽受打击，但以前所吸的军民脂膏尚多，万无救济之理。何况这些社会的渣滓，为民族前途计，正该受淘汰。复员期中政府需款孔殷，不必用来培养保全国家的毒菌了。

薄俸与贪污[*]

（一九四五年十月二十四日）

社会风气之养成，客观条件甚多。曾国藩所谓风俗之转移，自乎一二人之向背，这是农业时代的书生空论，决不合乎现代社会的事实。个人的堕落，客观环境要负很大责任。故与其责备和惩罚个人，不如推究原因，拔本塞源。

抗战后期人心败坏，道德堕落。其最显著者，则为贪污之风，到处皆是；奸商作恶，公然无惧。若谓此事全由个人道德堕落，其环境毫无责任，殊非真理。若谓风气可由一二人转移，则前线战士，后方绝对无法贪污的教育人员何止千万，只有自己吃苦，转移了什么风气？此中原因固多，最重要者则有二个：其一，政府从不限制私有财富之最高额。其二，战时官吏薪俸太薄，若按正当收入，不能维持生活。

限制私人财富最高额，似乎是近代外国的办法，中国历来史无明文，但事实上也是有的。西汉时的赵广汉以家累巨万见诛，东汉时郁林太守折像聚财数千万金，其家属遭戮，折像并无他罪。晋代石崇之被杀，人皆知为绿珠，实则其豪富深为执政所恶。至于贪污之风，中国史上以明末、清末最甚。其原因皆由于薄俸。明末廉吏必须饿死，故朝廷不能禁贪污，是以民生困顿而流寇大起，卒以覆亡；清初禁贪污颇严，末叶再蹈覆辙。这次抗战以前，俸入与生活费尚能相合，贪污较少。抗战既起，薪水七折，全国翕服。至民国二十八年后物价大涨，而公教人员之俸给尚在以不变应万变，直至民国三十年春，始发每人二斗之米代金。此后物价便如潮奔堤决，薪水阶级沉沦挣扎，直至日本投降，才减除此威胁。但也只是除去威胁而已，绝对谈不到待遇合理。而政府所营事业如车费、邮费，在胜利之后，又猛涨百分之一百五十至百分之二千。即以今日月薪三百元之公务员而论，月入不过五万八千元，若以物价平均涨二千倍计，尚不及战前原薪百分之九点七，若以七月份计，只抵战前月入百分之四点五。换

---

[*] 此文系作者为重庆《时事新报》撰写的社评。——编者注

句话说，这几年公教人员经常以其劳力所得百分之九十以上献给国家，其不堪重负荷的人，则驯良者艰苦挣扎，狡黠者竞趋贪污。而这笔献给国家之款，又不尽用以抗战，奸商和贪官分去大半，政府还是闹穷。社会风气因而大坏，道德藩篱冲决。冻馁堪虞，竞相效尤，不贪污的也只好或只想贪污了。

现在公务员稍稍喘一口气，听说又将调整，二百元以下者略增，二百元以上者大减。今按低级人员应加则是，二百元以上者应减则非，试问今之特任官，每月正当收入亦不过十万元，能赡八口之家否？若事实上不够，则补贴之钱从何而来？三四百元者为社会中坚，今对他们说：你们七月间捐献劳力所入百分之九十五，现在只捐百分之九十一，太少了，应再多捐些。此话合理否？若今之月入仍不敷或仅敷家用，则再减有无奖励贪污的作用？

贪污之道甚多。小而至于占用公家物资人力，都是政府的损失，虽然平常不以此为贪污。但如月入足赡衣食，此风即可革除。今之长官，谁不视此为当然，曲为原谅？有人担忧胜利后人心会开闸，实则以此薪给，应此物价，实在没有力气开闸的。至奸商贪官之类，则四五年前已经开了闸，今后还要开下去的。

贪污由于薄俸，历史不乏证例。党员守则曰："学问为济世之本。"今之从政者，都有济世之志。若能留意此道，则国事其庶有豸乎！

新生活运动与民族复兴*

（一九四五年十二月）

说到"新生活"，绝不是光喊口号，与应付局面所能了事。

我想各机关团体代表，或同有此感。新生活工作之难能推动，实限于环境所致，今后当要努力工作，要继续地前进，并要在新生活的"日新又新"目标下，去发展和力行。

当此抗战胜利之后，要切实推动各项工作，又复感觉到处境苦闷，情绪消沉，更以经济力之压迫，虽然胜利之到来，实觉乏味，本人今天提出几点意见，以供在座各位之参考。

现代的国家，好比人的身体一样，一个人在不健康和面目憔悴的时候，好像要施行手术的样子，当此时期，一为根据病原去诊断，一为施行手术方法去医治。依照病原理论去诊断，或者较为缓慢，但甚安全；若用开刀方法，姑勿论其技术之若何高明，总比较带有危险性，且使病人大伤元气。现在中国正是到了如人之患病的这个时期，今天在座各位先生，既为公务员，又为知识分子，如今国内的情形，是我们必须思索的。我们在座的每一位份子，是国家的细胞，又是国家的元气。假若人的细胞组织严密，元气确实充分，活力丰盛存在，那么这个人必是健康强壮，国家亦是这个样子的。假若这个国家，组成的份子（即国民）个个健全优秀，每一份子都能担负起他所应负的责任，则这个国家亦必富强康乐。所以本人希望知识分子，千万不要妄自菲薄，更不要灰心，譬如国家有坏的地方犹如人之病弱一样，我们应充实其生命力，加强活力，以壮其健康，其他病魔，自可清除了。我们为国家的细胞，又为其元气，如不严密其组织力，则国家坏的方面与好的程度，亦无从了解，更不能得其发现。是故，我们为国家细胞的每一份子，必须参加复兴民族的新生活工作，此后我们在生活

---

* 此文系作者在新运工作人员第三十一次月会席上的讲演词，刊载于《新运报导》杂志第十二卷第六期。——编者注

方面，不要再有悲观的心理和消沉的态度，一切必须力求更新。振奋精神，发挥蓬勃朝气，加强新生活工作，努力前进，民族复兴实甚利赖。

加速确立对外贸易方针*

（一九四五年十二月七日）

举国高谈经济建设声中，似有一事为吾人所易于忽略者，对外贸易问题是也。现代国家经济之高度发展，内在原因固多，而最重要者，要看其对于对外贸易有无办法，英美均其往例，吾人不遑赘述。但必须提醒国人，我国贫乏情形如此，欲谋建国之成功，有所取，亦必有所予，取予之间，毫厘分寸，必须斤斤计较，多作打算，然后所取者，不至尽流为虚耗，所予者，不至陡然斫丧自己，故对外贸易方针，不可不从速确定。

我国管理进口出口贸易，始于抗战。管理之动机，由于对敌施行经济封锁，以争取外汇及不使物资资敌为其最大目标。在原则上，一有完整主权之独立平等自由国家，应可自行管理对外贸易，作经济上之调剂，友邦国家不得从而非之。一国有其独特立场，亦必备具独特之政策，英国过去可以讲自由贸易，德国可以讲保护政策，各行其是，并无有害于彼此贸易之往来。我果何恤人言，必须惟他人马首是瞻，放弃自己立场，一味牵就，则国将不国。

胜利届临之后，颇有以为对敌既可撤除经济封锁，则进出口贸易管理似无继续执行之必要，财政部颁布贸易紧急措施办法中，对于以往数年中所管理或禁进之物品，悉数予以解禁，确为一种极明显之表示。出口为数为量本已不多，将鼓励之不暇，所以必须管理者，不外下列两项原因：（一）政府机构管理外汇，对于出口大宗所得之外汇，必须集中于政府之手。（二）保留本国自身之需要。战争结束之后，对敌经济封锁及反封锁因素虽不存在，而建国之条件，必须具备，一如往昔，管理出口之目的，今昔容或不同，而根本原则，则始终未变。学者谈国际贸易，以为最大效用，在于地域分工，或比较价值之理论，殊不知理论自理论，在政府眼目中，仍可予以相当之限制。吾人奖励出口，平衡国际收支之余，要当不忘本国立国之条件，必须尽先供应国内需要，有余方准出口。如何

---

* 此文系作者为重庆《时事新报》撰写的社评。——编者注

估计国内需要，如何扩大增产，使其多有剩余以资出口，则有待于经建计划之全盘统筹。

进口问题，牵涉国外较多，比较复杂。中国经济状况落后，取给予外国者必多，取于甲国者，恐亦必取于乙，以诺大未开发之市场，自为贸易膨胀之国家所欲争取，中国亦无力予以拒绝，故莫如一律开放，以免应付为难。话虽如此，而在建设国家立场，亦有不能相容之处，中国建国，首须树立关键工业之基础，而多数民营者，目前阶段仍在轻工业，为保全国家实力，不可偏废轻工业，未来之亚洲市场，中国可取日本而代之者，亦为轻工业出品，同时外国产品易于向中国推销者，亦为其轻工业出品，为避免此中矛盾，相当之进口管理，自属必要。惟有进者，轻工业出品中之带有奢侈性者，消耗外汇最大数量，徒然养成贵族仕女骄奢风气，尤须严格限制进口，亦为理之所当然。最近闻主管当局拟对于进口管理，一律解除，吾人窃未敢率然苟同。

以上为极肤浅之泛论，未足详陈贸易政策应有之涵意于万一，然问题之重心，大体似亦在此。经建头绪多端，对外贸易处理之当与不当，颇足以影响于全部建设计划之推行。今日胜利已届，失地已复，海口已通，外国均作恢复远东贸易之准备，我国面对事实，断不可坐视因循，自失时机。外汇汇率始终钉住于一与二十之比，甚不合理，应如何予以调整，对外贸易自始无政策可言，今后应如何详细研究从速确定，各国商约自中英、中美新约成立之后，应如何从新妥订，贸易行政机构自裁撤贸易委员会后，应如何从新建立贸易行政体系，以图补救，如斯种种，皆为今日政府所当熟虑深思，早作决定者。吾人聆悉美国商务部种种积极措施（见一九四五年十二月五日本报第三版新闻），不禁有感于中，顾我国如何？

企业复员第一声*

（一九四五年十二月十五日）

中国的企业界在战前已落莫可怜，缺乏资本，缺乏管理，缺乏技术，故无辉煌的气魄和远大的计划。在一个不景气的社会里，依然各自为政，尔争我夺，营谋眼前的利益，忘却久远的规划。其中办理比较有成绩的，不难屈指一数，即此数者，亦已被战神摧毁殆尽，战时内迁工厂，东拼西凑，说不上规模，更谈不到发展。以如此一个背景，如何担当将来的经济建设，问题甚大，我们在复员时期应如何妥为筹谋，打下基础，实是当前一个紧要课题。

我们只见了第一期经济建设原则，规定国营民营的范畴，同时并鼓励国外投资，却尚未见到建设计划的公布，无从悬揣其内容。经建计划，头绪多端，非熟悉国内各般状况，具有大手笔者不办，政府主管部门必已瘁全力于此。而建设的开端，必以复员工作为其准备功夫。复员工作的路线未走错，将来建设亦可事半功倍，故我们注视复员工作的重要，正不减于将来之建设。

最近政府对于轻工业企业，核定设立两个大公司，一为中国纺织建设公司，一为中国蚕丝公司，皆为主要纺织事业。组织方式、业务方针、营业期限以及资本来源大致相同。窥政府设立之用意，在于接收处理敌伪资产第一，开创今后业务规模第二，以训政的方式，为企业复员的基本精神；以国营的姿态，作为整理企业之先声。中国纺织建设公司更进一步议定移转民营之方法，从速估计日伪纺织工厂资产的价值，期于公司成立满一年后，即以总公司及各分公司为单位，规定股额，发售股票，至股票出售至百分之五十以上时，即行召开股东会议，改为商营。我们认为政府如此措施，对于纺织企业，维护尽致，值得赞许。

我们将来的经济建设计划，必是一个全盘规划无疑，各企业部门，亦必求其需要上的绝对配合，在地域上，在产制上，在运销上，在技术上，均有配合

---

* 此文系作者为重庆《时事新报》撰写的社评。——编者注

联系的必要。因此，不论国营或民营，均应在计划范围以内，统筹运用，扫除以往各不相涉之局面，争取殊途同归之效果。故在复员时间，不可不事先顾及，以短期国营为先导，并非攘取民营之利，中纺公司移转民营办法，已经显著的指出国营的目的，故民营企业家毋须过虑。

其次，复员初期，纺织企业夹杂有日伪之资产在内，政府不能于仓卒间发交民营为了事，以政府的号召，不难集中各专门人才从事于整理。整理完毕，具有规模，然后付于民营，民营承受以往之规模，实有百利而无一害。故此时亦不必斤斤于眼前之得失，何况第一期经建原则早已明定轻工业仍以民营为主。

中国轻工业企业目下之要求，为资本、技术与管理的进步，而非国营与民营的争论，尤其在复员期间，大家应以全力协助工作之完成，庶几有好的基础，开展未来的事业，我们且让政府先来开路，披蓁斩棘，同时民营企业家，亦不要忘记作自己最好的准备。

一九四六年

国际经济合作展望*

（一九四六年一月三日）

要一个国家的经济得能繁荣发达，相互协调，必须国内各个经济部门讲求合作；要国际之间的经济得能繁荣发达，无何经济的对垒或冲突，亦必要使各国经济得能合作入手。一国之内战事的发生，其国经济的未能调协发展，固为重要原因，而国际之间的战事或冲突，与国际之间的经济未能合作，关系自亦甚大。有人说：战事的发生，其原因都可归之于经济方面，不无见地。

国际战事业已结束，世界和平正待建立，在这国际战事结束以后的第一个新年，世界人士自在切望世界和平的基础得能及早奠定，使世界的永久和平得以确保，国际经济的未能合作既为国际战事发生的重要原因，所以要奠定世界永久和平的基础，自必消除一切使国际经济所以未能合作的种种因素。国际之间的经济关系，贸易可以说是实际的表现，要使国际经济得能合作发展，必使贸易的关系得能合作发展，趋向正常的途径。这个问题，美国经济专家亦经见及。根据中央社记者纽约的三十一日专电，以美国经济学家多信一九四六年为金融贸易的大事年，必须纯粹合作，以谋恢复全世界的经济与政治秩序，并明了商业对垒，货币手段及经济斗争为造成战争的罪恶，故期加倍努力，藉联合国的组织以及与他国谈判经济协定的方式，促进国际间的合作，以消除引起战争的经济因素。这个见解，甚为正确。

国际之间的贸易是由于国际经济分工的结果，正如国内商业之由于人与人间的分工的结果一样。由于自然界物质原料分布的不均，某国或某地富有某种原料，适于制造某种货物，另一国或另一地富有另一种原料，适于制造另一种货物，富产某种原料的地区，该种原料的价格定必便宜，由于原料的便宜，以之制成的货物，成本自然较低，所以某国或某地以其富有的原料制成某种货物，销之于缺乏该种原料的地区，自然能获大利，另一国或另一地亦以其富有

---

* 此文系作者为重庆《时事新报》撰写的社评。——编者注

的另一种原料制成另一种货物，销之于缺乏该种原料的地区，也同样的能获大利，这就是国际贸易或国内商业真正利益的所在。但看过去情形，国际之间的贸易，并不是由于自然界物质原料分布的不均与国际间自然分工的结果。过去世界各国，都在追求商业利润，莫不尽量利用自国的力量，推销自国的货物，不问该项货物的原料自国是否丰富，成本是否便宜，都竭自国的力量，向国外推销，并竭自国的力量，阻止富有该项原料国家所制该项货物的进口，以致造成关税壁垒，货币斗争，浸而形成国际之间的战事。这事实可以说是第一次世界大战的重要原因，同时也可以说是第二次世界大战的重要原因。

当这国际战事完全结束以后的第一个新年，对于今后世界永久和平的基础，莫不希望其能及早奠定。而要及早奠定世界永久和平的基础，则要各国都能革除旧有争取商业利益的观念，消减一切使国际经济所以未能合作的种种因素。美国经济专家以今年为金融贸易的大事年，希望一切经济斗争得以消除，自亦切盼今后世界永久和平的基础得能及早奠定，使再无国际战事，国际冲突。至于我国，国际贸易向由外商操纵，国内产业未经发达，纵原料丰富，人力充足，均未充分利用。更望能在这划时代的年头，立定计划，从事建设，使我国得能发达的产业，充分建立，并促发展，以产品推销国外，易取所需货物，使国际贸易趋于正常途径。我人于展望国际经济合作，希望世界各国均能摒除旧有争取商业利润的成见，取消商业壁垒、经济斗争，以达成国际经济真正合作的境地之余，更望我国及早立定计划，加快建设。

谈财政复员*

（一九四六年一月五日）

一日之计在于晨，一年之计在于春。当这胜利新年，一切都应加以计划，积极复员，培植国本，使今后我国得以永享康乐，胜利不致落空。本报前日曾以国际经济合作展望为题，对于世界问题，希望及早奠定永久和平的基础，而我国国内问题，一切尚无头绪，伤痍满目，更应及早计划，从事整理，跑上复兴与建国的途径。

关于政治问题，政治协商会议业已定期召开，希望能有圆满结果。至在其他方面，问题亦至繁杂，财政为庶政之母，要一切问题能得解决，必先财政要有办法，所以在这胜利新年，对于国内问题，先谈财政复员。

我国战时财政，由于军需浩大，支出甚巨，重以国土沦陷，税收锐减，以致收支相差殊远，不足之数，虽非全靠发行，数字谅亦不少，积年累月，通货逾量，形成物价猛涨局面，人民生活，艰苦备尝。而今抗战胜利，国土重光，军需支出，理可减少。虽今后复员，需用仍巨，挹注之方，则应讲求各项财政正当收入，增辟税源，再有不足，宜以公债收入为主，通货方面，绝不可继续发行，再使膨胀。

其次，在财政支出方面，则并不希望其为无条件的紧缩，而是希望其为有条件的扩张。这条件就是希望一切的支出都有用处，没有一个钱落空。国家的财政收支，并不如个人的财政收支。个人的财政收支固可讲求节约，量入为出，而国家的财政收支，则无须专讲节约，只要所用的钱无何浪费，应该量出为入。我国今后复员，处处需要用钱，如应用的钱而不肯用，便要妨碍复员工作的进行，阻止我国今后的建设，国计民生，都受其害。

今年国家预算，据传尚在审核之中。预算数字，甚为紧缩。如不妨碍复员工作的进行，紧缩固是应该，但于预算紧缩以后，许多政事，恐难举办。因望

---

* 此文系作者为重庆《时事新报》撰写的社评。——编者注

审核预算当局，尽量注意预算的各个项目，考量其开支是否必要。如果开支必要，即数字较大，亦得开支；如果并不急要，即数字不多，亦宜从缓。切不可为了紧缩预算，不问其开支是否必要，一律予以减缩，致使必要政事，无法办好，而不急要的支出，仍是难免，直接妨害重要工作的推进，间接妨害全国人民的幸福。即是说：对于审核预算当局，希望其能注意预算中各个项目的开支是否必要，加以斟酌，不必顾虑预算总额的大小。

此外，关于财政收入方面，固须讲求正当途径，增辟税源，前已述及。而在复员建设的初期，没收敌国的财产，亦可予以充分利用，作为财政上的重要收入。只要处置得宜，收入自甚巨大，对于复员建设，不无相当帮助。

复员建国与经济政策*

（一九四六年二月七日）

政治协商会议已经闭幕了，结果在表面上虽已获得了协议，但究竟如何，还要看事实的表现。在人民，自然希望政治协商会议的结果，都能一一见之实行，不要打丝毫的折扣，而在这政治协商会议的结果得能全部兑现以后，为要完成我国今后的复员建国，还希望要有确定的经济政策。

经济政策于我国今后的复员建国，关系非常重要。即是说：我国今后为要建国能成，必要我国经济得能发达繁荣，而要我国经济得能发达繁荣，便须要有确定的经济政策。关于我国的经济政策，去年五月六全代会开会的时候，曾通过工业建设纲领及实施原则，规定工业建设根据实业计划而为有计划的设施，归由政府统筹。此外，有关我国经济政策者，还有战后第一期经济建设原则，划定国营、民营的界限，也是相当重要。

上述经济政策的目的，当然在于要求我国工业化，但为要使我国真正能够工业化，达成经济政策的目的，则除工业化之外，还要使我国得能成为真正独立自主的国家，并能与先进工业国家站在真正平等的地位，脱离先进国家经济的压迫。因此，我国今后为要实现工业化，达成上述经济政策的目的，必须遵守下列两个原则：

第一，我国的工业化要以养民为主要目的。工业化如不以养民为目的，即工业化也是徒然。养民就是看重全体人民的利益，限制部分人民的利益。即我国今后所要建设的各种工业，除在国防上必须建设的工业以外，必须要于全体的人民有用，不能只让若干工业的经营者赚钱。因此，我国今后的一切工业建设，处处都应首先顾到全体人民的利益，并应特别注意各种工业产品的实际使用价值，不能像普通的营利经济一样，专是顾虑工业经营者本身的利益与产品的交换价值。至于各种工业的生产，还要与消费求得密切的配合，一方面要竭

---

* 此文系作者为重庆《时事新报》撰写的社评。——编者注

力提高各种工业的生产力，一方面则要竭力提高全体人民的购买力，提高全体人民的生活水准，以免发生生产增加与市场缩小的矛盾，并避免发生失业与恐慌等现象。在营利经济之下，工业的经营者只顾本身的利益与产品的交换价值，竞产有利可图、有钱可赚的产品，形成生产过剩、市场缩小，产生失业与恐慌等现象。为要避免这种现象的发生，在我国执行经济政策，实现工业化的时候必须切实注重养民的原则。

其次，为要实现上述养民的原则，我国今后实行工业建设，除若干工业必须归由国家经营外，凡于全体人民有用而必须建设的工业，人民或以资本过大，或以其他原因无法经营者，国家亦要建设经营，但国家经营这种产业，要与人民站在平等地位。我国所应建设的工业，原则上一方固应于人民有用，而同时亦要适合自然的环境，即原料的供给，于自然环境不适合而原料不能供给的工业，即于人民有用，亦只好仰赖于进口。这种适合自然环境的工业的经营，原则上自然都能立足，国家可以经营，人民亦可经营，但在建设初期，仍不免会有种种问题，或以技术关系，或由其他原因，人民无法经营，须由国家出来建设。所以国家对于这种工业，不能利用权力独占，享受特殊权益，须与人民站在平等地位，使人民亦可在同样条件下经营，我国经济始得能发达繁荣。

以上两个原则为我国今后工业化所应遵守的原则。唯有遵守这两个原则而现实工业化后，才能使我国能成为真正独立自主的国家，并能与先进工业国家站在真正平等的地位。现在政治协商会议已经闭幕，人民除了希望政治协商会议的结果都能一一兑现外，更希望确定经济政策，实现真正的工业化，使我国今后的复员建国得能及早完成。

国际贸易会议与我国贸易政策*

（一九四六年二月十五日）

美国召集的国际贸易就业会议，据传即将于今夏举行了。我国、英国、纽西兰及加拿大等国，亦传都已表示接受，将派代表出席参加。顷据中央社十三日伦敦消息，联合国经济及社会理事会于本日午后按照宪章六十九条，敦请非理事国厄瓜多尔代表出席会议，厄代表对于美国建议召开的国际贸易会议，提出修正意见，认为在建议中的贸易会议中，亦应研讨国际市场价格均匀调整的问题，以美国将要采取保护关税政策，系拟禁止工资低落国家货物的进口，藉以保持其国人民的较高生活水准。美国建议召开的国际贸易就业会议，既把贸易和就业两个问题一并提出，自在要求今后国际贸易的发达与各国就业的充分，不能仅是保持一国人民的较高生活水准。我国产业向不发达，同时也是工资低落的国家，今后为要发展国际贸易，提高人民生活水准，除了必须积极建设各种产业外，并应在参加今夏的国际贸易就业会议之先，确定对外贸易政策。

我国今后所应采取的贸易政策，当然要与今后整个的经济政策相配合，以我国全体人民的充分就业为依归。今后我国整个经济政策的目的，当然在于达成我国今后的经济建设，实现我国今后的工业化。所以我国今后所应采取的贸易政策，自亦必须以达成上述目的为目的。同时并要顾到各国经济的均等发展，即是说：我国今后所应采取的贸易政策，除了达成我国的经济建设，实现我国的工业化外，还要顾到各国经济的均等发展。这可说是一个原则，至于如何实现这个原则，则可分作两方面来说。第一，就进口方面来说，我国今后需要进口的货物，必要为我国今后达成工业建设，实现工业化有用的货物。我国产业落后，今后为要实行工业建设，促进工业化，必须要有大量为工业建设所必需的器材，这些大量为工业建设所必需的器材，因了我国产业落后的关系，绝难设法自给，必须仰给于先进的工业国家；同时又因我国产业落后的关系，出

---

* 此文系作者为重庆《时事新报》撰写的社评。——编者注

口的货物非常有限，至少在我国工业建设的初期必然如此。在这种情形下，我国为要实行工业建设，促进工业化，自必须要对进口加以若干限制，减少为工业建设所不需的货物的进口，以利我国工业化的建设。第二，就出口方面来说，则我国要求能有广大的市场，推销我国的货物。国际贸易原为两国货物的交换，我国为要能有大量货物的进口，同时必要能有大量货物的出口。在我国工业建设的初期，固然未能有大量的货物可以出口，但在我国工业建设，工业化逐渐跑上轨道以后，自会能有大量的出口货物，需要广大的推销市场。

  如以上所说，我国的进口与出口似乎只与我国今后达成工业建设，实现工业化有关，而与促进各国经济的均等发展并无关系，但实际上并不如此。我国的要求广大市场，在于扩展真正需要我国货物的市场，不会妨碍各国经济的发展，至在我国的进口方面，虽只着重工业建设器材的进口，对于先进工业国家其他产业的发展或有束缚，但至我国工业建设到了相当程度以后，仍可酌量其他货物的进口，不致使受重大的妨碍。现在，美国召开的国际贸易就业会议，据传即将于今夏举行了，我国为一工资低落，生活水准较低的国家，除希望得能积极建设各种产业外，更应及早确定对外贸易政策，作为参加国际贸易就业会议的准备。

泛论开放外汇市场案*

（一九四六年三月一日）

上月二十五日国防最高委员会开会时，宋院长临时提出开放外汇市场案，将官价外汇汇率予以废止，规定由中央银行察酌市面情形，随时供给或收买外汇，以资调节，而防过度的波动，业经决议通过公布，计包括开放外汇市场案、进出口贸易暂行办法及中央银行管理外汇暂行办法三者，前一者可说是全案的纲领，后二者则可说是实施该案的办法。

这开放外汇市场案的通过，就目前的情形看来，对于今后工业建设的推进，对外贸易的恢复，都是非常重要，可以说是复员建设的一个重大措施，但究竟能够收到多少的效果，则要看一看推行的技术，专凭几个原则与办法本身无法预料，因为即有合理的原则与办法，如果推行出了毛病，便会收到相反的效果，尤在我国这种情形最多。现假定推行的技术无有问题，就全案的纲领与办法本身加以申述。

第一，就我国今后的工业建设来看。我国今后的工业建设，固然非常重要，但问题仍然很多，丢开政治方面的问题不说，而在建设本身方面仍有很多问题。我国虽说人口众多，物产丰富，但实际上人口固是众多，而物产并不丰富，即有物产，亦待调查，亦待开发，需要技术上的帮助，大量的新式的机械。我国过去由于缺乏技术，缺乏新式机械，以致工业建设未能有成，今后为要实行工业建设，促进工业化，自必须要由培养技术，取得新式机械入手。关于技术的培养与新式机械的取得，上述开放外汇市场案将工业需要物品作为可以不经请求许可而随时购入的物品，自有甚大帮助。

其次，就我国今后的对外贸易来看。我国今后的对外贸易，由于上述开放外汇市场案的通过，官价外汇汇率的废止，自然大有发达的可能。我国过去由于官价外汇汇率的存在，出口商人运出本国货物，须于运出前依照结汇办法按

---

* 此文系作者为重庆《时事新报》撰写的社评。——编者注

官价外汇汇率售结外汇，而进口商人购买外国货物，亦按官价外汇汇率申请购买外汇，但实际上由于我国货币价值的跌落，官价外汇汇率虽规定法币二十元换取美金一元，而黑市外汇汇率竟高达法币二千余元换取美金一元，致出口商人因要依照官价外汇汇率售给外汇的关系，不肯运出本国货物；而进口商人亦以不易得到官价外汇的关系，不能有大量货物的进口，致陷我国对外贸易于停顿状态。现在官价外汇汇率废止，外汇市场开放，自能促进我国对外贸易的发展。

最后，还有重要的一点必须予以注意，这就是中央银行的调节外汇、平准市场。中央银行为要达成这个目的，必须保有大量的外汇，虽已由现有外汇中划出相当基金，但是否够用还是大问题。我国产业向不发达，又经过了八年抗战的摧毁，至少今后短期内出口货物不会甚多，外汇的来源自也不会甚多。所以就大势来看，今后中央银行在开放外汇市场的情形下，供给外汇的机会多，而收买外汇的机会少。为了调节，为了防止波动，必须保有大量外汇。固定数量的外汇终要用完，最基本的办法必须增加出口货物，及早工业化，使有无限量的外汇来源。因此，为要使上述开放外汇市场案得能有效，得能长久存在，还要从速工业化，及早工业建设。

总而言之，上月二十五日国防最高委员会通过的开放外汇市场案，对于我国今后工业建设的推进与对外贸易的恢复，自有莫大帮助，但推行的技术仍须要无问题，而最重要的关键所在，则要我国及早工业建设，实现工业化，增加出口货物，使有无限量的外汇来源。如果不能及早工业化，无有大量出口货物，只凭中央银行一定数量的外汇基金，就是数量甚大，要想调节市场，防止过度波动，仍然不能维持久远，该案难有成效。

财政经济问题的症结*

（一九四六年三月七日）

国民党二中全会三次大会，由财政、经济两部报告财政金融及经济问题后，开始加以检讨，与会委员相继发言，讨论至为热烈。四次大会仍继续对于财政、经济报告的检讨，发言亦极踊跃。计口头质询二十一起，书面质询二起，咸以党的主义及政纲政策，均极正确，而以主管机关执行，每不能令人满意，遂使人民对国民党颇多怨言。故就观感所及，对财政金融及经济的各项施政，加以最严格的检讨。财政、经济的各项措施，于国计民生的关系殊大，要国家得能跑上轨道，人民生活得能安定，必要财政、经济能有良好的措施，财政为庶政之母，经济则为人民生活的基础，自然不能稍加忽视。国民党二中全会对当前的财政、经济问题，加以严格检讨，自有必要。

综观二中全会对于财政、经济问题的质询，虽然牵涉到的方面很多，而当前财政、经济问题的症结所在，则不外于（一）财政收支的未得平衡，（二）货物生产的未得增加。因此，为要解决财政、经济问题，必在财政方面，力求收支的平衡；而在经济方面，则求生产的增加。如在这两方面无有办法，财政、经济问题始终无法解决。

先就财政收支的未得平衡方面来说。收支平衡可以说是财政的最高原则，我国过去由于八年抗战，支出浩大，而收入则以国土沦陷，税源减少，收支自谈不到可以平衡，在这不能平衡的情况下，便难免不用增加法币发行来应付这浩大的开支，造成通货膨胀的现象，以致法币贬值，物价上升，人民生活维艰，国家支出更见浩大。这在抗战时期，一切为了抗战，为了抗战而收支未能平衡，为了抗战而增加法币发行，虽致物价上涨，人民生活维艰，似还勉强可以说得过去，但在抗战胜利已将半年以后，还见各地物价飞升，而在收复各地，则竟有上涨至收复当时数倍以上者，给收复区人民的印象如何？似乎甚不应该，财政

---

* 此文系作者为重庆《时事新报》撰写的社评。——编者注

及有关当局应该想个办法。刘维炽质询："预算收支相差甚巨，是否仍赖通货膨胀？抑有其他方法弥补？"希望能够明白答复，人民也要知道。

至于货物生产的未得增加，也是非常严重的一个问题。事实上自抗战胜利结束以来，不仅货物生产未见增加，而且还有减少趋向。正如赖琏在质询时提出："后方工厂倒闭，收复区接收工厂多未开工，整个经济体系，陷于无政府状态。"我国工业向不发达，仅有工厂多在沿海地区，沿海地区在抗战时期沦陷后，大都内迁复工，同时后方各地，并有新设工厂，从事生产，以供需要，但自抗战胜利以后，后方工厂大都倒闭，以为国外同种货物即将大批运到，真是所谓闻风而倒。至于收复区接收工厂，仍是未见开工，所以我国货物的生产，较之抗战时期，不仅无有增加，而且反见减少。米、谷生产，也是如此，兵荒马乱，无法可以耕作，人民吃草根，吃树皮，吃死尸。这经济现象，直可说是吃草经济，安能谈民生、谈建国，经济及有关当局自应负责，不容旁贷。

财政为庶政之母，经济为人民生活的基础，于国计民生的关系自甚巨大。所以财政的平衡与生产的增加，就我国的前途来看，为要国家能生存、人民能生活，必须切实做到。至于国民党在这结束训政、实施宪政的前夕，今后为要继续保持其重要地位，更须对准这两问题多下功夫，予以解决。国民党二中全会三、四两次大会，于财政、经济两部报告财政金融及经济问题后，继而加以严格检讨，自然甚有必要，希望能对这两问题的解决，指示适切解决途径。

物价问题及其对策*

（一九四六年三月十四日）

最近各地罢工、怠工风潮，波及全国，也已波及了重庆。自日本投降到现在，平心而论，重庆的物价只增加百分之四十至九十，还算是平稳的，最可怕的是京、沪、杭、平、津各地。湘省是灾情，又当别论，京、沪、平、津物价之涨，实在是不应该的。按理说，各地接收以后，日伪封锁囤积在仓库中的物资，大批的被解放出来，联总救济物资，源源运到，物价至少可以维持一个平稳状态。现在狂涨的状态，并不是经济社会中的自然现象，完全是人为的。

分析京、沪物价狂涨的原因，第一是法币与伪币比值的悬殊。但这个比值，直接受害的还只是收复区只有伪币的人民。如果处置得当，只要以法币换了伪币，不准商人乘机抬价，则人民的受害也可补偿。但不幸第二个原因又来了，工厂一接收立被损坏或停顿，没有生产，物价自然涨上去。接着是第三个决定的原因：生产物品的机器停了，而印刷钞票的机器则日夜不停。通货膨胀了，又不能进工厂，竞向投机市场奔凑，黄金美钞的浪潮，淹没了一切市场。黄金之涨，又另有原因。据传东北苏军以不合用的旧机器售于当地人，代价是金条。譬如一架机器值三百万元，只要一条金条，即等于把金价提高到每两三十万元。因此关内黄金，齐向外流。平、津、京、沪，同受黄祸。黄金既涨，物价随之。第四个原因是公用事业之涨价。京、沪火车票涨了百分之九百、邮票涨了百分之一千至百分之二千，渝、沪飞机票比渝、昆涨了百分之三百强，于是汽车、电讯等无一不涨，大家比赛涨的勇气与魄力！公家的事业都涨了，还能禁止以逐利为目的的商人不效尤吗？第五个原因是有钱在手的机关先涨，过去的银行不必说，现在的时代骄子是中纺公司和招商局，照物价指数发给，待遇和战前不相上下。因此，以前为人所艳羡的银行人员、航空公司职员，相形见绌，也来一个有史以来第一次的怠工。银行尚且如此，则其他素来困苦的工人、职员，自

---

* 此文系作者为重庆《时事新报》撰写的社评。——编者注

然更难忍受，事实上也已不能忍受物价的压迫。劳力是物价的标准，据亚当·斯密说是比粮食更可靠的标准。劳力涨价，更刺激物品价格。如此互相刺激，循环上涨；各地刺激，轮流上涨。这样涨下去，到什么时候为止？不能用怠工、罢工等方法来要求涨价的，只剩下劳心的公教人员了。其实八年以来，这一批白领阶级经常捐出了其正常收入的百分之九十以上，作为抗战的物资。抗战要钱，试问这钱是谁出的？现在胜利了，这些公务员、大学教授，却依然被压在社会下层。在他们上面的，从银行工役、店员，数到官商大亨，可以列一张很长的名单。而这些被压在下层的人，据说是要靠他们领导建国的！

现在传说要合理调整公教人员薪给了，照指数比例打一折扣发给，这是一个喜讯。但是这批劳心的人，得此喜讯，恐怕忧惧多于高兴。凭过去经验，每一次调整薪津，领到簇新的票子，就发愁用的时候更不值钱了。照这样下去，不但生活状况仍难改善，而且鼓励人民不要节约，因为这个月省下来的钱，过几个月便毫无用处了。

所以我们认为只是调整薪给还是不够的，必须对于平抑物价有切实的办法。要平抑物价必须稳定币值，要稳定币值必须收缩发行。但是复员的用费浩大，不再膨胀通货有无出路？我们认为政府应该切实整顿国家收入，破除情面，消灭一切中饱阶级。规定私人财产的最高额，严格执行累进税。一面停办不必要的事物，除了关于救济性的事业、恢复交通与生产的事业以外，其余锦上添花的事情——例如花四亿多元修理一个礼堂之类，就大可不必，一律停止。一切公用事业，绝对不准再领导涨价。让全国人民，在稳定的币值与物价之下、好好休息一、两年。只要物价稳定，游资就不向投机市场集中。全国人民觉得节约是可以造成日后幸福的，不是被欺骗愚弄，大家就不愿乱花钱。省下点钱来，可以投资于正当的生产事业。如果一面叫人民吃苦节约，一面侈谈建设，把通货无限膨胀，弄到人民崩溃了，还建设什么国家！

公务员应加强保障*

（一九四六年三月十五日）

官吏在过去是立于"治人"的地位，所以一贯的都被人尊重。自西学东渐，政治的对象，不在"治人"而偏重"治事"，因之官吏成为服务，成为公仆。国父尝言：政治是管理众人的事。国民政府因此把官吏称为公务员，以切合民治和民主。这虽然把旧日传统的"治人"观念推翻，但公务员既为众人之事而服务，其地位与人格，均有应为群众尊重之处。但目前的公务员，除去操有权势的少数首长而外，已渐为社会所鄙弃。考其原因，实因抗战八年间，生活艰苦，政府调整薪津和配发实物的实施，仅仅是望着物价狂涨的尾巴而作有意无意的追逐；尤其是低级公务员，勤劳所得，上不足以事父母，下不足赡妻养子，生活艰苦，穷相毕露。山城曾传说有一女佣，因为雇主是一科长，而掉头以去；又传说有贵阳女子宁愿嫁司机，不嫁省政府委员，大概都不是凭空臆造的故事。

八年抗战，固然苦了老百姓和前线士兵，但是最苦的，除了教职员不论外，还是公务员。尤其是中央公务员，尤其是由京来渝的公务员。因为老百姓的逃难，比较还可以任其所之，公务员则以受公务束缚，行动不便；兵士有眷属者少，公务员有眷属者多，不是只身千里，无法顾家，就是扶老携幼，相依为命。所以有人用"生不得，死不得，病不得，活不得"四句话，给公务员写照，真是活像活现。又因为公务员都受过相当教育，思想里有了国家民族，脑筋中有了礼义廉耻，既不肯作汉奸，又不愿做顺民，才来共赴国难，尽其匹夫之责。不但要讲气节，还要顾体面，袒胸露臂、蓬头跣足，不能进办公室。而在听见军事失利，敌伪猖獗，和国际形势恶化的时候，其精神上所受的刺激和痛苦，比生活上的痛苦尤其大。况且今天考绩，明天考成，今天被查，明天被劾，长官的颜色要看，同事的闲话要听，属员的顶撞，更要忍受，因为他们亦都为生活着急，既然无法援助，只有温语维系。开门七件事，无时无刻不在心中打转，牛

---

* 此文系作者为重庆《时事新报》撰写的社评。——编者注

衣对泣，解决不了问题。

至于遭受炸弹枪炮，以身殉国的，还有光荣之名；如果身体残废，痛苦更难言喻。古人云："岁寒知松柏，世穷见节义"。这般公务员因为念了几句书，想要保存国家民族的正气，并不尤人，亦不怨天，惟一的希望，就是胜利来临，安返家园。只要争得过这一口气来，身体轻松，精神爽快，那八年的苦艰，亦就掷之九霄以外，雾消云散。

不料胜利以后，枪炮声仍然不绝于耳，交通反而不交不通，还都既尚有待，回家更不可能；尤其是籍隶华北的人，战时未被蹂躏的地方，战后亦遍遭涂炭。有的是倾家荡产，亲属离散；有的是有家可归，而不敢归。大局显然未安，物价照常梯涨，遂使喘息甫定的，又变成了血肉紧张，其痛苦尤为难堪；不要说抗战时所有的衣物典赁殆尽，即令稍有存余，亦因胜利突临，兴奋过度，尽量贱卖，到目前用无可用，再买更买不回来。还有拿结婚戒指或首饰卖了，买的二两黄金，也变成了一两二钱，现在太太的怨言恨语，亦只好置若罔闻。

幸而政治协商会议成功，军事小组会议议定方案，大家希望这才转好；但是坐言犹待起行，能否实施，颇滋疑虑，中苏条约是否友好，更须再加努力。听说政府不久改组，虽是政治协商会议初步实施的好现象，但是看到胜利后裁撤了许多机关，有多少公务员反而失业；虽然政府给资遣散，不但川资不敷，更感交通阻滞，无法动转。千辛万苦的盼到了胜利，结果是由灾官而变为难民，不但自己苦痛，又替政府增加了麻烦。再看许多新机关成立，亦有不少的弹冠相庆，又好像是做抗战官的是一般人，做胜利官的又是一般人，相形见绌，自惭形秽，这般公务员变成傻小子，更为人所耻笑。

抗战时期公务员，固然亦有兼营投机事业，发了国难财，或在接收之初，得了胜利财的，还有营私舞弊捞几文的，究竟是少数；而一般穷公务员，还要替这般不肖分子分担骂名。赴东北接收公务员，无论到东北的或是困在平津和上海的，受尽平生未想到的苦痛，反也被人一样的骂为重庆人。拉黄包车的一天可以赚几千，作小工可上万，摆香烟摊可得几万，投机买卖可得若干千万，偏有多少学者、专家不能拉车、作小工、摆香烟摊和作投机买卖，而偏要作穷公务员，这样他们才觉得是效忠国家，是在参加抗战，是无负于共赴国难的初衷，这是中国民族传统的高尚的精神，也是中国民族的珍宝。有一个外国朋友说：中国是两种人在抗战，一种是农民（自然农民是兵源的所在），一种是公务员。想不到到中国不久的外国人，会有这样的见解。

上述公务员种种艰苦与志趣，虽已得到政府体恤，舆论同情，且仍在设法继续调整待遇中，但是"一朝天子一朝臣"，在我国已相习成风。近来听说政府行将改组，这般公务员不免又添了一番忧惧。虽然国民政府于民国十七年二月即有明令"事务官不随政务官更易"，于民国二十三年七月又有明令，"甄别合格人员不得任意更调、无故撤换，"同年十二月亦有明令"考铨合格之公务员，自应保障，"且在公务员惩戒法中，第一条即规定公务员非依本法不受惩戒，其处分最重始为免职。但各机关首长往往多不遵行，故每逢政务官一有更动，不惟公务员失其保障，即日常事务，亦往往因此停顿，所以关系国家的远大计划，更莫由实现。论到行政效率，必须汰弱留强，这种新陈代谢，虽为应有之事，但实际上未必都以选贤任能为标准。当此政局将有变动之际，所以笔者亦不能不替他们担心，更不能不为他们一言。查文明先进各国，政治有轨道的，向来事务官不受政局影响，不随政务官更动，往往在职数十年，故公事毕举，而远大计划，得以贯澈。就现在各种有关官规的法令解释，公务员是指事务官而言，现在一般公务员，都是从政多年，具有相当经验，及合法资格，又经过了八年抗战，富有坚忍之精神，忠贞之气节，为行政效率计，为保存正气计，为鼓励贤劳计，尤不宜轻予更动。此次政府改组所延揽的，应该是各党各派无党无派的领袖人才，所更动的应该是参与国家大计决定一切政策的政务官，而不是平常执行政令的事务官。况且大家都是倡言民主的，主张政治民主化的，似乎不能再有专制时代的封建思想，我有我的人，你有你的人，使公务员如同一人一姓的家奴，到了胜利之后，反而失掉了为人民公仆的资格。因此我更要提请当局予以深切注意的是：政府尽管改组，事务官不应随政务官而更动，一朝天子一朝臣，是封建思想，是专制遗风，公务员既是人民的公仆，就不是一人一姓的家奴，如果真正政治民主化，应该顾念公务员在抗战八年中所受的苦痛，而加强保障其地位。

如何稳定财政*

（一九四六年三月二十六日）

当前中国财政已经到了危急的关头，据俞部长在参政会报告，预算不能平衡，收支相差甚巨。在此复员期间，费用浩大，加以业务机关铺张扬厉，薪给较公教人员多十余倍，有的部门还在锦上添花，一个国民大会礼堂花四亿多元，照此情形下去，收支差额还要继续增加。政府是无所谓的，只要印钞票来填补赤字，账簿"赤化"了，人民就赤贫了。

今后补救方针，政府的计划是利用敌产、增加税收、利用救济物资、向外借债等四项。这四项办法，本来很好，并且任何人掌理度支，也不外这几种办法。问题在如何应用。

就利用敌产而言，收复各区所接收的敌伪仓库所存物资本来不少，物资远过后方各地。按理说，京、沪物价本来远较后方为低，这批敌伪物资接收以后，应该物价较后方更低。但半年以来，各地竞涨，重庆反而成为物价较低的地方了。这种现象，足见接收敌伪财产物资，并不能平抑物价，平衡收支。这些物资接收以后，国家既没有好处，人民也并没有受益，究竟得到实惠的是谁，政府和人民都知道，一是变成接收大员的私产，二是重进投机商人的仓库，二者都变成官僚资本所有者的产业，与国家无关，更与人民无关。至于救济物资，也是先到沿海各地。这些救济品究竟是名副其实的救济品，还是变成官僚资本所有者的商品，也是问题。变为商品原也可以，只要这些商品能入应受救济者的手中，其代价也能用之于民。但我们所担心的，只怕这些救济品终于又成为囤积品，以增加官僚资本。

中国的税收，到现在大部分还是间接税，即旧日所谓牙税，直接由国库经收的税收，比率甚小。废除间接税，是现代化国家的一个重要条件。欧美各国在十九世纪即已改革税制，而我国到今天还没有做到，实为阻碍进步的一大原

---

* 此文系作者为重庆《时事新报》撰写的社评。——编者注

因。并且在中国，即使是直接税，也照样有流弊。如果政府只图增税而没有决心彻底剔除"文言称为染指，白话叫作揩油"的普遍中饱制度，所苦的又是人民，国家仍没有多少好处。税加重了，羊毛出在羊身上，物价必更上涨。所以在此休养生息期间，政府加税，必须只征财产、遗产等直接税，不能从日用品上打主意。在这里，我们再度呼吁，政府必须根据国父节制资本的原则，规定一个私有财产的最高额。如能把国内若干特殊阶级的财富定一个比率收归国库，于国于民，于那些大亨的前途，都有好处。

说道向外借债，也不是根本办法，只可作一时权宜之计。现在一借若干亿外币，负担都在这一代人民的身上。而借款和物资的用途，尤其要审慎。看了当前政治上的种种情形，人民对于借款实在不敢放心。又如战前美棉、美麦的借款，也颇令人丧气。但目前是非借不可，中国要现代化，尤非从机器到技术人员一起借外援不可。我们主张这些借款，完全用在生产方面，不是用来放胆的增加发行。

财政报告中并没有说到节流，大概认为现在要建国了，应该放手做起。我们却认为大乱之后，必须休养生息，政府和人民都应该节约。放手做去，当然要多发钞票，刺激物价，如何能稳定币值？币值不稳定，人民如何肯节约？要建国必须先有可建的环境，人民破产了，国家是为谁建的？我们认为现在政府要更加节约，尽一切可能省下的钱来从事生产。更要以稳定币值来鼓励人民节约，从事生产。汉代的基础是靠文帝努力节约奠定下来，文帝一代宫中不用锦绣。苏联的基础是靠两个五年计划奠定下来的，在第一个五年计划中，共产党员一律吃黑面包，人民以吃黑面包为无上光荣。现在大病初愈的中国，如果不务实际，侈谈建设，恐怕国家没有建起，人民已经崩溃了。

江南的危机*

(一九四六年六月二十五日)

中国的经济重心,古代在河渭流域;中古以后,江南渐逐兴起,与中原抗衡;近代则完全在江南。北伐以后,国府为迁就江南财富,建都南京,更与政治重心相结合。战后还都,这个形势依然如故。而现在的江南人民,却遭遇到有史以来经济上最大的苦难。如果内战不停,现行的财政经济制度不变,江南人民的苦难更将加重自不必说,而全国经济的总崩溃必自江南始。

江南的财富,虽在三国时已见端倪,惟那时东吴疆域南暨湘粤,实奄有长江珠江两大流域。江南财源认真的开发,实在晋室东渡以后。六朝虽屡易帝室,而江南无大战争,人民遂得从事于绵密而普遍的水利网的建设,为中国农业立下一个精耕制的规模。隋帝大开运河,使江南的水利网连接汴、淮、河、渭系统,虽为世人所诟刺,实际上替唐代打了一个经济基础。唐代后叶,西北战乱相寻,打断了国际贸易的路线。其财源全靠江淮流域挹注。宋明以来,江南遂有天堂之称。清初乾隆四次南游,竟有"不及江南一富翁"之叹。自海禁大开,全国财富更加速的向江南集中。民初内战频数,而波及江南者只齐卢一役,且为时甚暂,地方未遭大损。而第一次大战时的中国新兴工业,又多在江南一带。故在国府建都前后,江南始终是居于全国经济财富的首位,也是全国人口最集中的区域。

江南之富,本来以鱼、米、丝、茶为基础。战前的那一次美棉、美麦大借款,江南的农村受了普遍而深刻的打击。"九·一八事件"以后,为了"攘外必先安内"这一个口号,各种捐税一概以田赋为准,累计各种附加税及正税总数,在民国二十四年有人计算每亩应纳税款几等农产品的全部。许多小自耕农把田契贴在门上,全家逃跑。许多地主,也因赋税远过租息,无力完粮,铁索郎当以

---

* 此文系作者为重庆《时事新报》撰写的社评。——编者注

入图圉。因此当时有"耕者不愿有其田"的悲惨呼声。这些都是自作之孽。再加以次殖民地的必然结果——商品入超和外茶、外丝在国际市场的竞争，江南的危机在战前已异常深刻。抗战既起，大量的人民被屠杀和军民转移流亡，人口虽减，而敌伪的榨取转烈。八年以来，江南的人民一直在水深火热之中。

日本一投降，行政当局似乎有意和江南人过不去。首先，就来一个丧天害理的二百比一的伪币折合率。以前专制暴敛、军阀榨取，是伸手向人民要钱的。现在的方法越来越进步，老百姓一觉醒来，突然发觉自己已变成饿殍，简直比贝邦的火山爆发还惨。中纺公司一成立，纱价立刻涨了一倍多，民营纱厂被打倒不算，居然还有人夸称近来纱价的稳定。战前纱厂本来是民营的，敌伪从人民手中抢了去，政府从敌伪手中接过来，却不还给人民，敌伪真是中纺公司的大恩人。最近粮贷的舞弊案，更是愈来愈奇。政府多发了二十万万的纸币来平抑粮价，人民反而受粮价暴涨的压迫。甚至联总的救济粮食也宁可在仓库中腐烂而不发给人民。田赋征实，后方各省在战时弄得鸡犬不宁，现在也让江南人尝尝这个味道。衣食为民生之本，而政府却专在这两项上打人民的主意，这是什么民生主义？

江南的经济危机，尤其在农村方面，事实上在战前已经潜伏着。沦陷后因敌伪的压制及人民对抗战的信望，隐忍未发。现在收复不到一年，便已逐渐表面化起来。种种施政，又都在加速推动这个危机。农村贫瘠，人口向都市集中，后方流亡人士，又纷纷回去，而现在江南都市的生活，贫血与腐烂在同时发展。政府对于征收财产税既不肯下决心，农村与都市的交困，迟早会有崩溃的一天。现在的政府财政基础，事实上建立在江南，而这种趋势，今后将更加如此。万一不幸而江南的经济基础一动摇，人民固然受不了，这个政府的前途也大是可虑。我们觉得政府即使仅为本身设想，也该救救江南的老百姓了。人民的忍受力是有限度的，超过了这个限度，会产生什么后果，现在是考虑的时候了。

对外贸易应如何改革[*]

（一九四六年七月三日）

要谈到今后的贸易改革，必须注意到今日对外贸易的病态。自从外汇市场开放了以后，对外贸易的路线是开通了，照当时外汇的文书上看，我们的贸易政策原是带着几分管理性的，但是可能管理的范围太小了，结果便跟完全放任的相同。因此，在这短短几个月内，就发现了下列种种病态！

第一个病态，是今日的对外贸易，差不多是纯粹的进口贸易，连入超的"超"字，都有问题。战前我们对外贸易本来也是入超的，每年约为国币四亿元，但那时尚有出有入。至于目前的进出口贸易，做进口的人，得利与否，是另外一个问题，总之在表面上看来很发达；至于出口贸易呢，则因国内的物价，照二千对一的对美汇率计算，都在国外物价之上，所以丝、茶、猪鬃的运出国外，不但无利可图，而且还要亏本。出口既没有人去进行，而且没有方法去进行，所以贸易就变成了纯粹的入超。

纯粹的入超，照某一部分人的观察，以为我国战后需要物资极多，如果进口的都是机器或生产原料，则目前的入超，或者是不足为忧。不幸我们目前的进口货，乃是毫无秩序的。政府有美棉的借款，很够纺织的用途数量，但人民仍大量的去定美棉，结果则使美棉拥积于关栈中，上海的售价比美国更便宜。此外一般非进口业的商人，贪图侥幸暴利，无目标地去定大量不必需的外国货，作为消遣。有的定玻璃雨衣，有的定皮鞋，有的定钢笔，总之是无奇不有。其结果不但超出了正常需要，在商业上为亏本，而在国家立场上言，则为浪费外汇，这是当前贸易的第二点病态。

研究这两个病态的原因，外汇的定率以及调整办法的欠妥，固为一因，在贸易上言，管理办法的失宜，尤为显然。如果听其自然发展下去，不仅是外汇的浪费而已，就是国内的经济不安，工商业的相继破产，也必然更亢进的。从

---

[*] 此文系作者为重庆《时事新报》撰写的社评。——编者注

产业上言，今后我们要采用保护政策，在贸易的本题言，我们必须要长期设法减少贸易的入超，尤其是对于不必需物资的进口。

许多原因中的一个，是在我们对贸易的放任。因此，较为严格的贸易管理政策，或审核政策，在今后是相当需要，进一步或者可以采用比额的分类进口制。至于汇率与国内外物价的差额部分，如果外汇率一时不拟更动，我们希望能对进口另加一种类乎平衡性质的税款，对出口则予商人以津贴，使进口不致妨害产业，出口不致无利可图，这样也一定可以帮助贸易平衡的成就。

从管制物价说起[*]

（一九四六年七月五日）

管制物价是任何国家在战时必然采取的一种步骤，以求国内人民一般生活的安定，而支持长期的军事行动，从民主国的英、美，到轴心国的德、日，无不皆然。本来，由于壮丁的从军，由于军事的破坏，由于来源的断绝，由于运输的限制，物资当然渐趋于供不应求的局势，而物价因以上涨。同时由于战费的浩大，财源的枯竭，通货亦日见膨胀，于是货币单位的购买力降低，物价自受刺激而上扬。这时只有两条路可走，其一是严格地管制物价，以人为的限制力挽狂澜，其一是滥发通货，饮鸩止渴地只顾目前，到什么时候再说什么话。

恶性的通货膨胀之趋于经济崩溃，其为自杀政策，兹姑不论，但同一管制物价，其结果亦有成功与失败之别。在一个行政效率高，人口物资均有正确统计数字，政府对资源能有把握的国家，而其全国人民不分地位又均能恪守法律时，管制是成功的。反之，政府低能，官吏贪污，无统计头脑，无守法精神，在这样一个国家里面而讲管制物价，则必然失败，物价愈管愈高，通货愈发愈滥。例如以我们中国而言，究竟在战区与后方有多少人口，食、衣、住及其他日用必需品究竟需要多少，交通工具的运输量究竟有多大，恐怕始终是一个谜，最多只有估计的数字而已。行政效率方面，则有力量有机会的官吏贪污，低薪给的公务员本身生活问题尚不能解决，自亦说不上提高。而监察机关则形同虚设，几乎成为斗方名士的养老院。在社会则军阀余孽及奸商豪贾更垄断物资，以囤积居奇为能事。以此等等，尽管数年来日日言管制物价，日日诅咒通货膨胀，而结果依然是司农仰屋，无补时艰，民不聊生，野有饿莩。

不过，这种种苦痛，在战时是可以使人民忍受的，他们知道为着国家吃苦是天经地义。国人这类毁家纾难的精神是非常可贵，也非常普遍（有如四川农民的打国仗与打内仗的称呼同是一个可赞美的区别）。但在战事结束以后，情形

---

[*] 此文系作者为重庆《时事新报》撰写的社评。——编者注

便截然不同。人人以为打完了仗是一个出头的日子，从今以后当然要比战时安逸，人人甚至于有一种想享受一点的潜意识，然而事实的表现决不能一蹴而几，这就有一切的苦痛一切的怨恨都从被压抑被克制下面爆发出来的趋势。老实说，人都是不愿吃苦而愿享乐，不愿被束缚而愿自由的，其吃苦与受管制是不得已。而在吃苦与受管制的必要条件一旦失去时，他们一方面要求政府能立刻给予几年苦痛的补偿，这就不免所望过奢；一方面在痛定思痛的时候，亦自然有不满意于使他们在战时受苦受管的政府的心理趋向，更不免有战时既使我们受苦，战后并不能使我们享乐因而要清算旧账的潜意识作用。至于政府则在费尽了气力以撑过难关以后，事实上已到了强弩之末，百孔千疮，一一毕露，更无掩饰的口实与力量，这就有大失人心的危险（丘吉尔及其保守党政府的下台与此不能无关）。这可能是每一个战时政府的危机，同时自然也是在野的反对党落井下石的机会。

因此，物价管制的成功与失败，在战时常常是一个国家胜败的决定因素，但在战后，也可能是一个执政的政党本身是否能继续把握政权的关键。而在这个时机，执政党与反对党作政治斗争，正如下围棋之既让先又让子，已经是落后了几着，处于不利的局势。每一个反对党都可以利用时机，迎合人民的心理，喊出一些中听的口号，开出一些好看的支票。我们之所以说中听与好看者，是对其实现性不能不作保留的怀疑，怀疑他们的力量究竟能不能完全兑现之故。过去的历史告诉我们，有些政党是由于喊中听的口号开好看的支票而上台，但由于对于事实上的难题亦复无万应的灵方可以解答而失人望，而垮了台。例如巴黎和会的不公平曾使民主党的威尔逊下台，但第一次世界大战后必然发生的经济恐慌也曾使共和党的胡佛李代桃僵。至于英国在劳合·乔治下台以后的鲍尔温、麦克唐纳轩轾版政局，亦曷尝不如此。

这几天，经济部的经济计划委员会正在开会，已经讨论到了管制物价的问题；同时，联合国中最富裕的美国，在这几天，也正面对着一个物价管制应否延长的热烈争端，而使国会中人徘徊于生产者与消费者的交谪之间。一贫一富，却都为同一问题在绞脑汁。这是一个现实问题，但也是一个心理问题；这是一个战时问题，但更是一个战后问题。中美两国的国情虽有不同，然而他山借镜，未尝不可供留心时事者的探讨，而对未来的发展下一番诊察功夫。

可怕的入超*

（一九四六年七月九日）

本报上周社评，已说到目前对外贸易的危机，连入超的"超"字都有问题。因为自海口封锁解除以来，事实上只有美货进口，国货简直谈不到输出。今据中央社报告，本年一至五月入超达一千五百亿元。而进口的救济物资尚不在内。这个数目，约合美金七千五百万元，即以战前币值而论，也达二亿六千二百余万元之巨。五个月而有此数，全年将达六亿三千万元，即在战前，也是可怕的数字，何况是民穷财尽的今日。但本年最初五月，海运未畅，内地交通更是阻塞，流亡内地的人口，尚未十分复员，原在收复区的人，大都很穷，救济物资，无疑的对销了一大部分的市场购买力。现在情形已经可怕到如此！今后救济物资将逐渐减少，终有一天会停止，而各地交通运输，自必慢慢恢复。通货之继续膨胀，币值之继续跌落，国货物价之继续高涨，都是无法避免，政府当局也不想避免的事。而国内人民，经此八年抗战，无论在衣、食、住、行任何一方面，都要补充大量物资，则今后外货之潮涌而入，更为必不可免，且亦无可奈何之事。

这个问题，看来似乎只是一个国际贸易问题，与内政党争之类，似无甚关系。实则国父一生的革命事业，推翻满清不过是手段，而真正目的是把中国从次殖民地的地位中救出来。而次殖民地的意义，即一国的经济命脉都操在外人手里，成为外货的市场。北洋军阀之终于被打倒，即因为现代经济知识太不够，只知道仰外商鼻息，乞其余沥（即当时所谓"关余"）苟延残喘。北伐以前，有志青年的南走广东，即欲打倒以次殖民自娱的军阀，而使中国能经济自立，国民革命之真谛在此，而今日衮衮上台省登廊庙的诸公，对于这一问题，都因忙于政争，渐渐忘却，至于年轻党人，根本就不甚了然。正如同兄弟阋墙，而武器是掘取墙基的砖石，若不是墙倒人倒，必然会有第三者出来把他们从墙上赶走。北洋军阀之混战，即是被国民革命军这第三者赶走的。不意世事循环，胜

---

* 此文系作者为重庆《时事新报》撰写的社评。——编者注

利后的中国又走上这条覆辙。真是后人哀前人，而更后的人复哀后人。

入超的可怕，不在目前数字之庞大，而在明知其将把中国人的血吸枯，而无法防止。中国人的命运之可悲，不在血被人吸枯，而在明明有一个千载难逢的自力更生的机会，而政府硬要把它放弃，甚至断送。入超的原因，几乎人人皆知，一是外汇定得太不合理，使洋货较国货便宜不少。二是民间工业，被政府从敌伪手中接去，用国营（事实上是党营、官僚营、买办营。你们听见过中纺公司或招商局等机构的盈余解国库了没有？）的方式来操纵抬价。三是滥发通货，饮鸩止渴，毫不考虑它的后果。最后，也是最重要的是内战，把人民的膏血来作玩火的游戏。假使北洋军阀不内战，他们不容易成为革命的对象，即使成为对象，也不容易被革掉。对于一般老百姓，国民革命是一场噩梦，醒过来满以为可以从此太平，却依然是内战。八年抗战是一场噩梦，醒过来却依然是内战。这个内战如果不停止，通货如何能收缩？工商业如何能发展？入超如何能不增加？

日本投降了，腾出了朝鲜、南洋及美洲几大片市场，他们希望、也欢迎中国货去，而中国人却说，且不忙，内战要紧。日本虽然投降了，创痛巨深，喘不过气来，但是他们也会说，且不忙，那些市场还会是我们的，支那人会有什么出息？等到我们的内争谈判又谈判、调停复调停，即使有一天托天之福，国内和平了，再要来平衡国际贸易，擦擦眼睛一看，市场又早没有了。一点点可怜的工业，早经装洋货的压道车压平了。于是日本还是日本，而中国也还是中国。

关于目前如何防止入超，平衡国际贸易的方法，虽然千头万绪，而原则却颇为简单，说来近乎幼稚，亦即不外针对上列原因，反其道而行之。凡是要这个问题故意说得复杂奥秘的，都是遁辞诐辞，都存着私利的居心。这不是个能不能的问题，而是为不为的问题。

论外汇变更暨废止出口税*

（一九四六年八月二十二日）

本月十九日政府宣布外汇率变更，同时并宣布取消出口税。据政府发言人解释，此两件新措施目的在于解救当前国内工商业危机，俾国内经济情况转好，生产机能恢复，平衡进出口贸易，稳定国内币值。仅就此数点讲，用意至善，无可批评。唯当外汇率宣布变更后，全国金融市场，立呈混乱，各地物价亦皆波动，尤以黄金与外汇结成不解缘，暴提更甚。昨前两日虽稍平稳，然以金价的上提，带累着物价节节上爬，工商业尚未沾获实惠，痛苦的热烙铁已先烙在一般人身上。是此两项新措施，究竟能否达到政府预期的效果，已不无疑问。

我们研究政府变更外汇率与取消出口税的动机，要与最近上海工商业赴京请愿团，及后方工矿代表晋京请愿团有关。在外货大批涌进，经济崩溃的今日，全国工商业内感外伤，奄奄一息，政府如不救济，势必整个破产。如果救济，无论以工贷名义，补贴办法，俱非根本之道。而且"工贷"、"补贴"势须由政府设法筹担。在国库空虚的现状下，即使由四联总处转一道手贷出，实际仍须政府填上这个窟窿。本年度国家总预算数字的庞大，早已惊天地泣鬼神，依仗着通货无限制膨胀苟延度日。若再担负这一笔"工贷"、"补贴"，除增发钞票外，替政府想殊少第二法门。由于通货膨胀发生的恶影响，业致全国上下交困，民不聊生。再如继续增发，国计民生的前途，实不堪想。而工商业的待救济，又刻不容缓，想来想去，遂想出这两种办法。这两种办法的结果，第一政府可以减轻负担；第二法币无须增发，通货可免膨胀；第三工商业可以有一条路走。总之在政府明知这是饮鸩止渴、剜肉补疮的下策，但为解救燃眉之急，顾不得许多，硬着头皮做将出来。

若只从外汇率变更、出口税取消两事着眼，是政府为挽救工商业已尽了割股的工作。唯就物价因外汇率变更，发生波动一点讲，不啻政府巧妙解救了自

---

* 此文系作者为重庆《时事新报》撰写的社评。——编者注

己,转嫁其责任于民众,而由民众分担了挽救工商业"补贴"、"工贷"的费用。换言之,外汇率提高,则一切进口物价成本自高,不论原料机器或日用品,皆较以前无形中增价三分之一强。以洋报纸讲,南京报纸已提价五分之二以上。举一反三,其余莫不如此。将来以新汇率购进的机器原料,生产成本既高,售价焉能望其低廉?固属在目前中央银行可利用黄金抛购办法,控制着金价,压低着金价,转以遏制物价上涨。以过去的经验,这种办法委实生过效,但当黄金与物价脱离关系,物价渐渐自由升华时候,彼此分道扬镳,物价将成脱缰的马,以黄金为衔勒亦归无用。故中央银行的办法,仅可望短时收效,长久必归于失败的。尤其在工商业新机器原料购进、恢复生产时,更要失其效用。不过后者是远话,目前的冷热是触不到的。

中国出口贸易,以生丝、茶叶、猪鬃、桐油、花边为大宗,这几种近一年来运销均不畅旺。生丝、茶叶销到国外,还须蚀本。外汇率变更,取消出口税,固可望其好转。同时其他国产原料,亦可能乘机外销。然而中国一向是一个入超国家,出口的货物,单就品类讲,不抵入口品类的什一,以少数品类的出口,而期换回外汇,使进出口贸易平衡,未免是一件"言之匪艰,而行之维艰"的事。中国生产事业不振,以手工业的加工品,根本无法与机器工业产品争衡。而技术落后,管理失当,皆非外汇变更、出口税取消所能补敝救偏的。所以外汇变更的结果,我们敢断定救不了垂危的工商业。奖励出口贸易,取消出口税,亦难做到进出口贸易平衡。根本的办法,依我们拙笨的想,关税壁垒不砌高,入口货物不严格限制,国内的工商业仍是无保障。似政府目前的两项新措施,仅可目为"头痛医头",为工商业擦一点薄荷锭而已。

至于政府另外一种宣示,则望由于外汇变更,可得吸取大批侨汇回国。惟据我们观察,法币贬值,购买力降低,人人珍藏美钞黄金,慢说三三五零的兑换比例,不足以诱致大批侨汇回国,即使三三五零零的比例,亦恐吸收回来无多。根据"劣币驱逐良币"的货币定义,凡是货币本身贬值的,绝难引起人们使用兴趣,汇兑亦不能例外。

我们对于政府两项新措施,一方敬佩其于无办法中想出办法,总归已属不易;一方危惧着此一办法,并不可靠。而人民代政府负担了解救工商业危机负担,设使物价控制不住,不独工商业不得救。人民的生活亦必被迫陷入灭绝的深渊了。

一九四七年

英财长达尔顿氏之生平*

(一九四七年二月二十日)

一、学者之达尔顿

在我所晓得的现存英美财政学者之中,以达尔顿先生(Hugh Dalton)最值得佩服。以前美国哥伦比亚大学老教授塞利格曼先生,和翱翔于英国的学术界、实业界以及政界的斯丹浦爵士,都在最近三五年中逝去了。而达尔顿先生,则于英国工党第三次秉政时,出掌度支,可说是一种异数。

达尔顿先生,是一位学识湛深的学者,是一位久历沙场的社会主义的斗士,同时又是一位富有抱负、卓有经验的政治家。而其本色则是一位理想甚高,同时又不忽略实际的学者。

先看他的著作。达尔顿先生早年第一部极有价值的著作,即是《近代社会中所得不平等的研究》,树立了他的学术上的声誉。嗣又著有《国际和平问题》《英国社会主义的实施》《不平衡的预算——十五个国家财政恐慌的研究》(本书系与其他著者合写),而其中最富于学术价值的,当推《财政学原理》(*Principles of Public Finance*)。第一版印行于一九二二年,至一九三六年已刊至第九版。此书虽仅三二三页,而说理湛深,规模宏远,谨严生动,而又切合实际,可称巨著!

二、师表之达尔顿

达尔顿先生和拉斯基先生,都曾在伦敦大学经济政治学院(London School of Economics and Political Science)教过书。此外陶内先生(Tawney)、波乌尔女士(Power)讲经济史,罗布逊先生(Sir William Robson)讲行政法,都是思想锐进的好教授。于古色古香的牛津、剑桥而外,独树一帜。即以起草《社会安

---

* 此文发表于《直接税通讯》杂志一九四七年第一期。——编者注

计划》著称的比沃瑞治爵士（Sir William Beveridge）也曾担任过该学院的院长。以区区一学府，俨然形成了现代英国进步政治的智慧的源泉，也可以窥知今日政治的趋势了。

达尔顿先生在一九二九年英工党二次组阁以前，主要工作是著述和教书，兼作一些工党的党务工作。一九二九年韩德孙（Henderson）任外交大臣，达氏任政务次长，对于韩氏国际裁军的成就，辅弼颇多，以后在丘吉尔联合内阁时代，曾任经济作战部大臣，这种工作，在当时的英国，颇为重要。我去伦敦在一九三零年，达氏已经不教书了，据一些老同学们讲，他的著作虽然写得那么生动，但是他的讲书，并不怎么炫人耳目。也许和贝文那样以矫健著称的比较起来，另是一番风度。

三、财政家之达尔顿

英国工党组阁，这是第三次，但是以社会主义者的资格，来任英国的度支大臣，这是第二次，在前两次的工党内阁——一九二四年及一九二九年——任度支的，是斯诺丹（Philip Snowden）。斯氏虽然是工党出身，但是在思想方面，偏于保守，而且彼时工党的国会议席，俱未能取得绝对的多数，许多社会改造的计划，还不容拿出来，所以斯诺丹的两度掌财，并没有在财政上，表现出什么社会主义者的特色，反而不如一八四九年哈科特（Sir William Harcourt）的遗产税改革案，和一九零九年劳合·乔治（Lloyd George）的"人民预算"（The People's Budget）来得有声有色。现在由社会主义者的达尔顿，来担任英国的度支了，论时代、论环境、论人物，都应该有些特殊的表现。

达尔顿是位理想高远、学理湛深的学者，同时又有了两度参政的经验，我想他不会和实际怎样相远。远在一九二二年达氏发表初版的《财政学原理》的时候，他早就意识到财政的实际性，而且注意到理想与实际的矛盾与综合，他不愿偏于过度的抽象，但也不愿受传统的成规的拘束。

四、达尔顿的财政理想

达氏所著《财政学原理》，曾在一九三六年发行第九版。这次版，很把原著增补订正而且重编（enlarged revised and reset），添出许多续出的新资料和配合时代的新意见。但是达氏的立言大旨,经过了十五载时光的淘洗,并没有怎样改变,这证明了达氏的卓见和定识,在理论上、在时代上,都能站得住。

达氏特别注重岁出,当然啦,只有岁出,才决定了财政的一切。岁出的方向和本质,反映了政治的体系和水准,达氏极力主张"集体支出"(collective expenditures)。说句老实话,这就是以财政的方法,达到社会主义之路。他主张以财政的运用,实施"国民所得的再分配"(re-distribution of national income),而且尝试的提示国营国有的轮廓。英国人的脾气是"吃稳",纵是一个社会主义者,不会怎样放言高论,所以达氏的主张,已经够露骨的了。英国的财政传统,是"预算平衡",但是达氏主张:只要是"该花的,就要花,期能产生可能得到的最良效果。"(原著九页暨第二十六章)这在英国,可说是大胆的主张。

五、最高社会福利

达尔顿氏的财政理想,可以一语总括之,曰:"最高社会福利原则"(the principle of maximum social advantage)。在他的大著第二章,即提出此项原则,以为全书之纲领。他倒不是预怀成见(预怀成见是学者的大忌)以社会主义者的立场,而有此主张。乃是根据现代经济学和政治学所已认定的原则,适用到财政上,当然发生的逻辑。

依照达氏的解释,社会福利的重要的标准,可归纳为下列三项:第一,维持国内秩序,抵抗外来侵略,以维护社会。第二,增进生产。第三,改进分配。财政的运用,要能实现这些理想。

达氏曾谓(原著第九页以下)"如果把财政当作经济学和政治学的一分科,而不仅是一串攫金的教条,横在它的根,总要有个基本原则。这原则,吾人可称为最高社会福利原则"。"财政的运用,不外一套一套的购买力的转移。藉租税和其他的方式,从个人以转移于国家。藉开支和购置,复由国家,以转移于个人。此种运用的结果,在社会生产的财富上,发生了量和质的变迁。同时在个人间和阶级间。也要改变了财富的分配。这些变迁,在它的总和是不是于社会有益呢?如果是,你的财政办对了。否则办糟!最好的财政制度,要能够从执行财政的种种运用上,得到最高的社会福利"。

这是达尔顿财政理想的中心,自然他还有许多说明和他特有的见解。这些理想在英国的实际政治中,已经逐渐实现。

中国经济史新页的迟临与倏逝*

（一九四七年四月二十六日）

一

第一次欧战结束后，英人诺曼·安劼尔（Norman Angell）曾写过一本书，题名《大幻想》（The Great Illusion），胪举事征，剖析内情，所谓胜利，不过一大幻想而已！事隔二十余年，在我们东方，于赫赫胜利之余，转眼之间，所涌现于人们意识中者，居然又是一个"大幻想"，而且大得可怕，幻得可惊，远非安劼尔当年所能想象。

上次欧战后，另一个英国人，写过另一本书，很可以映照东方的，便是乌而夫（Leonard Woolf）所著的《洪水之后》（After the Deluge）。那是一部很有名的文哲作品，仅就这个题名，便令我们东方人有身世之感。胜利给我们带来了许多热望，跟着就是几度的大洪水！接收的洪水，内战的洪水，黄金的洪水，美货的洪水，有一于此，即足以淹没人间，而况接二连三的，继续不停的，往中国的人们顶上灌！处在这样的"洪水之后"，中国的命运究将何如？中国人所以自处者究将何如？确乎是挣扎在洪流中的人们所时刻不能忘怀的事。

军事上的成功是空的，政治上的成功是空的，惟有经济上的成功，才是实在的。失算于军事没什么，失算于政治没什么，惟有失算于经济，乃足以转变历史的场面。"中国近代经济史"的开头，很斩然，很清楚，是始自缔结南京条约的一八四二年（前清道光二十二年）。自从这年起，一直到一九四三年，整整一百年，整整一个世纪，对于中国经济的形态，注定了"次殖民地"的命运。这期间不能说不久，好不容易盼到抗战，熬过了七载苦战的艰辛，才争得一九四三年不平等条约的废除，争得旧世纪的结束和新世纪的开始，这该是如何悠久

---

* 此文发表于《经济评论》杂志第一卷第四期。——编者注

而艰苦的历程！百年枷锁，一朝解脱，这该是怎样"喜与泪并"的遭遇！从一九四三年起，我们可把经济史的旧页结束了，热望的，兴奋的，准备展开此后中国经济史的新页。

二

不佞在不平等条约废除的前两年，曾写过一个题目：《中国经济史之划期的展开》（登在民国三十年七月二十三日及二十四日的《大公报》），以为神圣抗战的最大意义与作用，即在划期展开经济史的新页。过去百年中国经济之特征，"次殖民地"四字足以概括之。所谓次殖民地：

"无自主之主权，无完整之壁垒，经济命脉，操之于人，民族生活，仰人鼻息，但亦与纯粹之殖民地不同。仍拥独立之虚名，仍为条约之对手，所有疆域、人口、资源，均非任何单一国家所能独吞。于是在门户开放机会均等的美名之下，供列强角逐之场。"

"自吾通商以来，吾国已成消纳过剩商品之最大市场。人为生产，我为消费，人事加工，我供原料，形格势禁，必不许吾人由农业生产进而为工业生产，以动摇列强商品之广大市场……在此过程中，亦非无些许工业化之踪迹，但在整个经济之比重上，并未动摇原始农业生产之根本。即此区区工厂，属于外人自有者一大部，属于外人投资者一大部，属于买办资本者，又一大部。其余属于纯粹之民族资本经营独立之生产者，寥若晨星，仍复备受压迫，不克与外厂相竞争，风雨飘摇，日频危境……以舶来品所盘踞之通商口岸为重心，所有病状之工业与稚态之农业，则环绕此等重心，以偷生于旦暮，此非百年来中国经济史之写照乎？"（见前引拙著论文）

就是这样，用中国民族的苦难，写成近百年的经济史。列强固得其所求，而国内少数之既得利益与享受阶层，亦颇习而安之；对于争取自主之民间运动，不仅遭遇列强之摧残，且受国内之嫉视与压迫，遂致厄运延续，至于百年之久。岂知列强之间，竟有不甘久拘于此种局面者，于是而有一九三一年"九·一八"之发动。东临日本，自以处境既狭，人口又稠，高度工业化之结果，一方需要更多之原料，同时要求更大之市场，需要更多之土地，以容纳过多的人口。此种野心，燃之已久，于是对于吾国，首先提出"经济提携"之口号，欲以日本为纯粹之工业国，以中国为纯粹之农业国，打破列强均沾之商品市场，完全置诸日本的独占势力之下。磋商不遂,继以武力,地方事件,继以全面。起自东北,复略华北,再进长江,远蹦华南。及珍珠港一役,遂将百年来白色列强深根蒂固之远东经济势力,一举而碎之。战争为政治之延长,而经济又为政治之基础,此次偌大之人类浩劫,其基本动因,乃在经济!

日本之如意算盘,在打破列强均沾的商品市场,变而为日本独占的商品市场,不惜倾全力诸国运以求之,欲使中国,从"次殖民地"变而为纯殖民地。但是结果如何?久经酝酿抑郁之中国民族意识,因日本武力之重复威胁,遂致汹涌澎湃,莫可遏止。虽以政府之隐忍持重,终不得不适应民众之企求,而有一九三七年之全面抵抗,誓不愿从"次殖民地",再降为纯殖民地。抗战既经开始,论武力则强弱悬殊,论财力则丰胁迥异,如此顽敌,何想久抗?然而断脰绝肮,死而无怨,踊跃输将,源源不已;有史以来,战役无数,独以此役为空前未有之义战者,则以全体民众不愿由次殖民地再降为纯殖民地之故!此实八载抗战之最大动因,不惜以绝大牺牲,转换历史之局面。

终于在一九四三年得了收获,不平等条约废除了!不佞在一九四一年写《中国经济史之划期的展开》一文时,即曾指出,此为必然的趋势。使非中国之决心抵抗,或虽抵抗而中途屈服,当"次殖民地"之形态,不可打破,亦必夷为日本之纯殖民地。挨了百年,抗了八年,得此收获,虽感迟临,兴奋无极!

三

近百年来中国经济史,因此次抗战,而告一段落。"至于此种结束工作,能否澈底?此后之开创工作,能否遂行?是否即能藉抗战之力,将中国近代经济史,由旧世纪跻入一新世纪?在今已则尚属疑问,未可遽抱乐观",不佞于一九四一年草写前引论文时,即曾如此推论。当时所抱之乐观成分甚大,所以如此推论者,只因转换历史之艰巨工作,仍需朝野上下之远识与努力,非可侥幸速成,非可一蹴而几;警惕国人,珍重此百年难遇之机会,初不料其竟成疑问,而几于幻灭也!

在革命建国之过程中,吾国所遭遇之问题太多,内在的,外在的,永恒起伏,层出不穷,令人有艰于应付之苦。但有两大目标,必须认清把稳,倾全力以赴之,则其它问题,亦可迎刃而解。以方向言之,为对外!以内容言之,为经济!以此为至高无上之国策目标,万不可转对外为对内,忽视永恒之经济而重视一时之政治——甚至重视一时之军事。

以方向言之，有史以来，战役无数，独以此次抗战为空前未有之圣战者，即以全面对外之故！征诸各国史例，伟大之政治家，常以对外之国策，消弭国内之纷争，取得内部之一致，此次抗战，即其显例。战争本为人类所诅咒，变诅咒为讴歌，即以对外之故！国内纷争，忧攘十年，一朝对外，立刻取得举国之一致，此是何等宝贵之经验。胜利以后，对外之军事工作，虽告一段落，而对外之经济工作，正待着手。"次殖民地"之历史，业经打破，"纯殖民地"之威胁，亦经粉碎，但是独立自主之经济体制，如何展开。问题仍是对外！

再以内容言之，吾国本属穷国，加以八年抗战之全面破坏，更属民穷财尽。战后政府之工作，应以国民经济为至高无上；为了经济，不惜以一切为牺牲；为了经济，可以牺牲一时之政权；为了经济，可以牺牲在握之武力。政治家倘能有此认识，有此手腕，必为此后千百年之历史所讴歌，且必有再起当政握权之把握。不此之务，而重视政治上一时之得失，重视军事上局部之利害，完全忽视经济之高于一切。则其结果，纵在军事上、政治上获得一时之成功；而在经济上，亦必陷于极度之破坏，卒致不堪设想。诺曼·安劫尔在《大幻想》一书中，即曾深切指出：战胜国在军事上，在政治上，自诩成功；而在经济上所招致之破坏与混乱，反较战败国为甚。以此而诩为成功，非幻想而何！况在吾国，八年苦战，本为打破百年来次殖民地经济的命运，幸而天不负人，争得不平等条约之废除，更应以完成自主经济，为战后至高无上之国策。

四

以抗战为契机，争得不平等条约之废除，以废除旧约为开始，可能展开自主经济之建树，结束了百年历史的枷锁，可能写下此后经济史之新页；等得这么久，来得这么迟，该是如何的宝贵！不幸得很，就在胜利后短短不到两年之中，竟把这美丽的热望幻灭了！主要原因，即在转对外为对内，忽经济而重政治，甚至重视了对内的军事。预期的树立自主经济，不仅无从着手，反而拨转历史的车轮，重复走入"次殖民地"可悲的故辙！新页的迟临何其难，新页的倏逝何其惨，国民意志之普遍消沉与不安，实受此历史之支配。

经此惨痛的经验，政治家应该认识经济之高于一切了！军事为政治的外延，政治又为经济的表层，失掉了经济的基础，任何一时的军事与政治的成功，都是沙上筑台，终归崩溃。背于认识经济之高于军与政，为了经济，不惜牺牲一时之政权与武力，必能赢得千百年历史的讴歌，而且不难取得重掌政权的把握。这种成败的关键，太被忽视了！如能翻然改悔，大澈大悟，一方有大政治家来领导，同时仍赖全国之民众，集全力以赴之，则此后中国经济史之新页，仍可展开于吾人之眼前。

经济激流中之中间阶层*

（一九四七年六月十四日）

一个社会的经济组织在没有达到社会化的阶段以前，中间阶层的存在，对于社会的组成，成为绝对的必需，因而对于社会的治乱安危，也必要发生很大的作用。这中间阶层，等于西洋所指的"middle class"，它不仅是中间，而且是中坚。因为是"中间"，所以它能够黏合上层与下层，使成为一个生存的有机体。因为是"中坚"，所以它能够左右上层与下层，使上层不致横施过度的权，使下层不致妄动广泛的力。中间阶层得到适当发展的时代，也便是政治清明社会安定的时代。反之，中间阶层因为政治与经济的困迫，叫它没法子站在中间，演变所及，可使一个社会只剩下尖削的上层与广泛的下层的悬殊对立，中间却成了真空，其结果，不是招致倏忽的崩溃，也必陷入凌迟的混乱。

中间阶层，主要是属于经济意义的。从经济的基础、条件、和方式上，表现生活的形态，从大数观察，厘然有别于上层与下层。不似下层的手足胼胝，由手到口；也不似上层的养尊处优，不劳而获。中间阶层，大体属于知识分子，而不尽是知识分子。因为在私有财产制的教育制度之下，贫者愈愚，富者愈智，越是富有的，越有机会取得更多的知识，凭借更多的知识，繁殖更多的财产，扶摇而上，愈与中下层相远。中间阶层，常被指为士大夫阶级，但不限于士大夫阶级，因为读书人与公务员而外，尚有广大的工农商兵的从业者。中间阶层，也不就等于中产阶级。生活基础固然重要，但在经济条件而外，尚有"社会意识"的支配。时无古今，常可以看到一些中产人物，耻贫贱而歆富贵，不为编氓之蟊贼，即为豪门之鹰犬，日夕思跻于上层，并不自认为中间，又有一些富贵子弟，目睹世苦，甘弃豪华献身于解救下层之奋斗，有时且成为中间阶层之主力。往史所记，如张良之五世相韩，家童数百人，弟死不葬，而与沧海君椎秦于博浪沙，度其亡命之生活。此虽少数，亦可见意识之重要。

---

* 此文发表于《经济评论》杂志第一卷第十一期"专论"。——编者注

因为中国尚未步入工业化的经济阶段，一般消费之水准甚低，属于中间阶层的人们，稍微勤劳一些，大抵可成小康，生活都能过得去，多少且有些储蓄。其中知识分子，或处而为士，肆力于学术，或出而从政，致效于国家，对于文化与政治，均可日促其进步。所以中间阶层生活安定的时代，也就是社会文化得到相当发展的时代。此种情形，一直到抗战发生以前，大体还能持续，无论是中、小学教员，或是大学教授，或是公务人员，每月有二三百元收入时，不必靠着财产，都可以生活得很从容，人们所关心的，只是学绩的向上和事业的发展，不必汲汲于生事，中间阶层的稳定，也便是社会的稳定。

但是眼前的景象怎样呢？抗战以来，以至今天，屈指十年，最受磨难的，便是中间阶层。上层的财产，纵有损失，但是财产之外，还有财产，失去一些旧的，攫得一些新的，大有产依然是大有产。下层呢？反正是手足胼胝，单靠着劳力去生活，引车卖浆，灌园负贩，依然可以取得维持最低生活的收入。只有中间阶层，仅有的庐舍，夷而为墟，些许的储蓄，落值千丈，薪给收入不能与物价的升腾作正比，昔日研摩邃穆的学府大师，夙夜在公的从政干员，转眼之间，皇皇然至不能与贩夫走卒比其生活。士大夫对于中国历史，固有其功罪，但使中间阶层的生活困窘至此，实足威胁社会的安定。

一年复一年，一日复一日，中间阶层的生活，困窘复困窘，困窘到无以为生，将要发生怎样的后果呢？摆在眼前的，便是中间阶层的分离运动。少数爬入上层，多数冲入下层，原来之小有产，亦变为无产。意志坚强者，尚自残守岗位，努力挣扎，意志薄弱者，至少亦趋于消极、颓唐、郁塞，以戕贼其营养不良之躯体。如此演变下去，可使中间阶层不复有存在之余地！

社会财富，只有此数，只见其少，不见其多。消耗之量，只见其增，不见其减。受了经济条件的判约，爬入上层由小有产变而为大有产者，其数毕竟有限，而且愈来愈少。大有产者为抵补其金钱贬值的损失，自不肯以现有财产自足，更思争取，以求附益。于是原有之少数有产者，随着时光的淜荡，必有若干失足而掷诸有产者之圈外，愈使上层之数日少而冲入下层者日益多。实际虽有些中产，亦必攀附于上层，藉其余势与余沥，过着寄生的生活。或则利用病态经济，通过高利贷与囤积，靠着世人受难，博取一些血腥的入息。这样中产者，早已失却中间阶层的意义。结果，只剩下极少数的上层与最多数的下层，中间却成了真空。

人类是有惰性的，加以中国民族，富于忍韧，表现在社会的演变，不会怎样的急激。中间层在经济生活的条件上，既已冲入下层，但在"意识"上，还有许多人，仍自残守在中间阶层的岗位，忍受种种苦难，打算从中间阶层的苦斗中，挽救（毋宁说是延缓）社会的解体。这苦斗可从两方面看。在对己方面，则尽量刻苦，尽量降低生活的水准，甚至牺牲个人的体力和子女的教育，忍受浮世的蔑视与家庭的怨怼，勉力撑持多年的素行，不肯轻易放弃中间阶层对于社会的职责；其次在对世方面，这些人所关心的，还不只是个人小我的生活，而是相与同处在一个社会里的大我的生活。在他个人的生活，不是不可以想些办法。但是他以为：纵令个人，枉道以求，把小我的生活弄好些，也抵不过社会大我之日不聊生。他不仅为自己而苦斗，还要为社会而苦斗。痛感社会联带之牢不可分，没法子归隐田园，没资格游彼乐国，只有与同一社会的大众共死生。在这种双重负担之下，内外挣扎，所受的磨难，确属空前，该是怎样有毅力有决心的人才能禁得住这样的苦厄？

中间意识的残守，亦自有其最后的限度。经过长时期挣扎之后，仍不能牵合两端，求得一时的平衡，反而上层者愈升愈高，下层愈沉愈深，而端之悬隔，愈趋愈远，此时中间阶层，纵使在意识上，苦诣弥缝，期使现有之社会组织不致解体，而以经济条件之无情支配，终无以挽救现有社会组织之卒归殒落。

在许多工业化的国家之中，也可以看到财富分配的不均，上层与下层的悬隔，然而不妨碍其进步与强盛者，则以摆出民主的大道，使中间阶层遂其健全之发展因而取得社会的平衡之故！宪政的精义，只是"妥协"（compromise），沿着中道而行（along the middle course）而不走极端。高者抑之，不及者举之，使下层有以遂其生而上层无以遂其暴。这种取有余以补不足的作法，单靠着上层是办不到的，为富不仁，为仁不富，就大数看，中外并没有什么区别。单靠着下层，则必天翻地覆，经过最大的破坏与流血，搬演人类的大悲剧。只有靠着中间阶层的健实有力，发挥制衡的作用，使上层有以戢其财富的凶威，使下层有以减其穷乏的苦厄，以运用宪政为契机，实现民主的理想。资本主义国家所以拥护宪政，推崇民主，尊重中间阶层，乃是保持现有社会组织最聪明的作法。再进一步，善用宪政的契机，尽量化除上层，提高下层，使各渐近于中层，即可实现经济的社会化而不必经过流血的革命。这种作法，从前的罗斯福总统曾经试验而颇见功效，现在的英国工党正在努力而社会改观。他人能够做得到的，我们不是一定做不到。

如果一定不走民主的路，一定不奖助、不维护中间阶层，则只有两条路可走：一个是老式的，一个是新式的。老式的，已经有了许多的历史经验。每遇上层下层尖锐对立无法制衡之际，中间阶层被迫而与争取生存之下层相汇合，另换一个统治的朝代，求得社会的安定。新式的，尽管也有些新的号召与理想，究其实，仍不外中间阶层被迫而与争取生存之下层相汇合，另换一个统治的方式，求得社会的安定。但是所付的代价，可太大了！

面临着这样时代的危机，还是大彻大悟，摆出民主的大道，容许中间阶层发挥最后的制衡呢？抑是放纵着经济的激流，阻塞民主的通路，坐视中间阶层都冲入下层呢？这真是中国民族命运的大选择！

战时财政何时了？*

（一九四七年六月二十一日）

一

抗战结束前后两三年中，关于财政方面的研讨，时常可以看到这样的论题——"从抗战财政到建国财政"，或是"从战时财政到平时财政"，或是"战后财政问题"，这在抗战快要结束以前以至胜利既经到来以后，确乎是许多人很普遍、很殷切、近情近理的想望与认识。

但是胜利到来业已经过一年又九个月的今日，当前事实告诉我们的，却是另一回事，完全和以前所预期者相反。"建国财政"在那里？"平时财政"在那里？"战后财政"所说的战后，是不是言之尚早？都令我们感到莫大的惶惑，从殷切的热望，转到幻灭的悲哀，赤裸裸摆在人们眼前的，依然是"战时财政"！

面对现实，就该正视现实，而不可讳疾忌医，约而为泰。分明是战时财政的内延与深化，供应庞大无休的军费要求，业已竭蹶万分，还要貌为"平时"，侈言"建国"，这儿也要花钱，那儿也要花钱，以有限之财源，供无限之消耗，这不仅是自欺，简直是自戕。

遍体疮痍，而游乐自恣，厝火积薪，而宴处自若，这该是怎样危险的事！八年对外的战时财政，确乎是告一段落，但是另一个形态的战时财政，紧跟着前一形态，日在扩大深化之中。其外形若与前期相同，而内容则与前期迥异。身为国民，难安缄默，用申所见，就正高明。

二

征诸人类以往的经验，无论古今中外，财政的主要用途，就是军事。如按

---

* 此文发表于《经济评论》杂志第一卷第十二期。——编者注

时期划分，可分为三个阶段：第一为"备战财政"，第二为"战时财政"，第三为"战后财政"。三个阶段，相互联接，循环无穷。每一阶段的期间有长有短，方面亦有对外对内之分，但是"军事财政"之必然性与支配性，则各国之间大体相同。政治比较进步的国家，平时对于军事费，尽可能地减少，但仍不免占据国家经费中的"狮子份"（lion's share）。至于政治落后的国家，那更不必说了。军事财政的三部曲，简直分不开，经年累月，无不在战时财政之下讨生活。这等国家，亦有形式的预算，在预算编制中，亦思设法压低军事费的比重，但是预算自预算，事实自事实，迫于事实的需要，可以在经常预算外，无休止地追加，更可以在形式预算外，多方面地取给。这等国家的财政，可以"从金库到火药库"一语概括之。金库所吸取的，是人民的血汗，火药库所消耗的，又是人们的血汗。整个的国民经济与国家财政，只为军事而存在，不仅吞噬了最大部分的国民所得与国民财产，而且阻滞了削弱了基本的社会生产力，影响到周期的财政供应力，更觉支绌百端，难乎为继。

在现阶段民族国家的过程中，如果为争取民族的独立而作战，尚可说是天经地义，为民族所拥护，所讴歌，献出最后的一文钱，滴到最后的一滴血，皆为国民所情愿。春秋无义战，只有这样的战争，才算作义战，才尊作圣战。只有这样的战时财政，才为民众所心诚拥护。对日抗战以前，国民对于历年内战，无不疾首蹙额，诅咒到了极点，一朝揭橥对外，竟能欢呼拥护，由极度的诅咒，变为极度的讴歌。及至抗战结束，而战事仍不休止，默察薄海舆情，寻觅往日的讴歌，似乎渺不可得，大有由讴歌转为诅咒之势。对外而诉诸战争，原非得已，对内而仍诉诸战争，无论具何理由，仍为民族国家意识所不许，得不到人民的心服。

三

自从一八四二年海通以还，百年来中国经济的最大病态，即在生产方面，始终逗留在"原始的"形态，而在消费方面，即已被拖到"现代的"境地。原始的生产与现代的消费，同时并存在一个国度之中。消费则奔轶绝尘，生产则瞠乎其后，两者间之距离日远，遂使生产永远赶不上消费。国家财政仅是社会经济的反映，在此生产与消费极度不能平衡的经济基础之上，欲求财政预算的平衡，岂非梦想。战争是最大的消费者，在工业化的国家，以其机械化的高度工业生产，供应机械化部队的高度消费，尚犹可说。但在吾国，对于军队的装备，已经拖到"机械化"的境地,而在生产供应方面,仍自停滞在原始状态之中,每一战后,动逾亿万,机械化部队之高度消费,岂是此原始生产所能负荷?

生产条件,不仅决定了政治与财政,而且决定了经济行程中的分配形态。有了工业化的生产,一方面造成现代的资本蓄积,同时也造成劳动阶级的广大力量,而有民主制度的发扬。有了民主力量的制衡,也便可以得到财政方面"应能负担",使大所得大有产者尽可能分担军事费的大部分,以减轻一般平民的负荷。但在吾国,生产既停滞在原始阶段,于是资本之蓄积,很少由生产而来,大都凭借政治的力量,巧取豪夺,以为己有。同时劳动阶级,生事所得,仅足维持"由手到口"之最低生活,甚者并此最低生活亦不可得,自无余力以过问政治,根本无从发动民主的力量,使资产阶级对于财政作应有之负担。于是在此等社会,只有将日增无已之军事费,尽量投诸喘息未遑之生产阶级与糊口维艰之劳苦群众的肩上,更加窒息生产的存绩。至于资产阶级之既得利益,以无民主力量之有效制衡,反得逍遥于合法负担之外,利用战时之畸形经济,愈益繁殖其不当利得。蒲徕恩老教授(Prof. C. C.Plehn)所称"靠着世界受罪作生意",(trading on world's misery)仅指军火商人,尚未看到这种场面。"矢人惟恐不伤人",这种人,不会直接感到战争的威胁,而且在下意识,无宁欣幸鼓舞于战争的存在。

处在这种情势之下的国家财政,打算从课税的常轨取得充分的收入,遂觉异常吃力。纵令想尽办法,加紧征课,仍不足应付急如星火之军事支出。至是乃不得不乞灵于发钞,靠着恶性膨胀,支应战事之难局,而发钞的结果,又成为变相的对于广大群众的征用。这样的循环往复,可以使一个经济社会,不至蜡尽油干不止。

四

战时财政何时了?
支出知多少!
离离原上又春风,
孑遗不堪榨取水深中。
圣战声光应犹在,
只是流年改,

战时财政何时了？

阅墙暂胜更添愁，

仁看万方膏血付东流！

东晋之世，慕容恪以夷长狄之雄，尝曰："自有事中原，兵不暂息，吾每念之，夜而忘寐"。船山先生乃极称之，以为"悱恻之言，自其中发，功成而人免于死"。三国兵争之世，羊祜归自江陵，"务修德信，以怀吴人。军行吴境，割谷为粮，皆计所侵，送绢偿之，于是吴边人皆悦服。"卒收全师平吴之功，且奠定数世之后元帝渡江建国江南之基础。古今时代虽不同，亦可见政争之不可专恃兵力，能从政治上贤明之作法，有以收服人心，乃为根本之图，其效力有超过用兵万万者。

至于现代政治，关于政权之取舍，既无从靠着揖让，亦不能再恃征诛，而要依据宪政的轨道，此乃环境事实各种条件不容不走之路。因为在现代，尤其在中国，必欲以兵争决定政权之取舍，微论为国际环境所不许，仅就国内条件言之，朝争一域，夕争一线，倏此倏彼，旅进旅退，迁延岁月，旷日持久，则在经济财政的条件上，必有不能支持之一日。纵令在军事上，获得最后之胜利，而经济民生，极度破毁，亦且不堪收拾。西哲塔西佗（P. C. Tacitus）曾有言："彼等弄成沙漠，便叫做和平。"[1] "打天下"的观念，在古代容有可能，在现代，实为经济财政的条件所不许。大政治家，有以取，亦能有所与，苟利于民，不惜下大勇猛，改弦更张，放弃专恃武力之成见。纵令兵力对峙，不能猝解，无论在朝秉政，疆场主兵，亦须远师羊叔子之遗风，近法宪政国家之轨范，从政治上的作法，有以收服人心，勿专在军事上争一日之短长。不仅民受其赐，即为从政者本身着想，亦不失为高明睿智之举也。

---

[1] Tacitus, *Agricola*, "They make desert and call it peace", p.30.

安定天下与安定一方*

（一九四七年七月十九日）

未能安定天下，而能安定一方，也是好的。

不能安定一方，只想安定天下，那是做梦。

安定天下未完成前，安定一方，不是作不到。

安定天下，必从安定一方入手。

安定一方真能做好，即可进而安定天下。

——多数民众的最低想望

"统一"不是从统治者着眼，而要从被治者着眼。从统治者着眼，那是以前帝王专制时代的看法，所谓"一条杆棒等身齐，打得天下四百余州都姓赵"，这种看法，早已不许存在于今日。即在古昔，传诵常新的政治对话，也曾有过这样的记述："天下乌乎定"？曰："定于一"。"孰能一之"？曰："不嗜杀人者能一之"。"孰能与之？"曰："天下莫不与也"。这就是从被治者的利害着眼，而不是从统治者的便利着眼。被治的老百姓，得到了生存和安定，自然可以获得统一，而不是单靠着杀与打所能做到的。

因为社会条件发展的矛盾，历史传统的因袭和国际关系的外铄，目前的中国，注定了长时期的动乱，因而演成两种概念的对立，互相激荡，很有力地在这儿支配着。一个是认为：现存的社会组织已经腐蚀到不可收拾的地步，索兴叫旧的崩溃吧，而且叫它加速彻底的崩溃。稳定了旧因素的存绩，便是阻碍了新因素的成长，这是一种看法。另一种则是从古以来，平天下的观念，用现行话表示，便是统一，统一在一个政权之下，而不许其分裂。对于分裂的现象，用和平的手段也好，用战争的手段也好，必欲使之消灭，以贯彻其安定天下的抱

---

* 此文发表于《世纪评论》杂志第二卷第三期"专论"。——编者注

负。这两种看法，还不是一二人之私见，而是社会因素、历史传统和国际思潮所演成的客观存在，因而造成两种心理作用。一方惟恐其不动不变，另一方则惟恐其动，惟恐其变。交相激荡，各不相下，于是演成当前的情势，变也变不到什么成果，定也定不出一个局面，而全国民众则不免迷于锯末纷飞之下，处于水深火热之中。

从被治的老百姓着想，对于社会上那些坏的，还不希望它变么？稳定住那些坏的，只有加深民众的痛苦，断送人民的生路。但是在变的过程中，为了政争，不惜以万民为刍狗，完全忽视了安定民生的工作，结果则民心一去，政权也便落了空。就是从统治者着想，当前最迫切的需要，也是怎样叫老百姓能够活下去。

在这样广漠而纷乱的国度里，安定天下，题目可太大了。经验告诉我们，实在作不到的事体，即不必奢望它，免得徒耗心神，加深幻灭。但是人们所以活着，总还靠着希望，大盼盼不到，小盼总还免不掉。安定天下不可猝得，不得已而求其次，安定一方也是好的。虽说当前大劫，无人幸免，但是总希望留下一些种。搜孤搜得那么凶，而赵武能存，一成一旅那么少，而少康中兴，总要给中华民族留点种！中国经济落后尚自停滞在原始农业的阶段，不比高度工业化的国家，牵一发而动全身，一方动乱，同时在他方，不是不可以作到安定。尽管在争城夺地兵刃相见的过程中，总还有不打仗的地方，对于保全民命安定民生的基本工作，尽可能的作到几分是几分，"得天下者，得其民也"。这才是争取政权的基本着数。

《蜀志·先主传》载："当阳之役，曹操将轻骑五千急追之，一日一夜行三百余里。或谓先主曰：'宜速行保江陵，今虽拥大众，披甲者少，曹兵若至，何以拒之'？先主曰：'夫济大事，必以人为本，今人归吾，吾何忍弃去？'"刘备此举，在战略上讲是吃亏的，但是在政略上讲，则是最聪明不过的。刘备以劣势的兵力，尚且不惜牺牲以百姓为重，那末，握有优势的兵力者，更容易作到，这就要看政略见解的高下了！古今情势虽有不同，而玄德数语，仍不失为政治典范。

邓艾平蜀之后，三分天下，晋有其二，本可顺流而下，一鼓吞吴。但是主持军计的羊叔子，则别有所见。以为东吴立国，已历数世，国险民附，又得具有远见之将帅如陆抗者，主持其间，不能在军事上求速效，乃"务修德信，以怀吴人。军行吴境，刈谷为粮，皆计所侵，送绢偿之。每汇众江沔游猎，常止晋地，若禽兽先为吴人所伤，而为晋兵所得者，皆送还之，于是吴边人皆悦服"。手握优势之兵力，而能以争取人心为基本工作，卒收全师平吴之功，且奠定数世后元帝渡江建国江南之基础。政略先于军略，这是最显著的例子。

南北朝之际，慕容恪围段龛于广固，诸将请亟攻之，恪曰："龛兵尚众，未有离心，尽锐攻之，杀吾士卒必多矣。自有事中原，兵不暂息，吾每念之，夜而忘寐，要在取之不必求功之速"。船山读通鉴论，于此乃亟称之以为"恻悱之言，自其中发，功成而人免于死"。此与玄德之不忍弃民，羊祜之务修德信，均能于军事扰攘之中，洞见政本，"恪可不谓夷中之铮铮者乎"？吾亦谓然。

五代之世，"杨行密起于卒伍，力战以有江淮，乃忽退而自念，为固本保邦之谋，屡胜徐温，顾且画地自全，而不急与虎狼争食，于是江淮之寡妻弱子，幸保其腰领，以授之徐温"。徐温大破钱镠，徐知诰请乘胜东取苏州，"温念乱离久而民困，因镠之惧，戢兵息民，使两地各安其业"。船山于此，又亟称之，以为"当乾坤流血之日，而温有是言，以留东南千里之生命于二十余年，虽一隅也，其所施及者广矣。极乱之世，独立以导天下于恻隐羞恶之中，忽忧其孤也将有继起而成之者，故行密之后，必有徐温"。"自是江淮之谋臣战士，乘暴兴之气，河决火延，以涂人肝脑于原野者，皆废然返"。未能安定天下，且先安定一方，其"为功于乱世"，不可谓小。

余于去岁写《公退随笔》其二九五则，曾就三国时代之地方政治，有所陈述。"扰攘之世，安定为先，安天下者不可猝遇，而能安定一方者亦为生民所企求。魏武身值汉末之乱，连年用兵，日不暇给，但对于刺史郡守，运用甚审。如刘馥之主扬州，司马朗之主兖州，梁习之主并州，张既之主凉州，贾逵之主豫州，咸能'精达事机，恩威兼著，肃齐万里，见述于后'（用陈寿语）。虽由孟德之精鉴得人，亦因诸贤，识解干略，殊越寻常，始收安定一方之效"。当时之地方政治所以能作到此点，曹操之明于用人，固为其主要原因，但尤有一点为读史论政所不可忽者，即"汉季以来，刺史总统诸郡赋政于外"，故得专命一方，尽其器能。以现代语表示之，即中央不可过采集权，对于地方，应尽其可能，酌行均权。倘使主持地方者，选用不得其人，纵行集权，亦不能贯彻中枢之良法于地方，甚至辗转而下，根本变质。且对于地方守吏，束缚太严，法令太繁，将使有能者不得展其才，结果与无能者等。非必古人皆可称述，今人皆可菲薄，非必人才之盛今不如古，只因偏于集权，忽视均权，遂使今日之负责方面者，囚拘如辕下驹，不得尽其能，难收安定一方之效。

西晋之世，刘宏为荆州刺史，值王室多难，得专命一方，尽其器能，推诚群下，厉以公义，简刑狱，务农桑，陶侃继之，勤敏慎密，生聚之者数十年，民安，食足，兵精，刍粮舟车器仗，旦求之而夕给。故船山称之曰："微宏则陶侃无所托以尽其才，微宏则琅琊南迁，亦无资以立国。晋保江东，以存中国之统，刘宏之力也"！由是以观，天下虽乱，安定一方，非不可能，且能进而安定天下。

古今情势，自有不同，非可泥古以论今。但是历史的经验，总可引为参考，以为今日施政之借镜，所谓"以古为鉴，可知兴替"，归而求之，自有余师。当今之世，谁能争取民心，谁即确保政权。谁能安定民生，谁即取得民心。未能安定天下，且先安定一方。古若专制时代，尚且如此，况在盛唱民主之今日！

直接税考试及格人员讲习班开学典礼训词*

（一九四七年七月二十日）

今日为开班之第一日，关于本税之意义及工作人员之使命，已由署长剀切训示极为详尽，兹藉此机会将直接税人员考试训练之历史为诸君扼要报告。

直接税实行考试制度已相当悠久，自民国廿五年七月一日筹备本税之日起，即注意及此，十年来继续未断，且逐渐扩大及充实。直至今日，回顾此十年来之经过，本税之推行虽成败相参，唯对用人一途自庆尚甚正确。在十一年前本税正当筹备时，即成立一训练机构，采用公开考试方法，招收各大学毕业生，考试后在本京孝陵卫设班训练。当时以环境优良，设备充分，故时间较长共为二月，并采用军训，为税训第一期，同时税训第二期亦在京受训。嗣抗战军兴，政府于民国廿六年十一月西迁武汉，虽在军旅倥偬之际，仍勉力办税训第三期。民国廿七年政府再迁至重庆，军事更趋紧张，但本税并未放弃此优良制度，唯以条件限制，故税训第四期仅就原有职员中具有学历与资历者举行讲习。假重庆大梁子青年会地址，开班授课，布置极为简陋。后以战局较稳，于民国廿七年十月本部乃举行招考，人数甚多，分高、初两级，有税务、会计、银行三组人员，仍开班训练，地点在本部总务司原草棚内，是为税训之第五期。当时参加人员亦以直接税占数为多，以后每年仍继续举办，唯因轰炸过烈，不便采集中考训方式，乃用登记方式，由各大学保送学生，唯训练讲习办法仍不变更，地址迁至新桥，更有一部分移至四川隆昌之罗星坝。以上如此零碎之史实，足证明办理本税者对考训之精神如何重视，在颠沛流离物质条件极端困难下，均未忽略此重要程序也。本部对税务人员最为重视，故本年度又举办如此大规模之考试，而本税之负责人尤注重讲习，不论旧同人及新参加本税者，必须重视

---

* 此训词系由洪誉记录，刊载于《直接税通讯》第十一期。——编者注

此种精神。希望在此两周内，将此项工作圆满完成，不仅是形式表现，且须注重实质。

吾人欲改革财政，必须使每一工作人员具有学识及能力。有两个史例可作佐证，唐朝有一理财专家刘晏，其所以成功，乃在重用士人，不用胥吏。在外国财政管理以英国为最良，虽因其政治经济均有优良之基础，但最要实在用人之得当。美国之财部于一八四零年代创行文官服务制度（civil service system）即系采公开考用制，不论关系及籍贯，但凭能力服务，对职务负责。财务大臣虽与政党同进退，但自常次以下所有职员，均不因而变动。英国在百年前，即有此良好之制度，故其财政之优良，当非偶然也。本部及本署主管长官特别注意及此，在考试后办理讲习，再予分发至各处负责办税。孟子有言："徒善不足以为政，徒法不足以自行"，一方面要治法，一方面要治人，如能连贯执行，在此两点之外再加上一点联系，成为"治法化的治人"，则政治当可澄清。诸君均为优秀青年，系参加正式考试及格而来，是经过正式法律程序，今后更须照此途径发展。若能永远保持此种精神，对财政税政必有极大贡献。本税十年来即注重此制度，成效甚大，足证此制度正确无讹，希望同学对此增加信心，努力以赴。

人材消长与均权政治*

（一九四七年八月十六日）

历数国史所载人材之盛，必推先秦与三国，概属分立局面，而于统一略具之后，人才反为之寥落，至今民间所传诵之三国演义，学者所推重之龙门史记，所以光芒万丈永垂不朽者，即以所描述之人物风起云涌震铄古今之故。何以分立之际，人才反多，统一之余，人才反少，进化到今天，乃有才难之叹，求如先秦与三国之英伟辈出曜奇竞爽者，若盛世之不可跻攀，其故安在？

往者读船山《宋论》（卷十五末段）述及历代外患，曾谓："自春秋以及战国，自相争战，而燕、赵独以二国之力，控制北陲。秦人外应关东，而以余力独捍西圉。……及秦灭燕代，并六合，率天下之力以防胡，而匈奴始大。汉竭力以御之，而终莫之能抑"。以天下之力，泛应而不足，以一方之力，专注而有余。于是今人如王芸生先生，乃唱为"均权与统一"之论，以为统一不可迷信，均权亟待推行，此中利弊得失，关系之方面甚多，当非片言可尽。不佞拟自人才之消长一点，试论统一与均权之关系。

分治则人才多，专制则人才少。均权则人才多，集权则人才少。即在施行宪政之国家，政党分立，其人才亦每较一党专政者为盛。美利坚开国之初，则有汉密尔顿与杰佛逊，对立而媲美。维多利亚王朝全盛之日，则有格莱斯顿与狄斯累利，迭起而竞功。以善相竞，因竞而善，已有之人才固得脱颖回翔，未熟之人才亦因竞善而有淬励玉成之效。每见统一专制之世，人才从政之出路，只此一家，别无分号，买方成独占之局，卖方乃有贬价竞售之势，无形之中，将人才之真实价值打一很大之折扣（人问孔子："有美玉于斯，韫椟而藏诸？求善价而沽诸"？子曰："沽之哉，沽之哉，我待价者也"。即不肯贬值求售之意）。司用人之柄者，亦以赵孟能贵，赵孟能贱，人才之用舍升沉。其权岂不在我，则对于礼贤之殷，求贤之诚，用贤之勇，任贤之专，亦不免随集权而呈渐减之势。稍

---

* 此文发表于《世纪评论》杂志第二卷第七期。——编者注

具风骨有志从政而不肯贬值以售者，除非北走胡南走越，只有埋没风尘终老岩穴，其能昂首腾达者，率多役使之才，甚至奴使之才，将顺意重，謇谔不存，才之量固减，才之质亦低，因集权之盛，招致人才之衰，消息甚微，而影响甚大。

至于分治之世，关于用人，则恰与此相反。即以三国时代为例。"赫赫三雄，并回乾轴，竞收杞梓，争采松竹，凤不及棲，龙不暇伏，谷无幽兰，岭无停菊"。当时虽势剖力分，然而一隅之聚，其人才干济之力，皆足经营天下而有余。颉颃不下，轩轾不分，正足见人才之盛。所以致此之由，完全系于主政者识贤之明与用贤之量，复以竞善之故，促成其敬贤之切与求贤之勇。玄德之三顾草庐，孟德之解衣于仇敌，与孙氏兄弟之坚信于危疑，均足证明此中消息。遂使"诰诰众贤，千载一遇，整辔高衢，骧首天路，仰抱玄流，俯弘时务，名节殊塗，雅致同趣"（用袁宏语）。机运凑迫，良非偶然。

三国之中，尤以曹魏得人最盛。"曹操比于袁绍，则名微而众寡，然操终能克绍以弱为强者，非惟天时，抑亦人谋也"（用武侯语）。操之用人，恢廓大度，不亚于刘邦。袁绍则以"布衣之雄，能聚人而不能用"（荀彧论袁绍语）。绍之谋臣许攸，以细行不检，为绍所责，惧而奔操。操闻攸来，跣出迎之，攸乃说操以轻兵袭绍乌巢屯粮，绍众因而大溃。绍势转弱，操势转强，曹魏之兴，实肇于此。军克之后，收绍书中得许下及军中人书，皆焚之，并为众人解释："当绍之强，孤犹不能自保，而况众人乎？"此亦光武"使反侧子自安"之意，此其豁达大度，化携贰为忠诚，实非寻常所可企及。故其所获人才，出自乡里从龙者少，来自各方敌对者多，谋士如郭嘉许攸辛毗，则来自袁绍，贾诩则来自张绣。大将如张辽来自吕布，徐晃来自杨奉，张郃来自袁绍，文聘来自刘表，庞德来自张鲁。文士如陈琳，曾为袁绍作檄骂操，操则礼而用之。高节如管宁邴原自辽东，田畴自北边，袁涣自吕布，王脩自袁谭。以用武之主，而能激扬清风，优礼謇谔，殊觉难能。又如不追关羽，厚待沮授，泣送陈宫，此中虽不无权术，亦足见爱贤之厚。孟德如此提倡，后世继之，有一司马懿即足对抗诸葛六出之勤，区区郝昭亦足扼陈仓之险。武侯即世，仲达亦老，复有邓艾以当姜维，人才辈出之壮观，真有龙骧虎跃风起云涌之妙。

当时人才之盛，曹魏而外，则属孙吴。终吴之世，身当方面之大将系国之安危者，周瑜之后有鲁肃，鲁肃之后有吕蒙，吕蒙之后有陆逊，陆逊之后有陆抗，人才继美，如是之久，求之蜀魏，亦罕其俦。盖以孙氏兄弟，雄才大略，均能得人。伯符之推心于太史慈，仲谋之置信于诸葛瑾，甘宁射杀凌操，乃重用之而不贰，故能虎踞江东，莫之敢犯，数值艰危，化险为夷，何莫非得人之效？

蜀汉之兴起较晚，天下人才久为孙曹二方所罗致，于是蜀之取才，乃有竭蹶之感。然而入川之后，"诸葛亮为股肱，法正为谋主，关羽张飞马超为爪牙，许靖糜竺简雍为宾友。及董和黄权李严等，本刘璋之所授用也，吴壹费观等，又璋之姻亲也，彭羕又璋之所排摈也，刘巴者又夙昔之所忌恨也，皆处之显任，尽其器能，有志之士，莫不竞劝"（用陈寿语见《蜀志》卷二）。入蜀之先，历遭坎坷，流寓各方，而能识赵云于公孙瓒，拔庞统于耒阳令，举黄忠于刘磐，获魏延于刘琮，迎马超于张鲁，而其三顾诸葛于草庐，尤传为千古礼贤之佳话。初得汉中，"当得重将以镇汉川，众论以为必在张飞，飞亦以心自许，先主乃拔魏延为督，一军尽惊"（见《蜀志》卷十）。先主为汉中王，欲用黄忠后将军，武侯以为忠之名望，素非关马之伦，今便令同列，关遥闻之，恐必不悦。先主曰："吾自当解之"（见《蜀志》卷六）。此等荦荦大节目，不为亲好有所私，皆是玄德过人之处，故能崎岖巴蜀，而鼎足称雄。

公治之世，人才反多，征之三国，已见其然，除春秋战国而外，任何统一之朝代，均不能与此相比。亦如学术方面，百家并存，则光芒万丈，统于一尊，则鄙琐无聊，其故可深长思也。然则吾人将欢迎分立厌恶统一乎？是又不然。既为一民族之国家，岂有不愿其统一之理？但对于行政之大方针，与其偏于集权，则不如"均权"之为得。均权之精义有二：其一，勿集权于中央，而均权于地方。其二，勿集权于一党，而均权于他党。前者为中山先生之遗教，后者为宪政国家之常轨，果能行此，岂止人才之盛，左券可操，一切政治问题，皆可迎刃而解。昔者赵宋立国，惩于唐代藩镇之跋扈，极力削减地方之兵权，卒招辽金侵略南渡流亡之祸。国民政府北伐成功，惩于过去军阀之跋扈，不免施行集权，削减地方政府之权力，此固有其历史的因素。然而矫枉过正，束缚太严，法令滋多，其细已甚，遂致负责地方者，上自方面之大吏，下至亲民之主宰，处处须仰承中央之意旨，不肖者未必收制裁之效，有能者反不得因地制宜，尽其器能。又以重视中央轻视地方之故，稍有才具之士，率多争名于朝，不肯下乡，中央感于人力过剩，地方乃有人才缺乏之苦，人才分配之不均，与集权政治亦有莫大之关系。试观欧洲之进步国家，如法兰西、如捷克，不过等于吾国之一省，其他瑞、挪、荷、比且远较吾之一省为小，然而人才辈出，政绩斐然，以视吾泱泱大国，反能赢得国际之重视。以吾国疆宇之广漠，地方情形之各殊，欲以集权求治，殊不可能。何如采用均权，中央行政仅举大纲，而使地方行政因地制宜，充分发挥分治之效。中央行政不过发号施令耳，实际工作，皆在地方。集众多之人才于中央，发言盈廷，立法如毛，今日一策，明日一划，微论立法之未必善，策划之未必宜，纵令得宜，一到地方实行，乃感人才太少！中央陷于充血，地方则陷于贫血，人才之分配，偏枯若此，以此求治，不亦难乎？

仅就人才之消长一端而论，业已痛感集权政治亟待修正，均权政治亟待推行，果能从此处着手，转捩机运，即可为地方自治宪政实施，树立健全之基础。用兵之道，贵能人自为战，而不专恃主帅之遥制，况在政治，似无庸对地方太不放心，事事遥制，终有鞭长莫及之感。安定天下不可猝得，且先安定一方，则对于均权政治，实有早日推行之必要也！

脱稿于民国三十六年八月四日

水与中国经济*

（一九四七年九月十三日）

洪水方喧混，何人继李冰？
离堆留胜迹，灌口欝威灵。
凿山疏浪稳，列堰驭流平。
抚今思利济，况乃未收兵！

——民国三十五年八月参观都江堰旧作

当前许多问题中，最感迫切的，只是一个生活问题——也就是大众经济问题。经济问题在中国，归根结底，只是农业经济问题。农业经济的死活荣枯，从大禹到现在，只是一个水的问题。

现在中国，到处皆在闹水，水算是和我们老百姓干上了。以前还是拿水作象征，例如——法币的洪水，把物价漂得这样高。接收的洪水，把人心丢得这样惨。美货的洪水，把民族工业冲得东倒西歪。黄金的洪水，把市场搅得天翻地覆。游资的洪水，到处奔流，冲尽了正当的投资储蓄。行商的洪水，出没飘忽，威胁了正常的工商企业。而最严重的内在敌人，便是泛滥于朝野的贪污，为便于混水摸鱼，还要把洪水搅得这么污浊。仅就象征来讲，在我们国度里，水的花样，可算是洋洋大观了。

人之所欲，天必从之，紧跟着这些象征的水，竟来了真水！从西南一直到东北，沿着珠江、扬子江、黄河、辽河几大流域，同时闹着空前的大水灾。据报纸所载的消息，"粤、桂两省，最为严重，广东境内，东、西、北、韩四江同时暴涨，水势波及五十余县，冲没了四百余村庄，淹盖了八百万亩田地，无家

---

* 此文发表于《经济评论》杂志第一卷第二十四期。——编者注

可归的灾民至少达五十万人，珠江三角洲的稻收大部分已告损失。广西北部多县因旱魃为灾，早已白穗满山，颗粒无存，而武鸣、邕宁、梧州等地却水深两丈，田庐尽淹，全省报灾请赈的逾五十县，灾民数达一百五十万人。川省的水灾也遍及岷、沱、涪诸江流域，成都一地灾民即达二十万，都江堰部分被冲毁，尚在抢修中。其余闽、湘、豫、台等省，都有规模或大或小的灾。"（见七月二十八日《大公报》）本年的水灾居然闹到天府的四川，而且危害了千余年来固若金汤的都江堰，天时人事，感召如斯，检明旧稿，不觉怆然！

黄河以北的水利问题，还可以诿之战事关系，无论是中央政府或是地方政府，都有些顾不到，因而招致旱灾或水灾，只有以百姓为刍狗。至于长江流域和珠江流域并没有战事，而且都是较为富庶之区，可以很从容的兴修水利，先事预防，何致于一朝溃决，弄到这样不可收拾的地步！等到灾害已成，田庐已毁，人畜伤亡，再谋救济，微论四海困穷，救济之力量有限，纵令竭蹶以赴，挹彼注兹，而整个国民经济的水准，直接间接又已降落了若干层。吾人本不自甘于农业经济，时时刻刻打算着手于工业化，谁复料到即此原始的农业经济又复遭遇空前的破坏，威胁了国民生活的根本。以前金潮、米潮闹得虽然凶，只是震撼了都市，彼时所喧嚷的经济崩溃，也不过是市民的看法。但是现在的水灾，情势可不同了，它已经震撼了广大的农村，揭开了中国式经济崩溃的序幕！

研究中国经济，要从整个体制着眼，切忌见树而不见林，漠视了农村而拘囿于都市。从前的金潮、米潮，纵令闹得再严重些，所垮的是米市场，而不是产米的农村。费孝通先生诊断中国经济的病症，不是崩溃，只是瘫痪，那便是从广大的农村着眼，大体上是不错的。但是今天的情势，又和费先生所说的不同。以前农村所受的破坏，主要来自军事，今天打仗，明天可以不打。这里打仗，那里可以不打，左手瘫痪，右手可以照常握管执箸。但是人为破坏之外，再继以旱灾和水灾，情形可不同了。水是土地经济的神经，缺水成旱或是多水成灾，神经受了破坏，影响的程度和范围可大了，一旱就是几百里，一冲就是几十县，像今天各省所闹的水灾，已经不是一部一隅的瘫痪，而要蔓延到农业经济的全体制了。如果再不猛醒彻悟，决心从根本着手，谁能说不会引起中国经济的总崩溃？

所以从古以来最有眼光的政治家，无不重视水利，有了水利，便有了农业的基础，有了经济，便有了政治的基础。大禹、李冰所以受万世崇敬以至于今，便是这个道理。就是在兵荒马乱的时代，有为的政治家，也要特别致力于水工，才能奠定胜利的把握，树立统治的威权。姑举一例，曹操当汉末大乱，连年用兵，军旅倥偬之余，特别注意于刺史、郡守的选用，期收安定一方之效。其所以安定一方者，亦莫不以致力水工为要图。刘馥为扬州刺史，"广屯田，兴治芍陂及茹陂，七门，吴唐诸场，以溉稻田，官民有蓄"（见《魏志》卷十五）。贾逵为豫州刺史，"外修军旅，内治民事，遏鄢汝，造新陂，又断山溜溪水，造小弋阳陂，又通运渠二百余里，世称贾侯渠"（见同前）。从前之州刺史等于今日之省主席，今人未必逊于古人，古人能作到的，不信今人作不到，只分认识与不认识而已。军事的基础在政治，政治的基础在经济，经济的主干在农业，农业的命脉在水工！在这两千年来以农业为根本的国家，把握住水工，即可以把握一切，取得这个基本条件，其余政治经济各方面的措施，才能有所附丽。不此之图，而舍本逐末，侈谈建设，而失却重心，一旦水灾降临，却要淹没一切！即谈工业建设，也要从水工入手，水工有了规模，岂徒农业受其赐，所有交通、电力若干现代化的工业，也要以水工为基础。为了工业也好，为了农业也好，中国之经济建设，均应以水工为重心。贾逵、刘馥，身值战乱之世，以文人主持方面，均能注意及此，故于三国纷争之际，而能安定一方。古人能之，而今人不能，只分认识与不认识耳。

继司马诸葛对峙之后，与姜维相抗衡卒收平蜀之功，人皆知有邓艾。但是，知邓艾者，仅知其武略，而不知其明于水工。邓艾起身寒微，初为典农纲纪，司马仲达奇之，辟之为椽。"时欲广西蓄谷，为灭贼资，使艾行陈项以东至寿春，艾以为田良水少，不足以尽地利。宜开河渠，可以引水浇溉，大积军粮，又通漕运之道。乃著济河以喻其旨，仲达善之，事皆施行，乃开广漕渠，每东南有事，大兴军众，泛舟而下，达于江淮，资食有储致无水害，艾所建也"（见《魏志》卷二十八）。现在打仗，只知向人民要粮，地方所以致效于中央者，只知征借足额，而于根本之计若水工者，反漠漠焉！以此而欲求军事之成功，当亦为仲达邓艾所不许。

四川所以号称天府，以有都江堰之故。《益州记》曰："水旱从人，不知饥馑，沃野千里，世号陆海，谓之天府"，诸葛亮北征，以此堰农大，国之所资，以征丁千二百人主护之，有堰官。军旅倥偬之余，其重视水工如此。又《郡国志》载"夔州府有义泉，诸葛武侯所无。侯虑城中无水，乃接筒引泉入城。后夔州无艺，以榨水取钱，至宋待制王龟龄罢之"。诸葛武侯长于火攻，人皆知之，而不知其明于水利，故能连年用兵而民殷国富。相传张翼德称诸葛为水先生，不明水利，又何以为军师也！

以上举例，仅以证明有识之政治家，无不以修明水工为治国要图，兵戈扰攘之际，足食足兵，更应以水工为致胜之基础。无水工则无农业，无农业则不仅无资格谈建设，也无资格谈打仗，当前的中国经济问题，还有比这个更重要的？

现在当各省大水灾之后，第一种应办的自然是救济，但是朝野各方更应该注意的，便是经过这样惨痛的教训之后，该明白水工之高于一切了！事后的焦头烂额，何如事前的曲突移薪！现在水患虽说严重，总还有未曾溃决的地方，总还有可以抢修的工程。此后我们的朝野贤达，千万不要侈谈大而无当务广而荒的经济计划了！我们要集中意志拿出全力和水斗争。要运用中央地方贫乏仅有的财源，兴修水利。真要是最大多数的民众，连吃的都没有，那可真要招致经济的总崩溃！到那时节，除了备好飞机游彼乐国的在外存款者而外，就是侥幸偷安在少数都市的人们，也要被圈在洪流和饥馑的威胁中，迟早还是不免于淹没。到那时节，中国真要成了名副其实的"泱泱大国"了！

脱稿于民国三十六年七月三十日

政治现状下改善经济并非完全无用[*]

（一九四七年十月四日）

一

军事是"政治的延长"，因为军事阻碍生产、破坏交通、减少出口、增发钞票、抬高物价，种种事例不一而足，毋庸缕述。经济的过错，许多在技术和管理方面，本来可以作得好一些的经济设施，因为技术不够、不高明，或是管理得不忠实，或别有用心，因而把可能作得不错的事情弄坏了，因而影响到政治。例如过去的贷放政策、管制政策以及黄金政策、外汇政策等，其例亦甚多。两者的循环性是太密切了，诚如 James Wilson 所说："Without sound finance no sound government is possilble; Without sound government no sound finance is possible"，似乎像鸡生蛋蛋生鸡那样的循环难解。如果打算把经济和政治隔离，似乎是很难作到的事，但是本人也另有一个看法。在"安定天下"未作到前，应从"安定一方"入手，不能因为天下未安，对于自家所管理的一方，也教它乱七八糟的坏下去。虽说一方之事，免不了受大环境的影响和牵制，但是尽心做到几分总比不做好的多。参照防疫隔离的办法，作些政治防疫的工作，不是绝对做不到的事情，所以我认为可能。但是这只是"尽其在己"的看法，就大势和远景看，政治没有根本的改革，星星点点的经济改革，终究无济于事。据个人的见解，目前经济病象的症结，在以原始式的生产供应现代化的军事消费，而且何时了的时限，根本又没有把握，就是搬出神仙，不也是一样的束手？所以说是症结在此。打到今天的局面，再说不打，当然是废话，但是政治上的决策，在

---

[*] 此文发表于《经济评论》第二卷第一期"经济与政治的相互关系—兼论当前经济学人的责任"论坛。——编者注

最初,何以虑不及此,只是这样无止境的拼下去,拼到何时是了?所以解决目前经济病象之途径,根本上,应从政治着手。从经济上着手,说句老实话,充其量也不过是补苴罅漏的办法,可能性是有的,我的看法,并不像若干学者看它完全无用,但是效果则有限。

二

经济学人的责任与目前应采之态度。

(一)从全民眼前之福利来看——我们要在岗位说岗位,尽其思考研讨之所及,寻求可能可有的方案和办法,那管能够延长民众生活一两年,也是好的。不可单作 negative 的功夫,而漠视了 positive 的努力。

(二)从政治经济的远景去看——那可要坦白而严正的指出——如果照着现在的政治作风干下去,任何天好的经济办法,都是没用!Without sound government, no sound finance (or economy) is possible!

惩贪与养耻*

（一九四七年十月十八日）

一

贪污之事，古已有之，不自今日，而且外国也不是没有，何以在今天的中国，闹得这么凶？到处都有贪污的表露，每天都有惩贪的呼声，于是政府的各部门——无论是管监察的，管司法的，管行政的——也都忙着惩治贪污的工作；可见贪污的病，在中国今日，确乎到了相当严重的程度，需要社会各方面尽情揭露，需要政府各方面断然处治，丝毫容忍不得，丝毫姑息不得，容忍了病，便要断送了命！

但是看到这里，不免令人想到另一方面。社会对于贪污如此深恶痛绝，政府对于贪污亦曾不断惩治，可是贪污之风，愈来愈广，愈来愈甚，惩者自惩，污者自污，俨若猛士之赴战场，前仆后继，断头绝吭而不悔。虽说政府对于惩贪工作，尚不免于瞻徇姑息，以致不能发挥震慑的作用，但是：

离离原上草，一岁一枯荣。

野火烧不尽，春风吹又生！

贪污好比原上草，尽管你烧，挡不了春风在那里吹，烧了还要长！去了一个贪污，又来一个贪污，仿佛到了"民不畏死，奈何以死惧之"的程度。贪污的逼迫太甚了，贪污的诱惑太多了，贪污的好处太大了，贪污之外所以谋生之道太窄了、太苦了，纵令"以死惧之"都有点不在乎，甚至把贪污的花样，弄得很艺术、很合法。分明是丑事，却做得很漂亮；分明是罪恶，却令条文奈何不得。"不揣其本，而齐其末"，光是天天喊惩贪，那是齐其末，末未必齐，本却要长，所以于惩贪纷纭之中，还要我们注意一些更根本的问题。

---

* 此文发表于《世纪评论》杂志第二卷第十六期。——编者注

二

第一，我们的生产，破坏的太厉害了。在战事进行中，我们的生产只有加速度的被破坏，只有无止境的被窒息。一个经济单位的"国民收支"（national income and outlay）总要觅取平衡，才可以继续的活下去。支的方式是消费，取的来源却靠着生产。生产尽管加速度的破坏，但是吃饭穿衣，无论怎样降低，却有"仅少生存"（bare existence）的必要，生之者寡，而食之者众，于是社会上便发生剥削作用。在资本主义社会，纵有剥削，还是在生产过程中进行，但是在生产不能遂行的社会中，迫于生存的要求，就要发生贪污剥削！所以贪污现象，在生产落后而又极度被破坏的国家，乃是必然的行程，认清楚了，并没有什么奇怪。所以惩贪之余，还是希望不要太破坏了生产。

第二，我们的消费，膨胀得太畸形了。这要从两方面来讲。先从少数的上层看，多少年来，都是过着"加速度的二重消费"的生活，而且变本加厉，无休无止。所谓"二重消费"，一方是东方式的封建消费，同时又加上西方的资本消费。我们看少数上层的日常生活，无论衣食住行种种排场，可以说是集封建化与现代化的大成。论住则琼楼玉宇，抽水冷气。论吃则玉盘珍馐，金樽槟酒，以有限之生产，供无限之消费，虽说是上层少数，却要发生倡导支配的作用。请问这些加速度的二重消费，靠什么来源？除了一些为富不仁拼命吸血的冷血商人而外，恐怕要属到贪污剥削了。这种畸形消费，业已涨得发紫！再从中下层的多数来看，他们受了时代的紧勒，已经做到极度的节约，不用等着政府来提倡，但是他们也感到消费的膨胀（不是涨得发紫，而是涨得发青），那便是受了通货膨胀物价腾踊之赐！中下层的"家庭预算"（family budget）一天一天加大了可怕的赤字，除了很少数卓然苦撑的人士而外，不免纷纷走入贪污之途。

第三，我们的宗法关系，并没有靠着革命把它革掉了。不仅没有革掉，而且发展得可惊！本来敦宗睦谊就是中国人的旧道德，在生产极度破坏之下，许多人失了业，没饭吃，于是纷纷投到较有办法的家族亲戚和乡里故旧，谋个一官半职，甚者干脆做寄生虫。以春秋晏子之贤，待他而举火者，夫族若干家，母族若干家，妻族若干家，从旧观念看来，还是作人的美德，这种情形和观念，一直到今天并没有改变多少。试问一个人，能有多大能力？能有多大油水？怎禁得住许多寄生虫吮吸？于是上焉者如晏子，俭于己以济人，下焉者便不免靠着贪污来支持这批寄生阶级，所有派系之争，门户之见，政界的混乱，社会的不宁，莫不缘之而起。我们革了许多年的命，并没有把这封建残存的宗法观念革了去，于此而云肃清贪污，岂非痴人说梦？

第四，我们的一般社会衡量人的尺度，太偏重在金钱了。也许因为通货膨胀的缘故，钱越是贬值，越要多抓钱，因而加重钱的重视。至于金元王国，钱多了，倒可以在金钱而外，另有衡量人生的尺度。几千年来，我们老是停顿在原始的农业生产，找钱之道甚难，所以对于钱的爱好特甚。至于通商口岸，以商人为中心，一切评价的标准，当然只有金钱两字。从前苏秦游说不成，"黑貂之裘敝，黄金百斤尽"，回家的时节，"妻不下衽，嫂不为炊，父母不与言"，不由得季子长叹一声，"是皆秦之罪也"！一旦身配六国相印，从车百乘，再过里门，嫂乃匍伏道左，不敢仰视，还把心里话说出来，"以季子位高而多金"！不管你的钱是怎样弄来的，反正你发了财，便要崇拜你。"贫穷则父母不子，富贵则亲戚畏惧"。嗟乎，何今日秦嫂之遍天下也！社会各方，从上到下，从号房侍卫以至达官贵人，所以衡量人者在此，而所以指摘人者又如彼，以此而欲肃清贪污，岂非扬汤止沸？

够了，不要再说了，再说下去，可以写成一本"社会病理学"（social pathology）。仅就上述四端，已经看得很清楚：朝野各方，只是光喊肃清贪污，未免皮相之谈，不肯稍微深入一些去观察。也许在若干人的下意识，多少察觉一些，但是碰到自己的疮疤，只好避而不讲。以如此的生产，如此的消费，如此的宗法关系，如此的拜金世态，贪污是愈来愈多，惩治云云，只是窃钩者诛，而无碍于窃国之存在！

三

肃清贪污最本的办法，当然有待于生产的工业化，不佞于数年前曾写《廉吏与浊世》一文，即经特别提出。以今日的时局国策，当然是无从着手。不得已而求其次，我们要下大决心，与豪奢作战，与良法作战，与拜金的世态作战！因为这些都是贪污的温床，摧毁了这些温床，贪污总可以少得多。此外不难办到而又急于要做的，便是"养耻"。

国于天地，必有舆立，耻是立身立国最后的一根柱。夷齐采薇，耻不食周粟，则殷为有人。王蠋断头，义不受燕封，而齐民奋起。顾亭林以旷代大师所特为揭橥以昭告多士者,亦只"行己有耻"四字。这种"养耻"的功夫,要从三方面着手。

第一,当权在位有些头脑的人物,要注意养耻的功夫,自己先做出模样来,以为天下倡。胡林翼有言,"是真虎,必有风",风行草偃,岂有不发生作用之理。同时要能养士。国家既是用人,便要教他吃得饱,与其多用人而大家都吃不饱,则不如少用人,相当教他过得去。同时还要对于具有风骨狷介自守之士,特别礼重,使世人知所指归,亦可收激浊扬清之效。

第二,社会各方,有些见解的分子,也要注意养耻的功夫,不要单以指摘贪污为能事。盖羞恶之心,人皆有之,古人教子,不轻为责骂,亦即养耻之道。常人之情,以好人期待之,常可以勉为好人。但若以下流鄙薄之,彼亦将自暴自弃,不往好人道上走。汉朝陈实对于"梁上君子",并未笞责送官,且以好言慰勉,于是穿窬之盗,也就变成了好人了。"宁为刑戮所加,不为陈君所短",养耻的力量,且超过于刑罚。现在社会上,颇有一种不负责任的风气,捉风捕影,随便骂人贪污,于是造成一种心理,以为就是不贪不污,也免不了被人猜、被人骂,索兴来个"也罢",好人变成了坏人。所以社会各方有些见解的人士,尤其是舆论方面,要能注意养耻。

第三,养耻的最后期待,就要看有思想有骨气的个人了!"渴不饮盗泉水,热不息恶木荫,恶木岂无荫?志士多苦心"。生不逢辰,遭此板荡,真要自身有点劲头,方能在颓流中挺得住!他把自己的身格,看得比金钱不知要高出多少倍。他把生活的艰苦,认为是与众共之,心安理得,求仁得仁的本分,而毫无怨怼。他不省视惩治的条文,因为他并不是怕惩治而不敢去做。他把脚跟站得牢牢的,元气葆得旺旺的,能够抵得住毒菌的侵蚀。"古人云此水,一饮怀千金,倘使夷齐饮,终当不易心"!这样的人,尽管是少数,但是有一个,是一个,比没有总要强。多一个,是一个,多了,便要发生伟大的力量!

支配经济生活之三大收支*

（一九四七年十一月八日）

一

人类生活可以有种种方面，如文艺生活、宗教生活、伦理生活、政治生活等等，随文化之进展而扩大其内涵，蔚成人生的万花镜。但是各种生活形态中最基本而具有支配力的，当属经济生活。经济生活的量和质，如果有了变迁，可以影响到生活的各方面，后者是上层建筑，而前者则是基础。基础如果发生了问题，则一切上层建筑均无所附丽——初则发生动摇，继则形成混乱，终且不免于崩溃。一个社会如果过分忽视了、破坏了经济的机构，只是在上层建筑费心思，玩花样，何异沙上筑台，寝处于厝火积薪之上？

古代的"凿井而饮，耕田而食"，"氓之蚩蚩，抱布买丝"，当然也是经济生活，但是现代的经济生活，可不像从前那样简单，所表现的方面和内容太繁赜了。日出而作所遭遇的多是经济问题，日入而息所缠绕的还是经济问题，普通人对此固然是目迷五色，耳乱鹅鸭，就是作为一个经济学人（an economist）对于这些层出不穷的经济问题，也不免坠入五里雾中，而有茫漠错综无从着手之感。于此乃有澈认症结把握重心的必要。

经济生活从粗浅处看，只是一种"计算"，从究极处看，还是一种计算。计算的内容，从最原始的，到最现代的，都脱离不了"收支"。现代经济生活所包括的收支，可分为下列三大项目：

（1）国民收支；

（2）政府收支；

（3）国际收支。

---

* 此文发表于《世纪评论》第二卷第十九期"专论"。——编者注

国民收支（national income and outlay）包括国民所得与国民消费，是基本。政府收支（governmental revenues and expenditures）包括各级政府的岁入和岁出，亦即各级政府的财政，是中坚。国际收支（international receipts payments）乃是一个经济单位在国际经济的往来中所发生的收支关系的总计算，是外延。以上三大收支，虽有基本、中坚、外延之分，却是彼此交关，互为影响，计算好了，可以实现"经济厚生"（economic welfare），计算坏了，可以招致经济混乱甚至演到经济崩溃。吾人外察世局，内审国情，到处是混乱的烦恼，天天是崩溃的忧惧，千端万绪，不外这三大收支。收支的理想是"平衡"（equilibrium），试看吾国经济当前病症，还不是国民收支、政府收支和国际收支都失掉了平衡的原故。

二

国民收支的计算，在英美先进国家可以有 Bowley、Stamp、Moulton、Colin Clark 诸学人作出一些很有系统的研究；若在吾国，虽然也有些学者，从这方面去尝试，但是遭遇的困难太多了。所以在今天打算计算出吾国的国民所得的精确数字，可说是为时尚早。但是从大数观察，也不难得到一些基本的认识。第一，在并世各国中，我们的国民收支，在数量上可以说小得可怜。而且随着对外对内无间歇的战事行进，一年一年的更要走下行线。起初是仅少的所得勉敷仅少的支出。继则仅少的所得，大部为战争所吞噬而不足维持仅有的生存。到现在，几乎仅少的所得来源，都要被战争所破坏，根本无所谓所得，更那里来的消费，因而造成今日普遍的饥饿状态。第二，我们的国民收支，在分配上太畸形了、太失平了。此种情形从抗战发生以还至今日，又造成一个新阶段，为以前的先觉主张大贫小贫者所意想不到。从所得一方面看，因缘战争而攫取暴利者大有人在。在全体上纵占少数，但是暴利所得却大得可惊。我国生产本来有限，分配之际，厚于此即不免薄于彼，便宜了少数，就要苦害了多数。美国学者蒲徕恩老教授（Prof.C.C.Plehn）所称"靠着世人受罪作生意"（trading on the world's misery）还是对着西洋的军火商人而言，如果看到我们这些坐收暴利的暴发户，又该怎样的惊叹！再从消费一方面看。多数人尽管无衣无食，流亡载道，少数人却过着"加速度的二重消费"的生活。封建式的汰侈和资本式的纵逸，充分表现在少数的上层，惟恐不足的沉迷挥霍，杜少陵朱门路骨之喻，差足描画一二。所得的极度失衡，消费的苦乐悬殊，在战争进程中，只有不断的加重。第三，现阶段国民所得的获取，业已逐渐离开了生产过程，纷纷阑入流通过程，利用通货膨胀所形成的涨风，追逐高物价的差时利得，至于耗时费力的真实生产，反而无人过问，这种所得并不是出自生产的真实增殖，仅是流通过程中交换价的剥夺作用！剥夺了多数人的购买力而集结于少数人之手，对于全体国民所得并无增益可言。如此剥夺而集结的购买力在所有者个人的收支计算上该是大有差益。但是这种差益并不能形成正常的"国民储蓄"（national savings）以转入再生产之途，反而循环出没于流通过程，形成所谓"游资"，在交易市场上兴风作浪，博取暴利不算，还要助长货币的流通速度，而益贬其价值，使正常的生产者与消费者，受到双重的掠夺。国民收支的失衡，演到这般田地，可谓极人世之惨剧！司马子长有言："用贫求富，农不如工，工不如商，刺绣文不如倚市门"。好个不如倚市门，这不是古典的记载，而是当前现实赤裸裸的描述。

一个经济社会的国民所得，乃是真实财富的逐年增益（annual increment of real wealth），当然要靠着生产。在这长期战事进程中，不仅工业化的建设无从着手，即从来简陋的小农生产与幼稚工业亦已备尝极度的破坏、剥夺与蔑视，其影响于国民所得自不待言。单纯的收支平衡都不可得，更无从储蓄差益集积资本，以供扩大生产之用。国民收支的景况如此，试问政府收支和国际收支，怎会弄得好？

三

再看政府收支。政府收支的来源，亦即财政的经济基础，参照德国学者的分析，可得三大类型。一个是"租税国家"（steuer staat），一个是"公债国家"（schulder staat），再一个是"企业国家"（unternehmer staat）。租税国家以私营的工商经济为基础，公债国家以私营的金融经济为基础，企业国家以社会化的国营经济为基础。三种类型的界限不一定划得很斩截，某种类型中不免残存或步入另一种类型的一部分，但从财政来源的重点去看，可以有这样的分野。试就吾国情形而论，国营企业尚在初步尝试，利弊得失，聚讼纷纭，实际经营，多赖贴补，所以裨益国计者甚微，当然谈不到"企业国家"。至于金融经济，在北伐成功以后抗战开始以前，颇有相当发展，以消纳公债或短期库券的方式供应财政的要求，浸浸乎有公债国家的模样。但在抗战进程中，受了币值下落的影响，募集公债渐感困难，债款收入成数甚微。抗战结束而后，此种趋势，只有加重，并未好转，以致美金公债均有行不得也之叹。所以公债国家的称谓对于中国财政的现阶段也不适合。除了上述二种之外，只可归属于租税国家的类型了。

租税国家的特质，系以私营的工商经济为基础，政府自身并不直接参加生产过程（纵有也是很少数，对于财政的供应，无足轻重）。所以在生产的成果中，不能直接参加所得的分配，而是从已经分配的国民所得中，用课税的方式，间接地参加所得的分配。德国学者威塞（F.Wieser）称前者为"本源的所得"后者为"派生的所得"，前者为第一手（primary）后者则为第二手（secondary）。国家财政依存于国民所得，未有国民所得破碎支离而国家收入可以丰亨豫大者。经过十载战事的破坏和混乱，本源所得早已破碎不堪，自然影响到派生所得，威胁租税国家的存在，造成 Schumpeter 所称"租税国家的危机"（Die Crise der Steuersteat）。此时既不能靠着国营企业，复无从取得公债市场，不得不踏入通货膨胀的险路，靠着三"P"（public, printing, press）供应国家的支出。于此似可称为纸币国家了，但不必另立名目，仍可适用租税国家的称谓，因为增发纸币，乃系一种"隐匿的租税"（a hidden tax），靠着国家特有的发行权，征取社会的物质与劳务，实际等于课税。而且随着发行数量的膨胀，币值降落，一般劳苦大众与定额收入者，所受损失独重，成为一种"逆进的租税"（a regressive tax）。这种无源之水，"达到一定限度以后，即通货膨胀所能取得的收入，转瞬归于涸竭"（After a certain point the revenue yield of inflation rapidly dries up.——Hugh Dalton）。课税好比是日光，把江河湖沼的水分，吸取蒸发，为云为雨，再降到田野上，才可以循环无穷。而今则用通货膨胀的方式，尽量的吸取，大量用诸军事支出，仿佛降落到沙漠上，如此收支相乘，其迅速涸竭，自属必然之势。

四

再看国际收支。一个国家尽管把政府收支作得很有条理，很能平衡，但在国际收支上一旦失衡，还是不免引起经济的恐慌，如同最近英国，在达尔顿财长（Hugh Dalton）管理之下，财政作得很不错，所以发生英镑恐慌者，即因国际收支失衡之故。国际收支是国民收支对外实力的总表现，而其最高理想，也和政府收支的管理一样，以作到"平衡"（balance）为健全状态。吾国近百年来的经济史，即是国际收支逆差（unfavourable balance）的历史。在贸易上，为过剩商品倾销的市场；在投资上，为金融资本榨取的基地；在劳务上，无论航运、银行、海险又皆占在债务者应付的地位，这才造成次殖民地的形态。不平等条约取消而后，本可以展开经济史的新页，开始自主经济的努力，而战事迁延，良机坐失，国民收支岌岌不可终日，焉有余力转移国际收支的逆差？加以通货膨胀的结果，贬落通货的对外价值，增加偿货的担负，阻碍侨汇的来路，促进资本的逃避，于是国际收支的逆差，乃有变本加厉之势。国际收支只是经济生活的外延，为之基本的国民收支，为之中坚的政府收支，到了今日的地步，则所以转挽逆差者，自觉异常吃力，劳而无功。

治本固不易谈，就说治标吧。英国的对外经济实力而论，强过我们不知若干倍，一旦发现外汇基金支出加速，朝野立即警觉奋起，拿出全力以图克服。但在吾国对于外汇的消耗成万累亿，乃视若寻常之事！最近英国曾严格限制假期的海外旅行，藉以减少对外支出。而吾国之大人显者随从仆役成群结队海外流连，消耗多少外汇，似非所计！国人海外存金之巨，中外交谪，岂尽由于资金走私？凡此种种，又皆与政治因素有关，非可归咎于经济因素也。

五

当前之中国经济问题，千端万绪，复杂错综，但是约而言之，可以归纳于上述之三大收支，而三者之间又成为首尾相连交关交掩之系列。任何治标治本之对策，切忌见树而不见林，扪烛扣盘尚自以为得其全体。任何部门之研讨，均须澈照此三大收支，以衡量其对于全局之影响。理想的"经济平衡"（economic equilibrium）固然辽远，在今日硝烟弥漫的气氛中，益使吾人感到渺茫。但在吾人智力所能作到的范围以内，需要澈始澈终，以"经济失衡"，为作战之中心对象！

脱稿于民国三十六年十月二十六日

一九四八年

改进所得税制度拟议[*]
——写给《大公报》时事座谈会

（一九四八年一月六日）

我国实行所得税到今天已经十一个半年头了，这其间税法修改了好几次，施行的结果，论税收，占了国税的重要部分。论税制，由三类所得扩充为五类所得，由分类所得税进而试行综合所得税，由后方少数地区而普遍及于全国省市。平情而言不能说没有收获，所得税之能到这种境地，可以说是抗战帮助了它。因为抗战中，国民基于高度的爱国心，愿意牺牲自我，踊跃输将，帮助抗战，结果使所得税意外地顺利成长了，其成功为抗战所赐，而其危机也随战争而来。因为战争使国内经济情形每况愈下，工商业日形凋敝，税法尽管修正，却赶不上经济的演变，以至执行困难，遂有所谓简化稽征等变通的办法出现，虽然幸能达成库收的目的，而所得税税制的精神，却不免受了影响。揆于过去和现在的情形，我们要确定所得税的将来应该走怎样一个途径。复员尚未完成，经济情形未克好转，工商业和一般国民的困难，不但未能递除，而且正在日增不已。所得税的任务便更要加重注意到公平合理简单切实，因此，在拟订中的税法，所采用的修正原则，计有下列六点：

一、改善营利事业所得税。物价不断激涨，采用寻常的资产估价和计税方法，便不切合实际，虚盈实税的问题，不无可资研究。故于估价及计税的方法上，实有重订尺度的必要，因此拟定的税法有几点改善：

甲、根据物价增涨情形，按年调整起征点和课税级距。

乙、从宽改善资产估价方法。即营利事业固定资产按照取得或建造年份的全国批发物价指数，与营业年度同项指数的比例，提高每年摊提的折旧额。这办法使原折旧额比照物价指数提高列支，使适合当年资产损耗的实际价值，可

---

[*] 此文系作者和王抚洲联合署名发表于上海《大公报》。王抚洲时任国民政府直接税署署长，作者时任国民政府直接税署副署长。——编者注

以消除这部份虚盈，而使盈亏确实。

丙、调整计税资本额。现行税法是以登记年份的物价指数与收税年前第二年度物价指数的半数调整，虽然调整了一部份，但与实际仍有出入。所以拟按照登记年的全国批发物价指数与营业年度的同项指数的比例调整计算。

丁、营业上必不能免的损费，拟予从宽规定列账。

二、取消过分利得税，并入营利事业所得税中征收。特种过分利得税论它的性质，本来是营利事业所得税的附加税，所以拟将营利事业所得税税率酌量提高，抵补利得税的收入，废止过分利得税法，简化手续，减少税目。

三、简化二、三、四、五各类所得税厉行扣缴制度。现行税法除第三类利息所得税是采用比例税率外，其余第二类薪给报酬所得税、第四类财产租赁所得税和第五类一时所得税都是采用累进税率。表面虽似公平，但是币值下落太剧，税率调整后转瞬便失时效。因此纳税人事实上都负担最高级税率，反成不合理现象。这次修正税法，拟将二、三、四、五各类所得税一律改为比例税率，并且厉行扣缴制度，使税源易于控制。又二类税改为比例税率后，负担减轻，公、教、党、军人员薪给所得税，也可恢复征收。

四、缩小综合所得税征课范围，俾易推行。综合所得税为现行税法初次制定，本为所得税税制的最高理想。但因客观环境不能配合，例如户籍调查与财产登记迄无基础，姓名使用限制的规定行无成效，因此综合所得税施行两年不无困难。现在拟顾及实情，缩小征课范围，仅以已征分类所得税的五种所得为限，根据已有资料合并征收，税源易于控制。此外，申报综合所得不必一定以户为单位，可以用自由方式，兼采个人及每户两种单位。

五、按年调整起税点和课税级距，以适应负担能力与预算需要。为适应物价波动的非常现象，关于各类所得的起征额和第一类营利事业所得税与综合所得税的税率级距，拟按年斟酌纳税人负担能力与预算需要制定。又综合所得税的宽免额与教育宽减额，亦参照生活指数与教育费用按年制定公布，以资适应。

六、进行重奖严罚。过去征课所得税提倡良心纳税，向不注重奖罚，致狡黠者多方逃避，征收效率逐渐减低。兹拟提高扣缴人与告密人的奖金，同时加重不依期限申报或缴税之处罚。即不依规定申请登记或故意不设账簿等事项，也分别规定科罚，以资警戒。

以上为拟议中修正税法之要点。此项拟议，原为归纳各方意见而来，要使所得税征收确实，必须施行查账计税。但在此物价不断上涨声中，又非用非常办法不足以适应实际需要。过去的经验，殊为宝贵，为国家财政前途打算，我们不能不有此项比较彻底的改革。

税人铭[*]

（一九四八年二月二十日）

毋悉尔职，真值是崇。
毋臻尔誉，必尊必重。
稽征要政，应示汝能。
逃税纷乘，济之以猛！

To Fiscal Warrior

Be Valuable
for your occupation
Be respectable
for your reputation
Be able
in tax collection
Be formidable
against tax evasion!

注：此铭作于（抗战）胜利以前在重庆工作时。不意胜利以还，逃税之风变本加厉，远过曩时，吾人执行税政，似有猛以济宽之必要。第一要作到如期纳库，第二要作到滞纳必罚，近顷修订各种税法，即以加重罚则为主要方针之一。爰录此铭，藉资互勉！

---

* 此文系发表于《直接税通讯》杂志第二十四期。——编者注

从财政看宪政*

（一九四八年四月二十日）

征诸先进各国的经验，宪政并不是单靠着整齐好看的条文，而要靠着大多数国民——包括从事表层工作的政治家和中层底层的社会基础分子——的教育和素养。有了起码的人格，有了起码的智慧和技能，才配谈宪政，而这些条件，非有普遍良好的教育，是不容易得到的。具有独立的主张，同时又具有容忍的风度，具有现实的认识，同时又具有超越现实的远见，有了这些才配谈宪政，而这些条件又非具有悠久深厚的素养不可。英美各国的宪政巨人，从儿童时期读书，于中小学校的阶段起，即从事于会议与运动的训练，时时处处，贯注宪政的精神，尤以赛球所表现的"fair play"更为运用宪政所必需。彼此承认对方的存在，彼此严守法定的界限，彼此可以换门，应用于政治，彼此可以互为台上与台下。台上所搞的是宪政，台下所搞的同样是属于宪政。所谓宪政，就是要有不同的政治主张同时并存，相反相成，绝没有"黄茅白苇，弥望皆同"而可称为宪政的。如同球赛一般，只有清一色的单方，长驱直入，那还有什么劲？

宪政的妙用即在相反而相成，这种政治哲理，不必征引现代的宪政巨著，远在春秋时代，齐国的晏子，已经揭示得很清楚。晏子对齐景公曾讲过一段话："君所谓可，臣有否焉，臣献其否，以成其可；君所谓否，臣有可焉，臣献其可，以去其否。"因而说明"和"与"同"的区别。同是雷同。"君所谓可，臣亦曰可，君所谓否，臣亦曰否"，其结果是："若以水济水，谁能尝之？若琴瑟之专一，谁能听之？"和则不然，需要水火盐梅，以成旨味，需要高下急徐，以成佳音，这就是相反相成的道理。晏子这些话所包括的政治哲理，可谓深切著明，远在专制时代，君臣之间，打算政治修明，还得要应用相反相成的道理。英美各国宪政之所以成功，说简单了，也就是把这相反相成的道理，运用到很成熟的地步。

现代进步国家的宪法包括的内容很广，几乎包括了人民基本生活的各方

---

* 此文发表于《中国论坛》杂志创刊号。——编者注

面。但是深入一下去观察，宪政的起源和发展，与财政最有关系。一二一五年英国的"大宪章"起因于财政问题。一七七六年美国的"独立宣言"起因于租税问题。一七八九年法国的"大革命"也是以路易十四及路易十六的财政剥削为导火线。所以宪政运动的结果，总是把财政的规定列为宪法的主要部分。路茨教授有言："各国宪法，无论成文的或是不成文的，其中主要规定，大抵属于课税制度的界限与条件、范围与特征。"❶试以英国为例。

英国宪政起源于一二一五年六月十五日英王约翰（King John）在 Runnymede 地方所签署的《大宪章》（Magma Charta, The Great Charter）。当时代表地主阶级的贵族，对于皇室的横征暴敛，起来反抗，结果皇室让步了，由约翰王亲手签署了《大宪章》。从此以后，虽以帝王之尊，不能随便加重人民的租税，不得縻费国家的公帑，这便是英国宪政的起源。

但是宪政制度，决不是一下子便可以树立的，要经过多次的震撼，要经过不断的争取。英国自大宪章以后，虽然有了宪政的雏形，但是在皇室方面总不甘心的，于是议会与国王之间，经过了长期的斗争，一直到一六八八年《人权法案》（Bill of Rights, 1688）通过后，议会才获得征课租税和议定经费的全权❷。从此以后，政府向人民要钱，仅是假藉特权，而不经过议会的许可，便是违法，而为人民所不容。查礼士一世，即是因为这个原因，自身尝到很惨痛的教训（参阅路茨教授《财政学》三二四页及本年三月六日《新民晚报》所载《记斩杀查礼一世》）。

当时英国和皇室对立的仅是一些地主阶级的贵族。但自十八世纪后半期产业革命（industrial revolution）以后，英国的现代工业渐次抬头，于是代表地主阶级利益的保守党而外，蔚成代表工商业阶级利益的自由党。并且以曼彻斯特的工业中心为据点，蔚成经济思想史中有名的"曼彻斯特学派"（Manchester School）。当时英国实行的谷物条例，对于进口谷类，课以重税，原定保护地方利益的。但是谷类课税，粮价必高，工厂里工人的成本势必加重，有碍工业品的制造和国际贸易的发展，于是自由党人，如科布登（Cobden）、勃莱特（Bright）之流，群起主张废除谷物条例，藉以降低粮价，减轻工本，增加生产，扩展输出，提高英国的经济地位。当时保守党的领袖彌尔（Robert Peel）在台上，自由党的领

---

❶ H.L.Lutz, *Public Finance*, 3rd ed., 1936, p.324.

❷ G.F.Shirras, *Science of Public Finance*, 3rd ed., 1936, p.939.

袖拉塞尔（John Russell）在台下，反对党提出废止谷物条例的主张，保守党当然不赞成，当然通不过。但是当时英国工业的发展，一日千里，区区农业生产，不是为英国生命的寄托，于是自由党把握时代的要求展开运动。弼尔下台之后，拉塞尔上台，废止谷物条例，颇有水到渠成之势。不意拉塞尔内阁因为一椿外交事件猝然去职，因而废止谷物条例一事，竟未能在自由党执政之际而实现。弼尔继之，重出组阁，依照常情而论，废止谷物条例一事，应该石沉大海了。孰意不然，弼尔首相认清时代的要求，看准英国国运的发展非从工业化和扩展海外贸易不为功，不应以少数地主阶级的利益妨碍国策的执行。废止谷物条例虽为敌党所提出、所主张，但是弼尔认定了，现在要由保守党完成之，于是毅然决然，经过保守党弼尔之手，终于在一八四六年完成了自由党所主张的《废止谷物条例》(The Repeal of Corn Law)。

相反相成的妙用，再没有比谷物条例的废止更适切的了。这是保守党的成功。同时也就是自由党的成功，也就是英国人民运用宪政的成功。大凡一种政治改革的初起，纵令理由正大，总不免既得利益者的阻挠，一再顿挫而难期实现。这时就要有在野党不断地主张，不断地奋斗，赢得多数人的认识与同情，而渐趋于实现。假若没有在野党的奋斗争取，既得利益是不会轻易放松的，所以说是自由党的成功。同时执政党如果顽梗不化，冥顽不灵，以为"就是错也要错到底"，那么，这个党的生命与前途，也就不免于暗澹而陨落。当时的弼尔，毕竟睿智绝人，魄力雄伟，见得到而且作得到，对于某项政治改革，如果确为时代所要求，就是敌党所主张，也不妨自我行之，这真是政治家的大手笔！宪政史的大节目，虽然远在一八四六年，仍然可行为今日的借镜！

英国工商实力的发展，到了十九世纪末叶，可谓如日中天，随着资本主义的成熟，也便促成劳工运动(labour movement)的发展。于是在一九零零年，便有工党(Labour Party)的成立。工党人士最初选入议会的不过两个人，其中一人便是有名的托玛·哈地(Thomas Hardie)。英国国会的议员们，向来都是穿大礼服戴大礼帽的绅士，但是哈地，他便打破惯习，以工人的身份，戴着工人的便帽，很安详地步入议场，给当时的议会以很大的惊异！工党代表在议会的人数虽然少，但是该主张的政见，还是很尊重地主张出来，一九零六年自由党爱司葵斯身任财政大臣所通过的重课财产所得，轻课勤劳所得的财政改革，便是工党所提出的，自由党虽在台上，尽可接受敌党的主张，工党的代表虽少，尽可提出空前的财政改革，宪政运用之妙，这又是一个显明的例子。承此余绪，于是一九零九年自由党劳合·乔治（Lloyd George）身任财政大臣的时代，更实现超额课税和土地增值税的主张，在英国财政史上，获得"人民预算"（the people budget）的佳誉。

　　于是英国宪政的基础，更进一步地扩大了。地主阶级、工商阶级而外又参加了扩大的劳动阶级。经过了一九二四及一九二九年两度试验之后，终于在第二次大战结束之际，实现了最大多数的工党内阁，着手于产业国营的伟大计划，从"租税国家"（steuer staat）走到"企业国家"（unternehmer staat），用不流血的议会方式，实现社会主义的理想。就现在讲，此种理想能否顺利实现不遭阻碍虽未可断言，但是就将来看，英国产业社会的远景，总比其他资本主义国家来得稳当，来得光明，这完全是受了植根深厚、运用成熟的宪政之赐！

　　就英国的经验来讲，从一二一五年的大宪章到一九四零年代的工党内阁，宪政的发展，经过了不少次的努力和奋斗！从这史迹里，我们可以得到三种认识。第一，宪政的起源和发展与财政有很密切的关系，因财政的剥削促成民主的争取，更因民主政治的确立促成民主财政的实现。第二，所谓宪政，就基础来看，起初是很狭隘的，渐次发展，渐次扩大，由政治的意义进入经济的意义，由政治的民主进入经济的民主（economic democracy），民主二字决不是少数或局部阶层所可假藉的，它要属于最大多数的劳苦群众。第三，社会主义理想的实现，不一定靠着流血，而有"不流血的革命"（bloodless revolution）的轨道可循，这便是宪政之道！这条道有人走，而且不是走不通，只要决心耐意地去走，纵有曲折，前途总是光明的。但是不肯去走，或是剽取其形式而遗弃其内容，演变所及，也许要造成历史的悲剧！

多方面的努力*

（一九四八年五月十日）

> 附：崔副署长当选立委，署中同仁饯别。
>
> 崔副署长敬伯，当选立法委员，依法辞副署长职务。崔先生自始参加本税，设计推动，备极辛劳，数年来辅弼署长，对于本税兴革，厥功尤伟。经部、署长恳切挽留不获，而同人尤不胜依恋之情，特为饯别。复蒙"临别赠言"交本刊发表。在本税艰难困苦之秋，署中同人，对崔副署长改任立法委员，今后对于本税，当能尽力声援，寄予莫大之期望。
>
> 编者

顷因当选立法委员，谨于五月七日请辞署中职务，自五月八日起，参加立法院工作。回溯本税创办之初，即参末议，民国二十六年抗战开始，复参加本税实际工作，日月不居，忽忽十有余年，一旦言辞，衷心不忍。所幸本税基础，大体业已建立，历任主事首长，复能赓续开展，恢宏作风，虽遇时局迍邅，终能克服艰难。诸同仁年事方强，业绩久彰，必能奋志戮力，共底于成。不佞虽小别征途，仍当为同仁呐喊也。谨佈区区，诸希鉴察，遥致全国同仁！

民国三十七年五月八日于南京

---

* 此文发表于《直接税通讯》第二十九期。——编者注

血液与心脏[*]
——币制改革与银行改革及政治改革

（一九四八年八月二十三日）

举国期待的币制改革，终于在民国三十七年八月二十日实现了。改革的主旨完全在维持现状的条件下求稳定，并没有在币制改革中渗入什么社会改革的意念。并没有清算过去，而只是蕲求此后的稳定。如果真能贯彻黄金白银的国有，外汇外存的征换，新币准备的十足维持，准备内容的公开检查，发行数额的绝对限制，则对于稳定币值，不是不可以做到，至少可以祛除假借通货膨胀兴风作浪，扰乱物价的恶因。但是我们不要太重视币制改革的本身，它并不是根治当前经济险症的万灵药，顶好也不过是全套改革的一个开端，其他部分的改革如果跟不上，依样可以教这次币制改革所费的心力付诸东流。十三年前的法币改革，曷尝不震欣一时，奠定了抗战的基础。到了，还是不免于恶化与崩落。昨日法币的前车，可为此后金券的殷鉴，继此币制改革之后，不能不期待政府还肯拿出全面的政治改革！

经济学者尝称："货币是经济体的血液，银行是经济体的心脏。"这话我同意。贫血、充血或是败血，固然是病，但是操纵血液循环的心脏和脉络如果存在着严重的毛病，你就是排去坏血注入新血，结果仍是白费。银行是经济体的心脏，不错，币制改革以后，紧跟着就该拿出银行改革的办法，但是本人认为这样看法还不够。在二十世纪的四十年代的今日，政治和经济，密接到这种程度，所谓经济体的心脏，已经不仅是银行了，而要包括了操纵银行的政府。只说银行改革而放松了政治改革，仍嫌舍本逐末。

产业革命后，西方国家经济发展的过程，是先有工业资本（industrial capital）而后有金融资本（financial capital），形成所谓"金融寡头政治"（financial oligarchy）。但在中国，情形可不同了。我们受帝国主义的压迫百余年，始终未

---

[*] 此文系作者为上海《大公报》撰写的文章。——编者注

得形成像样的工业资本。如果说有资本，只有卵翼于帝国主义下的买办资本和繁殖于封建残存中的官僚资本。国民党崛起之后，如果始终遵守中山先生的主义和精神，也可以对于这些资本集累的趋势予以打击和肃清。但是为了北伐的顺利和抗战的团结，竟把国民党的代表性模糊了。兼收并蓄，薰莸同器，喧宾夺主，变本加厉，买办资本则肆行无忌，官僚资本则厚自封殖，因利乘便，巧取豪夺，接下益上，瘦众肥少，造成今日恶化党务玩弄政治的豪门势力。我们不配有西洋式的金融资本，但是冷酷恶毒赤裸裸摆在吾人面前的，竟是一种"金融寡头政治"的形态！恶化了政治之后，必然恶化了银行，必然恶化了货币。心脏坏了，脉络跟着坏，血液自然也跟着坏。改革币制而不改革银行制度和政治基础，试问改革币制如何可以成功？

先说银行改革。征诸西方各国的一般经验，十九世纪之银行，完全是商业经营，政府不要插手。就是执行中央银行职务的英格兰银行，在此次工党执政以前，还是严守商业银行的本位，对于一、二国家的国有制度，向持反对。但是二十世纪的银行理论，可与从前不同了。银行体系隐操社会经济的命脉，扼制一般生民的呼吸，怎可以单凭私人营利的目的去经营？如果像十九世纪自由放任时代，银行业务普遍由私家经营，政府不自参加，则在理论和制度上，还可自成一套。但是在中国今日，一方存在着大大小小的许多私营银行，同时存在着许多国家银行，而国家银行的组织与资本，又复公私混合，打着国营的招牌，隐括私家的营利。即在中央银行制度中，英国只有一个英格兰银行，法国只有一个法兰西银行，美国只有一个联邦准备银行，不似我们于中央银行而外，复有中国、交通、中农、中信局、储汇局及合作金库许多大牌匾，高揭国营的旗号。所有国营的特权和贷放的优先，是享到了。对于商营的利益，是压倒了。但是对于国营的使命与社会的利益，则不免背道而驰。经济愈紊乱，国行愈赚钱，国行愈肥而人民愈苦。此非国行本身之咎，乃把持国行少数金融资本家之罪恶。所以今日银行改革之中心问题，不是减去若干商业银行或是收回几许商股所可济事，主要还得看如何打破金融寡头的把持！

中央银行的发行钞票，固然是发行，其他公私各行的类似发行如本票、支票、旅行支票之类，曷尝不是发行？其范围且较发钞为广，其影响且较发钞为大，游资充斥，投机盛行，未必皆法币膨胀之咎。改革币制，如果仅着眼于金券之限额与准备，而忽略了本票等问题，则金融经济之稳定，仍是茫如捕风，毫无把握。发行一辞，在名义上是中央银行的特权，但在实际，央行而外，所有国家行局以及私营行号，公然滥用发行特权，未闻有若何制裁与取缔，改革币制而不注意于此，不是有意留下漏洞藉便私图，便是在道理上说不下去。

归根结底，还是"政治的经济基础"的问题。政治组织如果建筑在寡头金融资本之上，则任何币制改革与银行改革，结果只是行不通。勉强行之，也要大大的变质。或者防一弊而更生一弊，去一瘤而再长一瘤。愈改而纠纷愈多，愈割而元气愈弱，终至不可收拾。

对于政治改革，从来有一种错觉，偏重上层人物的觉悟与决心，而忽视了散布在社会各方的意向和努力。最近不是盛唱改革党么？今日的政治，实际上还是国民党支配的政治，打算改造政治，就不能不改造党。打算改造党，最基本的问题，即须遵照中山先生的遗志，确定党的代表性，将党的基础，建筑在全国农工大众及进步的知识分子之上。此中有个具体的办法，便是重新办理党员登记，同时办理党员财产登记。严格执行一户一名的规定，属于一个人的财产，如果在金券五万元以下者，准予登记为党员。超过五万元的，即不予登记。假若老党员的财产超过五万元，而其人尚有前进革命的思想，情愿为国民党努力，他可以把超过五万元的部分，以一半捐助党，以一半由国家征用或购买长期无息公债，所余个人财产仍在五万元以下，仍可准予登记为党员，对党对国，均有最大的实际帮助，毋宁为国民党所欢迎，为民众所讴歌，只要有十数人或数十人肯这样做，一定可以耸动天下之视听。其不愿如此办理者，仍然可以作他的企业家，或从事社会事业，不失为社会贤达。如此则国民党的代表性，明朗了，整肃了，开辟了新生，增加了活力，以这样的党，担负政治的改造，一定可以立竿见影，令出必行，这比由法币改成金券，更足以取信于天下。政治上层也是人，社会上有思想肯前进的份子，也是人，不要把责任都委诸上层，以为上层无决心，事情便无可为，而忽视了社会各方面的意向和努力。所以不佞以上的建议，并不是"谁能以铃系猫项"的那样难行，因为同是人的相与，而不是猫鼠的异类！如果这个样子的努力，还不许你行得通，则其后果，大家都可以想得到，还用说么？

改革币制与稳定币值[*]

(一九四八年八月二十八日)

当前中国问题，无论是金融、经济、军事，无不遭遇很尴尬的局面。就军事讲，不打不了，打亦不了。就经济讲，不管不好，管亦不好。就币制讲，不改不好办，改亦不好办，因为过去的病，积累得太多了，太深了，太久了，而病与病之间，又复互为助长，推波助澜，究竟该从那一处下手呢？除非像亚历山大那样洞识本源的人，一下子解决"哥颠结"（Gordian Knot，源于古希腊神话，用来指难以解决的问题）。在没有根本解决之前，不能委而不治，只好头痛医头脚痛医脚的枝枝节节去应付，最近八月二十日公布的币制改革，就是这个例子。

币制改革一事喧腾已久，有主张非改不可的，有主张慎重准备的，我个人的看法，以为货币仅是一种筹码，价值不在货币的本身，而在发行货币的政府信用和反映货币的社会生产力。更切言之，货币的价值，不在主观上所代表的准备金，而在客观上对于货物所具有的购买力。法币为什么需要改？就是因为它的价值太不稳了，它的购买力太不成了，实在对付不下去，才有最近的改革。这并不是法币的本身不好，而是发行的政府信用不好，反映币值的社会生产力不好，事到如今，法币既不足取信于民，实在没法子再留它，只好让它去，这是不能不改的理由。但是，废止法币，改发金圆，币制是改了，跟着要问，币值是否就能稳定得住？这就要看——发行新币的政府信用和反映币值的社会生产力，是否也能有所改进？政府对于这次改革币制，着实费了些心力，办的也很迅速，但是只做了问题的一面。至于币值的能否稳定，则要看政府对于自身的信用是否有以取信于人，对于社会物资是否可以作到增产和管理，使新币的购买力，不致仍蹈法币的覆辙。

先说政府信用，勒茨教授❶以为"公共信用"（public credit）是要具备三个

---

* 此文发表于《世纪评论》杂志第四卷第九期"专论"。——编者注

❶ H. L. Lutz, *Public Finance*, 1936, p. 721.

条件，第一是品格，第二是能力，第三是资产，总称之为"三个 C"（character, capacity and capital）。我以为这三个 C 很有意思。许多人批评政府贪污无能，就是指着第一个和第二个 C 都有了欠缺，再加上连年作战，到处残破，于是第三个 C 也有了问题，因为政府的三个 C 都有了严重的缺陷，才把原来很树立过功绩的法币制度弄得一败涂地，这并不是法币害了政府，而是政府害了法币。现正法币寿终，金圆脱颖，我们不免要问：在主观条件上，政府将怎样改善加强这三个 C 以树立此后的"公共信用"？所谓发行最高额，政府是否有坚守信约的决心？是否有坚守限额的能力？如果说了不算，或是透过于军事急需，不得不逾限膨胀，又何以取信于民？岂不重蹈法币的覆辙？岂不等于发行三百万及其以上的大钞，徒然给社会增添许多烦扰，不仅稳定币值落了空，反而治丝益纷，又何必多此一举？至于第三个 C 我们不免要问，以前的法币，不是没有准备，政府历次宣称法币的准备金有多少，有多少，而且指出准备的项目和数量。但是那些号称准备的金银物资外汇，拿去供应作战还不够，怎能呆呆地放在那里专供发行准备之用？以往是那个样子，把准备的信用弄坏了，此后是否有决心一改从前所为，使新币的准备，专用在准备的目的？新币制对于发行数量和准备内容，规定了公表和检查的办法，意思是要与众公开，取信于民。但是参加检查的人选，除了政府几个代表，社会方面仅仅从上海一隅，点缀了几位，并未能普遍的代表全国，因而不免令人意识到这还不是装幌子来哄人，于树立币信上，能有多大功效？不佞以为政府如果真打算稳定币值，在主观上，第一要能严守发行最高额的限制，按期公布发行数额于社会，还要扩大参加检查的人选，在地域上，在职业上，足以代表全国，使大家真能看到发行的准备确确实实地摆在那里，并没有为打仗而任意动用，如此，虽不能自由兑换，以硬币来流通，亦可以取信于民，稳住新币的价值。

以上是从主观条件讲。再看客观的条件，新币的购买力，究竟怎么样？我们对于金圆券的购买力，不必奢望它怎样递增，只希望它不要递减或骤减，稳定在八月二十日的物价水准。但是金券所要购买的物，大部分掌握于社会，而不是掌握于政府。新币的主观价值，纵可由政府本身求稳定，而其客观的价值或交换价值，如果不教你稳定，又将如之何！此事可从三方面分别去看。

第一要看银行改革能否跟着动手？既往法币的失败，一方固在发行数额的毫无限制，同时更在流通速度（velocity）的激增不已，而所以造成此疯狂的流通速度者，实受我们这一套银行制度和贷放制度之赐。稍微懂一些经济学的都晓得流通过程中金融业仅站在辅助工商业的地位，先有工商业的发展，而后有金融业的繁荣。但是吾国今日的情形，恰恰相反，工商业尽管奄奄一息，而金融业却欣欣而荣，社会的生产力日趋萎缩，而金融业反丰享豫大！惟一的原因，即在今天中国的金融业从国家银行起一层一层地包括了大大小小的银行庄号，套取了发行，恶化了贷放，巧取豪夺，把法币的筹码大量套到手里，于是长袖善舞的用以囤积物资投机射利。本来在这连年战乱的局面之下，怎能许你安心生产，所谓生产贷放，除了很少数的例外，几乎成了天大的瞎话，骗得贷放的，有几个不是拿去作囤积，抢物资？翻腾挥舞，惟恐不足，逐日加快了法币的速率，比起增发的数额，不知要大上多少倍？如许行局庄号，组织那样大，开销那么多，既少生产事业以投资，又不能单靠着些许的利息和手续费去吃饭，只好纷纷走入魔障之途，这是年头儿赶的，讲不得良心，卷在适者生存的漩涡里，它还有无可奈何的苦衷呢！因此，国家行局则政出多门，争相把持，商业行庄则雨后春笋，星罗棋布，不想在今日这四海困穷的局面之下，独有金融业特创繁荣的记录。这是谁造成的，还不是政府。谁叫国家行局这样分歧？谁叫商业行庄这样放纵？把贷放政策恶化到这般田地？放虎吃人，纵火燎原，这种做法不改变，则今后金券的发行，怎能免掉法币发行的同样牺牲？而金券的价值又怎能作到稳定？（关于银行改革和政治改革的必要，参阅拙著《血液与心脏》见八月二十三日上海《大公报》）

　　第二要有看经济管制能否澈底执行。政府掌握了钱而不见得掌握了物，前已言之，而新币的有效价值只有在购买货物的时候才能显示得出来。政府对于新币的价值拼命在那里稳，而商人以及掌握大宗物资者对于物价设法在那里抬，或者声称无货，叫你有钱买不到。尤其是公教人员的待遇，在新币施行后算是冻结了不复再拿指数来计算，但是公教人员拿到新币准能买到以八月十九日为基准的东西么？如果政府不能拿出确切的保障，物价还在涨或是买不到，则对于普通社会各角落的中下层，眼看就是个大威胁。所以经济管制的有效与否，可以造成新币的致命伤，政府非拿出全力去作不可。说到经济管制，早就有过总动员法施行的历史，真是叫人伤心。此后怎能期望它造出奇迹？但是币制既经改革，无论如何，又非管不可，只好盼望政府拿出特殊的办法，对于囤积的大户，先从五大都市入手，从有头有脸的人物里，先办他几个，给全国看看样子。所谓借人头平物价，是要擒贼擒王，而不是杀鸡子给猴子看，只叫小么们遭殃，更不可翻箱倒箧，扰及闾阎，弄得举国骚然。至于政府所能直接掌握的那些物资，更要打破权门的把持和官僚的舞弊，廓然大公，施行合理而敏速的分配。盖必新币确能买到物，而且确能按照政府所预定的价格标准，然后新币的价值才能稳得住。这是金圆券的试金石，老百姓不是说空话所能欺骗的。

第三要看财政管理能否管到军费！财政当局口口声声要以改革财政平衡预算来保持新币的稳定，用意甚善。但是我们希望不必唱空调而要单刀直入的把握财政管理的核心。以今日的民穷财尽，漫谈整顿税收，还不是工商业苦上加苦，老百姓瘦而又瘦，纵令多收几个，对于庞大的军费，还不是九牛一毛？至于裁并骈枝机关和人员，更是加重社会的失业，引起行政的烦恼，反而耽误及时的税收。而且裁些小职员，所省有限，而如许戡建委员的巨额公费依然照支，岂不滑天下之大稽，不知政府将何以自解？不佞以为战事这样的剪不断理还乱，即不必侈言平衡预算，倒不如对于军事费的支用和管理，想些合理而有效的办法。试看民国三十七年下半年度的国家总预算，国防费一项仅就纸篇所列，即在总支出九百余万亿元之中占了五百多万亿。我们要问，这样庞大的狮子份（lion's share）是不是真能用到每一个士兵的身上而不在中途转了弯！租税有"转嫁"之说，经费有"转娶"之实，负担是要"嫁"出去，享用则要"娶"到手。吃空额，搞克扣，比起文职机关的贪污中饱，真是小巫之见大巫。在军事第一的藉口之下，军事费照例是提早一个月拨发，钱领到手，不见得立刻发放，竟有少数不肖军人，将这大宗筹码，转到都市，作投机，搞囤积，发戡乱财，而士兵装备的冻馁短缺则在所不计。文职机关都要守公库法，将应领的经费存入代理国库的银行，支取时还要依法签发公库支票，经过审计人员的核签，才能支取。而军事机关则每多藉口部队的移动频繁，不受公库法的约束，随便存入私人行庄，大量增加了游资的充斥，助长投机的泛滥。政府对于军事费的管理，如果不肯下大决心，于豪门资本而外，更放纵这些"军门资本"，兴风作浪，抢占物资，试问新币的价值如何能够稳得住？

稳定币制，说来复杂，它是整个政治和经济的反映，决不限于上述各点。但是为政之道，贵能得要，不取烦琐，果能对于主观上的"三个C"，做得好，客观上的三个瘤，治得澈，则对于新币价值的稳定，不是不可以做得到，至少也可以使水深火热的黎民得到喘息的余地。以不忍人之心，行不忍人之政，是在当局者之潘识与毅魄而已！

民国三十七年八月二十三日灯下

改革币制与平衡财政*

（一九四八年九月十一日）

是财政害了法币呢？还是法币害了财政？换句话讲，是等着财政收支接近平衡再来改革币制呢？还是先把币制改革了再求财政收支的平衡？此中见仁见智，主张很有不同，于是主张币制即须改革的便指责前者的错误，主张财政先要平衡的便指责后者的轻举。实则这些都是见树而不见林的看法，"人皆谓树在庙前，我独谓庙在树后"，想不到这种滑稽的诡辩也要应用到财政金融的大题目上。

吾国的通货膨胀，在开始的时节，无可否认的是起因于财政收支的不平衡。既不能推行高度的课税政策，又不能运用已有的公债政策，又不能下大决心征用资产和提取外存，而专靠着发钞，于是法币开始膨胀。预算失衡是因，通货膨胀是果，法币制度本来是很有声光的，结果让不平衡的财政弄糟了，所以主张预算平衡的人，不是没有见地。但是通货膨胀过了初期的阶段，情形便不同了。一方因为收支失衡愈使法币增发，同时因为法币贬值，愈使收支失衡，互为因果，造成恶性循环的局面。到这时节，你该责备谁的不是呢？各有各的理由，岁出有理由逐日加大，法币有理由逐日增发，恶因相寻，造成最后不可收拾的局面。而且在膨胀的中期以后，膨胀的造因已经不仅是收支失衡，此外又添上几个重要的因素。第一，法币贬值的结果，造成普遍重物贱币的心理，人人皆思掌握物，而不肯掌握钱，货币功用之一的"储蓄手段"既不存在，于是法币到手，不是尽情挥霍以法币换得享受，便是抢购物资以囤积代替储蓄，因而加快了法币的流通速度。数量的增发固然是膨胀，速率的加快更是膨胀，纵令在数量的发行上有时和缓一些，而速率一经转动，竟是下坡转轮，愈转愈速。所以法币的后期贬值，由于数量者轻，由于速率者重，这就不可专归罪于财政了。第二，货币是血液，银行是心脏，货币是泉水，银行则是蓄水池（reservoir），币

---

*此文发表于《经济评论》杂志第三卷第二十二期。——编者注

制之健全有赖于银行制度之健全者甚大。我们的法币有了毛病，偏偏又以不健全的银行制度操持发放之枢机，藉着贷放政策的外衣，把发行恶化了，不能导入正当生产之路，而由囤积投机之徒争相套取，变成市场的游资。兴风作浪，搅乱市场，越发助长物价的腾贵，促成币值的贬落。此中原因，又不在财政，而在银行。第三，一般所称之发行，概指中央银行之发行纸币，而不知发钞之外，尚有许许多多之国家银行、商业银行以及钱庄、银号所发行之本票、旅行支票之类，同样可以筹码的资格，在市面上流通，与法币不相上下，因而大大增加了通货的数量和速度。商业票据本可以便利流通辅助工商企业之发展，但在战争连年普遍破坏之余，正当工商业已无发展存在之余地，本票之类的变态发行，不仅发挥不了正面的功能，反而充益游资，创造头寸，为投机囤积者大开方便之门，越发抬高了物价，贬低了法币，此中直接原因，又不可归罪于财政，而在法币以外的变态发行。第四，不平等条约废除后，我们自己不争气，树立不起自家的货币主权，容许外币美钞在中国境内自由使用。自家的币值日贬，相形之下，而是外币的价值日高，于是投机射利者，以法币换美钞，更以高价的美钞抢购有限的货物，在通货的种类上既添出花样，在币值的比较上，又相形见绌，越发抬高外币的身价，贬低国币的实值，此中原因又不在财政而在货币主权。总之，法币到了膨胀的后期，所谓高度通货膨胀（hyper-inflation），除了财政的原因而外，又加上许多恶因，推波助澜，变本加厉，法币价值的跌落，遂如河出龙门，一泻千里，而莫可挽救。货币制度本来是"公共信用"（public credit）的主要方式之一，它要建筑在政府的真诚和民众的信任之上。政府既掉以轻心，民众又不复置信，最后非崩落不可。明知币制改革之后，不见得有把握将新币制办得好，但是法币这一套，怎样也挽留不住了。如同庙里的神佛，只要众人信她，便可成为大众崇拜的偶像。但是管庙的头陀把这位菩萨弄得污秽满身，灵光晦暗，而其托身的庙宇（如将货币比神，银行就是庙），又复蛇鼠窟穴，狐兔凭依，损灭庄严，破坏清净，又怎能引起人们的信仰呢？于是法币这个偶像，只好沦为"沟中瘠"，另外抬出金圆券来，作为新偶像的尝试。

重修庙宇，再塑金身，新偶像的金圆券，是不是灵？这要看政府的做法是否能够取得人民的信任（confidence）。此中头绪多端，政府颇有些规划，论者也有些建议，本文不拟一一论列，只就平衡财政一点，加以申述。本来法币的恶性膨胀最初起因于财政收支的失衡，以后又因财政不断的亏短，加重法币的无限膨胀，法币所以崩落，虽不能把一切罪名都加到财政身上，至少他不失为最主要的原因。现在币制既经改革，紧跟着就要改善财政，庶几币制改革不致落空，这是财政当局所谆谆昭告也是一般社会所殷切企望的。但是今日的财政收支，又怎样做到平衡呢？

　　财政收支必须保持平衡，乃是正统派经济学者和十九世纪以来著名财政家如格莱斯顿之流所极力主张，至今仍为财政管理之圭臬。勒慈教授有言："公共支出和公共收入好比建筑物的两颗支柱。这个建筑物的顶石所以连接收支保持其平衡而防止其畸重便是财政管理❶。" 能够做到这种理想的，便是"健全财政"（sound finance）。格莱斯顿所以为英国人所讴歌至呼健全财政为"格莱斯顿式的财政"（Gladstonian finance），其意在此。这是一种看法。到了二十世纪三四十年代，预算理论又有了划时代的开展。一九三六年英学者达尔顿（Hugh Dalton）在他的改版《财政学原理》中，添入第二十一章《balancing the budget》讨论平衡预算问题，即主张为了经济建设，实现社会主义的理想，在一个会计年度之内，不必一定求得收支的平衡。以后美国学者汉森教授于一九四一年出版其名著《财政政策与产业循环》（Alvin H. Hansen: *Fiscal Policy and Business Cycle*），其第十章即讨论"预算之理论与实际"，里边说过这样的话："对于公共经济，衡量支出不应仅着眼于政府自身的损益计算，而应以这些支出对于整个经济之完善而有效的执行能够发生如何成果以为断。为了提高社会的真实所得和管制所得与财富的分配，财政政策是一个很重要的工具。有时候，平衡了预算，可以算是健全政策，有时候，一定要平衡，它反而是很坏的事体。"（韩著一八七页）因此韩氏主张，国家预算可分为两大部分，其一为通常预算，其一为资本预算。通常支出限于当年，应以平衡为准则。资本支出亘及永久，不必受当年平衡的限制。瑞典学者林达尔❷对于预算平衡也有同样的解释。这又是一种看法。

　　根据上面的分析，预算在形式上是否平衡，似已无足轻重，主要的要看——支出的为什么？以及应付支出用的是什么方法？西方进步国家所称的"特别预算"乃是"资本预算"（capital budget），为了经济建设和实现社会主义，才需要资本支出，这种资本支出的有效收回——包括有形的与无形的——都不能局限于

---

❶ H. L. Lutz, *Public Finance*, 1936, p. 851.

❷ Erik Lindahl, *Studies in the Theory of Money and Capital*, London, 1939, pp. 352, 379.

一个年度。譬如十年树木，总要等到十年后方可采用。所以最初支出的年度预算，纵令有巨额超出，都是值得做的，达尔顿所称："不贵少花，而贵善用"（not spending little but spending wisely）就是这个道理。但是我们中国的特别预算，完全不是这回事。不仅特别预算的支出，为的是纯消耗性的战争，就是通常预算，也由军事费占了"狮子份"（lion's share），一经消耗，再也收不回来，这和西方的资本预算，完全异趣，这是分析"支出的为什么"。再看应付支出的方法，西方的健全财政，就是应付战争，也要尽量运用增税的方法而不乞灵于公债，不得已也要增税与募债并用，而不乞灵于发钞。而且两度大战，期间也不过三五年，不像我们中国，内外之战连续到十年以上。我们应付这无尽无休的战事，在增税和募债方面，可以说是很有限，公债政策甚至完全停顿，主要靠的发钞。仗是非打不可，钱是非花不可，钞是非发不可。全面战争的结果，普遍破坏了税源，恶性膨胀的结果，根本破坏了债信，支出愈多而收入愈少，靠着发钞以征用微弱的人力与物力。除非战事短期可了，眼看着即届蜡尽油干的境地，这已经不是预算平衡不平衡的问题了！

不过币制既经改革，总期望它是一个新的开始，应该尽其全力，稳定新币的价值，矫正过去因法币的急剧贬值，加深财政的赤字。如果新币的价值，真能够相当稳定，则对于改善财政，可以发生许多良好的影响。第一，预算的数字，可以比较稳住，不致像过去因为货币贬值，过不了多久，便成了一片谎话。第二，税收的计算可以有比较明确的标准，最低在计税上不致加重征收机关和纳税人民的苦恼。第三，币值稳定之后，多少回复了货币应有的"储蓄手段"的功能，可以着手于公债的募集而不专靠发钞。支出可免冤枉的虚增，收入可得较确的征课，这对于改善财政，当亦不无小补。

但是在财政方面，对于稳定币值，也要尽她应有的责任。我们以为一国的财政部是要做到主持政策的神经中枢，而不只是经管出纳的大账房！试看英国的财政部长其地位与权威，仅次于首相。有为的财政部长也就是来日的首相，如罗伯特·弼尔、格莱斯顿、爱斯葵司、劳合·乔治以及张伯伦、丘吉尔，都是如此。赋予相当的权，即可课以相当的责，财政管理（financial administration）所以在英国办的最好，这是主要的原因。至于吾国，不幸得很，主持财政政策的权责，太割裂了，现行办法，把它弄得无能，只做成一个大出纳。对于各部会的支出，它既无权限制，对于军事支出，它更惟命是从。现在政府号称行宪，试行责任内阁，就该仿照英国的成规，加重财政部的权责。而身任财政首长者，亦不应以大出纳自甘，而应从负责上争取权威，此其一。币制改革后，财政当局也有一套整顿税收节省开支的办法。实则今日而言开源，则税源已枯，今日而言节流，则所节几何？战场上一个回合，军备上不断补充，原有的消耗了，又添上更大的消耗，致令开源节流的说法，成了哭笑不得的滥调。卑之无甚高论，我们只好希望财政当局，把说了的，能够切实合理地去执行，做几分是几分，多少给政府减些罪恶，给人民留些喘息，此其二。抗战时期的口号是"有钱出钱，有力出力"，事到如今，在一般民众，已经是"有命出命"，那么，对于特殊阶层，就该叫他"有产出产"！临时财产税的有效推施，在外存款及资产的有效征借，应该是最高的国策。最高当局要能坚决主持，责成财政部彻底执行。不能澈上，何能澈下？不能根治，何须枝节，能从此处着手，才是真正的开源，这不仅适应财政的需要，且合乎社会的正义，此着若办，举国振奋，"战胜于朝廷"，比战胜于疆场，其效果大得多！减少发行，稳定币值，再没有比这更有效的了！此其三。自古以来，惟有"节制之师"才可制胜。节制之道，不仅要节制军队本身，而且要节制军事财政。我们的军事，只有"军需"，要多少，给多少，怎样花？管不到。"军事财政"的理想，便是有节制，不许藉口于军事第一或移动频繁，即可放任军事支出的滥用——可以不守预算，可以不受公库法、会计法和审计法的拘束，随便开销，任意流用，甚至克扣吃空，握存生息，转移于市场，变成游资，藉便少数军人投机囤积的私图，于豪门资本而外，更形成"军门资本"！当局打算节流，就该先从军事支出下手，"先立乎其大者，则其小者不能夺也"。此而不能，算什么节制之师？还打什么仗？此其四。以上四端，仅其荦荦大者，如果当局有决心、有毅力，把它做到不必侈谈平衡预算，必能改善财政，为稳定币制，尽其最大的功能。

民国三十七年八月三十日

吸收游资与公债政策[*]

（一九四八年九月二十五日）

多少年来，我们的财政与金融，形成一种极矛盾极不合理的现象——在政府方面，则收入竭蹶，罗掘无门；在社会方面，则游资泛滥，走投无路。贫血与充血，同时并存，岂非矛盾之至。因为法币恶性膨胀之故，"公共信用"（public credit）被破坏了，同时也恶化了社会信用。所有投资储蓄存款等制度在平时所以消纳游资者，至此皆失其效能，惟有追逐出没于投机囤积之场，抬高物价，扰乱经济，最后造成法币崩落之局。现正，币制是改革了，我们盼望政府能够把握时机，重新建立公共信用，同时改善社会信用，使社会上之游资，引入正轨；而公债政策的运用，乃为吸取游资最主要的方式之一。

在民国二十六年抗战开始以前，公债政策原系中国财政弥补赤字的主要手段。其后在抗战初期，还发行过几次公债，收数即已不多。中期以后，法币开始贬值，于是公债发行渐感困难。乃至后期以及胜利以还，虽发行外币公债，而应者寥寥，对于弥补赤字，完全失其功用，公债政策等于停顿，益不得不依赖发钞，遂致恶性膨胀愈演愈烈，财政无法维持，乃有最近改革币制之举。改革币制的主要目标为稳定币值。货币的价值果能稳定，不仅全面经济与财政受其赐，即从公债政策着眼，亦可藉以恢复债信，使此后之公债易于发行，为中国财政另辟生面。故财政当局于八月十九日发表谈话，亦透露今后弥补赤字将以公债政策为主要手段之一，其后且有整理公债办法的公布。由是以观，此后之公债政策将为中国财政之重要课题，一变从前之停顿状态，而为世人所注意。

在公共财政中，岁出、岁入、公债、预算之四大部门，各有其重要性，缺一不可。无论在平时财政或战时财政，资本主义财政或社会主义财政，以经常收入应付全部岁出，每感不足，如何使"收支适合"（to make both ends meet）即

---

[*] 此文发表于《世纪评论》杂志第四卷第十三期。——编者注

须借助公债，而不可轻易发钞。经典派财政之理论家，如亚当·斯密、李嘉图、塞逸、格莱斯顿且持审慎之论调，以为平衡收支，要尽量从增税设法，而不可轻易募债，以致增加利息之支出，遗留后代的负担，不仅平时应如此，战时亦应如此。即退一步，可以募债补助增税，其数量亦须与增税各占其半，所谓"五十理论"（theory of fifty on fifty）即系此意。以募债与增税相较，债不如税。但若以募债与发钞相较，又觉债胜于钞。假使吾国之抗战财政，能于增税之外，运用公债政策而不专靠发钞，则国家财政，决不致如今日之艰窘。惟公债一物，属于"公共信用"，要能取得人民的信任（confidence），如果失掉这个条件，政府就是打算发行，结果只有行不通。因通货膨胀而影响募债，更因募债停顿而加速发行，遂使公债政策被摈于中国财政之外，财政害了法币，法币又害了公债。现在法币结束，金圆脱颖，应该是公债政策的制复之机。

公债政策复活了，对于中国财政又有什么好处呢？老实讲，如果战时财政老是这个样子无尽无休的拖下去，什么好办法，都免不了要恶化。金圆制度下的膨胀，能维持住币值么？能办得通公债么？纵令公债可以勉强发行，仍然用在纯消耗的战争上，又怎能健全我们的公债政策？

公债理论到了二十世纪的四五十年代，在西方进步国家已经有了崭新的开展，主张以公债政策，实现经济改造的理想。英国学者如凯恩斯（J.M.Keynes）、希克斯（U.K.Hicks）、美国学者如汉森（A.H.Hansen）均极力主张。即略为保守之莫尔敦（Harold Moulton）于所著《公债新哲学》中，亦曾有详细之论列。理论虽新，但与吾国财政现况相对照，乃若风马牛不相及，实令人赧颜痛心之至。但是这些财政上的新理论，对于此后吾国公债之发行，仍不失为正确之指标，政府应认识清楚，勉力以赴，庶不负此次改革币制之良机。

公债制度的建立，要具备主观上和客观上的种种条件。所谓主观条件即是勒茨教授（H.L.Lutz）所提出的"三个C"——character, capacity and capital。人有人格，国有国格，一个政府打算站得住，她要具备足以取信于民的"品格"。公共信用的建立，诚如蒲徕恩教授（C.C.Plehn）所说，"是一个生长很慢的植物，毁之甚易而成之甚难。一个不经心，未曾作到足以昭示大信的诺言，以后便很难恢复"。（蒲著《财政学引论》第三五零页）此其一。举债以应付开支，无论是个人，是政府，总是不得已的事情，值得借的时候才去借，这就要看政府当局的"智能"了。对于举债的用途，能够有善良明智的判断，而使用之际，又能管理得宜，用得其当，不致以大众的负担，便利政府的浪费，此其二。借债当还，公私一揆，期有长短，总要备有实力，以为清偿之资，这就要看国家的资源和人民的纳税能力了。没有这份"资力"而滥行举债，则满清政府与北京政府的覆辙，可为殷鉴，此其三。以上系就主观的条件讲。

其次再看客观条件。公债制度的建立，第一，要有健全的金融市场的存在（the existence of a money market），具有定量的寻求利殖的流动资金，为公债之发行、流通、借换、偿还，供给必需的方便，使财政与金融能够得到合理有效的联系。第二，要有经济剩余的存在（the existence of an economic surplus）。所谓经济剩余，有两点解释，一个是指社会的生产量和消费量之间的比较而有了剩余。一个是投资于生产事业的资金在某一个时期达到了相对的饱和点，因而具有余力可以投资于公债。这都是合理的现象。至于在资本主义畸形发展之下，形成偏在的资本积累，藉着投资公债以操纵政治者，只能算是病态的剩余，美国学者亚当士（Henry C. Adams）、布洛克（C. J. Bullock）均曾指称过："资本家借钱与政府，这个政府，至少可以达到很大的限度，是在资产阶级的操纵之下。"语意深刻，可资警惕。第三，要有稳定的货币制度。贷借往来所生的债权债务是以货币来计算的，以货币的数量作为发行和偿还的标准。但是，货币的数量纵有一定，而在币值上发生了变动，尤以在通货膨胀之际，币值急遽下落，结果使债票持有人受到很大的损失，甚至等于公债的废弃（repudiation），若是，则公债亦难于发行。近年吾国公债政策所以陷于停顿者，此为其主因之一。货币价值的稳定，反映在储蓄行为上，即为财产价值之确保。但在货币贬值的过程中，一般对于存款储蓄，尚且裹足不前，遑论投资于期限较长的公债？第四，要有合理的利率政策。发行公债的利率，要能高下得中，相机调整。低的限度要不妨碍吸引投资，顺利发行。高的限度，亦不能过增国库的负担，妨碍生产的资本。又须适应一般市场的利率，相机运用借换政策（conversion）减低利率，藉以节省债息的支出。但当通货膨胀之际，黑市利率远较官定利率为高，政府若以官定利率发行公债，必不为市场所承受，此项条件亦足说明近年吾国公债政策所以停顿的另一个原因。

以上主观条件与客观条件都是发行公债的政府所应特别注意的。缺了这些条件，公债政策不会树立起来，勉强行之，亦不免酿致社会的灾祸，助长政府的浪费。吾国今日正当币制改革之后，为公债政策开启剥复之机，应该对于上述各条件,切实建树,方能收公债之利而免其害。

其次再讲公债的用途。依照英国学者希克斯的主张,公债的形态可分为三大类。第一类为"呆重债"(dead-weight debt),募债所得的资金,支用之后,并没有增加社会的生产力。既未赢得金钱的收入,亦未为利用厚生培育来日之源。这种公债最显著的例子,自然要属起因于战事的支应。第二类为"受动债"(passive debt),虽不能获取金钱收入,亦未曾增殖劳动与资本的生产力,但是支用的结果,总还可以为社会增加功效与享用,如同公共建筑公园之类。第三类为"能动债"(active debt),又可分为两种。其一为资本的支出,按照计划,可以自己清理本息的偿却(self-liquidating)。又其一则为直接间接增加社会的生产力,如同卫生、教育用以提高民众的工作效能,又如天然资源的保存与改进,用以增进整个民族的生产力。三者之中当然以能动债最为理想,受动债次之,呆重债最下。此种分类,颇具深义,汉森教授于所著《财政政策与产业循环》一书中❶,极致推许,实可为公债政策之圭臬!

我们要注意:为支应战争而发行的呆重债乃是公债中最坏的一种。虽说比通货膨胀要好些,但是通货膨胀,除了有限的印工成本,无偿征用社会上的人力与物力,等于不付本息的借债行为。而呆重债,则须此后若干年甚至两三代的子孙都要对于债票持有人,负着还本付息的义务。所以一八三三年英国政论家柯伯特(Cobbett)早就指摘过:"借了钱,把它浪费了去,对于尚在摇篮中的婴儿,即注定其必须终生服役如奴隶以偿付公债之本息,而借债所换得的,则荡然无存,无以为子孙之贻,这简直是世界上前所未闻的不公道的行为。"❷所以公债的利弊,是不可一概而论的,要看它的用途如何。当此币制改革之后,公债政策将复运用之部,吾人不得不提出上述理想,藉以促起国人之注意。

至于政府因为打算推行新公债,乃先公布旧公债的整理办法,其中对于法币公债,规定折合率为二万七千倍,再按法定比率,折合金圆券,于是债券持有人起而责难,以为是损害持券人的利益。此在政府方面自应详予斟酌,务使政府与持券人之间各得其平。但自一般人民看来,这问题毕竟算不了什么,不必定以债信为藉口。试想全国民众因为通货膨胀法币贬值,他们的生活和仅有的财产,不知受了多大的损害。债券持有人,毕竟属于富裕者多,纵令多少吃

---

❶ A.H.Hansen, *Fiscal Policy and Business Cycle*, 1941, p.314.

❷ H.Dalton, *The Capital Levy Explained*, 1923, p.23.

点亏，也值不得大惊小怪，必须提高换算数，结果还不是增加了一般民众的负担！(against the Poor in favour of the rich——Cobbett)。这也是政府须要考虑的重要之点。

不佞以为新币价值的稳定，非旦夕所可奏效，公债的自由募集，自非咄嗟所可呈功，政府欲利用币制改革之时机，推行公债政策，藉以平衡财政，减缩发钞，似应严格管制国内各大都市间之大宗汇款，积极洽办国外存款及资产的登记，纵不能立予冻结，亦应对于此等资金，实行"强制公债"(forced loan)的办法。这对于资金所有人的权益，并没什么损害，可以还本，可以付息，奈何只知投奔番邦，必欲舍弃祖国！对于这些人，用点强制的力量，使之承购公债，还不是很客气很公道的举动么？

西海游，粤海游，海天佳处足栖留，荒江寂钓舟。
去悠悠，恨悠悠，资金逃避几时休？看你不回头！

——旧作《相思令》

政府要对于这般人，给点颜色瞧瞧，给点力量看看，"非不能也，不为也！"这是政府对于当前公债政策首先应该努力的一点！

脱稿于民国三十七年九月二十日。

烽火话节约*

（一九四八年十月三日）

值此兵戈扰攘之余，民生极度凋敝之秋，我们又听到勤俭运动的号召。中华民族的勤，早已闻名于世，又以生产落后之故，一般平民手足胼胝的结果，至不足以图一饱。所谓"乐岁终身苦，凶年不免于死亡"，孟子时代如此，至今且有甚焉。西方学人至称我为"饥馑之邦"(land of famine)。加以对外对内的战事，不断进行了十余年，一般平民业已求生不能，求死不得，于此失望重重四顾茫茫之际，忽然从城市里又听到勤俭的呼声，他们明白这不是对一般老百姓讲的，这是对社会上层尤其是少数都市里的上层人物来讲的。讲勤，因为有些人太不勤；讲俭，因为有些人太不俭。老百姓真痛心，甚至引起无名的愤怒——为什么国家社会困迫到今天的样子，居然还有一些人不勤不俭而特别享受？真教他人疑惑了——这些人是否还是中国人？为什么中国政府还容许这般人仍然在中国社会里养尊处优甚至依然盘踞在政治的要津？对于这般人提倡节俭，是不是马耳东风对牛操琴？是否这个样子单靠着号召一下应应景，而不能更进一步干脆拿出硬性的办法来制裁消灭这些人好吃懒做的凭藉？老实讲，勤俭运动已经不是单靠着提倡所能济事的了，政府于厉行硬性制裁之外，首先要从政治上层的人物做样子！

东晋南渡，江左奢靡，恺崇斗富，令人发指，但是在此放诞享乐的颓流之中，乃有厉行勤俭的陶侃。"陶侃为广州刺史，在州无事，辄朝运百甓于斋外，暮运之于斋内。人问其故，侃曰：吾方致力国事，过而优逸，恐不堪事尔。"侃又曰："大禹圣人，且惜寸阴，至于众人，当惜分阴。若逸游荒醉，生无益于时，死无闻于后，是自弃也。"在那样的时代，而有那个样子肯于自己勤劳的大官，于大黑暗之中，投下彗星的扫射，总还令人称快。陶侃的勤，更有足称，爱惜物力至于竹头木屑。其治事也，"笔翰如流，未尝壅滞"，这该省去多少时间的浪

---

* 此文发表于上海《大公报》。——编者注

费，增加多少行政的效率！以俭益勤，寓勤于俭，将勤与俭打成一片，发挥其最大的效能，故能于东晋扰攘之余，坐镇湖广，安定一方，恃其主力，以平王敦、苏峻之难。今天如果真有这个样子的大将大官，仍然为一般士兵与民众所尊敬、所向往。

至于社会中层的知识分子，其醉心富贵与自甘堕落者无论矣。稍具进步头脑对于斯世斯民尚思有以尽其微力者，对此亦应有其认识。世人常称：一方是严肃的工作，一方是荒淫的无耻，不佞以为严肃工作之外，尚须严肃其生活。按说今天一般知识分子的生活已经够苦的了，不严肃也得严肃，但是也不尽然。知识分子的动向是可上可下的，上攀高枝，下侪平民，要看他能够有个选择。知识分子的生活是可奢可约的。不顾收入而奢，肯顾大众而约，又要看他能够有所选择。好舒适而恶劳苦，人之情也，我岂有异于人哉？打算做到与众不同，就要于可上可奢的诱惑中，实现可下可约的卓行！古之名将，与士众同甘苦，"寒不衣裘，非无裘也，谓众军皆无裘。雨不张盖，非无盖也，谓众军皆无盖"。以大众的甘苦为甘苦，而不以一己之甘苦为甘苦。王右军亦称："食不兼味，衣不重裘，此复何有？而议者以为美谈，济否之由，实在积小以致宏大。"若干知识分子尝以个人生活之严肃为小节无伤革命之大业，而不知身居"象牙之塔"，仅恃口头笔下，侈谈革命，此乃人世间滑稽的讽刺，要你真能走到"十字街头"甚至生活在贫民窟里体认大众的真面目。举一个小例子，我们尽可能地不乘坐个人小汽车，其目的不仅为了节省汽油而已，最大意义乃在摆脱小汽车的樊笼，重返人间，与一般大众，共沐街头的灰尘，共尝拥挤的滋味，将个人的生活，尽可能地和大众打成一片，才能体认深刻，淬励其为大众而努力的真劲！有这种"苦行僧"的信心与劲节，才可以作出革命者的真事业。

    苦重忧方亟，郊原迭举烽。
    热火兼深水，伏莽伴哀鸿。
    世运谁能运？苍生何日生？
    慈悲兼大勇，宁做苦行僧。

       民国三十七年九月二十四日于秣陵

当前财政政策*

（一九四八年十月十六日）

一

> 开什么源？开豪门之源！
> 节什么流？节军门之流！

"财政不仅是打算盘，财政是国家的大策。"（finance is not mere arithmetic; finance is a great policy）这是一位英国财政家威尔逊（James Wilson, 1805-1860）早经讲过的一句话，英儒巴什帖布（C.F.Bastable）于其大著《财政学》的首页，即曾标为格言，无论是研究财政的，或是办理财政的，都应该奉为圭臬。可惜在我们中国，从古以来，只听说有"国用"，没有听说有"财政"。降至近世，输入外洋的新术语、新思潮，始以"财政"设部名官，以代替从前"度支""司农"等字样。但是直到现在，财政所表现的，仍然是有财无政！就是原谅着说吧，主持财政的，大抵限于政治的条件，迫于当前的需要，"悉索敝赋"，以支应战争的要求。政府所责望于财政的，只是要你——算盘打得紧，税收收得多，出纳办得快，于愿已足。只要你是一架很有效的"敛钱的机器"（tax gathering machine）而不要你侈谈什么政策。没有政策的财政，只是统治者的大出纳、大军需，勉强作好些，也只是补苴罅漏，无关大体。结果则多方罗掘，竭泽而渔，为筹款支应而妨害了社会的生产与正义。"竭泽而渔，岂不得鱼？而明日无鱼！"饮鸩止渴，岂不苟延？而生机斩斫，终致危及国本，不可收拾。办理财政只知有财，不知有政，其为害有如是者！

多少年来的财政当局，亦尝侈谈其政策矣，最流行的一个口号，便是"开源节流"。这个口号，我们听了不晓得多少年，但是结果呢？源是愈开愈穷，流

---

* 此文发表于《学识杂志》第三卷第六期。——编者注

是愈节愈多！不折不扣的，作到"取之尽锱铢，用之如泥沙"，仍然是捉襟见肘，仰屋兴嗟。最近币制改革之后，我们所听到的财政政策，仍然是开源节流的四个字。究竟财政当局心目中的开源节流，是些什么呢？

二

先说节流。最近政府所表现的，便是对于文职机关一小部分所作的裁并工作。例如原来的直接税与货物税两个稽征体系，合并而为国税机关。这种合并是否合理？是否只顾到了一两面而抹杀了许多面？此处且不去讲。只说合并的结果，也不过裁掉几个事物的部门，裁掉若干小职员，所省着实有限。但是政府对于四千多位的戡建委员，则不惜糜费巨帑，以事羁縻，大处不算小处算，所省下来的渺乎其小，而凭空增加的支出，则大得惊人，这——就是节流么！如果说戡建委员的岁费意在"养士"，那么对于文职机关裁掉大批小职员，不也是造成失业酿致社会的不安么？政府用这些公务员，无论是起稿、管卷、缮校、收发，总还给政府作点事，但是供养这批位尊禄厚的戡建委员，可能给国家做些什么呢？所谓节流，就是这个样子的节法么？

再说开源。最近我们看到政府所谓开源，在税收方面，只是就着原有的间接税大大提高了税率与税额。其中如盐税，百分之百的是转嫁于一般的劳苦大众，成了"大众的人头税"。就是说政府迫于财政的困难，不得不提高盐税，以期减少发行，但是，为什么提得这么高？事实揭穿了，原来是盐务机关过于庞大，开支过于浮滥，以致征课成本太重，不得不加税以为抵补，这可有些荒唐了，原来是加重了劳苦大众的负担，来维持盐务机关的豪侈，而对于国库收入，并没有多大补益。所谓开源，就是这个样子的开法么？再看其他的间接税，如同关税、货物税之类，其中属于奢侈性的或属于不必要性的，加重其税率，本没有什么不可。但是政府这次改币制所腐心以求的，无非是物价稳定。但是加税的结果，因为是间接税，最容易转嫁，于是租税的负担，纷纷转嫁到物价上，由纳税人转嫁到消费者。这样扬汤止沸的办法，岂不与稳定物价的悬想背道而驰？这种开源的方式，在租税政策上，纵令可以勉强说得过，但是对于财政政策与经济政策的配合，可就说不下去了！在健全的财政政策之下，总不应该这样开源。

开源节流已经是多少年来唱得令人烦腻的老调，如果能够做得合理些，纵然够不上治本，还可以算作治标，使人有"慰情胜无"之感。现在连这点都作不到，在节流方面，只晓得对于无权无勇的文职机关的小公务员来开刀，星星点点的来节流。在开源方面，只晓得对于抵抗力较小的间接税来打主意，而不顾其牵动物价破坏币值的后果。这个样子的节流与开源，还算得上政策么？除了"打小算盘"之外，还有什么？

三

本来在连续十几年的"战时财政"（war Finance. emergency finance）之下，真也难乎其为财政了！我们的社会经济，就是这样不合理的形态——以十六世纪的生产，供应二十世纪的消费。我们的国家财政，也是这样不合理的形态——以落后贫乏的岁收，支应现代化的军事支出。这样的战时财政，支持了八年的神圣抗战，已经很够瞧的了，凭什么还能支持渺无边际的国内战争？

飞刍挽粟何时了？
供应知多少？
离离原上又春风，
黎民不堪榨取水深中。
圣战声光应犹在，
只是流年改，
阋墙胜负总添愁，
忍看万方膏血付东流。

风狂雨骤何时了？
花落知多少？
印机昨夜又加工，
点缀千红万紫水深中。
法币初功应犹在，
只是圈儿改，
米珠薪桂逐颜愁，
赢得一天烽火照江流！

当前财政政策

——旧作"虞美人"二则

希腊古哲有言"他们弄成了沙漠,便叫做和平"(They make a desert and call it peace)。打仗的目的,无非为的是战胜,但是战胜所得的,只是一片沙漠,也要有提刀四顾天地茫茫之感!可不可为已死垂毙的普天下的老百姓们想想呢?

四

现在,不谈治本,只谈治标,"卑之无甚高论",也该有个最低限度相当合理的治标办法。不佞以为今日而言开源,要能开"豪门"之源,今日而言节流,要能节"军门"之流,这两者真能做得到,不仅财政上有办法,就连政治与军事也可以有办法。真要作到,一定可以挽回已失的人心,或者可以作出旋转乾坤的业绩来,亦未可知。

说老实话,现在打仗,社会各阶层中最沾光的,最叨实惠的,还不是有权有产的上层人物,一方藉着战争发了不少的财,作了不少买卖(trading on world's misery—Professor C.C.Plehn),同时在疆场上拼了许多命所保护的,总要先数政权和财产。有财产的人,从战争的进行上叨了二重光,但是他们对于战费的负担究竟有多少?在绝对的数量上,已经很有限,在担税能力相对的数量上,更是小的可怜,一般老百姓和中间阶层,不仅卖了命,丧失了仅有的财产,还要从纳税和通货膨胀,负担了战费的最大部分,天下之不公平,孰过于此?本来"临时财产税"这个题目,在不佞的观察,是不甚适合于中国的条件的。但是为了平衡战费的负担起见,政府对于此税,总要拿出最大的决心来办一下。这不仅为了财政的目的,主要的还是为了政治和社会的目的!一般老百姓,已经是有力出力,有命出命,而且钱少出钱,那末有财有产的阶层,在"临时财产税"号召之下,稍微出些钱,甚至出些产,还不是天公地道的事情么?这样明白晓畅的大道理,还在那儿装糊涂,而且大惊小怪地乱叫,拼着几个臭钱,来反对"临时财产税",这真是利欲熏心,荒天下之大谬了。

租税政策之外,还有公债政策,尤其是币制改革之后,币值应该看稳,停顿已久的公债政策,可以试一试。如果自由认购,一时不容易行得开,为什么不对于国内的大宗汇款和国外的存款资财,实行"强制公债"(forced loan)呢?这些为富不仁的大宗游资与逃资,不给他没收,已经很客气了,现在以公债方式,要还本,要付息,对于有产者的利权,可说是毫无损害,为什么政府不拿出决心来办一下呢？这样温和的办法，还要投鼠忌器的不敢拿出来，光知道从老百姓的身上压榨有限的油水还成什么话？

五

再说节流。政府要对于预算中占"狮子份"（lion's share）的军事费，拿出节流的办法。从古以来，惟有"节制之师"才可制胜。所谓节制，有两种意义，一个是节制军队的本身，一个是节制军费的动用。合理的，该花。不合理，也该花么？厚赏士卒，是可以的。吃空额、吃马乾，也是可以的么？为士兵预先买些穿的吃的，是应该的。转移军费，跑到大都市里，为少数将官搞囤积、发洋财，也是应该的么？文职机关，要守公库法，一切经费，都要存到代理国库的银行。但是武职机关，不问调动是否频繁，竟把偌大经费存入私人银钱行号，而不遵守公库法，藉便私图与随时动用，这是应该的么？军事费的支用，这样放纵惯了，不仅不足以鼓励士气，增加战斗力，反而恶化腐化了军队素质，造成军队本身中的极大不平。这股子浪费的大流，还不该赶快地好好地节制一下么？此而不能，仅向无权无勇的文职机关，节省一些无关宏旨的细流，则其有助于当前财政者，盖亦仅矣！

以上所指称的开源节流，只要政府有决心，有毅魄，不是不可以作到的。肯作者存，不作者亡，中间并无回旋之余地也！

民国三十八年十月七日于秣陵

经济改革要抓住豪资*

（一九四八年十一月三十日）

政府这次的经济改革，就政治根本问题来讲，仍然属于治标，但就这次政府的行动来看，无论在准备上、在实行上，已经很勇决、很断然、很敏速，而且相当的周密。老百姓所希望的并不怎样奢，能够喘口气，也是好的，所以我们很盼望政府能够把得牢，做的彻，而不要虎头蛇尾，有始无终。

打算贯彻这次的经济改革，虽说头绪多端，约而言之，不外下列三大项目：

一、管得住物资；

二、控得住游资；

三、抓得住豪资；

三"资"具备，虽不敢就说大功告成，但已六辔在握矣。我们政府，对于管人相当严厉，甚至干涉到说话，但是对于管物，又何其松也！币制改革后，对于管物，从大都会起总算有点样子了。还要更进一步管到权门，使亦官亦商、大官大商的权门，绝迹于中国的政治圈，那时中国政治才有办法。其次便是游资。币值果能作到稳定，则社会上的流动资金，可以渐次引入生产及储蓄之途，政府更应严格管制各大都市间的大宗汇款，纵然作不到冻结，也要勉力试行公债政策，藉着投资公债，将大部游资吸取于国家之手。其次就是豪资——豪门资本和资产，政府对于它要不折不扣地拿出办法来，抓住它！如果对于豪资抓不住，仅仅收拾些小妖魔，不仅没劲，而且也不公道，不足以服大众之心，这是此次经济改革最后一关的试金石！

---

* 此文发表于《中流》杂志第一卷第五、六期"经济改革看法特辑"。——编者注

一九四九年

军事财政与发行*

（一九四九年三月一日）

一

财政是榨取生灵的事，而军事则是消耗生灵的事。为军事而搞财政，搞财政以为军事，对老百姓讲，便是——既要你的钱，又要你的命，"从金库到火药库"，进来的是人民的血汗，消逝的还是人民的血汗。如果是对外抗战，还可以说得过，因为那是老百姓自己情愿，不愿与侵略者同中国。但是对内，自己打自己，还来这一套，便不是人民所能容许的了！这是从"该不该"来讲。再从"能不能"来讲，如果还是三国时代，以古老式的生产，供应古老式的战争，就是打上三五十年，也没有什么不得了，关云长的青龙偃月刀不是用了一辈子等到人死了刀还没坏么？可是现代的飞机大炮，可不同了，消耗之快，快得炫目，消耗之大，大得惊人，我们凭这份儿的穷国，来打这份儿的阔仗，以十六世纪老牛破车式的生产，来供应这二十世纪美式装备的战争，试问在财政经济的条件上，又怎能长久支持的上去呢？

三年来的当局，太重视了军事而太轻视了财政了。对于军事虽说相当内行，可是对于财政太外行了。就是对于军事的力量，自己都没有估计好，对于财政，更没有估计好，以致到了最近，财政无办法，军事也无办法。不佞在民国三十六年六月二十一日出版的《经济评论》曾写过一篇《战时财政何时了》，中有数语："靠着恶性膨胀，支应战事之难局，而发行的结果，又成为变相的对于广大群众的征用。这样的循环往复，可使一国之财政经济，不至蜡尽油干不止！"陈布雷先生所说的"灯尽油干"只是说到他自己，其实整个的军事财政，还不就是"灯尽油干"的局面么？

---

* 此文发表于《经济论坛》杂志第一卷第五期。——编者注

飞刍挽粟何时了？

供应知多少！

离离原上又春风，

生民不堪榨取水深中。

圣战声光应犹在，

只是流年改。

阋墙胜负总添愁，

忍看万方膏血付东流！

这是前年六月十四日不佞以天籟笔名所填《虞美人》的小词（编者按：登上海《大公报》）。今日重翻，犹有余痛！说句忠厚的话，也许是当局者迷，我们小民早就看清楚了。怎么那些大人物，偏就看不出呢？眼前摆着这样活生生的经验，后来者该知所警戒吧！

二

财政与发行，大家都认为是一件事。本来么，多少年来的中国财政，还不是靠着发行么？源源不绝千里一泻的发行，还不为的是战时财政么？老百姓得到的印象，二者就是一件事。但是执掌财政和管理金融的人，也把它们当做一件事，那可就错了。或者心理晓得是两件事，因为硬要作官，硬要发财，不惜作成一件事，那可就错得荒唐了！

财政系政府的经济，属于政治的范畴，发行系金融经济，属于社会的范畴。纸币的发行与流通，乃是整个社会经济的血液，而不能看成政府收入之源。财政与金融做到合理的"联系"，是可以的，但是各有各的"分野"，而不许两相混淆。以财政健全金融，以金融辅助财政，则可。因财政而拖累金融，因金融而恶化财政，则不可。这不仅是理论的问题，而是实际利害的问题。违反了分野与联系的健全原则，到头总是要吃恶的。

法币制度的确立，奠定了抗战的基础。而恶性膨胀的加速，却注定了阋墙的惨局。别的国家也有过"战时财政"（war finance），但是人家的办法，第一靠加税，取自大有产和大收入者。第二靠募债，吸取社会的游资。第三才数到发钞，还要设法减到最小限。但是我们的战时财政，一反其道，取自租税者，着实有限，取自募债者，又是到处碰壁，最主要的来源，便是靠着达尔顿教授（Hugh Dalton）所称的"三个 P"（public, printing, press），以为法轮常转，便可天下太平。于是印机滚滚，不舍昼夜，愈贬愈发，愈发愈贬，终至花红柳绿满天飞，而前线的士兵乃愈趋于冻馁！

风狂雨骤何时了？

花落知多少！

印机昨夜又加工，

点缀千红万紫水深中。

法币初功应犹在，

只是圈儿改。

米珠薪桂逐颜愁，

赢得一天烽火照江流！

寄调《虞美人》，民国三十六年六月二十日

烽火到了长江，这个仗还有啥子打头呢？道理摆的很清楚，趋势摆的很清楚，为什么不到山穷水尽不肯罢手呢？这里边也还另有些道理。

三

战时财政的结果，总免不了预算赤字（budget deficits），赤字延续的结果，总免不了通货膨胀。通货膨胀的进行，可以分作两个阶段，一个是"缓和"（moderate）的阶段，另一个则是"奔逸"（runaway）的阶段。如果战时财政的期限不长，膨胀走了第一阶段，也许就够了，不一定走第二阶段。或者战时财政连续几年，期间较久，而其政府的组织颇强，财政的管理也好，能够尽量利用租税与公债的手段，而不单靠发钞，在这里，国家通货膨胀的程度，还可以控制于第一阶段以内，而不致走入第二阶段。这样"缓和"的通货膨胀，对于社会经济的影响，不见得都是坏的。一旦战争停止，或是从改革财政入手，消灭赤字，或是从改革币制入手，稳定物价，或是双管齐下，同时进行，不难于短期内恢复常态。但是，在我们中国，可就不同了。八年抗战之余，继之以三年的内战，战时财政的期间是相当的长。以这样的穷国，打这么久的内战，就是把美国的汉密尔顿、英国的格莱斯顿搬到中国来，恐怕也吃不消。而况我们的政府组织,是这样的无效率,我们的财政政策,是这样的无远见,在"缓和"的阶段里,不肯从租税与公债,施展大手法,仅是挑选抵抗力最小的方向走,而乞灵于发钞。于是中国的通货膨胀,很容易的从第一个阶段,走上第二个阶段。所谓"奔逸",仿佛脱缰之马,钞票是无止境的发行,物价是无止境的上涨,财政赤字的加大,也便一发而不可收拾,此时掌财政者,仍是开口开源,闭口节流,而不知所开之源,无非膨胀之源,所截之流,仅是"齿决"之流,起初是因为财政的不平衡,而恣意发行,嗣后,则是因为币值的暴落,而加深赤字。由前者言之,是财政害了发行,由后者言之,又是发行害了财政,因果相乘,愈演愈烈,最后只有崩溃之一途。根据这个样子的财政基础,进行长期的内战。结果怎会不垮呢?

四

通货膨胀的恶果,历史上是有很多的先例的。前人覆辙,斑斑可考,为什么明知故犯呢?这里边有个很重要的原因。战时财政的负担,在我们中国,究竟落到什么人的肩上。我们的租税制度,较之先进各国,是很落后的。虽说也办直接税,但是比较间接税的比重,差得很远。而间接税则是转嫁的,最大部分都转嫁到消费大众的身上,而富有阶层,比照其收入或财产,所占的成数,则是微乎其微,甚至微到没有。至于通货贬值的影响,对于贫苦大众,尤其是定额收入者,是特别的惨重。睡了一觉,收入贬值一半,等于以一半收入,给国家纳了税,所以西方学者称之为"隐匿的租税"(a hidden tax)。但是富有阶层,不仅吃不了亏,反而要从这里找便宜。因为物价不断的往上跳,做生意发财的机会也越多,而这种机会,决不是仅恃劳动"由手到口"(from hand to mouth)的大众所能享有的,只有权门,豪门,或勾结得手的准豪门,才可以享有近水楼台长袖善舞的机会。无论是套取贷放,无论是抢购黄金,无论是玩弄外汇,都可以藉着恶性的膨胀,沾到莫大之光。所以恶性膨胀的结果,造成最大多数的赤贫,可也造成很多豪富。这些少数豪富,赚足了金银外钞,可以一溜了之,溜到了外国,而安坐享受,只剩下最大多数的赤贫,呻吟在烽火漫天荆榛遍地的苦境,而末由自拔。在这样的条件之下,你说,战时财政的负担,是落到谁的肩上呢?内战不休的好处,恶性膨胀的外快,是落到谁的荷包里头呢?

蔓绕藤攀岩上树,

展纵繁枝，总被繁枝误。
倚势凌空天外去，
空余弱草垂行路！
缓步城狐驰社鼠，
狐鼠凭依城社那堪语？
刻入直同疽附骨，
人间何处觅神斧！

寄调《蝶恋花》，民国三十六年八月三十日

　　大豪门则意态安闲，如缓步之城狐，小豪门则苟苟营营，如驰逐之社鼠，狐鼠虽可恶，然而熏狐则坏城，掘鼠则坏社，简直是和现政权紧紧地贴上了，自非神人，谁又能挥动斧斤，斩断这缠附的葛藤呢？此所以清算豪门，消灭豪门，吵得天响，只落得白说废话！事实摆得这么清楚，这个仗，还能再打下去么！

民国三十八年二月四日脱稿

逃资与外援

（一九四九年三月十五日）

一

靠着通货膨胀的战时财政，在初期的"缓和阶段"（moderate stage），可以吸引外资，从事国际金融的商人，利用汇兑的差价，有时将资金拿到通货贬值的国家来运用以博取利殖。就是说，膨胀的初期，情势缓和，对外汇价并不是一直的往下落，而有时回涨。如果战事短期结束，汇价即可恢复正常，那么在汇价较低的时节购进，很有获利的可能，所以造成一时的资金流入的现象，两次大战欧洲各国，曾有过这样的经验。

但是通货膨胀，继续进行，超过了缓和的阶段，而踱入"奔逸的阶段"（runaway stage），随着通货的贬值，其对外汇价，亦将不断的往下跌，不晓得什么时候可以届止。这时国际金融市场已经把期待回涨的心情幻失了，而代之以更加跌落的期待。于是曾经流入的外国资金，纷纷撤退，同时其本国资金，亦开始外逃，托庇于币值较稳的国度，造成所谓"资金逃避"[1]。

资金逃避的结果，愈益促致对外汇价的跌落，因而加速贬低通货的对内价值，使恶性膨胀，加速进行。起初是对内价值影响对外价值，嗣后则因对外价值影响对内价值，因果相乘，遂使"奔逸"的趋势，无法扼止。

二

豪门的资金和资产，如果留在国内或用在国内，在许多坏的影响之中，总还没出大门，吃亏的是中国人，叨光的也是中国人，对于"匮乏经济"多少还

---

* 此文发表于《经济论坛》杂志第一卷第六期。——编者注

[1] A. Rosenborg, *The Course and Control of Inflation*, 1946, pp. 47-54.

有点沽润的作用。但是演到资本逃避的阶段，若干豪富，他只晓得从资金和财产的安全上打算盘，管什么爱国不爱国，于是想尽种种方法，或是套取外汇，或是藉着进出口，或是黄金走私，或是换购外币，近者逃到香港南洋，远者跑到美国巴西，逃出了国门，托庇于异域，使国内资源，日趋于枯竭。战神消耗于内，豪资奔逸于外，内外交伐，这份儿经济，还有不完的么？

飞运奇珍东，囊括金钞西渡。

域外最高楼，那管啼痕处处？

休误，休误，宗国不堪一顾！

这是民国三十六年十月十四日，不佞所写《如梦令》的小词。我们看，豪门们的算盘，一点也没有错误，一点也没有迟误，这样的祖国，还值得你们一顾么？但是，谁又把祖国搞成这个样子呢！

起初是资金逃避，若干豪门想尽方法，从窃取政权的方便肆威，从套取贷放的本钱翻腾，从老百姓身上榨取，不断地送到国外，存银行、买股票、购地产、置庄园，一朝情势不对，风声一紧，来个一走了事，跑到海外的三十三重天上一住，钱作了逃资，人作了寓公，内战的结果如何，对他们，又有啥子关系呢？

三

从原始农业经济的老百姓身上榨取油水，毕竟是可怜的，而且很快的达到了枯竭的限度。从发行上找头寸，随着膨胀的奔逸，朝夕贬值，换不了多少物资和劳力，影响到税收，则大打其折扣，影响到经费，则无限的加翻，这份儿战时财政，还怎么搞法呢？

于是多少年来，国内有识之士，提议征用豪门资本，征收临时财产税，使富有阶层分担庞大的战费。少数人主张之，而不肯施行，以后渐成为普遍的舆论，可以勉强实施，而时机已失矣！而况"课税权"（taxing power）乃政权行使方式之一，政权操之豪门，而欲重课豪门，与虎谋皮，它不咬你一口，把你吃了，才怪呢！我们看"救济特捐"，吵得那么久，办得那么慢，结果收数，又是那么可怜！特捐还是荣誉之举，但是有几个豪门肯于慷慨的捐出一些呢？

十叩豪门九不开，忍看黎庶委尘埃，

八方切齿千夫指，自古秦人不自哀！

逃资与外援

居累卵，尚闭财，众无独有必招灾。
权门偃寒豪门寝，谁识狂飙卷地来！

——拙作《鹧鸪天》

老子曾讲过："甚爱必大费，多藏必厚亡。"春秋时代的公叔文子也说过："生于乱世，富而能贫，可以后亡。"东汉马伏波也曾留下这样不朽的名言与卓行："凡殖货财，贵能振施，否则守钱虏耳！"哀哉豪门，根本不懂得这些真理，还想迷恋政权，残民以逞，以期困兽犹斗，死灰复燃，真是迷途不返，倒行逆施，早晚自食其果！

还有"临时财产税"，自从去年五月提出，备受既得利益的反对，到了年底，勉强完成立法程序，送交政府施行。别说局面已非，无从办起，纵令早办一年半载，试问能够收上几何？资本逃避，早经开始，继之而逃者，接踵而去，大鱼都跑了，大江都空了，还想施纶垂钓，除了虾米小鱼，还有什么可钓呢？

西海游，粤海游，海天佳处足栖留，荒江寂钓舟！
去悠悠，恨悠悠，资金逃避几时休？看你不回头！

——拙作《相思令》

四

但是内战还在那儿进行，国内算是没得办法了，于是从"外援"上打主意。这是多么矛盾的现象——本国的豪资大量的拼命的往外逃，却要天天梦想，时时渴望，百端乞求外来的援助！

从政府所讲，一意孤行武力的政争，把社会的经济搞得这样穷，把国家的财政，搞得这样糟，不肯从根本反省，却要沿门托钵，乞灵于外援，这是一个独立自尊的政府所肯意做的么？

《前汉书》载过一段故事：梁鸿少孤，比舍先炊已，呼鸿因热灶炊。鸿曰："童子鸿，不因人热者也"！灭火而更燃之。有这样独立不屈、热不因人的祖先，看到今日这一些专门向人乞怜的不孝子孙，他该怎样的痛心！

从外国讲，按理，他是不肯拿出金钱或物资，帮助这个样子的政府的。你说你穷,怎么有那些富豪拿出那么多的钱送到外国去呢?你为什么不从这些人想办法?你不肯从自家想办法,却来向我要钱,我那里有那么多的冤枉钱叫你去糟蹋呢?结果,不是相应不理,便是被他们国里的人民所反对。纵令基于或种原因,勉强点缀一些,也是来得很慢,远水解不了近渴,或是来得很少,杯水救不了车薪,结果等于白费!

从人民讲,好!你拿大帽子压人来打仗,从老百姓身上榨油水,老百姓是穷地道了,为什么同时却喂肥了若干豪富呢?他们把钱抓够了,弄逃资,做寓公,你却向洋大人磕头求援,骗了钱来继续打,总得把这个大好中华"弄成一片沙漠"❶才甘心!在人民的立场,这样的外援,怎能不誓死反对呢?

远引西江水,来苏涸辙鳞,

欲前将却复沉吟,须知童鸿灶冷不因人!

大漠飞沙久,荒山喋血频,

从来甘露也成尘,何如慈祥一念转天心!

——寄调《南歌子》

稿竟于民国三十八年二月二十日

---

❶ Tacitus, *Agricola*, "They make desert and call it peace", p.30.

机能财政学的展开[*]

（一九四九年四月一日）

一

最近三五年来，英美财政学界，尤其是美国，曾提出一个很重要的新课题，为若干学者所主张，同时也引起几位学者的反对，形成所谓"机能财政"（functioning finance）的论争。

犹忆十二年前不佞在北平教学的时候，对于财政学之研究，曾归纳为三种类型：第一为财政技术学，第二为财政病理学，第三为财政机能学。并为一、二两种试拟似觉适当的英文术语，称财政技术学为"fiscal technology"，称财政病理学为"fiscal pathology"，但对第三种，尚未拟定适当的相等语。最近读到美国葛罗夫（H. M. Groves）教授主编一九四七年出版之《财政学之诸观点》（*Viewpoints on Public Finance*），中有"functional finance"一词，其涵义即为"机能财政"，与不佞前所指称之第三种相当。

传统的财政学研究法，大抵不出财政技术学的范畴，注重其技术的方面。此其来源甚远，当年德国的官房学派（Kammeral Wissenschaft），即以研讨财政技术著称，一直到现在，许多英美出版之财政学类书，仍不免在资本主义范畴中兜圈子。其长处，实际而应用，其短处，囿于既成之经济形态，仅能解释现状，而不能突破现状，浸假而为统治阶层所利用，成为一种"statecraft"，甚者且成为很卑鄙的聚敛之术。研究财政者，固不能忽略技术或轻视技术而不讲，但是仅言技术，显然是不够的，而且是有害的。

---

[*] 此文发表于《经济论坛》杂志第一卷第七期。——编者注

二

于是而有财政病理学，以批判的眼光，对于现行财政制度与财政现象所表现的病态，施以深刻的解剖，以究其病征所在与受病之原。此在传统的财政学书中，不能说没有，但是所占的分量甚微，纵今也有些分量，但是仍然不能跳出资本主义的范畴，仅为既成制度，补苴罅漏，落入改良论者的巢臼，能如《资本论》第一卷中剖析租税与公债之病态而深入腠理者，盖不多见。日本学者大内兵卫所著《财政学大纲》，差与之俦。即如英国学者达尔顿（Hugh Dalton），其人故属社会主义者，其思想即颇急进，所著《财政学原理》等书，较之一般英美财政学书，固属前进，但其气质，不免囿于英国人之传统，终觉其人其书，有未能相称之处。最近一位美国学者洛萨（Joseph Rosa）曾讲过："著者（指达尔顿）对于经济和政治问题的见解，无疑问是进步的，但是对于财政学的研讨，并没有显出同样的征候。"❶不佞亦有同感。但是在英美现行财政著作中，能如达氏者，尚不多见。达氏极力主张"最大社会利益原则"，可见其抱负所在。再举一个例，他在讨论租税问题之际，能够说出："租税也可以不必需，但在实际，尚未能免掉。"❷这就意味着，社会主义的财政，是不必靠着租税为主要收入的。

如果说，财政技术学是"thesis"，财政病理学便是"antithesis"，这不是公式，而是社会发展的必然行程。财政形态所据以为基础的经济与政治，如果有了毛病，财政还有不出毛病的么？财政病理的研讨，是出于现实的要求，而非无病呻吟可比。

三

病理剖析之后，问题并没有终了，亦犹正反之后，必有综合（synthesis）。明了病理之后，究竟该怎么样呢？仅是反面的指摘与批判，纵令燃犀烛怪，洞察隐微，病理是很清楚的了，究竟该怎么样呢？

对于这个答案，无论从构成财政基础的经济与政治着眼，或是从财政本身着眼，总要有个综合的论断，提出积极的主张，指示财政可以发生或必须发生

---

❶ H. M. Groves, *Financing Government*, 1945, p. 633.

❷ H. Dalton, *Principles of Public Finance*, 1936, p. 32.

的机能,这便是财政机能学。

财政技术学是属于解释的(descriptive),财政病理学是属于批判的(critical),财政机能学是属于创设的(constructive)。财政学的总体应该包括这三大部门。如能致力于三者之一而各有其独到之处,在学术上亦自有其特有之价值。若自其发展之顺序言之,始而解释,继而批判,更进而为创设,始于技术,继而病理,更进而为机能。所以财政机能学,是属于后起的,新兴的部分,随着经济与政治新形态的来临,要求财政研究的新展开,亦属自然之事。

四

实则"机能财政"之研讨,并不自今日始,远在十九世纪末叶,德国财政学大师瓦格纳(Adalf Wagner)以及美国财政学大师塞利格曼(Elwin R. A. Seligman)均曾主张租税的社会目的。塞氏在其大著《租税各论》中,曾提出"social vs fiscal principles of finance"的问题❶,以为国家课税的目的,并不仅为收入,当然要发生社会作用,而且必须有社会目的。即在实际,一八九四年英国财相哈科特(Sir William Harcourt)改革遗产税时,租税之"别有动机"(ulterior aims),已经表现得很清楚。因为那次改革的结果,很明显的渐次分散巨额的土地财产,因而达尔顿特别指斥"租税仅为收入"(taxation for revenue only)的说法,是个肤浅而错误的教条❷。

机能财政在初期揭橥,仅适用于租税方面,其主要作用亦偏重财富之重分配,其后发展到二十世纪的四十年代,更扩大其内涵,租税政策而外,兼及经费政策与公债政策,甚至预算政策。平衡分配而外,更着重于生产、就业、储蓄、投资,用以克服产业循环的周期性。此说倡自英国的凯恩斯(John Maynard Keynes),而盛行于美国。

美国学者提倡此说最力者,有汉森之《财政政策与产业循环》❸,有勒纳之《管理经济》及《机能财政与联邦公债》❹。而反对此说者,则有路慈,于其所

---

❶ E. R. A. Seligman, *Essays in Taxation*, 1925, pp. 316-317.

❷ H. Dalton, *Principles of Public Finance*, 1936, pp.14-15.

❸ Alvin H. Hansen, *Fiscal Policy and Business Cycle*, 1941.

❹ Abba P. Lerner, *The Economics of Control*, 1944, and "Functional Finance and the Federal Debt," *Social Research*, February, 1943, p. 15.

著《自由经济之指标》一书中，批评甚厉，仍然主张"健全财政"（sound finance）的老调❶。莫尔敦之《公债新哲学》，对于汉森的主张，亦有所驳辩❷。葛罗夫于所编《财政学之诸观点》一书中，则将正反双方之意见，胪陈对照，以资比较❸。

财政理论乃财政现实之反映，罗斯福总统所推行的新政，已将机能财政，措之实际。至于苏联的财政政策，更是运用机能财政于计划经济之中。蒲徕恩老教授（C. C. Plehn）于其主编《苏联财政政策》一书中，即曾指出"租税是苏联社会政策中最强大的杠杆之一"，远在一九三一年，即有如此认识❹。最近葛罗夫教授于所著《财政学》中，讨论交易税（sales tax or turnover tax）时，亦称："苏联的交易税，在彼邦是最重要的租税，几占其政府税收百分之九十。但与其他国家所行之交易税颇有不同，因为苏联政府，不仅以之为收入的手段，且用为物价与生产的调节器。"❺

机能财政的应用，因为经济体系的关系，自有根本的不同。社会主义国家运用机能财政，有一个确定的目标与和谐的系列，其性质是单纯的。但在资本主义国家，因为资本主义本身包括着许多矛盾，所以机能财政的应用，也便形成许多矛盾，因而其性质绝非单纯而系复杂的。以此之故，机能财政在美国❻，有些人主张，同时便有些人反对，理论上所以表现矛盾，即因现实上不断孕育着矛盾之故！

民国三十八年三月十八日稿竟

---

❶ H. L. Lutz, *Guideposts to a Free Economy*, 1945, pp. 114-128.

❷ H. G. Moulton, *New Philosophy of Public Debt*, 1913.

❸ H. M. Groves, *Viewpoints on Public Finance*, 1947, pp. 698-707.

❹ Sokolnikov and Associates, *Soviet Policy in Public Finance*, 1931. Editors' Preface, p. IX.

❺ H. M. Groves, *Financing Government*, 1945, p. 308.

❻ 机能财政在美国之争论，内容较为复杂，将另文阐释，此处不备述。

教育与财政

（一九四九年四月五日）

> 记者足下：读到上月三十日大报社论"还是休会的好"，确是老百姓心里的话。弟亦曾妄参立委，当初偶然地提出，意外地列入，亦曾妄想在宪政之路摸试一番，经过两个会期的经验，深觉其白费精力，还不如专心教书的好，所以应湖大之约而来长沙。离京之前，弟决心不再出席，不再拿钱，正式向院声明：本人在不出席期间，一切岁公费概不支领。当今之世，虽不能为狂者之进取，岂可不为狷者乎？明知生计艰难，在所不计也。此事值得为贤者一道，亦以见一个人之出处非等闲也。兹附奉论文一篇备用，凡弟为大报所写，均非轻心漓草之笔，亭林所谓非经世之文不写，窃自鞭策，仍望贤者之有以教之也。匆布
>
> 顺颂撰安
>
> 弟崔敬伯拜启四月二日

　　教育是关于下一代的事业，而要这一代的人来办。树人和树木一样，同需要长久的时间，"前人种树，后人乘凉"，这一代人播了种，本身也许看不到收获。在自私心理特别发达的国度，无论是树木也好，树人也好，总不为多数人所重视。纵令貌为重视，实际上也许天天在那里摧残。

　　究其原因，可以从两方面去观察，一个是心理的，再一个则是实质的。先说心理的因素，乱世的人们，无论是好人、是坏人，大抵不免被一种病态心理所侵袭，便是"我躬不阅，遑恤我后"？坏人不用说了，自私自利，穷奢极欲，自己落个什么结局都不管，那还管下一代的教育呢？就是善良的人，受到这种时代的煎熬，一天两顿饭都有点混不来，朝不保夕地连明天都顾不到，那还顾得了下一代的教育呢？这是从社会层来看，再从政治层来看：乱世政治层，除了

---

* 此文发表于《湖南日报》。——编者注

少数有识有度的尚知尊重教育而外，他们所最关心的，就是打仗，他们所日夜筹思的，只是军事财政。政府的开支只是尽先地任着军事费吞噬了"狮子份"，还觉着不够呢。谁要提到教育或是其他仁政，便以为"迂远而不切于事情"。两千年前的梁惠王、齐宣王是那套意识，今天又长进了多少？而且教育所教的青年，和从事教育的学人，在统治层的眼里，无非是些讨厌的家伙，以为和统治层捣乱的，常常是这一群。费了许多钱来培植、来养活这些捣乱者，认为是世间最冤枉的事。迫于舆论，点缀一些，已经觉着很大方了，你还要高谈阔论，援引什么宪法条款不得少于百分之几的来争持，岂非不知好歹？他所最倚仗的队伍，天天闹穷闹走，还顾得了那些教书的和读书的？管你活得下去活不下去，少办几个学校，饿跑一些读书人，还觉着省心少麻烦呢。

连年的内战，把物质的世界，弄得一片荒凉，一片沙漠。在连年内战威胁之下的教育，受到无比的忽视与践踏，因而在精神的世界，也弄成一片荒凉，一片沙漠。"人贫，志短，马瘦，毛长"，人不怕贫，怕志短。贫而有远志，总是了不起的人物。家不怕穷，穷而有好子弟，家可以兴。国不怕多难，多难而仍不忘教育，以培植下一代，总有突破艰难负起建设之一日。如果任重致远可致千里的良驹，一天一天地瘦下去，只剩下兵多如毛，群盗如毛，一天一天地往上长，这个统治，不用说是要溃下去的！不仅这一代跟着吃了苦，连下一代也跟着遭了殃。

就个人讲，行年四十、五十以上的人们，"譬如朝露，去日苦多"，你还能搞多久呢？培植培植下一代吧，也有个好接续，有思想的人应该这样想。正是因为我躬不阅，越要恤我之后！我这辈子吃了苦，能够尽我的心力，叫孩子们将来可以享到福，那不仅是心之所安，也是人类所以伟大之处。前人不给我们种树，那是前人的不对，轮到我们，也不给后人种树，这个世界可要永远的荒下去。养了孩子，投入这无尽的荒原，这不是传种，这是造孽！稍微有点良知的人，决不会那样想。

就政府讲，无论是中央政府或是地方政府，要知道：政府是为人民而存在的，是为人民的永续存在而存在的！中国人常称行政长官为家长，家长是爱人民如子弟的，是要爱护人民之子弟的。是要以爱护子弟的心情而重视教育的。无论如何艰难，是要宽筹培育子弟的教育经费的。衣裳可以不添制，房子可以不修饰，饮食可以从朴素，而子弟则不可不教育。如果这一代人放弃其教育的责任，必要演出两种结果。一个是青年后生以缺乏教育之故，不免更趋于愚昧、邪僻与暴乱，使已坠下流的社会更趋于下流。另一个则是"天生丽质难自弃"，那些天资卓特的青年，纵令没有人管他的教育，他是不肯放弃自己的。如水之就下，火之炎上，他要寻求自己的趋赴与光明。你是舍弃了他，他还舍弃了你呢，舍弃了古朽的氛围，另寻其活跃的天地。你为什么不好好对他们身上尽点心，多少还留点念想，多少还减点罪过呢？

所以重视教育的主张，并不是单从受教与授教的立场来讲，就社会、就政治、甚至从统治者来讲，都是有其绝对的必要。惟有嬴政、李斯一流人，才做出焚书那类的傻事。"夜半桥头呼孺子，人间犹有未烧书。"赶入地下的结果，对统治者的威胁更大。有识有度的政治家，他是认识教育之高于一切的，他是容忍教育之必须前进的。

心理的因素，略如上述，再看实质的因素。此处所称实质，便指教育经费问题。社会上对于"富而后教"的谬见流传颇广。尤其是政府中人，以为财政艰窘之日，政府是没有许多钱来办教育的。等着社会富裕财力稍充，再来充分供给教育的经费。此说似也持之有故，但是根本的认识就错了。当初孔子所讲庶矣富之、富矣教之那一段，说是人口多了，要让他能够生活，着重经济问题。能够生活，就要施以教育，着重教育问题。并不是说，教育一定在既富之后。不是说没有富便没有教育，相反的，社会上尽管有些富翁而子弟不上学，亦有绩学通儒反出在清贫之家。再说政府，财政虽然拮据，但是可以省的浪费，可以裁的稗政多的很。少添一师人，少放几个炮，不知要培植多少下一代。为长者折枝之类，事本易而不为。乃欲黩武穷兵，挟泰山以超北海。所以"生人"者，则诿为无力，而所以"杀人"者，则日投虚牝而不悔。这是丧心病狂，又怎能诿为财政拮据呢？

美国哈佛大学汉森教授（A.H.Hansen）在一九四六年出版的《经济改造》一书第二九三页里面曾讲过："这次大战很清楚地一再揭露，我们几百万公民所受教育的不足。这么多的美国公民就应该这样失学，是不能忍受的。这是一个全国的问题。有几个州和地方，没有那么多的财政力量，以供应所需要的教育标准。他们的教育支出，是不能忍受的。但是他们所取诸人民以支持教育的，比照其所得，已较富裕之州重得多，这也是事实。她们没有财力足以供应美国公民所应享有的受教育的机会。"因而汉森主张："联邦政府要充分拨补地方，用以开发乡村并提高公校教育的水准"。我们晓得美国是世界上最富的国家,美国的教育在并世各国中也算是很发达,但是经过汉森教授的分析,显然是不够的。美国并没有把雄厚的财力,充分用在教育上,而政府的财政政策,很显然的有着缺陷,不能使全国各地的教育,得到平衡的发展。在教育经费的支出上,也未使各地人民,作到合理的负担,因而引起汉森教授改造教育财政的主张。在美国尚且有此需要,而况在我们中国呢?

我国历史传统中,还有一个错误的观念,不是轻文重武,就是偃武修文;军事费与教育费,不是东风压倒西风,便是顾此失彼。殊不知真实的国防力量,倒不在形式的军事支出,而另有其基本条件。受有充分教育健旺而富有战斗性的人力,普遍发展充分而有计划的生产力,以及凝成在整个的社会目标之下而能人自为战的共同意识——这些才是国防力量最真实的源泉所在。打算实现这些条件,非有健全充分的教育不可。古人谓"不教而战,是谓弃之",没有给人民以良好充分的教育,就叫他去打仗,人是白白的牺牲,钱也是白白的送掉,纵令把军事费增加到"狮子份"那末多,结果还是白费。所以眼光远大的财政政策,尽可将军事费尽量缩小,将教育费尽量提高,结果对于国防的力量,只有加大而不会减少的。

合乎社会主义理想的财政,不仅要注意到"面"的条件,使最大多数的民众得到财政支出的益处,而且要注意到"时"的条件,使这一代的财政支出,还能造福于下一代——这就指的是教育支出了。个人皆有死,而由众人所组成的社会共同体,则永续存在。政治家不仅是这一代的管事人,而且是"下一代的受托者"(trustee for the next generation),远识的政治家,在权衡财政支出之际,对于有关下一代的教育经费,他要特别重视的。

民国三十八年四月二日稿竟

转型期财政的展望*

（一九四九年四月十五日、五月十五日）

一

十二年前笔者在北平教书的时节，曾将财政现象归纳为三大类型：一个是"前资本主义类型"；一个是"资本主义类型"；又一个是"社会主义类型"。以上三种类型，在并世各国的财政形态中，都可以找出适当的例子，美国财政属于第二种，苏联财政属于第三种，而吾国财政则属于第一种。这个见解，经过十余载的人海沧桑，并没有把它冲掉了，反而愈洗愈明。在述语上，自然还可以斟酌，但在实质上，不如此不足以透视、了解、把握财政的真相。

在不同的财政类型之间，不仅存在着量的差别，而且存在着质的差别，各有其迥不相同的经济基础，受制约于各有一套的政治范畴，因而演出势有必至不能强为比附的财政形态。如果有意无意的执着既成的意识和见解，不仅不足以认识另一形态的成行，甚至也不足以认识身在此山的真面目。必须奕出圈外，置身于客观的（objective）立场，而无所牵掣（disinterested）于其中，始能进行抽象的理解（abstract reasoning），以蕲进于具体与实际（proceed to the concrete or reality）。

以美国流行的财政理念，衡量中国的或是苏联的财政，结果是驴唇不对马嘴。以中国的财政基础，效颦先进国家的财政设施，结果是李戴张冠，丑相巨出。以美国老教授蒲徕恩（C. C. Plehn）之积学，对于苏联财政的认识，竟有这样的说法："美国各州的宪法毫无例外的宣称：一致与平等乃是租税正义的主要条件。相反的，苏联则主张租税应该基于社会的阶级区别，作为苏联社会政策最有力的杠杆之一，用以达成经济厚生的平等。对于间接税，在共产主义者未

---

* 此文发表于《经济论坛》杂志第一卷第八期及第十期。——编者注

得政权的时节，曾加以恶性失平的指摘，但是到了苏维埃统治者的手中以后，又变成了指导消费于许可的途径之神圣的手段。他们对于公债，可以强行发行，而抽签给奖的诱引亦不在禁止之列。在我们眼里，这该是怎样一个颠倒的世界！"❶不过，这对于蒲徕恩老教授以及和老教授有同样意识和执着的人们，自然是个颠倒的世界。

过去有些外国的观察者甚至我们本国的理论家，以为英美等国的财政收入，主要是靠着直接税，尤其是所得税，其最高税率有达百分之九十以上者。为什么中国办不到？殊不知，所得税的基础是巨额的私人所得，而巨额所得的基础是要靠着资本主义大规模的企业。没有现代化的私营企业，何来巨额的私人所得？更从何处课取巨额的所得税？所以美国学者康斯脱（Alzada Comstock）称所得税为"工业税"（industrial tax），美国的所得税来自纽约和宾夕法尼亚两州的，竟占百分之三十六，即因纽、宾二州乃是美国工业中心之故。我们没有那样的经济基础，乃欲课取那样多的所得税，岂非缘木求鱼？遭逢这样空前的通货膨胀，国民天天挣扎在"所失"的深渊，怎还能谈所得？至于说，以直接税平均财富，在现在中国，更是一种幻想。那是在资本主义国度中，藉着政治的民主形式，强迫大有产和大所得者，分担较多的租税。至于吾国，仍在寡头政治支配之下，连形式的政治民主都做不到，又有什么力量，使直接税发挥其平均财富的效力呢？结果无非是恶用直接税的名义，加重正当工商业及公教人员的负担而已。而大所得与大有产者反逍遥于税法之外！因为在封建残余的寡头政治之下，少数大所得者，概由财政剥削而来，财权与政权，结成一体，与虎谋皮，又怎能做得到呢？我们看本年二月十五日的"财金改革案"等六项，明目张胆地以政令公布"营利事业所得税尽量采取同业分摊包缴办法"，这简直是军阀时代摊派包税的还原，又怎能称为直接税呢？这个样子，不如索兴取消了直接税的名义，干脆来个摊派，免得辱没良税之名，使人民误认直接税和摊派就是一件事！

所以"不揣其本，而齐其末"，执着于一种类型，遇着另一种类型时，常常是想不通的。效专于高度类型，而适用于落后类型时，常常是做不通的。

---

❶ Sokolnikov and Associates, *Soviet Policy in Public Finance*, 1931, Editor's Preface, p.Ⅸ.

二

自从一九三六年意大利财政学者马可教授所著《财政学的基本理论》的英译本出版以后,笔者又得到一个有力的对照与佐证。马可教授的意见,以为"在历史上,我们认识两个相反的趋势,走到两个类型不同的政治组织,一个是专制国家——无论是个人的或是寡头的——另一个则是平民国家。在第一种,国家主权者或是统治阶级,具有绝对的权力,在独占的条件之下,运用其政权,有时假借法律,有时造成事实。这便给她以权力,在产生公共财用时,总是选择那些能够专属或是最利于统治者的利益,而将成本的负担,全部或大部,置诸被治阶级的身上。换句话讲,便是把私营独占那一套,改头换面的,复制于财政的领域之中。在各种形式之下,统治阶级得到了,被治阶级付出了,独占的价格"。"In history, we know two opposing tendencies, which lead to two different types of political constitutions: viz, that of the absolute state—either personal or oligarchic—and that of the popular state. In the first, the sovereign or the dominant caste has exclusive power and uses it under conditions of monopoly, by law or in fact. This gives it the power, in producing public goods, to choose those that redound to its exclusive or chief advantage, and to put the burden of the cost exclusively or chiefly on the subject classes. In other words, mutatis mutandis, there is reproduced, in Public Finance, the case of private monopoly. In various forms the governing class obtains, and the governed classes pays, monopoly prices." ❶

与此相对立的,马可教授举出平民国家的类型。这种国家不能以一个阶级藉着法律或事实保持政府的独占,而是置诸社会(community)的赓续管制之下。

马可教授所指出的两个类型,是在历史发展的过程中由财政现实所抽取的两个假定,作为进行分析的线索,不必一定与现实完全吻合。因为专制国家并不是完全不受因遭力量的影响,而平民国家也不是没有相对独占的存在,此不过撷取主流与重点用资分析而已。诚如另一位意大利的财政学者安诺第(Luigi Einaudi)教授所说:"十九世纪的政治史,在马可教授的心目中,是一个转型期,从特权执政的政府类型,转型于平民执政的政府类型,财政在各方面所表现的史的发展,无非此种转型的反映。""马可教授提出的两个类型,系自事实抽取一

---

❶ Antonio De Viti De Marco, translated from the Italian by E. P. Marget, *First Principles of Public Finance*, 1936. p. 42.

些特点，那都是真实的。无疑的是代表着历史实在之两个真确的方面。他的构想，不仅完全合乎逻辑，且对于财政学之深入的探讨，充满了提示。"英国的本罕教授（Frederic Benham）也说过："自有财政理论的著作以来，或将以此著为最佳，可与马歇尔的经济学原理相比，乃是多年思考的产物，值得再三研读。"❶

马可教授的大著，第一版出现于一八八八年，最后订正版为一九三四年，确属博大精湛之作。所提示的两大类型，自有其独到之处。不过依笔者所见（也许所见不到，容我再读），马可教授所提示的两大类型，偏重在政治的条件与经济的作用，尚未能充分把握财政形态所依存的经济基础。所以我对于他的主张，有深为欣赏之处，亦有未能尽同之处。笔者所揭橥的三大类型，完全就财政的经济基础着眼，而三个类型之间，存在着本质的差别。至于马可教授所指称的专制国家或独占国家类型，固然可适用于"前资本主义类型"（pre-capitalistic type），亦可适用于"资本主义类型"（capitalistic type）。纳粹政治的德意志，固属资本主义型，貌为平民政治的美利坚，仍然是资本主义型，仍以独占的作用，支配其财政，够不上真正的"平民国家"。必也扬弃了资本主义经济，实现了社会主义经济，始有"平民国家类型"的财政可言。笔者以为马可教授的提示，虽有其独到之处，但是，不从财政之经济的基础，切实认取，终觉是不够的。

三

当前中国财政所属的类型，很显然的，应该是"前资本主义类型"，这是从经济基础来看，若从政治条件来看，可以用马可教授的术语，是属于"专制国家类型"。专制的、暴君的、寡头的政治形式，与落后的、半封建的、半殖民地的经济体制相结合，其结果，必然是财政的剥削、榨取与掠夺。由政府活动所发生的好处，必然归属于统治者，而因政府活动所发生的负担，必归着于被统治者。财政设施的判断，不会以被统治者的利害为标准，而是以统治者的利害为标准。对于公共劳务（public services）所定的价格，完全基于统治者的需要，而不顾被统治者是否能够负担。俨如私经济现象中的独占价格一般，可以任意提高。但是私经济的独占价格，如果提高到相当限度，尚可以促致代用品的发明和消费的紧缩，以与独占势力相抵消，便不敢肆行无忌。但是在公经济的政府

---

❶ *Economist,* August 1934, pp, 364, 367.

财政，发挥其独占作用，可要比私经济，厉害的多。以专制的权威，强迫人民出钱，要多少出多少；以寡头的浪费，侵蚀社会福利，要多苦有多苦。其抵制的方式，除了死与逃，便是暴动与革命。

马可教授说得好："如历史的发展所昭示，独占国家不是代表平静、安定、均衡的一个点界。统治阶级总是不免利用其政治独占的身份，尽量提高其己身所享用的公家消费，而以社会为牺牲。如此，势必因统治群的独占地位，激起所属社会群的反抗，爆发而为斗争，依照被压迫人民的气质，或迟或速，使用或多或少的激烈手段，颠覆这独占的行业。"（…… As a matter of historical evolution, the monopolistic state does not represent a point of rest, of quiet, of equilibrium. The dominant class has always ended by exploiting its position of political monopoly in order to maximize its own public consumption at the expense of the community. From this it follows that the monopolistic position of the dominant group tends to provoke a reaction on the part of the subject social groups and to give rise to a struggle which, sooner or later, and by more or less violent means, according to the temperament of the particular people involved, leads to the fall of the monopolistic enterprise.❶）

马可教授对于此点的解释，是犀利的，是正确的，表现在中国现阶段的，还不就是这幅画图么？这种类型，只能引到这个样子的结局，在吾国历史上，已经是数见不鲜，而西方的"the ancient regime"也就是这个样子结束于法国大革命。"虽以路易十六世的最能干财政家屠尔果（Turgot）竭其全力以改进当时的财政，结果都是徒劳。宫廷的开支，极尽其奢侈，而连年的赤字与负债，只有加重财政的危机。于是这个时代终于到来，王朝再也借不到什么款，同时因为普遍的怨愤，再也收不到多少税。"❷

再看当前的中国财政，当局也想把高度类型的财政作法，搬到我们为落后类型的国度来运用，但是桔逾淮而为枳，不衹变了质，而且加重了灾害。试举最近一事为例。二月十五日公布的财金改革案，宣布关税以关元计税，实即以美金计税。货物税中之棉纱、火柴、水泥、卷烟、食糖等，以实物缴税，其不便征收实物者，亦以实物计数。盐税亦照此规定办理。这个办法一公布，社会

---

❶ Antonio De Viti De Marco, translated from the Italian by E. P. Marget, *First Principles of Public Finance*, 1936, pp. 42-44.

❷ H.M, Groves, *Financing Government*, 1945, p.8.

各方纷起责难，认为是极不合理的苛政。但是这个办法所根据的理论，在进步国家，还是很高妙的呢！第一次大战结束后，德国趁马克崩溃之余，于一九二三年稳定了币值，所采用的有效方法之一，即是租税的定值（Valorization of taxes）。因为恶性膨胀的结果，币值天天贬低，政府收税，由调查、核定、以至缴纳，要经过相当的长期间，纳税人或藉口复查或故意延宕，其间所受贬值的损失，不知多少，等到税款实际缴库，已是所余无几，因而越发加重财政的亏短。"租税的定值"便是将计税的标准，改以金价计算，使政府收入不致受币值下落的影响，因而减少赤字，消弭通货膨胀的基因，使币值趋于稳定。不仅德国如是，其他欧洲国家亦多行之有效。❶外国可以行之有效的，为什么我们不可以采用？外国认为是好办法，我们为什么不可以见贤思齐？但是此中有个大关键，不许我们相提并论者，便是当时德国早已经没有战争了，并且已经走上战后建设的途径，所以藉着"租税的定值"，配合其他措施，很快的消灭了赤字财政，结束了通货膨胀。但是我们中国怎样呢？战事并没有结束，还在那里备战，"租税的定值"，无非为统治者加强其压榨，填入无底的漏洞，并不能消灭赤字与膨胀，徒然加速工商业的毁灭。"不龟手之药一也，或以霸，或不免于洴澼絖"，不是同一类型，而用同一方法，可以得出不同甚至相反的结果，尚自以为取法乎先进！

所以在我们中国，这一套财政类型是非结束不可的了，财政类型所以必须结束，即因其所依存的经济基础与政治体制已经到了非结束不可的地步之故。那么，此后的中国财政将转入什么样的形态呢？

四

如果抗战之后，没有内战，我们的政治可能走宪政，我们的经济可能走向现代化，至于能否掺入一些温和的社会主义成分，就很难说，那是受了主力政权本质的支配。根本那样的基础，可能踱入雏形的资本主义，虽仍不免独占势力的支配，总比以前好得多，因为有了多数政党的制衡与新兴的劳动阶层的运动，独占的气焰，怎样也比不上以前专制的局面。如果一时的统治者过度发挥其独占性，招致多数人民的反对，亦可藉宪政的轨道，更替统治，不必一定要

---

❶ A.Rosenborg, *The Course and Control of Inflation*, 1946, pp, 18-26.

诉诸暴动与革命。

无奈这个机会，在中国是错失了，事到如今，这份"前资本主义"形态既是非去不可，但亦不能走入资本主义类型。因为这种类型最典型的美国，都已临到空前的经济恐慌的边缘，而彼邦若干学者所腐心以求的资本主义下的"机能财政"（functional finance）以针治产业循环的周期性者，仍有许多矛盾，而无补于就业问题的解决。我们又怎能学那一套呢？

除了资本主义类型而外，摆在前面的，只有"社会主义类型"，也就是真正的"平民国家类型"。这是一个大方向，不容我们不走。至于如何走法，要能因应中国的时与地，以及历史的条件与周遭的形势，而自成一套，不能照翻外版，也不能一蹴而就。其应表现于财政者，大约有下列几个趋势：

（一）财政机构不复操持于代表私有财产的特权阶级之手，而是以平民的（popular）政治机构来运用，产生公共财用（public goods），遂行公共劳务（public services），以满足集体欲望（collective wants）。人民是财政的生产者，同时也就是财政的消费者，而其消费品也都是按照成本（cost），不复在成本以上为统治阶级尽量提高其利益形成所谓独占价格。马可教授所称"平民国家类型"，惟自在社会主义的经济基础之上，才能实现。

（二）财政不再是少数剥削多数的工具，财政学不再是御用的财政技术学，而是达成计划经济有力的杠杆（a powerful lever in the planning economy）。财政之目的，不是为政府收支而存在，而是为利用厚生而存在。这时的财政研究，既不限于"财政技术学"，也超过了"财政病理学"，而是"财政机能学"，以"机能财政"（functional finance）实现计划经济的理想。❶

（三）财政的收入，不再如资本主义国家，以租税为重心，尽可能的从社会化的企业，取得主要收入的源泉。国家收入的主流，不再靠着"派生所得"（secondary income），进而参加原生所得（primary income），最后则经济的社会化，作到极致，租税可以不必需。这要经过相当长的期间，不是一下子就可以作得到的。因为企业的社会化，是要一步一步的来，参天松漠，自非旦夕可及。在此过程中，无论为收入目的，即狭义的财政目的，或是为社会目的，即均衡财富分配目的，都需要很合理的租税制度。达尔顿所谓"租税可以不必需，但在实际，还不能免掉"（taxation might not be necessary, but, in practice, cannot be

---

❶ A.P. Lerner, "Functional Finance and the Federal Debt," *Social Research*, Feb., 1943.

avoided）即是意味着这种趋势。❶

（四）新类型中之租税制度，对于租税种类之选择与配合，一方要根据"能力纳税原则"，用期负担之公平，同时要衡量支出的效能，以定应取的数量。换言之，如果不课税，而由私人消费或储蓄所能发生的社会效果，与通过课税而由国家支用所能发生的效果，两相比较，那一个能够得到"最高的社会利益"（maximum social advantage），依此以为选择的标准，此其一。更进一步，在社会财富的分配上，课税能够发生怎样的影响？是正号的而发生平衡作用呢？还是负号的而发生偏颇作用呢？也要有个适当的选择，此其二。再进一步，对于社会生产将发生怎样的影响？是否增大其成果，或促致于更有利的方向？此其三。所谓"杠杆"的作用，最主要的，便是对生产与分配而言。

（五）财政支出的结果，最主要的，要能增大社会的生产力，所以对于经济开发的支出，教育文化的支出，卫生福利的支出，是要列在最前面的。虽说在今日的世界情况之下，国防费的支出仍不能过为缩减，但是完全属于防御性的，而不是侵略性和压制性的，所需要的数量，远比前资本主义类型与资本主义类型所支出的为少。即使为国防目的，也不必在表面花在国防费的形式上。造成很健旺、能战斗的人力，提高很充分的生产力，而且凝成高度的社会意识，那才是国防力量之真实的源泉！缺乏了这些条件，不为这些条件的造成而支出，纵令把军事费提高到"狮子份"（lion's share），吃掉了其它基本的支出，结果仍是白费的。

（六）新型财政的支出，若由全国地域性的分配来看，不再是以前头重脚轻的病态，大部分花在中央，而花在地方的，则少的可怜。不再是以往花在治官的人事费与机关费，则不厌其多，而花在治事的事业费，则不厌其少。而要翻转过来，花在中央的，要力求其少，而花在地方的，则力求其多，使经费的效用遍及全国各地的民众。花在治官的则力求其少，花在治事的则力求其多，期能发挥岁出的最大效能。在收入管理上，固可采用集中方式以求其一致（uniformity）与有效（efficiency），但是在支出的划分上，应为地方行政单位，确保充分的供应。政府间的财政关系（intergovernmental fiscal relations）要有划时代的改进。

（七）在社会主义经济中，价格制度（price system）仍有存在的必要。但是

---

❶ H.Dalton, *Principles of Public Finance*, 1936, p.32.

这个制度，不为博取私人利得而存在，而是用以衡量生产成本与各生产单位间之边际价值而存在。譬如量布的尺，量米的斗，在穿衣吃饭的人之手，与在布店米行的老板之手，其功用是不一样的。为人民的消费和社会的生产，这些尺度，始终是需要的。"价格"是财富流通人间交易的准绳，要能通过时空的要素，而给持其准确与稳定。国家财政的设施，于促进生产改善分配而外，还要能够制衡流通过程中的价格制度。美国葛罗夫教授有言："苏联所施行的交易税（sales tax）和其它国家不同，她不仅用为收入的手段，还作为价格与生产的调节器。"（Not merely as a revenue means but also as a regulator of prices and production）❶

（八）新型财政的预算制度，已经不是王朝出纳的算盘，不是聚敛之臣超比附益的工具，而是实现社会化的计划经济最有力的机能之一。因为是有计划的，所以必须是有预算的。有了精密的预算制度，才能有理想的"财政纪律"（financial discipline）。"预算的财政计划是计划经济的因素之一，与其它若干因素相辅而行；但在事实上，这是基本的统制的因素，其范围至为广泛，对于所接触的管理范畴与经济运用，发挥最大的影响。"（"The budget finance plan is thus one of the elements of planned economy, one among a number of elements; in fact, it is the basic and the controlling element, the most extensive as to scope and exercising the greatest influence over those fields of administration and economics with which it comes into contact." ❷（*Soviet Policy in Public Finance*, by Sokolnikov and Associates, 1931, Chapter Six, "The Budget in the System of planned Economy", p. 334）

这种预算制度，不仅要在"面"的条件下，求得彼此间的均衡，而且要在"时"的条件下，求得前后间的均衡。这里所谓的均衡（equilibrium），不是像过去仅指政府本身的收支，而是包括一个社会整个的国民收支和对外的国际收支而言。这在近年英美财政学者间，已经注意及此，认为以往的预算理念，不能再适用于今日。薛贲时教授曾讲过："我们应该考虑到一个国家整个经济活动的量的计算，而不应只看到仅与政府有关的断片。"（In short, we have to take into consideration the quantitative estimate of the whole economic activity of the country

---

❶ H.M.Groves, *Financing Government*, 1945, p.308.

❷ Sokolnikov and Associates, *Soviet Policy in Public Finance*, 1931, Chapter Six, "The Budget in the System of planned Econ- omy", p. 334.

and not merely the cross——section of it with which the Government is concerned）因而主张："财政平衡不仅是预算收支的平衡，而是一个国家每年所得与支出的平衡，在可以支用的所得与可供利用的资源之间，达到一个均等的状态"（Financial equilibrium is not merely equilibrium of Budgetary revenue and expenditure but equilibrium of country's annual income and expenditure; an equality between spendable income and available resourses.）。❶美国的汉森教授（A.H.Hansen）、瑞典的林达尔教授（Erik Lindahl），对于预算制度，均有崭新的主张。至于社会主义型的预算，其重要远超过于资本主义型的预算，而为研讨财政者所特应注意！

以上八要点，乃是社会主义财政类型必要不可缺的条件。在中国，旧的类型眼看着归于没落，已经没有挽救或补苴的余地了。随着现实的要求，非朝着新方向迈步不可。打算走入这新方向，即须认取上述八要点。这是航海中指向抵达港口必不可缺的信号灯，遵循着这些灯光，才不至使人民类型这条船，迷失了应走的路线。

民国三十八年三月三十日稿竟

---

❶ G.F.Shirras, *Federal Finance in Peace and War*, 1944, pp.XIII-XV.

一步一步的推进计划经济制度[*]

（一九四九年四月二十三日）

和平后，经济制度的目标，无疑的，是社会主义理想的实现。这里要注意"目标"二字，既说目标，便不能不如此。这不仅指国民财富所得的公平分配与重要生产工具的公有公营，还要意味着：（一）生产并不是为私人利润而存在，而是为了社会的合理消费，以及从事更大量更进步的再生产。（二）生产是有计划的，配合社会的需要与生产力的扩大，而不是以盈利的立场，单以赚钱为目的，以赔赚或赚多少为取舍的。

经济理想的目标，是要一步一步的走，而不是照翻洋版，一蹴而就的。要注意，经济革命和政治革命不同。政治革命可以一夜之间，换了朝代，摧毁王朝的特权，树立宪政的民主。但是经济革命，可没有那么快。尽管求效率，还要一步一步的走上去。参天松漠，可是一朝一夕可以长起的么？

坚定了目标，把握住目标，至于初步的做法，是需要有弹性的。中小工商业以及有益人民生活及扩大生产力的大企业而能依照政府之经济计划行动的，都可以任其自由发展，奖之，励之，清楚其已有的障碍，这样做去，对于实现社会主义的理想和高速度发展生产力两个目标，是可以合致而不一定是冲突的。而且我们刚刚结束长期的战事，社会生产破坏的太厉害了，我们以农业国的素质，连眼前吃的都不够啊！不能梦想全面的高速度的生产力的发展。换句话讲，要知列先后，例如农业、运输、煤矿、纺织等，应该列在最先。一方增加其生产量，同时尽可能的增进其资本设备以提高其生产力。

为实现上述目标，当然要实施有计划的经济体系。但在初期，只能认定目标，粗枝大叶的去做，而不能失之于形式与繁琐。要能分开段落，一步紧着一步的走向目标。开始的时候，只要大方面不错就是。千万不能流于刻板，因小失大。我们在抗战期间不是没弄过经济计划，但是太八股化了，有的照翻外版，食

---

[*] 此文发表于《经济评论》杂志第五卷第一期。——编者注

古不化，有的纤毫毕具，闭门造车，一到实际，满不是那回事。千万不可贪多，先把最大的生产原动力——煤和整个经济活动的大动脉——交通，真能有计划，作到好，别像今日三天一停电，百里一瘫痪，这个经济，不就活了么？第一步做好了，再做第二步，是要分别前后，执简驭繁，而不是百废并举，一事无成！

至于价格制度，就是到了相当高度的社会主义生产，还是需要的，用以测量生产成本，并衡量各生产单位间的边际效用。而况在经济改造的初期，更是离不开的。不过要用财政金融贸易等政策，做适度适时的管制。试举一例"苏联所行的交易税（sales tax）和别国家所采用者不同，不仅用为收入的手段，且用为价格与生产的调节器❶"。

从实现社会主义的理想来看，仅是制度（B）（以市场价格为主而由政府做适度适时干涉的制度）是不够的。那是以价格机构为主而以政府之偶然的片段的干涉为辅，那不是我们应有的理想。势必需要制度（A）（严格的计划经济制度），不过要有步骤而已。

至于资本的积累，固然希望它的效率高，但是并不愿让这些资本仍然掌握在少数私人的手里。以往少数豪门积累资本的效率，曷尝不高？那是业经否定了的形态，当然不愿它再抬头。其次，尽可能的利用外资，不过要有计划，以独立经济的国家资格，对外负债。而不是以私企业家的资格对外负债。

实施制度（A）的时候，以中国现实情势而论，自然有许多困难。但是我所指的困难，还不是外在的，而是内在的。"这些困难是属于管理性质的"❷。第一次欧战后的德、波等国，因为他们以革命的结果，初得政权，或是创造新国，是没有什么行政经验的。所以许多好的计划，都做不好。这当引为殷鉴，而不可因噎废食，所以好计划之外，还要准备得力的人！如果人的量和质都不够，毋宁少提计划，缓一些，等等人力够了再说。

采用制度（A），在初期一两个阶段，重要生产工具并不需要全部国营。国营的种类不必多，要握住关键。例如面粉厂、棉纱厂、煤矿、交通之类，（此处不是拟详细计划，只说大概）要做就得做出样子，开始所以要少，而以人力不足，经验不丰，如果贪多嚼不烂，还不如从少处下手为佳！此外任诸民营的，则

---

❶ H. M. Grove, *Financing Government*, 1945, "A regulator of prices and production" p. 308.

❷ A. Rosenborg, *Course and Control of Inflation*, 1946, "These difficulties were of an administrative nature," pp. 14-15, 20.

尽可与民相安，但是要不违反不妨害国家的经济计划，而加以机动的管制。

制度（B），在英美有了高度资本主义的经济基础的，是应该试一试，所以凯恩斯主张于英，汉森（A. H. Hansen）、勒纳（A. P. Lerner）诸人主张于美，提倡所谓"发动政策"（pump-priming）与"财政补偿政策"（compensatory fiscal policy），亦颇持之有故，言之成理。但是横在前面的有两大问题。在美国那样政体之下，很难找到能行新政像罗斯福那样的人。所以汉森先生一九四一年所主张的"财政政策"（fiscal policy），到了一九四九年，不仅未曾好好的试演，反而临到失业与恐慌的狂潮！英国的政权固然在工党之手，但是政策有矛盾，国力太亏耗，一时做不出什么显著的成绩来。若在吾国，既没有英美那样的经济基础，自不好学他们那一套。

介乎（A）与（B）两者之间的制度，是很难搞出来的。目标只有一个，只是走的步调与策略，是要参酌历史的条件和周遭的情势，而善为因应！她并不专靠着一套经济计划，有时可用财政政策，有时可用金融或贸易政策。勒纳（A. P. Lerner）所谓的"机能财政"（functional finance）只有在社会主义经济制度之下，才可以尽量发挥。若在美国，经济体制上业已充满着矛盾，运用"机能财政"，自然免不了矛盾，勒茨教授（H. L. Lutz）在他一九四五年出版的《到自由经济的路标》❶一书中，提出许多反驳的理由，不是没有原因的。

最后，但是最重要的，还是"政治前提"的问题。纵令你所想的一套是不错的，但是要由什么样的政府，什么样的人来执行？因此我很同意意大利财政学者马可教授（Antonio De Viti De Marco）的主张。彼以为"在历史上，我们晓得两个相反的趋势，引到两种类型不同的政治组织，一个是'专制国家'（absolute state）——无论是个人的或是寡头的；另一个则是'平民国家'❷称之为平民国家也好，称之为人民国家也好，要能不折不扣的代表勤劳大众的利益，而不复操持于专制的、寡头的既得利益阶级之手。这是绝对的必需，缺了这个条件，什么都是废话。

---

❶ H. L. Lutz, *Guide-posts to A Free Economy*, 1945, Chapter XIII, pp. 114-128.

❷ Antonio De Viti De Marco, translated from the Italian by E. P. Marget, *First Principles of Public Finance*, 1936, pp. 42-44.

膨胀财政的穷途*

（一九四九年五月一日）

> Too often democracies have been wrecked on the rocks of Loose fiscal Policy（撞在荒唐的财政政策的巉崖因而毁灭的民主政治真不少见呢）!

一、赤字财政的狂流

连年内战，不用说在前方，就是在后方，为了征兵征粮的原故，无论是乡村，是城市，造成了赤地千里的现象。因为恶性膨胀的结果，无论是闹市，是僻壤，造成了赤贫遍地的现象。土地成了赤地，人民成了赤贫，而政府的财政，还是拼命地在那儿赶造"赤字"!

岂有单靠着赤字财政，单靠着通货膨胀，而可以打仗的么？因为穷兵黩武，所以财政愈亏，因为罗掘俱穷，所以战局愈坏。再看财政与金融的关系，因为赤字连续，所以有恶性膨胀，也就因为膨胀不已，通货贬值，所以收税款，越来越不值钱，所付的经费，越来越不够账。起初是财政害了通货，以后是膨胀害了开支。恶性循环，愈滚愈速，互为因果，愈陷愈深。

所以第一次大战后，比京布鲁塞尔召开的国际财政会议（Brussels financial conference）即会强调：赤字是膨胀的主因，因而主张：打算停止膨胀，首先要平衡预算，量入以制出（governments must limit their expenditure to their revenue），不失为探本之论。据《元史新编·食货志》所载，刘宣早经讲过："国用当度其所入，量其所出，如周岁差税课程，可得百万锭者，其岁支只可五七十万，多余旧钞，立便烧毁，如此行之，不出数年，纵不复旧，物价可减今日之

---

* 此文发表于《经济论坛》杂志第一卷第九期。——编者注

半。"这是何等明快之论！虽说现代的财政理论，是量出为入，那是就常态财政来讲。在我们这民穷财尽的国度，还要不问腰包，尽情挥霍，貌饰时新，量出为入，岂不知瓶之罄矣，灯尽油干，凭什么下赌注呢？

风景依稀似去年，问君明月几回圆，那堪挥霍似从前？

竭泽取鱼终有尽，杀鸡求卵事徒然，斯民憔悴奈何天！

——拙作《浣溪沙》

所以消灭膨胀，首须消灭财政的赤字。消灭赤字，首须打破备战的迷梦！

二、一个本国的史例

谈通货膨胀者，常引证德国马克，俄国羌帖，以及法国革命时代之亚西那（Assignat）与美国南北战争时代之绿背纸币（Green—Back），那都是外国典。在我们国史上，也可以找到很现成很适切的先例，便是元代的交钞。

据《元史新编·食货志》所载：顺帝至正十年，国用不给，右丞相脱脱，欲更钞法。"更钞法"三个字，便是现在很流行而为历任财政当局所孳孳以求的财政金融改革案。话头有新旧，而其内容与作用，大体上是一个样的。印造交钞的结果，"行之未久，物价腾踊十倍。又值海内大乱，供军赏犒，每日印造，不可数计，舟车装运，轴轳相接，交料散满人间，昏软者不复行用。京师料钞十锭，易斗粟不可得。既而所在郡县，皆以物货相贸易，公私所积之钞，视若敝楮，而国用遂困"。这里边所记的，不知是仅写元朝，还是兼写现代？当时有民谣云："堂堂大元，奸佞擅权，开河变钞祸根源，惹红巾万千。官制滥，刑法重，黎民怨。人吃人，钞买钞，何曾见。贼作官，官作贼，混愚贤。哀哉可怜！"这首民谣，曾载《元史新编》，任敏中所编《元曲三百首》，亦曾以《醉太平》的曲名选入。

前史论元钞者，有曰："天下非物之贵也，楮之多也，非楮之多也，国之贫也。忧国者不究致贫之源，而日夜讲求称提之术。国无三年之蓄，则国非其国。三征不缓其一，则父子离。以全盛中原之势，罄一岁所入，曾不足支旬月。而又日所不辍，造十数万楮币，犹恐不给，何哉？縻费必有自，蠹坏必有原也！"今日当国与理财者，谁能逃此谴责？

元世祖至元二十三年，尚书刘宣建议："欲求目前速效，未见良策，纵创新钞，以权旧钞，只是改换名目，无金银作本称提，军国支用，不复损抑，三数年后，亦如中统旧钞矣。利民权物，其要自不妄用始！若欲济窾窾之用，非惟铸造不敷，抑亦不久自敝。"炯眼卓识，不仅烛照顺帝之衰亡，且为金圆券之命运，早下注脚。

《元史新编》又载叶子奇之言曰："富人槖谷而给以批，持批得谷，其批行矣。贫人给批而无谷，批乃虚文，其不行也，非批之罪也。不此之务，而徒刑趋势迫，以必其行，而钞愈不行，国亦卒以亡，非钞之罪也！"钞票之最大功用，为交易媒介，无论物品或劳务，交换之际，以纸币为筹码。筹码本身，原无好坏可言，而要看发行筹码的政府信用，与交换过程所得的经济平衡，以为判断行钞成败的标准。不佞对于法币，曾有这样的评语："法币初功应犹在，只是圈儿改！"奠定抗战的基础，在财政金融的条件上，还不是得力于法币制度的建立？以后圈上加圈，圈圈不已，结果只落到一个圈，又谁之过欤？

三、空即是财，财即是空

佛语谓"空即是色，色即是空"，现在研究经济财政的，可以换上一个字——空即是财，财即是空，这比佛话还具有深义。我们看，通货膨胀只是玩纸片子。它的起因是个空，库空如洗，所以要膨胀。纸币的背景是个空，说千是千，说万是万，兑不出半点金银。偶尔拿出一些黄白亮一亮，你可别兜底，毯子里还是个空。现在财政政策，只有四个字——"空即是财"。凭这份儿妙手空空的把戏，便把老百姓的财都骗了去。

今日的市场活动，叨光的那里还有正当的工商业？发财的只是一些买空卖空的投机者。尤其是权门与豪门，因缘政权，近水楼台，套取了贷放和外汇，不用什么本钱，便可以大发其财。"空即是财"，算是作到家！本来贷放一事，仅是金融界的通常活动，但是恶性膨胀后国家银行的贷放，则是最容易恶用，便宜了少数的权门与豪门，造成畸形的资本累积，而剥削了大众！到此时节，所谓通货膨胀，已经不限于"财政的膨胀"，造成膨胀的原因，已经不仅是财政的赤字，而是利用财政膨胀的狂流，借口救济工商事业，少数权门与豪门，通过国家银行，套取贷放，以遂其囤积投机之私图，形成所谓"金融的膨胀"。其结果，加深游资的泛滥，加速通货的翻腾，阻塞物资的流通，促成财富的偏在，招致普遍的愤怒！至于正当工商业，苦心巴力，账面赚上几个，一扣币值，一看行情,原来是个"虚盈",此之谓"财即是空"。两相比照,便是以财的寡头,造广空的普遍。

美国安劼尔教授(J.W.Angell)在所著《德意志的复兴》一书中曾讲过:"德国的通货膨胀所以拦阻不住,以至于奔逸而不可收拾,主要的罪恶,要放在当日资本家的身上。他们从不断的膨胀,得到很多的好处。为他们的眼前利益——纵非终极利益,膨胀是需要继续的。"诺可斯(R.Nurkse)在《通货膨胀的进行与管制》一书中也讲过:"投机的风气,弥漫于工商界,并不下于商界与财界。而膨胀期间最成功的牟利之辈,并不是生产家,而是投机者。中央政府,日为彼等所左右,一九二三年德国政府的首脑古诺(Cuno Government)可以肆行无忌,对于鲁尔区的工厂主们,拨付大量的贷放,以致掀起恶性膨胀的狂潮,就因为古诺本人便是德国的大亨(big business man)之故。"因此,我们可以明了,恶性膨胀一事,在人民和大亨的眼中,是不能相提并论的。人民认为是祸害,他们认为是财源。亦犹人民所反对的战争,却是他们权势所系,人民所需要的和平,却像他们的丧钟一样。

四、膨胀毁灭了货币

纸币的主要功用有三:一个是交易媒介,一个是价值标准,一个是储蓄手段。一张纸片子,说千是千,说万是万,有什么价值呢?一般以为靠着金银的储备,仍是皮相之见,它要靠着:(一)社会生产力所形成的国民所得,(二)预算平衡所形成的健全财政,(三)国际收支所形成的对外平衡——这才是一国币制的真实基础。

所谓价值标准,不仅包括空间的成分,而且包括时间的成分。走遍全国,地域不同,而纸币的价值标准则一。这还不够,经年累月,人事迁变,而纸币的价值标准还是一个,这种币制,才算是健全的。此中有一个重要的因素,便是"稳定",贬低固然不好,提高也是有害。

币值的稳定,在进步国家也是经过好几世纪的努力,才作到"渐次增加的相对稳定"(increasing relative stability),但是成之甚难而毁之甚易。"经过不断的不能兑换纸币的洪波所形成的恶性膨胀,可以毁灭货币"(Inflation through successive waves of inconvertible paper money destroys money)。"如果这套办法,对于财政部所费有限,或是不费本钱的生意,但是对于整个的国民经济机构,则是无以复加的损害"（But if this system costs the treasury little or nothing it is extremely costly to the nation's economic structure）。"币值稳定性的绝对缺乏,可以推翻交换机构所依存的基础,也就是颠覆现代国家整个的经济生命"（The absolute lack of all stability in the value of money upsets the basis on which the structure of exchanges rests, that is, the whole economic life of modern countries）。

马可教授（Antonio De Viti De Marco）在他的大著《财政学的基本理论》（First Principles of Public Finance, 1936）的英译本第五编第二章所指示的道理,在当前中国,不幸身受其痛。少数人毁之,而多数人受其灾。短期内毁之,不知要费多长的时间,才能恢复这番膨胀所毁掉的货币稳定力与社会生产力！

毁掉了"价值标准"的功用,也便毁掉了"储蓄手段"的功用,因为储蓄制度的建立,是要靠着货币价值的稳定的。在国民经济各种活动中,储蓄的功用甚大。就个人讲,收支相抵后,仍有余存,便可以形成个人储蓄,以为将来消费或投资之用,使一个人的"家庭预算"（family budget）有所依据,因此也便养成有计划肯简朴的美德。就社会讲,有了国民储蓄,才可以有资本的累积,以为扩大生产之资。所以储蓄一事,在国民经济中所占的地位,甚为重要。

但是因为通货膨胀而不断的贬值,对于国民储蓄,是个很大的打击。隔宿移晷,贬值若干的纸币,谁还拿它去储蓄呢？当前糊口都有些来不及,谁还有余力去储蓄呢？过了今天不晓得明天怎样,谁还能好好安排预算呢？国民所得与支出失掉平衡而且有了很大的亏短,又怎能累积资本以扩大生产呢？"否定储蓄"（Dissaving）本是恶性膨胀货币贬值的结果,而其本身亦足以促致更进一步的物价腾贵。大家拿到钱,谁也不肯用在储蓄,大者用以搜购而囤积,小者用以零购而消费,物价那有不涨之理？"这不仅使政府的增发,变成无效,甚至成为一个独立的膨胀力量❶"。人民手里的现钱,尽量减少,去之惟恐不速,必需的消费而外,不是囤积物资与金银外币,以阻滞仅有的物资流通,便是尽情享乐,演成奢靡堕落的世纪末的丑相。

在这种条件之下,谁还到银行存款呢？收支不能相抵的,无从去存,有余的也不愿去存,于是而金融业受了困。商业行为与人事行为中之贷借周转不能免,于是而高利贷吃了香。政府不便明目张胆地跟着黑市利率跑,于是而公债

---

❶ "Personal Identity of Producers and Consumers," De Marco, *First Principles of Public Finance*, p. 68.

制度停了摆。但是在政府，虽不能推动任意公债，然而带有强制公债意味的发钞，不是连本钱都不必还，连利钱都不必付么？

五、膨胀引出钞荒

钞荒的现象，以前也曾有过，但多限于一区一地，未有如今日之普遍而严重者。膨胀达到九重天，不愁钞之少，何以反闹荒？币值跌到无底洞，钞票到手，去之惟恐不速，何以又有荒之感？最矛盾的现象，常常发生在最荒谬的时代，这也是最显著的例证之一。

表面上充满着矛盾，骨子里却有其一贯性。钞票既是不断的贬值，甚至朝夕不同，则等额之钞量，昨日尚可供交易媒介者，今天即感不足，此其一。以前的大钞，变而为今日的湿柴，昨日尚能流通者，今日则屏诸流通之外，而不为人们所接受，筹码因之而少，此其二。币值贬得太快，持钞者随进随出，不敢停留，以免坐受损失。但是开门柴米，流水售购，动需筹码，而手头已无所存，此其三。印刷机虽说现成，然而大额者，不敢骤发，较小者印制需时，印钞的机轮，赶不上流速的贬值。换言之，物价上涨的速度，超过了纸币膨胀的速度，发行对于物价反有瞠乎其后之感，此其四。印妥之后，尚须运送，今日的交通工具，虽不像元末之"舟车装运，轴轳相接"的那样费事，但是飞机运配，也不是怎样现成，可以同时供应全国各地，此其五。此外，各地方尚有若干特殊原因，不及备举。据三月十七日上海《大公报》载："钞荒空前严重，央行被客户逼得焦头烂额，库房里拿出来的钞票，封条上的浆糊，还是湿的。"这可真成了湿柴了。上海为印钞大本营，尚且如此，他处更不必说。

因恶性膨胀，而演成钞荒，又因钞荒，而加重膨胀，政府于此，一方昼夜不停的转动印机，同时即可藉口钞荒，不顾一切地发出大钞，以刺激物价。膨胀愈激，则币与值的分离愈远，而政府所能藉以榨取的物资和劳力亦愈小。"达到了一定点限之后，膨胀所能取得的收益，转瞬就干涸了"（After a certain point, the revenue yield of inflation rapidly dries up）！达尔顿（Hugh Dalton）在他所著的《财政学原理》第十五章，不是说的很清楚么？

在钞荒业经开始，大钞尚未应世的一段，又有一个极不合理而在实际又不能少的现象，便是本票满天飞，在财政的膨胀之外，又加上金融的膨胀。银钱行号出本票，中央银行自己也出本票。上海方面自三月二十八日起，发行"定额本票",票面分五千、一万、五万、十万四种,完全代替现钞流通,不必提出票据交换,发行额也无限制,亦未限定流通期间,实际等于变相的大钞。这暴露了发行主权的无政府,而支付手段的五花八门,更破坏了通货的一致性。滥发伪造,相因而生,使已经混乱了的市场,更趋于混乱。据四月一日上海《大公报》载:"中国国货银行上海分行为发现伪造本票紧急启事",可见一斑。此外,若找现贴水之朘削,拆息利率之惊人,怪相奇闻,更是不一而足。

六、来了税元空了税源

二十多年的政权,八年抗战的光荣,眼看着都毁了,而况"再来不值半文钱"的金圆券呢?金圆券惨到这般田地,但是老百姓以及善良的工商业者,还是用为交换媒介,并没有怎么破坏它。若干省份说是要发省钞仍然尊重中央的货币主权,不肯轻易着手。结果,破坏金圆券的,不是人民,不是地方,而是中央自己,证之本年二月十五日公布的财政金融改革案,以及三月三十日行政院长何应钦向立法院报告施政方针所主张的"税元单位制",已经表示的很清楚了。

在二月十五日的财金改革案中,以中央政府的资格,毁弃金圆券的条文,就有四项之多。(一)海关进口税以关元计算缴纳,每关元一元等于美金四角,人民得以黄金白银外国币券或外汇转移证,向央行兑换关元,专充缴纳税款之用。这是在关税部分,毁弃了金圆券,而以美金四角作为单位标准,另以黄白券证作为支付手段。(二)货物税中,棉纱、火柴、水泥、卷烟、食糖等,征收实物,这是在支付手段中,又加上五种实物,而废弃了金圆券。其不便征收实物者,亦以实物计算,在纳税者的负担上,等于缴纳实物一样。(三)盐税亦照前项规定办理,又抓住了一宗最大的人生必需品。以上关、盐、统三大税收,已经占了政府税收的主要部分。至于支出方面,(四)今后薪饷以银元为标准计算之,特别是指着军饷,而文职人员的待遇,因与备战无关,则另行规定。这说明了,在国家经费预算中占到"狮子份"的军事支出,已经废弃了金圆券,而以银元为计算标准,且以之为支付手段。

政府对于金圆券,这样一贬再贬的打入冷宫,一毁再毁的送入坟墓,却还在表面上宣称,金圆券仍为惟一之法偿本位货币及记账单位,明目张胆的说瞎话。自家毁弃了的东西,而强人以尊重,无非为此后的膨胀延其残喘。替统治者打算,算是很周到的了,可是也曾想想人民的死活?

这还不够,跟着又是三月三十日所发表的行政院施政方针。"关于财政金融者"有这一项:"创立税元单位制,以求税收确实,避免延缴损失。一切税捐除关税外,均以税元计算缴纳。每税元一元合市制黄金一分,由纳税人以金圆券换购,专充缴纳捐税之用,不在市面流通。"在征课技术上,这比二月十五日的财金改革案,又显着高明多了!它提出一个很漂亮的名词"税元",既不似关元以美金计算者之喧宾夺主,又不似五种货物税及盐税打算征实者之管理困难。关元之后,继以税元,税元之外,又有俸元(武职薪饷,按银元发给,早已实行俸元。至于文职俸元,大概只是说说而已),将来不晓得还有什么元,洋洋乎多元的财政,令人目不暇掠,此其一。前案所触及的税类,不过关、盐及货物税中之五种,后案则网罗无遗,除关税以关元计算外,其余各税,包括所得税、遗产税、印花税各税,均以税元计税。扬弃了朝夕贬值的金圆券,现发了定值在握的新标准,至于纸币信用是否因此而更趋没落,则非所计,此其二。现在工商各业,因为钞票贬值的原故,纵令在账面上赚上几个,已经失却当初的购买力,难以补进同额的货物与原料,所以有"虚盈"之说。此时政府课税,如仍按法币或金圆券计算,则政府所收的税,也是虚的。如果纳税人再拖上一两个月,可以把税拖没有了,应该称为"虚盈虚税",而不能称为"虚盈实税"。但是改征税元,情形可不同了,盈是虚的,税是实的,这才真做到了虚盈实税,此其三。由此观之,税元的办法,确比二月份的改革案厉害得多。

税元在中国是新花样,在外国,可是早于已有之的老花样。第一次欧战后,拉脱维亚(Latvia)于一九二一年五月公布一种法律,"以后一切税收,所有查定征课,均按新单位拉特(Lat)计算,一个拉特,等于一个金佛郎",这是第一次欧战后通货膨胀史里第一个采用"租税定值"(tax valorization)的例子。所谓租税定值算,即是将应课的税额,确定在一定的金币或金价之上,使课税收入,不受膨胀贬值的影响❶。现正拟行的税元,也就是十八年前的"拉特",在外国已经是老花样了。一九二三年德意志及波兰也都采用"租税定值"的办法,配合其它措施,很快的,消灭赤字了,结束了膨胀。

在外国行之有效的,为什么不可行之于中国?这里有个很大的区别,不容我们相提并论。当时德、拉各国,早已经没有战事了!已经走上战后复兴的道

---

❶ A. Rosenborg, *The Course And Control of Inflation*. 1946, pp.8,24.

路了！所以采用"租税定值"配合其它措施，可以收到很好的效果。但是我们中国呢？战事并未结束，仍在备战，赤字财政，天天在那里加重，这时采用貌似神非的"租税定值"，又未与其它相关有效的办法相配合，怎能实现平衡财政稳定币制的目的？无非为黩武者抓取赌本，对于垂死的工商业与消费大众，加重其压榨的程度。来了税元，空了税源，纵令办法高妙，又从那儿找油水呢？竭泽而渔的结果，仅存的工商事业，只有置身于枯鱼之肆而已。"不揣其本，而齐其末，方寸之木，可使高于岑楼"，不是同一类型，而用同一方法，甚至得到相反的结果，尚自以为取法乎先追！

七、钞之德其圣矣乎

恶性膨胀后的纸币所表现的特质，有许多地方可以比德孔夫子。鲁褒《钱神论》曾有孔方兄之称，说来也颇有些渊源。子贡称孔子之德，说是"夫子之不可及，犹天之不可阶而升也"。我们看，现在的发行额，不是早已到了天文数字了么？天之高，无极也，发行额之高，亦无极也。陷入泥犁落到深渊的小民，眼望着继长增高的发行额以及所反映的高物价，真有"不可阶而升也"之感！颜子之称孔子也，"夫子步亦步，趋亦趋，夫子奔轶绝尘，而回瞠乎其后矣"。通货膨胀在初期"和缓的"（moderate）阶段，亦步亦趋，小民还可以跟得上。但是到了"奔逸的"（runaway）阶段，金圆券则奔轶绝尘，而尘市中的小民，只有瞠乎其后！

"孔子圣之时者也。"金圆券把时字总算作到家。货币的主要功用，要能作到价值标准的稳定，要能突过时间的条件，而稳定不变。但是以前的法币，继起的金圆券，早晚市价不同，天天在那儿变，一时有一个价值，教你老赶也赶不上。"可以仕则仕，可以止则止，可以久则久，可以速则速者，孔子也。"其实不只是孔子。在这有钱者常有权，有权者常有钱的政治局面之下，没有金圆券或是不为金圆券，谁肯出台担当大任呢？但是金圆券的充分，也可以使一些台上人，翩然下野，倏然远引。至于久，从二十四年法币出世之日起，一直到今天，还看不出结束的苗头，不能说不久。至于速，则当前通货所具有的流速（velocity of circulation）可以说是"出于其类，拔乎其萃"，自生民以来，未有盛于金圆券者也。

颜子又称孔子："仰之弥高，钻之弥坚，瞻之在前，忽焉在后。"膨胀领导物价，不看则已，愈看愈高。金圆券是个牛角尖，越钻越紧，教你走投无路。你看它初发大钞，似乎在我们小民的收入力和购买力的前面，但是转眼之间，所谓大钞也者，业已变成"湿柴"，扔在后边，也许连乞丐都不要！

金圆券其圣矣乎？这个样儿的圣人，可别怪老子要讲"圣人不死，大盗不止"。恶性膨胀存在一天，便为窃国之大盗，延续其榨取的威力。但是恶性膨胀，一个劲儿往下走，亦自有其穷途。一旦之开，膨胀财政崩溃了，窃国的大盗，也就跟着完了！剥极必复，壳破雏出，旧的不毁了，新的又怎能脱颖而出呢？

民国三十八年四月十二日稿竟

财政新类型的展开*

（一九四九年五月十四日）

今后财政问题，意味着划时代的质的变化，和以往所经验的量的变化不同。从时间看，是属于"转型期"，从体系看，是旧类型的没落，同时是新类型的展开。借用马可教授（Antonio De Viti De Marco）的术语，便是从"极权国家"的财政类型过渡到"平民国家"的财政类型，其应该表现而且可能表现的特征，可从下列六点观察：

一、财政制度——以"机能财政"作为计划经济的一个有力杠杆及平衡财富分配实现社会理想的手段

因为财政形态所依存的经济基础和政治组织都变了，当做上层建筑的财政，自然要有根本的改变。此后的财政体制，不复操持于代表既得利益的特权阶级之手，而是以平民的政治机构来运用，产生公共财用，以满足集体欲望。人民是财政的生产者同时也就是财政的消费者❶。而其消费品，也都是按照成本，不复有垄断价格的存在，不复为统治阶级在成本之上尽量提高利益。

财政不再是个人的，寡头的，或是既得利益者的剥削工具，因而财政学不再是御用的财政技术学，成为聚敛之臣的附益之术，也不再是暴露黑暗的财政病理学，而是配合着新经济与新政治的财政机能学。以"机能财政"（functional finance）作为计划经济"最有力的杠杆之一"（one of the mightiest levers），同时以之为平衡财富分配实现社会理想的手段。前者为主而后者为从。前者属于积极的、创设的，后者属于消极的、矫正的。轻重之间，要有区别。

---

* 此文发表于《经济评论》杂志第五卷第三期"今后中国财政问题特辑"。——编者注

❶ "Personal Identity of Producers and Consumers," De Marco, *First Principles of Public Finance*, p. 43.

二、公共收入应从社会化的企业取得收入的源泉

随着统治体制的更替,所有以往靠着恶性膨胀的收入政策,算是结束了,而且必须干干净净的结束,小心着别再蹈入另一个名色的通货膨胀。征诸两次大战西方各国的经验,就是在战争结束以后,迫于复员、救济、以及经济复兴的需要,纵令是个新兴的国家,也常不免于陷入另一个通货膨胀❶。通货膨胀的进行,可分为两个阶段,一个是"缓和的"(moderate),另一个则是"奔逸的"(runaway)。发行政策如果能够控驭在第一个阶段,绝对不陷入第二个阶段,是可以的,而且是有益的,这在行政健全的国家,很有这样的经验。因为多年膨胀之余,骤然采取绝对相反的收缩政策,对于社会经济的安定与发展,更是有害的。健全的财政政策,总得要有健全的金融政策相配合。

以社会化经济为理想的财政制度,在收入方面,是不能追随资本主义国家以租税为重心的。应尽其可能,从社会化的企业,取得收入的源泉。国家收入不专靠着"派生所得",进而参加"原生所得",借用熊彼特(Schumpeter)的术语,要由"租税国家"(steuersteat)进而为"企业国家"(unternehmersteat)。这不是玄想的搬弄,而是现实的要求。一个社会的企业,逐渐社会化,个人所得逐渐平等化,则私营的大企业与私人的大所得,即不存在。此时国家收入,可以取给于国营企业,而不必仰赖于课税,尤其是不能仰赖于所得税与遗产税。不过产业社会化要经过相当的长时间,不是一下子就可以做到,在这转型的过程中,无论为收入目的,或是为社会目的,还是需要租税的。达尔顿(Hugh Dalton)曾讲过:"租税可以不必须,但在实际,还不能免掉。"(Taxation might not be necessary, but, in practice, cannotbe avoided)就是意味着这种趋势。

转型初期,至少三五年间,既不能遽从国营事业取得公充的收入,在此过渡期间,仍不能忽视租税政策。至于间接税与直接税孰轻孰重的问题,应该另有一个看法,与资本主义类型不能相提并论。笔者以为二者之间,要能两相补充(mutually complementary),不可偏废。以前对间接税所以多称为恶税者,并不是税的本身不好,而是社会的经济基础,早有了毛病。贫富悬隔,分配不均,纳税能力,相差甚远,于此而令其负担同额的消费税,自然加重不平,所以是恶

---

❶ A. Rosenborg, *The Course and Control of Inflation*, 1946.

税。但若经济制度有了划时代的变革，分配上的不平业已大见减轻，此时的间接税，就要刮目相视，不像以前那样坏了，还可以当做现实政策的手段。至于税类组织的内容，在战事刚刚结束后，似不可轻事更张。一来是人民的喘息未定，百业的疮痍未复，已经有了习惯的旧税，除因进行内战所引出的苛杂征调必须取消而外，大体沿用成法。二来所谓改造大业，要从作为基础的经济入手，基础的改革有了眉目，那么依存于旧基础的租税，自然跟着结束，而不可舍本逐末，多所更张，徒乱人民耳目。

不过现行税率，是要分别种类，酌予减轻，同时简化征课手续，严密税务管理，结果是可以增加税收的。先就税率讲，过去所以不断的加税，无非受了膨胀贬值的影响。政府课税，从调查而核定而纳库，其间不晓得贬值多少倍，提高了税率，还是收不到理想。但是此后，结束了膨胀，币值可望稳定，因而可以做到"租税的定值"（tax valorization），国库所收税款，不会再像以前，大打其折扣。所以税率就是减轻一些，一方与民更始，苏息生机，同时国家税收，亦不会比以前减少。再就征课手续讲，姑以营利事业所得税为例，此后如果立刻恢复查账，环境条件还是不够，给予工商业的烦扰太大。但是也不能像现在一骨脑儿交给商会及同业公会包征摊派，大大的开倒车，那怎能称为直接税？笔者以为所谓"简化"，要替纳税人设想，而不是为稽征机关设想，对于纳税人，要给他们省麻烦，但是稽征机关自己，可不能怕麻烦。譬如最进步的罐头制造，机器的这一端，赶进活牛，那一端出来罐头，制品是简得出奇，但是机器本身可要复杂的出奇了！课税的道理也该一样，要为纳税人求简单，而不要为税局求简单。稽征机关要不怕费事，多方调查商况，统计税源，各行各业的资本周转率、毛利率、开支率以及纯益率，不惮烦劳的多方探索，备之有素，一旦稽征，即可按图索骥，参用抽查，应用大数法则，以求近似标准，所谓"标准计税"（standard ratio）与从前摊派，绝对不是一样的！再谈税务管理，最重要的，当然是税人制度的建立。抗战中期，笔者曾写过《廉吏与浊世》《理财与养耻》《税法与税人》许多题目，与其求廉吏，不如打破了浊世。此后的经济与政治既是局面一新，则合理的税人制度，是不难树立的。在待遇上，能够生活，在资历上，学用一致，参酌刘晏重用士人之意，尽量吸取大学生及高中毕业生，以朝气方新的阵容，担任深入民间的工作，以"治人的治法化"，做到稽征的科学化，笔者认为，税务行政是可以壁垒一新的。至于直、货两税的征收机构，既经合并，不必再行分开，以免纷扰，且省糜费。以上所述三点，果能切实做到，税务一定改观，税收只有增加，不会减少的。

整理现有税收之外，不必即添新税。如临时财产税，在没收官僚垄断资本之后，已无必要，以免扰及中产以下。如果没收豪资与接管物资，均能好好办到，其数目可以相当的可观，以之拨充救济及复兴事业之用，亦合以临时收入供应临时支出之旨，且有余力以供经常支出。回忆胜利之初，接收那么多的黄金、白银、财产、物资，真要是有好政府善为运用，何至采取恶性膨胀的下策呢？威尔森所称："没有健全的政府，不会有健全的财政！"（Without sound government, no sound finance is possible. James Wilson, 1805-1860）那是最正确不过的格言。经过这次划时代的变革，总要有好政府出现，那么，国营产业都可能办得好，而况管理国有财产呢？在这个前提条件之下，也可以办专卖，即由卷烟、砂糖、食盐三项专卖入手，要比抗战时期办的彻底些，从生产制造做起，不仅为了收入，还可实现经济及社会目的。这要好好的设计，不可像以前那样轻率苟简，致酿流弊。

三、公共支出最主要的要能增大社会的生产力

财政支出的结果，最主要的，要能增大社会的生产力。所以对于经济开发的支出，教育文化的支出，卫生福利的支出，是要列在最前面的。虽说在今日世界情况之下，国防费的支出，仍不可少，但是完全属于防御性的，而不是侵略性和夺取性的，所需数量，自较合理。即为国防的目的，也不一定要花在军费上。造就很健旺能战斗的人力，提高很充分的生产力，而且凝成一个为社会共同目的而人自为战的共同意识，那才是真正的国防力。缺乏了这些条件，纵令把军事费提高到"狮子份"（lion's share）吃掉了其他基本的支出，结果仍然是白费的！

政府的支出总额，在抗战开始前一年，即民国二十五年度，为十亿一千六百万元。十余年来，因为通货膨胀，表面上增的很多，但若按战前标准折合，只有减少。即以公教人员待遇而论，一贬再贬的贬到今天，已成奇迹。堂堂中央政府乃有"世界上最廉价的外交次长"，每月薪给只合三块一角钱！可见一斑。最近财政部负责人报告："如军人待遇全发银元，每月需银元九千万元。如公务员亦要求发给银元，亦需三千万元，合计共需银元一亿两千万元，财部实在无法

负担云云。"（见四月八日上海《大公报》第五版）这个数，在财政部眼里认为是很庞大而无法负担的了。但是全年合计也就是十四亿四千万元，较之民国二十五年度之十亿元，相距十四个年头，只增四亿，那还算多么？可见通货膨胀的结果，国家支出的实值，已经大大的减少。此后国家岁出姑按银元计算，假定全年岁出为十二亿元，应该是不中不远。在人民的负担能力上，似乎可以担得起，在国家支出的需要上，大致可以下得去。

我们要知道：过去经费支出不合理的地方太多了，不用说打内仗是天大的浪费，简直算不清，就是经常的军事支出，该有多少，以克扣吃的手法，在中途转了弯！租税有所谓"转嫁"，因为是负担，所以要嫁出去。那么，经费也许可以有"转嫁"，因为有好处，所以要娶进来。"河伯娶妇"不仅娶进来老婆，还有陪送呢。公共支出，按理，是应该花在公共福利上的，但是中国政府的庞大预算，有几个是花在公共福利上面的呢？不是转入权门的荷包，便是滚入军门的外府，个人固然发了财，给人民办了什么事呢？此后，这种转娶的情形，总不会存在了罢，每个经费均能花在利用厚生的方面，该给人民多办多少事！

四、公债以"能动债"为理想

因为多年通货膨胀的结果，公债政策老早就停顿了。占到抗战以前总岁出三分之一的债务费，减到微不足道，从国民负担一点看，未尝不是好事。但也因为增税有限募债碰壁之故，才促成了通胀的洪流。政府不肯对于游资与豪资，用强制公债的办法，大量的吸取，也是财政失败的因素之一。此后通货膨胀告一段落，新的币值稳住了，自然可以推行公债政策，加强收入之源。无论是内债还是外债，只要基于正当的用途，不背合理的条件，是可以从这方面取得收入的。

批判公债的利弊，主要的要看运用债款的政府和举债的用途。英国财政学者希克斯在所著《英国财政》一书中，曾将公债的形态，分为三大类：第一为"呆重债"（dead-weight debt），募债所得的资金，支用之后，并没有增加社会的生产力。既未赢得金钱的收入，亦未为利用厚生，培育来日之源。这种公债最显著的例子，自然要数起因于战事的支应。第二类为"受动债"（passive debt），虽未能获得金钱收入，亦未曾增殖劳动与资本的生产力，但是支用的结果，总还可以为社会增加功效于享用，如公共建筑公园运动场之类。第三类为"能动债"（active debt），又可分为两种：其一为资本的支出，按照计划，可以自己清理本息的偿却（Self-Liquidating）。又其一则为直接间接增加社会的生产力，如同卫生教育，用以提高民众的工作效能，又如天然资源的保存与改进用以增进整个民族生产力。三者之中当然以"能动债"最为理想，"受动债"次之，"呆重债"最下❶。此种分类，最得要领，汉森教授于所著《财政政策与产业循环》一书中，极致称许，实可为公债政策之世界❷。

不过推进之际，承多年停顿之余，值战乱庇定之初，如采任意公债之方式，自由认购，大概收获有限。只要用途正当，可以采用"强制公债"的形式，以期有效，这是此后财政政策很有力的一环。

五、预算是实施"平民政治"与"计划经济"最主要的机能之一

预算是行政方针的反映，同时即是国家用钱的准绳，一经立法机关通过，政府即须绝对遵守。所以预算制度的主要条件，一个是"法"的谨严，一个是"数"的正确，法不是随意改的，数也不是随便变的。但是通货膨胀的结果，将预算制度的根本条件推翻了，收入则一天一天的打折扣，支出则一天一天的翻筋斗，收支之间的距离，愈来愈远，赤字不得不更为加大，追加成了常态，垫付成了必须，所谓预算，也就成了废纸，就是有，又有什么用呢？

此后，我们从无预算，走到有预算，但是这个预算制度，已经不是王朝出纳的算盘，不是聚敛之臣藉以超比的工具，而是实施"平民政治"与"计划经济"最主要的机能之一。首先要有健全的行政收支预算（operating budget），以实现人民政治的理想，还要有健全的资本收支预算（capital budget），以实现计划经济的理想。因为是有计划的，所以必须有预算的。必须有精密的预算制度，才能贯彻"财政纪律"（financial discipline）。这时所谓预算平衡，不仅像资本主义国家，仅指着政府本身行政收支的平衡，还要包括着社会化生产的平衡与国际收支的平衡。笔者于前年十一月出版的《世纪评论》二卷十九期曾写过一篇《支配经济生活之三大收支》，曾有较详细的论述。所以预算制度对于社会主义类型

---

❶ U. K. Hicks, *The Finance of British Government*, 1938, p.314.

❷ A. H. Hansen, *Fiscal Policy and Business Cycle*, 1941, pp, 144-146.

的财政，更属重要。再从会计应用的观点去看，它要包括了"政府会计""商业会计"与"成本会计"，现代工业国家的工厂所常用的"预算管制"（budgetary control），也要适用到财政上。"预算的财政计划，是计划经济的因素之一，在许多因素之中，事实上，它是最基本的而且具有统治力量的，其范围至为广泛，对于它所接触的管理方面与经济方面，都能发挥最大的影响。"❶国营事业的成败，要以新的预算制度能否树立为基准。

六、国地收支的划分
必须打破区域成见作成客观合理的安排

社会主义的财政要实现三个理想：第一，要能实现"最高社会福利"（maximum social advantage），使财政支出的效益，普及于社会大众，而不为少数人所垄断。第二，政治家不仅是这一代的管事人，而且是下一代的受托者（trustee for the future），使财政支出的结果——尤其是教育费——还能造福于下一代。第三，实现财政的天下为公，在"面"的条件，能使财政支出的结果，普及于各地方，而不为少数区域所垄断。最后一项，便触到国地收支的划分问题。

先提出一个重要的理想，此后的分划，不再是以往头重脚轻的病态——以最大部分花在中央，而花在地方实用及民的则少得可怜。不再像以往，花在治官的人事费和机关费则不厌其多，而花在治事的事业费则不嫌其少。而要翻转过来，花在中央的，要力求其少（此指行政费，至于国营企业费则不在此限），而花在地方的，则力求其多，使经费的效益，普及全国各地。花在治官的，则力求其省，而花在治事的，则力求其丰，使经费能反映于事功各种经费中，以教育对于地方的关系最重。中央所支出的教育费，偏重于高等教育及文化事业，至于基本教育属于地方支出者，倘不为之宽筹，即难得到普遍的发展，此与一国文化经济之前途，关系至巨。美国哈佛大学汉森教授（A. H. Hansen）于一九四六年出版的《经济改造》一书第二九三页曾讲过："这次大战很清楚的一再揭露，我们几百万公民所受教育的不足。这么多的美国公民，就应该这样失学，是不能忍受的。这是一个全国的问题。有几个州和地方，没有那样多的财政力量以供应所需要的教育标准。他们的教育支出，低到无可忍受。但是他们所取诸

---

❶ Sokolnikov and Associates, *Soviet Policy in Public Finance*, 1931, p.334.

人民以支持教育的，比照其所得，已较富裕之州重得多，这也是事实。他们没有财力足以供应美国公民所应享有的受教育的机会。"因而汉森主张："联邦政府要充分拨补地方，用以开发乡村并提高公校教育的水准。"我们晓得美国是世界上最富的国家，美国的教育在并世各国中，也算是很发达，但是经过汉森教授的分析，还以为很不够。美国并没有把雄厚的财力，充分用在教育上。而其政府的财政政策，显有缺陷，不能使全国各地的教育得到平衡的发展。在教育经费的支出上，也未能使各地人民做到合理的分担，因而引起汉森教授改造财政分配的主张。在美国尚且有此需要，而况在我们中国呢？

至于中央与地方之间的收支，究应如何划分？所谓地方，究应包括若干成分？这里要有个前提，即是地方行政区划与行政组织，究应如何确定？此时尚未能悬揣，所以对于国地收支的具体划分，亦不便凭空拟定。不过有几个大原则，是要预先认清楚的。第一，国家是整个的有机体，要认定一个理想，一个目标，而分头并进，以趋于一致。在预算制度上，要能发挥集中统筹的功能。第二，以全面平衡的发展，蔚成社会集体的力量，以各区特有的成就，蔚成整体丰富的内涵，其趋势是自下而上的，而不是自上而下的。第三，关于收入的管理，无论是租税，还是公营企业，为标准一致、有效管理及节省成本起见，归属于中央者，自较归属于地方者为多，但须对于税源，妥为分划，其归中央经管者，亦应对于税款，量为拨补，更须斟酌地方的丰瘠，统筹补助。唯有肯于打破区域成见的人，才能对于全国各区域，作成客观合理的安排。亦惟有肯于"自全观一"的人，乃能为整个机构，善尽其齿轮的功效。薛赉时教授于所著《平时与战时的联邦财政》[1]一书中曾谓："联邦财政乃是留给专家们最不容掉以轻心的一件事。一个健全的、现代化的联邦财政——指各政府间的财政关系（intergovernmental fiscal relations）——要求在观点上有一个革命的转变。不仅各层政府及其官员，应该如此，其他非官员，非专家，也该如此。"缺了观点上的革命转变，是不足以认识此后的财政的！

---

[1] G. F. Shirras, *Federal Finance in Peace and War*, 1944，p.268.

财政剥削与农业循环*

（一九四九年六月一日）

> 试拟一个"财政病理学"的应用——An Application of Fiscal Pathology

一、引言

根据历史的昭示，一个社会有阶级，就有剥削。只要阶级尚未泯除，总不免一方是压迫者另一方则是被压迫者的现象。但是剥削的方式，则因经济基础和政治组织的差别，而有不同的表现。在资本主义国家，压迫者方面以资本家为主，被压迫者方面以劳动者为主。其剥削方式，主要在生产过程中行之。生产利益的"狮子份"，要归属于资本家，而归属于劳动者的分量，仅能维持其最低的生活，就是好一点，也难得到其应得之份。所以资本家成了剥削阶级，而劳动者则成了被剥削阶级。但有一点要我们注意，因为剥削关系是在现代化的工业生产过程中行之，在生产成果的分配上虽然存在着剥削作用，但是在生产品的总体上，总还蔚成"大量生产"，增殖社会的总体财富，虽剥削而尚能生产。

但是在产业落后的国家则不然。剥削的关系，一方以封建或半封建的政治统治者为主，另一方则包括——从事原始农业的农民与幼稚工业的工人以及一般勤劳大众。其剥削作用，主要的透过政权的行使与依托。其剥削方式，主要的是经由财政过程。其资本积累，很少靠着生产剥削，而是靠着财政剥削。其剥削程度远较资本主义为甚，因而被剥削者的生活水准可以低到饥饿线以下而不足以自存。但是剥削者的享用与浪费，却要远超过工业社会资本家的享用之上！

---

* 此文发表于《经济论坛》杂志第一卷第十一期。——编者注

二、财政剥削的由来

春秋时代的农家许行,对于统治阶级的剥削曾有过一句很扼要的话,便是"厉民而以自养"。孟轲驳之,并不足以推翻许行道破的真理,反而将剥削与被剥削的关系,说得更赤裸些。孟轲以为"有大人之事,有小人之事",不错,从古代一直到现在,统治者不是永远被称为大人么?老百姓不是永远自称为小人么?"或劳心,或劳力。劳心者治人,劳力者治于人。治于人者食人,治人者食于人,天下之通义也。"不错,岂止是天下之通义,而且是古今的通义。从古代到现在,"治于人"者要拿出生产劳力的结果,供养那些统治者,同时"治人"者却要靠着劳动的大众来吃饭。如果仅是吃饭,还倒罢了,既是替大家办事,难道说连吃饭都不管么?不过统治者所取诸人民的,总是远超过于吃饭之上,那就是许行所说的"厉民而以自养"了。充满了"仓廪府库"的,不就是财政剥削的结果么?"有粟米之征,有布帛之征,有力役之征"(引孟子语),征收了实物,还要征用了劳力。"收泰半之赋,发闾左之戍,男子力耕,不足粮饷,女子纺绩,不足衣服,竭天下之资财,以奉其政,犹未足以赡其欲也。"(《前汉书·食货志》语)不仅秦始皇的财政剥削是这一套,一直到最近,我们所经验的财政剥削,还不是这一套么?

如果统治者真要像传说中帝尧,土阶茅茨;描写中的神禹,手足胼胝,自奉极俭而办事甚多,不必一定"与民并耕",吃人民一些,也还说得过去。无如专制时代的政治,清明时少,黑暗时多,节用时少,浪费时多,以致财政剥削的程度不得不日益加重。其促成剥削的主要原因,大约有三:第一是直接间接对于寄生阶级的供养费;第二是豪华享用粉饰观瞻的建筑费;第三是庞大的官僚机构与军事组织的维持费[1]。这三大项目的支出,在一个朝代的开国之初,尚非甚重,所以在财政上,尚可以"轻徭薄赋",剥削的程度尚轻。但是随着王朝的延续,政治的腐化,以上三大支出,势必随之加重。"用之如泥沙"是因,"取之尽锱铢"是果,有了荒淫之君,才有聚敛之臣。"与其有聚敛之臣,宁有盗臣!""今之所谓良臣,古之所谓民贼也!"连主张中庸的孔孟,都要痛骂几句。表现于财政剥削者,自不免是"横征暴敛"。这个样子演下去,可以走到专制统治

---

[1] Mikhail Rostovtzev, *The Economic and Social History of the Roman Empire*, 1926.

的崩溃。勒茨教授（H. L. Lutz）在他所著的《财政学》第三版第九页曾讲过："那些长于组织的天才，领着他们的统治者，计划出很精密的租税管理制度。但是这些制度，其设计与运用之目的，与其说是为了税负的公平分配，不如说是为了收入的有效聚敛。征课之吏，百端榨取，驱其良民，多数为奴，因为百姓的困穷，遂使罗马的文明，很快的趋于凋落。罗马的统治者，不懂得什么是健全的租税原则，所以违反了这些原则，将何以保障其人民？自然是没什么打算的。"勒茨教授所说的情形，并不限于古代的罗马，就在今天，逗留在半封建式的国度里，依样可以找得到。

三、财政剥削的发展

财政剥削的发展，由简单而趋于复杂，由粗放而趋于刻入。以程度言之，剥削之不已，进而为榨取，再进而为掠夺。其初仅及皮肉，进而及于骨髓，再进而连皮带骨，掠夺以去。以范围言之，诛求于租税，转娶于经费，操纵于公债，套取于发行，垄断于国营事业。（一）在租税方面，使课科的负担，直接归宿于或间接转嫁于生产分子及勤劳大众，而特权阶级以及封建残余势力，反得逍遥于税负之外。不仅免除负担，还要假借课税权的行使，侵渔中饱，使人民所出与国库所入之间，发生极大的距离。西方人所艳称的"荷包的权力"（power of the purse），公的荷包是吃亏了，却装满了私人的钱袋！（二）在经费方面，用以满足"集体欲望"的，极为有限，大抵充作寡头统治者私人挥霍之资。租税可以有转嫁，因为是负担；经费也可以有"转娶"，因为是享用，所谓假公济私，便是以公共支出之名，供私人消费之用，而在财政支出的效果上，则是"百废俱举，一事无成"。经费剥削的现象，并不限于经办财政的部门，而普及于行政的各部门，并且弥漫于社会的各角落。贪污遍地，便是财政剥削扩大的结果。（三）在公债方面，能有资格投资于公债的，在进步国家，属于"金融资本"，但在产业落后的国家，国内公债只能靠官僚资本与官僚资本所卵翼的土地资本、商业资本以及帝国主义关系所造成的买办资本。以财政剥削所累积的资金，再度剥削于财政，不必冒企业投资的辛勤与风险，而可以坐致厚利。政府为支应巨额债务支出之故，不得不加重租税，所以"现代的租税制度，又成为公债制度不可缺的补充。"（参阅《资本论》英译本❶卷一第八二九页）取给于勤劳生产的大众，以附益坐收本息的债主。假使仅限于内债，虽说"损不足以益有余"，毕竟"楚弓楚得"。至于外债，则不啻以财政为契机，代人操刀以割。"国家的债权者，实际并未曾丢掉什么。因为借出去的数额，变形而为公债票，很容易流通于市场，在他们手里所能发挥的功用，恰如那么多的现款一样。"（参阅《资本论》英译本❷卷一第八二七页）这样，公债持有人，又可以在证券交易所搞投机，博取更大的利益。（四）在通货膨胀方面，兼有租税和公债的双重剥削作用。就公债性质讲，它是既不还本又不付息的强制公债，普及于社会各方面。就租税性质讲，它是一种隐匿的租税，具有人头税与交易税的二重资格，这是以政府剥削人民。同时在膨胀进程中，币值不断地贬落，物价不断地跳动，又为官僚垄断资本造成套取贷放、玩弄外汇以及囤积投机的大好机会，越发加重财富的偏在，这是以富者剥削贫者。借用马可教授（Antonio De Viti De Marco）的话，便是"掠夺了这一群，而给另外一些人添了膘"！（To rob one group in order to enrich others）最后，（五）在国营事业方面，应该是进步国家的重要收入，不仅实现社会化的理想而已。但在寡头政治之下，少数权门与豪门，假借国营的名义，剥夺民营的机会，垄断企业的利益。官僚垄断资本的形成，表现于这方面的，特别显著而刻入。以上所述五个方面，属于财政过程的内涵，更进而及于财政剥削的外延，其主要方向，一个是土地兼并——在朝为显宦，下野为地主；一个是高利贷放——携得宦囊归，居乡为债主；再一个是商业居奇——多财每善贾，入市为店主。地主也好，债主也好，店主也好，没有资本是不成的，而资本的由来与积累，大半靠着财政剥削。

降至近代，以上所述的内发的原因而外，又有外铄的原因。帝国主义挟其大量生产的商品，求市场于落后国家，第一个要求，就是落后国家的财政，不许有"保护关税"！只能征收一些很轻微的"财政关税"，还要以不平等条约，拘束若干年之久，不许提高税率，还要控制关税的收入，存诸外国银行，以为外债的担保！当做过剩商品尾闾的国家，只能自甘于落后的农业生产，纵有少数新兴工业，自不能与高度工业化国家靠着低关税进口的商品相竞争，不得不归放劣败。过剩商品之外，还有过剩资本，亦以落后国家为尾闾，除了直接投资

---

❶ Eden and Cedar Paul's Translation of *"Capital"*, 1928.

❷ Eden and Cedar Paul's Translation of *"Capital"*, 1928.

内地设厂而外，便是通过落后国家的财政机构，缔结政治性或经济性的外债，每年从债务国家，取得不少的利息，还要直接间接支配若干经济利益与政治利益。帝国主义的侵略，最现实的方式，便是过剩商品的推销与过剩资本的利殖，都要通过被侵略国的财政机构，以发挥其剥削作用。同时，经手内外债的官僚集团与买办阶级，亦得混水摸鱼，乘机染指，增殖其官僚资本与买办资本，反映半封建与半殖民地的全貌。而财政剥削的内涵与外延，亦因而相得益彰。

四、剥削对象与农业循环

在产业落后国家，国民所得的真实源泉，只能以原始生产的农业为主，其他手工业及商业，亦均附丽于农业。纵有少数现代化的工业，在经济全体的比重上，所占分量尚轻。加以内受战局动乱的影响与极权政治的诛求，外受舶来商品的压迫，不是风雨飘摇，难以自存，便是奄奄一息，难言发展。所以财政剥削，自最初起，始终以原始生产的农业为主要对象。即剥削于其他方面者，亦不免辗转归宿于农业。因为从事农业的农民，在抵抗剥削的斗争中，是"最弱而缺少防御者"(the weak and the defenceless——C.C.Plehn)。农业的盛衰兴废，所受"财政剥削"的影响最多，因而造成产业落后国家所特有的"农业循环"。

资本主义社会所经验的"产业循环"(business cycle)，一称"商业循环"，是以高度工业化为基础，以大量生产、市场销售、博取利润为条件，受了自由竞争、市场限制、消费减退等影响，于是有繁荣、有萧条、有恐慌、有恢复。这个法则的运行，在产业落后国家是不适用的。因为经济基础不是属于同一类型，自然不能适用同一法则。但是落后经济，也有一套周期运行的旋律，尤其是在中国，根据两千年来历史的经验，在政治上所以表现一治一乱，即因被支配于经济的旋律之故。同时因为落后的经济，尤其在中国，以落后的农业生产为重心，对于这种旋律，笔者特称之为"农业循环"。

农业循环的周期，反映一个朝代的兴亡，大约可分为四个阶段：第一，为兴起阶段；第二，为繁荣阶段；第三，为衰颓阶段；第四，为崩溃阶段。历史上每一个朝代，或迟或速的，大抵总要经过这四个阶段。其有不能完整经过者，有类于人生之夭折。其有战乱过久者，有类于老病之缠绵，就大数观察，以经历四个阶段者为最多。以西汉为例，高祖、文帝为兴起，武帝、宣帝为繁荣，元、成以后为衰颓，哀、平之世为崩溃。以东汉为例，光武为兴起，明、章为繁荣，安、顺为衰颓，桓、灵为崩溃。以唐代为例，贞观为兴起，开元为繁荣，天宝以后，开始衰颓，僖、昭之世，归于崩溃。以清代为例，康熙为兴起，乾隆为繁荣，道、咸为衰颓，光、宣为崩溃。此就最显著之例证言之，其他朝代，亦可依此解释，而大致不差。每一个循环，长短颇不一致，但较资本主义之产业循环大体以十年为期者为长，多者三四百年，少亦一二百年，亦犹机械化生产，要以日计、以时计、再快者以分计。而原始农业生产，则以季节计，甚至以年计。那么，农业循环的周期远较商业循环为长，亦属当然之事。只要原始农业的基础没有改变，农业循环的运行，就要发生支配的作用。中国历史，在政治上所以表现周期的兴亡治乱，即因反映于农业循环之故。

五、农业循环的运行

农业循环的运行，一方受财政剥削的支配，同时受生产本质的支配。每一个朝代的开始，也就是一个循环的兴起阶段，统治者大抵来自民间，深知稼穑艰难与闾阎疾苦，其本身之利害，与人民不甚相远。同时有鉴于被推翻之统治所以失败，即因剥削太过之故，殷鉴不远，自不肯轻蹈覆辙。樊哙所谓"凡此奢丽之物，皆秦所以亡也，沛公何用焉"？张良所谓"秦为无道，故沛公得至此。夫为天下除残贼，宜缟素为资"，均足说明此中道理。故能崇尚简约，节制享乐，一反亡国奢靡之习。同时王朝初起，官僚集团人数不多，皇族贵戚数亦有限，而偃武修文的结果，军事支出与消耗，骤形减少。国家开支，既有一定范围，自无刻意聚敛之必要，对于人民的榨取，自可减轻。于是"轻徭薄赋，与民休息"遂成为开国仁政的指标。同时在生产本质方面，经过多年战乱，田亩荒芜，土地得所休息，地力因而恢复，一朝复垦，收获必多。在从事生产的人力方面，随着战事的结束，多数士兵，解甲归田，大量增加从事耕耘的人力。又承多年战乱之后，生之者渐众，而食之者尚寡，生产与消费之间，容易获致平衡，且有盈余，以事"三年之蓄"，这是一个王朝的开国时期，同时也是农业循环的兴起阶段（stage of revival）。

嗣后初期守成，距开国之日，尚不甚远，统治者目击其父祖创业之艰难，其佐命重臣，亦多当年开辟草莱备尝艰苦之士。嗣续之君，倘非甚恶，即可辅弼，以成于治。省刑薄赋，民力以纾，缮治水工，灌溉必广，休养生息之余，更可增厚从事耕耨的劳动力。于是而田野辟，沟洫治，供役少，农功勤，物阜民丰，以臻于盛。这是一个王朝的鼎盛时期，也就是农业循环的繁荣阶段（stage of prosperity）。

日中则昃，盛极而衰，此中还是被支配于财政剥削与生产本质。在财政方面，因为物阜财丰的结果，统治者渐习于奢侈。他所看到的，只是眼前的富盛，没有看到祖宗创业的艰难，浪费一些，还以为理之当然。于是大兴土木，选歌征色，纵意游观，赏赉无度。同时皇族的滋生既繁，勋戚的数量亦增，官僚机构，逐渐庞大，寄生阶级，与时繁衍，对于社会生产，成为极大的负担。势必加重财政的剥削，顾不得当年轻徭薄赋的遗训。而其剥削的对象——原始式的农业生产——一方受"报酬渐减法则"的支配，地力渐退，同时受"舍本逐末"的影响，人力亦减。而水利设施，年久未修，不免旱涝之虞，影响作物的收获，造成食之者众而生之者寡的现象。驯致伏莽潜滋，萑苻迭起，统治者不知反省，不肯从治本上下功夫，徒恃兵力以剿平之，加重军事的支出，仍不免于此剿彼起。因果相寻，愈陷愈深，朘削之余，生产愈萎，这是一个王朝的式微时期，也就是农业循环的衰颓阶段（stage of decline）。

衰颓趋势一经开始，朝政是愈搞愈乱，盗匪是愈剿愈多，浪费是愈来愈大，收入是愈来愈少，剥削是无孔不入，而生产则无以自存。此时的统治者，纵令踔厉有为，也不过把衰颓的趋势，延缓一时，仍不克扭转下行的颓势（downward trend）。例如唐之李德裕、明之张居正，曷尝不是有为的政治家，亦能稳定于一时，然而机构已颓，大势难挽，路易十六纵然选用最能干的财政家屠尔果（Turgot），卒不能防止法国大革命的发生。同时在生产本质方面，水旱洊臻，地力枯竭，农民流亡，田亩荒芜，小有收获，尚不足以供征敛，无以供来年播种再生产之资。以致饥馑连年，饿殍载道，使财政剥削的对象，根本无法存在。于是这个朝代，只有走入灭亡之途，而农业循环，也就到了崩溃的阶段（stage of break down or fall）。这是农业循环的一周，也是一治一乱、一兴一亡被支配于财政与经济的必然逻辑。

六、结论

辛亥革命结束了清朝统治的农业循环，当时本可以造成两个新的局面。一个是清代崩溃之后，如果没有帝国主义的远东侵略，至少可以走入一个新的农业循环，由兴起而繁荣，再见文景明章，或是贞观开元，或是媲美前代的治象。但是帝国主义的侵略，不容我们从容走上复兴的道路，而封建残余仍然把持新政权，以致内乱外患交逼而来，延长了混乱的局面。

另一个新的局面，则是清代崩溃之后，新兴的统治力量，能以革命的理想，肃清封建的残余，严肃阵容，彻底改革，使帝国主义者不敢率尔启衅，悍然侵略。那么，在我们的经济体制上，也可能走入现代工业化的新道路，扬弃了原始农业的旧形态，结束以往农业循环的支配，为中国历史展开两千年未有的新局。

不幸，欧力东渐之日，正值"衰颓"开始之时，外铄内发，纠缠莫解，半封建与半殖民地，集于中国之一身，混乱局面，延长了三十余年，折磨苦斗，遍体创伤，几濒于民族毁灭之境（national annihilation）！然后反封建反帝的人民的力量，始得于废墟中，燃起革命的火焰，清算这两千年来财政剥削与农业循环的惨局与厄运！

民国三十八年五月九日稿竟

印花税的回顾与展望*

（一九四九年十一月十六日）

印花税无论在中国，在外国，历史都很久。一六二四年荷兰首先采用，至今已有三百二十多年的历史。我国开征印花税，在一九一三年，至今也有三十七年的历史。西方有句成语："老税就是好税"，穆勒也曾这样主张过：如果一种税，经过很长的时间，人们就觉不出它还是一种税。这种说法，固须批判，但也道破人们对于税收的心理。

自从一六二四年荷兰采用印花税之后，接着丹麦在一六六零年、法国在一六六五年、美国在一六七一年、普鲁士在一六八二年、奥地利在一六八六年、英国在一六九四年、俄国在一六九九年相继采用，至十八世纪以前，遍及欧美各国。当初荷兰政府悬奖以征新税的设计，有人建议应奖，于是印花税的名色，始脱颖而出。最初尚非贴花，乃系对于应行课税的文件书类，于送到"政府签验局"的时候，加以签押，于是有印花之名。❶

我国创议开征印花税，始于前清光绪时，御史陈璧与出使大臣伍廷芳，先后奏请推行。至光绪三十三年禁烟议起，当时度支部拟举办印花税，以弥补禁烟后财政的损失，颁布印花税则十五条，并定翌年八月先在直隶试办。嗣因天津商会反对，改定宣统元年正月一日各省一律施行，亦以各省督抚纷纷奏请缓办，未果。民国元年一月公布印花税法十三条，二年各省先后奉行，于是中国始有印花税。

我国印花税法于民国元年公布后，中经民国三年、民国四年、民国九年、民国十四年迭有修正。至民国十六年十一月颁行印花税暂行条例，划一全国征课办法，至是印花税乃正式归入中央税系统。民国二十三年第二次全国财政会议曾通过两项整理办法：（一）印花税改托各地邮局代为经售，由人民自由购

---

* 此文发表于《税工研究》杂志一九四九年第二十二期。——编者注

❶ 参阅薛赘时（G. F. Shirras）：《财政学新论》，英文本下卷，第六七八页。

贴；（二）印花税款提拨一成归省，三成归县，二成接济边远贫瘠省区，以为裁废苛捐杂税减轻田赋附加的抵补。民国二十六年抗战开始，曾于同年十月十一日颁布非常时期征收印花税暂行办法九条，规定按原印花税法所定税率，加倍征收，并废除课税最高限额，扩充征课范围。民国三十二年四月二十九日又经修正，要点有二：（一）扩大贴花凭证的范围，将原税率表由三十五目增至三十九目。（二）修改主要凭证计税标准，所有发货票，银钱货物收据，账单等凭证税率，原为按等级征收，经改采比例制后，一律按金额多寡为计算课税的标准。

查英国初行印花税的时候，系采按件定额贴用办法，当时分为六级，至一七九七年，开始参用从价征课制度，主要系对于财产交易、汇票、期票，乃系经济发达价额增巨的结果。至于吾国，在民国三十二年的旧政府，所以采用从价制度，无非法币膨胀物价跳跃之所致。其后民国三十五年四月、民国三十六年六月、民国三十七年一月，又经过三度的修正，大体上也是通货膨胀的结果。

随着解放战争的进展，旧政权推翻，树立了人民政权，对于以前税制，凡是行之已久尚无大弊者，则仍予沿用，故印花税一项亦列于现行税制之中，惟对于税制内容，则尽量改善。如一九四九年十月二十六日由前华北人民政府公布的《华北区印花税暂行条例》，即将应纳印花税之凭证类目，减为二十七种，税率亦照人民币计算，酌予减轻。

依据《华北区印花税暂行条例》第一条"凡本条例规定之各种凭证，均须依本条例，完纳印花税"的规定，可见我国印花税系属狭义的凭证税制，乃对于一切财产权利的创设、移转、变更或承认，以及人事与许可事项所作的凭证而征课的租税，至于虽有行为的迹象而无凭证的存在，尚难尽纳于现行条例征课范围以内。

现行税法对于应纳印花税的凭证，规定为二十七种，归纳为三大类：甲为商事凭证类，计十七种；乙为产权凭证类，计六种；丙为其他证照，包括人事凭证与许可凭证，计四种，较以往为简括。惟对于书立凭证，尚须执行强制的规定，以免逃避或减轻税负。现行条例第六条"纳税义务人发生本条例第五条所列事项，须书立凭证，于交付或使用前，贴足印花税票"。此项规定，较之以前立法，已增加强制的成分，必须书立凭证，使凭证课税与行为课税，渐趋一致。

惟欲减少逃避，尚须注意于税率与检查。税率则不可太重，检查则趋于有效。印花税，税源丰富，税收稳健，同时商人有纳税习惯，纵使税率轻微，亦可取得大量税收。一八五三年英国的格莱斯顿,一度采用定额的一便士印花税,结果,税收乃大为增益。❶自然,随着经济的发展与交易的繁复,定额课税法之外,须参用按值课税法,而按值课税之中,亦可用分级法与比例法,斟酌课税凭证的性质,而善为应用。总期不重不繁,自可助长商人贴花的习惯。

印花税究属于直接税?抑属于间接税?即印花税的负担是否转嫁?这要看被课对象的性质如何,不能一概而论。如果课税对象为人事凭证之类,即不能转嫁,可归属于直接税。但如商事性质或产权许可等类,则其转嫁与否,应视税率轻重而有不同。轻则营业者或所有人可能自行负担,重则设法转嫁于他人,而发挥间接税的作用。印花税的税率所以必须从轻者,即在印花税的负担,尽可能的,使之归属于直接税的范畴,庶能符合量力负担的原则,而不致多方转嫁,错乱税负的归宿。纵令转嫁作用,不能尽免,但因税轻之故,亦只转嫁一部分,既不阻碍商事活动,亦不致使负税者独任其责。所以一九二七年英国的《科尔文税收与国债报告书》里曾讲过:"印花税虽然有许多可批评的地方,但在实际,似未遭遇一般纳税人的怎样反对。我们可以拿印花税作例,说明老税即是好税的成语。"

印花税办好了,不仅可以随着经济的发展,蔚成国家的大宗税收,而且可以连带的促成许多良好的效果。第一,商事凭证的完备真实,乃是健全的会计制度的基础,有了完备的原始凭证,始能有完善的账簿组织。此后随着经济的发展,会计制度必须健全,因而原始凭证,必须齐备。第二,产权的确定与各种权利的建设与移转,因印花税的实行,增加其法律的效用,不仅对于所有人与享用人有很多便利,且可为财产调查与登记的辅助手段。第三,营业税及营利事业所得税的征课,或将两税合并而为工商业税的征课,为公平合理起见,迟早总要走到查账计税的阶段,这并不为的是增加政府的税收,而是为工商业谋致合理的担负。该多课的多课,否则少课或不课,在政府税收,是增减互见,而在工商业,则俱属合理。为达到查账计税的理想,必须搞好账簿组织,亦必须搞齐原始凭证,使之完备正确,以反映真实的营业状况。所以印花税能推行得好,即可协助其他各税的合理改进,促成工商企业的发展。

---

❶ 参阅薛贲时(G. F. Shirras)著:《财政学新论》,英文本下卷第六七五页。

新财政体系中的货物税[*]

(一九四九年十一月二十四日)

租税体系的塑形,是要受政治和经济两大条件的支配的。政治和经济有了变革,租税体系也必随着变革。原来认为重要的税,可以变为无足轻重,原来认为不良的税,可以变为"有力的杠杆",就因为作为税制基础的政治和经济有了变化的原故。

货物税一称消费税,也称间接税,按照资产阶级财政学者的说法,认为是不良的税,这在资本主义社会或半封建社会,自然也颇有理由。在那些社会里存在着很严重的剥削关系,以致分配到各个人的国民所得大相悬殊。穷人要吃那些盐,阔人也许吃不了那些盐,却要叫他们担负同一税率的消费税,当然是不合理的事情。但是剥削的制度如果推翻了,各个国民所得大致平均,这时叫他们担负同一税率的消费税,岂不更合于公平普遍的原则?并没有什么不合理。笔者在本年五月十四日出版的上海《经济评论》第五卷第三期《财政新类型的展开》一文中,曾有过这样的说法:"以前对间接税所以多称为恶税者,并不是税的本身不好,而是那些社会的经济基础,早就有了毛病。贫富悬隔分配不均,纳税能力,相差甚远,于此而令其负担同额的消费税,自然加重不平,所以是恶税。但若社会经济制度有了划时代的变革,分配上的不平业已大见减轻,此时的间接税,就要刮目相视,不是以前那样坏了,还可以当做实现政策的手段。"所以,在资本主义社会或是半封建社会,可以说:直接税是良税,间接税是恶税,但在社会主义社会或新民主主义社会,就不能这样讲法了。古时的聪明人曾说过:"不揣其本,而齐其末,方寸之木,可使高于岑楼",不能把握政治和经济的前提,而侈言税种的好坏,结果毫无是处。

美国加利福尼亚大学的一位财政学老教授浦兰在一九三一年出版的《苏联财政政策》英译本的序言里,曾说过这样的话:"一个税,在俄国,较之在资产

---

[*] 此文发表于《人民日报·经济》第二十三期。——编者注

阶级国家，是很不相同的。美国各州的宪法，一致宣称：划一和平等是租税正义的主要条件。相反的，在苏维埃的俄国，却要宣称：租税应该根据社会阶级的分别，把它作为苏维埃社会政策最有力的杠杆之一。换句话讲，就是作为达成经济生活的平等。共产党人当他们还没有取得政权的时候，是攻击间接税的，加以有害失平的罪名。但是这种税，一旦到了苏维埃统治者的手里，却变成指导消费于许可方向的神圣手段。他们对于公债，可以采用强制的方式，抽签给奖的引诱，也不视为禁条。这对于我们真是一个是非颠倒的世界。"这对于生长在美国资本主义的氛围里的浦兰老教授，确乎是一个"是非颠倒"的世界！但在推翻了剥削制度的国度里，对于税种的判断，自然另有一个标准和是非，和正统派资产阶级学者的见解，有着根本的不同。

　　间接税在新民主主义财政类型的系列中负有重大的使命，虽然一时还赶不上苏联所表现的成绩，但是对于人民政协共同纲领所要求的租税功能，确是占很重要的地位。第一，新民主主义时代的财政，尚未能从国营事业，即时取得充分的收入，公共收入的来源，仍须仰赖于租税。同时国家既是容许私人所有私营企业的存在，而且用种种方法，清除其障碍，辅助其发展，则对于国家建设所需要的经费，亦自有量力负担的责任。所以租税收入对于新民主主义建设的要求，必须负起应尽的任务。在目前经济现实的基础之上，所有现行税类之中，除了农业税而外，自应以货物税的税源为广，税收为多，足以供应国家收入的需求，这是一。货物税的征课，在大体上是要发生转嫁作用，将租税的负担，转嫁于消费者的身上，其结果，可以发生两个影响：一个是必须消费，并不因消费税的负担而减少其购买的，或是收入充分对于消费税的负担不感沉重的，结果可以通过货物税的征课，将散在各个人手里的收入一部或余资，汇集于政府的手里，有计划的转移于国家建设之用。一个是对于非必需品，因为课税或税率稍重的原故，而减少消费或停止消费，结果可以把节约下来的一部分收入或余资，更用之于有益的方面，增大其社会的效能。共同纲领中所主张的"厉行精简节约"，也可以藉着货物税的征课，发挥其一部分的作用，这是二。货物税的征课，直接可以影响消费，间接即可以影响生产。对于非必需品课税或重税之后，减少了消费，因而减少生产或是降低其生产的利润，结果可使非必需品的私营企业，渐趋收缩，将资本与劳力，转移于有益的方向，则对于经济建设，必可发生良好的影响。共同纲领中规定国营经济对于私营经济要发生领导的作用，同时，合理运用财政政策中的租税政策，亦可以发挥领导私营经济的影响，这是三。现行货物税，以本年九月二十一日颁布的《华北区货物税暂行条例》为例，征收货物税的税目，计有十六类，包括甚广。但是我们要知道：在人民政府领导之下，不仅将征课的税类，统一起来，而且将稽征的机构统一起来了！一个货物税法之外，不再有五花八门支离破碎的变相货物税。一个系统的税务局之外，不再有又是中央又是地方分歧对立一国三公的征收机关。总结起来，现在货物税的征课，较之过去时代，实已大大的简化。而且，税目虽多，但是对于必需品、非必需品以及奢侈品，分别得很仔细。税率的轻重，莫不比照货物的性质，详细区分。从最低税率——麦粉从价征收百分之二点五到最高税率——机制卷烟从价征收百分之百，这对于左右消费领导生产的经济作用，和对于增加收入汇集余资的财政作用，以及顾虑生活促进节约的社会作用，均能兼筹并顾，这是四。

　　货物税属于间接税的一种，那么今天所行的货物税，对于直接税的比重，究竟该怎样才算合理呢？按照资产阶级的财政理论如同英美所流行的一套，以及抗战开始后解放胜利前各方所主张的偏重直接税的说法，不免将货物税的比重压低，这在英美那样社会和解放前的中国，亦不无一部分的理由。但在大解放以后的今日，还要援引英美式的租税理论，或是沿袭解放前的流行说法，不用说，是根本错误，就是马上效法苏联，欲将直接税作到无足轻重，也是躐等欲速。因为在新民主主义的经济体系之下，私营经济所占的成分尚多，较之苏联已经走到社会主义经济者不同，我们就不能不运用直接税尤其是工商税，使私营经济对于国家财政，分担其合理的税负。所以我们对于直接税的征课，还要期其应有的发展。私营经济能够发展，反映在税收上，还不就是直接税的发展么？但是这个发展，在新民主主义的经济体系之下，是有其限度的。因为私营经济的利润，不能为无限度的增殖，超过一定限度而近于垄断的利润时，那是共同纲领所绝对不许的。打算从逾量的私营利润，取得庞大的直接税收，在新民主主义之下，是不应该而且是不可能的，所以直接税在今日，虽有其存在和发展的余地，但是他的比重，总要次于货物税。而况战争之后，喘息方苏，私营工商业不能马上获得充足的利润，以提高其生产力，那么工商税的税率，不仅不能提高，且需酌于降低，对工业课税又须较低于商业课税，而工业课税之中，又须区别性质，优予减免，这样一来，对于工商税税收的估计，就不能蹐于货物税之上了。自然，工商业得遂其合理的发展，就是用低税率，也可以增加收入，发挥租税的弹力。但在整个税收的比重上，总不免，而且应该列在货物税的次位，两相补充，以贯彻整个的财经政策。

一九五零年

关于税务管理的意见[*]
——在财政部税务总局成立大会上的讲话

（一九五零年一月一日）

引言

税务管理是财政管理的重心之一，税务管好管坏和解决财政管理分不开。因此，税务管理所应掌握的方向，也就包括在财政管理的总方向之中。

税务管理，千端万绪，都管些什么呢？约而言之，不外六个方面：人、文、钱、物、法、数。即是——管人、管文、管钱、管物、管法、管数。这六个方面大致可以把税务管理的对象都包括了。古时的聪明人曾讲过"得其本，万事理"，又说："执简驭繁。"当此新国初建之际，任何工作部门，莫不千端万绪，纷至沓来，应接不暇。如果不能把握纲领，分别轻重，斟酌缓急，六辔在手，势不免因忙而乱，因小失大，左右支绌，劳而无功。以下仅就税务管理的六个方面，分别加以认识和掌握。

一、人的管理

"干部决定一切"，这是创造新国家和建设新国家一个基本的条件。尤其在税务方面，和人民关系最为密切。税务人员的好坏，直接影响到一般人民的安宁和幸福。人民对于政府印象的好坏，除了军队的士兵，就要取决于办税的人员。所以今天人民政府对于税务干部的选择，尤其是办理基层税务干部的选择，特别慎重。不仅顾虑到能否克成其任务，尤其顾虑到能否取信于人民！在"质"的条件的要求上，比起其他行政部门的人员，都要来得严！同时在"量"的

---

[*] 此文刊载于一九五零年一月三十日出版的《税工研究》杂志第一卷第一期，作者时任中央人民政府财政部税务总局副局长。——编者注

条件上，当此全国解放，展开全面工作之时，这里也要人，那里也要人，而且要大批的人，原来久经洗练的老干部，怎样也不够用。同时又不能敞开大门，凭着私人关系随便拉进来，这里就要有一个最高标准了。这个标准，只有一个字——"公"，执行项目有二：一个是"取之公开"，一个是"处之公平"，吸取干部，管理人事，能够坚持这个标准，方向是不会错的。

为什么要"取之公开"？这是人民世纪和封建世纪的最大的分水岭。封建世纪用人，是要"找关系"，作事是要"靠关系"，所谓关系，是属于私，而不是属于公。或以乡里，或以亲戚，或以家族，或以年寅，总而言之，就是讣文抬头所列的那一串，凭着那样的封建关系，便可以一人得道，鸡犬皆仙，至于其人之贤与不贤，能与不能，是否将其贤用之于对人民而不是对私门，是否将其能用之于作好事而不是作坏事，则可以不问。所以在那个时代，像祁奚的"内举不避亲，外举不避仇"，完全以公为标准的简直是凤毛麟角，成为仅有的例外。今天的人民政府则不然！尤其是税务机关，取才之道，第一个便是公开考试，定出很郑重、很合理的标准，即诚心诚意愿意为人民服务并有一定业务技能者，只要合乎这个标准的，无论识与不识，三山五岳的人才，都可以来参加。工作之前，还要经过短期的学习，政府与人才之间，可以相互取得深入的了解，纵令迫于需要，对于少数了解较深的人才，可以不经考试与训练，亦须通过组织或多数负责人的协议，始能试用，事属公开，决不许私人的援引。这样，才能保持革命的传统，永绝封建的根株，为税务行政树立健全的干部制度。

了解干部之后，还得要培养干部，加以淬励，使之日进于精强！所以在"取之公开"之后，还得要继之以"处之公平"。陈寿称诸葛亮之用人，说是"用心平而劝戒明"，诸葛自许，也说"我心如秤，不能为人作轻重"。诸葛以个人主义的观点，尚能收到很大的效果，今天以共产主义的立场，完全打破小圈子的意识，以树立整个的干部制度，更可以事半功倍。今天所厉行的"检查制度"，应该包括两个成分，才可以做得好，一个是公，而无所隐蔽；一个是平，而无所偏颇，无论是自我检查，或是相互检查，总要"处之公平"，便可收到极大的效果。以此培养干部，必可淬励向上，日进于精强。

二、文的管理

税务机关，是行政机关之一，日常处理公务，离不开公文，而且是全国性的，要组成全国的稽征网和公文网。彼此之间，如何传达意思？而且要传达得很正确，很迅速，即是对工作对人民负责。税务机关和其他机关之间，该怎样联系？税务机关和纳税人之间，该怎样联系？如何才能联系得好？这就不能不讲究公文了。好比工厂开工，中央的总机关是发动机，地方的分机关是作业机，中间要有传达机，把力量传达到各部门，就需要有皮带，这就是公文的作用。今天所需要的公文，当然不是从前官僚的等因奉此，也不是刀笔之吏的舞文弄墨，更不是形式主义的公文旅行，那些都该扔在垃圾堆，随着旧时代以俱去。我们所需要的公文，是真能办事的公文，反对空言敷衍；是老老实实的公文，反对油腔滑调；是实事求是的公文，反对模棱两可；是一针见血的公文，反对不着边际；是表示负责的公文，反对推托延宕；是精简节约的公文，反对浪费纸笔；是明白晓畅的公文，反对故弄玄虚；是言行一致的公文，反对空头支票。总而言之，是革命的公文，而不是官僚的老套。管理公文，要有一个最高的标准，就是"敏"。办的时节，要"敏于处理"，办了之后，要"敏于执行"，才能配合新时代的新需要。

先说"敏于处理"。办事要讲效率，要争取时间，尤其是办税，早办一日，即国家财政早得一日之用。如果一延二拖的拖久了，失掉了时效，又怎能"保障革命战争的供给"呢？从前诸葛孔明称李严的长处，说是"处分如流，趋舍罔滞"，处分事情或是处理公文，如同流水般的那样快。该办不该办，立刻有个判断，而没有停滞。东晋陶侃的处理公文，是"笔翰如流，未尝壅滞"。这类的人才，在技术上确有其长处，有些正是我们所需要学习的。这样的才干，是依靠锻炼而来，所以只要肯于自我锻炼的，肯于决心学习的，不能也可以变成能。

再说"敏于执行"。从前的官僚作风，公事也可以办得像样子，而且有时也不慢，但是，说是一件事，作又是一件事，说了可以不作，说白可以作黑，你有来言，我有去语，你有来文，我有答复，公事办完了，归档，束之高阁，是不是做？是不是照着所说的做？可就靠不住了。今天我们所需要的，可不是那一套！或者做了再说，或者说了就做，这就是敏于执行。

三、钱的管理

办理庶政，非财莫举，任何行政部门，都要和钱财发生关系。尤以税务机关，除本身经营的经费而外，其执行职务，即系以钱为对象。人民出钱，国库收钱，税务机关，介于其间，执行稽征工作，无时无刻不与钱财发生关系。这里也要有个最高的标准,就是"清"。"清"的涵义有二:一个是"清清楚楚",另一个是"清清白白"。前者是钱与钱之间的关系,后者是钱与人之间的关系。税务机关所征收的税款,地区不同,月份不同,税种不同,可得要弄清楚了。征收要清楚,缴库要清楚,留解要清楚,表报要清楚,记账要清楚,一笔是一笔,一项是一项,丝毫不可混淆。管账的人,如果不能管得清清楚楚,而令其混淆,岂不成了混账?这是一。再说办税的人,虽然经征的税款,上千上万,那是国家的,而不是自己的,如同华佗、扁鹊,下手动刀,割的是病,而不是拿刀子害人,这可要分清。良医是国手,好办税的,也是国手。向人民伸手要钱的,是国家的手,而不是自己的手。收了税,是国家的钱,而不是自己的钱。手经亿万、尽归国家,那个手,是干干净净的,是清清白白的,未曾沾上一点污。所以理想的办税人员,要能扬弃己私,发挥无产阶级的精神,把管钱的工作,作到"清"的标准,这是二。

"钱"之一字,为从来知识分子所最讳言之物。《论语》称"子罕言利";陈平为相,不问钱谷;王衍口不言钱,而呼为"阿堵"。荆公变法,注重理财,当时士大夫乃群起而攻之。此种传统,深中于人心,遂使一般知识分子,视管钱为讨厌的工作,视办税为污浊的聚点。自好之士不肯为,只有任坏人去办,士人不会管,只好靠胥吏去管,于是在手续上,则日趋迷糊,而不会清清楚楚;在过程中,则日趋污浊,而不会清清白白。健全财政,既不可期;清明政治,自不可能。故吾人以为今日革命的新税人,办理开国的新税政,首须推翻数千年传统的旧意识,从管钱这方面,表现最优秀的作风。

四、物的管理

庶政非财莫举,但是实际所需,并非钱的本体,而是购买力所能买到的物。所以行政机关,只能作到管钱,还不够,而要进一步能够管理物。尤以今日解放战争,尚在进行,物力艰难,得之不易,物的重要性,远过于钱,所有关于物的采买、保管、分发、运用,均须特别留意,而不可掉以轻心。甚至一草一木之微,均须运用"经理"的功夫,不使有丝毫的浪费。这里也有一个最高标准,就是"约"。从消极讲,要能作到"量的节约",不浪费。从积极讲,要能作到"质的节约",能精简。前者是量的少费,后者是质的发挥,双方并进,始能尽到物的管理之能事。

《共同纲领》第四十条,关于财政政策,特别提出"厉行精简节约",在革命战争进行中,要精简节约;在经济建设开始后,仍要精简节约。米德特里·蒲榛说:"简约是社会主义经济的方法。"薛暮桥同志介绍卡西莫夫斯基所著《社会主义经济节约的方法》一书时,也说:"本书所提供我们的节约方法,正是我们所迫切需要的。"尤其是办税一事,人民所交出的和国库所收入的之间,用之于征收费的部分,要能减到最低,以减少花费,获致最大成果,这在一百七十多年以前,亚当·斯密早就提出"最少征收费"的原则。我们今天揭橥节约,并不是像从前时代为剥削阶级打算盘,而是为广大人民打算盘,人民给国家纳税,已经是负担,如果不能节约物力,浪费在征收费上,加重人民的负担,那能说得过去?尤其是在这支援前线的阶段,浪费于后方,势必影响于前线。以前反动政权时代,曾有"前方吃紧,后方紧吃"的笑话。所以我们必须厉行后方精简,以便利前方作战,以展开全面经建工作。

五、法的管理

我们今天言法,和专制时代不同,和资本主义国家也不同。专制时代的法律,是专为收拾老百姓的,而统治阶级,反可以逍遥于法律之外。资本主义国家的法律,是保护既得利益的,谁要对它问鼎,便受法律的制裁。但是到了人民世纪,法律的作用,可就大大不同了,这是全体人民包括人民政府每一个负责人共同遵守的轨道。至于税务,法的条件,尤其重要。亚当·斯密所提示的税收四原则,第二就是"确定"。政府与人民之间,有一确定不移共同遵守的标准,而不许上下其手,意为轻重。所有纳税的数额、时间、地点、手续,均须预为确定,俾众周知,上下共守。所以税法是税务行政的出发点,而守法则为税务人员的基本信条,这里也有个最高标准,就是"严"。对办税的讲,是要"严以自律",对纳税的讲,是要"严以律人"。

古代政治家,如郑之子产,蜀之孔明,对于法治,均主尚严,所以能把蕞尔小国,办得有声有色。今天我们已经在大陆上全面解放,又是人民世纪,我们如果履行"财政纪律",是一定可以有效的。上边有中央人民政府的领导,执行"检查制度"严以自律,早有事实的表现。各级税务机关的工作人员,总得严格遵行,才为政府所容许,为人民所信赖。

"其身正,不令而行",只要办税的人不违法,不徇法,不玩法,人民是不肯犯法的。但是人民的知识水准不齐，思想的改造不一，不能说马上都作到守法。这就要好好执行"财政纪律"了。但也不是马上就送法院。第一步要执行财政教育，好好的宣传，好好的解释，使纳税人充分了解。第二步要执行财政说服，很耐心的，辟解其纠结，廓清其偏见，驳倒其游辞，使其口服心服。第三步才执行税法所规定的罚则，最好是备而不用。所谓严以律人，是说办税之际，为国家任务着想，一步紧着一步，而不可放松，使国家蒙受损失，使社会酿致不平。如果对于逃税者纵容，又怎能对得起守法的老百姓呢？

六、数的管理

税务机关，每日工作，以数字为生命。关于数的管理，无疑地为税务工作最扼要的部分。这里也有一个最高标准，就是"明"。"明"的要求有二：一个是"条理分明"，另一个是"指示分明"。税务管理的"理"字，即系以条理为理想的目标，其主要工具，即藉重于数字的条件。至于数字整理的结果，非徒为整齐好看而已，又要有指示趋势的作用。所以"条理分明"是受动的条件，纷至沓来的数字，要能有系统地加以整理。"指示分明"则是能动的条件，从已经整理出来的表报图线，窥测出将来可能的趋势，以为规定政策、拟定计划、编制预算最有力的根据。打算把数字管好，这里又有两个前提：一个是健全的调查制度，一个是健全的报告制度。调查要能找到真数字，报告要能报上真数字。"数字是可以扯谎的"，假数字就是整理得很美观，又有什么用？如果用它作为前途的指示，那才误事呢！

每年拟定税收预算之际，应以过去税收的经验为基础，参酌现实的条件，预测将来的发展，拟定下年度可以收到的税收。此等数字，须尽可能地令其与实际相合，不可失之低，亦不可失之高。实施预算的结果，短收固不好，超收太多，亦非合理的现象。其不能吻合实际，"过犹不及"。但欲税收预算的吻合实际，必须以健全的统计为基础，而后才能"指示分明"，掌握主动。进步国家的统计，有"经济晴雨计"之称，即是"经济预测"的意思。虽说经济的变化，有过于大气的流动，但对于数的管理，果能行之有素，处之有方，求之有道，亦不难如大气预测，使阴晴风雨，可以前知。

今日税务行政的最大困难，是假账太多，查不胜查，仅依据会计的技能，执行查账工作，已不足以完全发见纳税人的真实盈利与应课的合理税负。于此即应于会计技能之外，藉助于统计的资料。所以经济调查、典型调查、产销价格、运输成本、开支内容、资本周转、等等，均须有严密周匝的统计，多方印证，藉以钩稽其真实税负。税务行政有赖于数字的指示分明者，尤属当前切要之图。

结语

税务管理，千端万绪，综括观察，不外前述六大端。每一方面，都可用一个字，标示最高的理想，而每一理想，又可分析为两个项目。驭繁以简，切忌支离，汇众于精，可资醒目。果能确定目标，锲而不舍，坚毅以赴，必有卒底于成的一日。上述税务管理的总方向，既分为六个方面，亦可称为"税政六要"。人以主之，文以行之，钱是收税的要件，物是精简的主题，法是征课的根据，数是综理的利器。税务行政，果能掌握"六要"，运用"十二目"，以实现"公、敏、清、约、严、明"的理想，必可为新国家的税务行政，辟一新纪元。

谨贡刍言，藉希指正！

新民主主义财政政策及税收政策纲要[*]

（一九五零年一月十五日）

第一讲　财政政策与财政类型

一、政策的重要性

（一）财政学的研究，可分为三个部门：一个是财政技术学，一个是财政病理学，再一个是财政机能学。

（二）财政技术学重在解释，财政病理学重在批判，财政机能学重在创建。

（三）以上三个部门，相互制约，而又相互关联，要能辩证的运用，求得财政及税收的发展法则。

（四）财政机能学的展开，即表示政策的重要性。

二、财政类型的检讨

（一）财政类型的塑成，要受政治和经济两大条件的支配。

（二）有什么样的政治和经济，便有什么样的财政，所以财政是要受政治和经济的影响的。但是没有健全的财政，也不会有健全的政治，也不会有发展的经济。

（三）类型的划分，大体上可分为：（甲）封建类型，（乙）半封建半殖民地类型，（丙）资本主义类型，（丁）社会主义类型，（戊）新民主主义类型。

三、新民主主义财政类型的时代性

（一）必须扬弃半封建半殖民地财政的成分。

（二）但是也不可能马上跳到社会主义的类型，这是因为受了社会生产力的

---

[*] 此文发表于《税务研究》杂志一九五零年第四期。——编者注

制限的原故。

（三）旧时代的财政技术与方法，经过批判后，许多要沿用的，但是要能配合最高政治方针与经济政策。

（四）社会主义的财政，虽不能一蹴而成，但是要悬为目标。第一，取为师法，决心迟早要走到；第二，作为经历过程的计算尺度，尽可能缩短转型期的延续；第三，虽不能马上走到，但要马上开始作能够走到的准备。

第二讲　新民主主义财政政策

一、财政政策的总方向

（一）建立国家预算决算制度

预决算制度是实现新民主主义政治与经济最有力的杠杆之一，因为是有计划的，所以必须是有预算的。有了理想的预决算制度，才能够有理想的"财政纪律"。

（二）划分中央和地方的财政范围

在收入管理上，应采统一集中方式，以求其精简与效率，但在支出的划分上，应为地方财政，确保合理充分的供应。

（三）厉行精简节约

我们要根据毛主席的指示，保持多年来艰苦奋斗的优良作风，在财政上，实现精简节约的原则，用较少的物力和财力，作出较多的事业。不仅要表现在公共支出方面，更要表现在公共收入方面。

（四）逐步平衡财政收支

解放战争时期，财政的赤字，是不可避免的，不要过度的怕它，我们要肃清以往数千年的封建剥削，开创此后人民时代的新局面，岂是一两年的财政收入所能支应的了么？所以一定要有赤字，由此后的年度来分担，或是加重当前的征课。同时，我们有决心，也有信心，这个赤字，随着解放局面的展开与解放战争的收束，是可以逐步减少的，是可以作到平衡的。

（五）积累国家生产资金

当前财政，有两个庄严伟大的任务：一个是支前，一个是经建。一九五零年以前，是支前重于经建，一九五零年以后，是经建重于支前。等到战事结束，还要以财政的全副力量，从事于经济建设。等到全面展开经建的时候，就要发生积累国家生产资金的问题，究竟该怎样的积累呢？

第三讲　新民主主义财政政策

一、公共支出的分配与发展

（一）一九五零年财政支出概算的分析，要认清，这是受战时财政的支配，但是这个战时财政，又和其他的战时财政，具有本质的差别。

（二）若按平时财政的标准，可能走到另一个分配形态，配合经济建设与文化建设的两个高潮。

（三）公共支出发展的总趋势：第一，从消耗的支出，到建设的支出；第二，从个人的支出，到集体的支出；第三，从集权的支出，到均权的支出；第四，从现代的支出，到下代的支出。

二、公共收入的内容和比重

（一）一九五零年财政收入概算的分析，要认清：在当前经济条件之下，我们的公共收入，仍以税收为主干，国营事业收入，刚在开头，不能期望过高。

（二）但在不远的将来，我们要作到，而且可以作到，国营事业收入与租税收入能够齐头并进。更进一步，国营事业收入能够超过租税收入而上之。

（三）在中国，租税收入也可能变成不必需么？这是将来的事，在新民主主义阶段里，纵令国营事业收入超过了租税收入，但是租税收入仍有其重要性。

三、积累国家生产资金的总观察

（一）任意的私人蓄积——其前提为稳定通货价值，并推广折实储蓄。

（二）强制的集体蓄积——要运用机能的财政政策，其方式：（甲）高度的税收政策，（乙）折实的公债政策，（丙）全面的精简节约，以实现"节约即是一笔大宗收入"的理想。

（三）没收官僚垄断资本。

（四）争取出超的贸易政策与外汇政策。

（五）缓和的通货发行政策。

（六）努力增加国营事业与国有财产的收入。

（七）鼓励私人捐献。

（八）争取海外援助。

第四讲　新民主主义税收政策

一、税收政策的三个原则

（一）保障革命战争的供给——税收在战时财政体系中，对于支应战费所负的任务，应列在第一位，这是税收的"财政原则"。

（二）照顾生产的恢复和发展——除了上述的财政原则而外，还有一个更重要的，便是税收的"经济原则"，尤其是新民主主义阶段，更该注意于：（甲）税源的选择，（乙）税种的选择，（丙）税率的选择。一方固须克服仁政观点，不可轻言减免，同时亦须克服单纯的财政观点，照顾正当工商业的恢复和发展，不使负担过重。

（三）照顾国家建设的需要——国家建设的资金，不能单靠税收，但应以税收为主要来源，尤其在解放战争结束以后，用于支前的部分，亦可转移于经建。取之于工商业者，仍用之于发展工商业。好比江河湖沼多余无用的水分，藉日光之力，升腾为云气，为雨露，降落滋润于田禾垄亩之间，助成更大的生产力，对于整个社会，是最有益的。

二、税收政策的两个方面

（一）简化税制——简化税制有两个用意：第一，从纳税人方面着想，负担重一些，还没什么，就怕扰，就怕繁，摸不清头脑，所以要简。第二，从政府财政方面，要实现"少费"的理想，以最少的征收费，取得充分的税收。至于实施，可从（甲）简化税收机构，（乙）简化税种税率，（丙）简化征收方法三方面入手。

（二）实行合理负担——根据当前的国家需要，人民所担任的税负，免不了要重一些。但是关于税负，不患重而患不均，怎样作到乡村与城市、工业与商业、住商与行商、大企业与小企业，以致行与行、户与户之间的负担平衡，乃是最紧要的事。而且在负担上，又须注意直接负担与间接负担，换句话说，就是要分析税负的转嫁与归宿。举一个例，课于乡村的农业税，不大容易转嫁，而课于都市的工商业税，很多容易转嫁，如果税收的负担上，已存在着乡村重于都市的现象，再加上转嫁的作用，多少还要转到乡村，那就太不合理了。所以城市工商业方面的税负，至少要与农业税看齐。

三、直接税与间接税的比重问题

（一）什么是直接税？什么是间接税？这样分类，合理不合理？

（二）在资本主义类型之下，税收的趋势，是由间接税到直接税。在社会主义类型之下，则是由直接税到间接税。但在新民主主义类型之下，二者之间，至少要作到"相互补充"。

（三）以今后的发展而论，直接税的增收，是有其限度的。但是货物税（或称消费税）的收入，将要随着人民生活水准的提高与人民收入分配的平衡，表现公平与普遍的功用。将来事业日见发展，又可仿照苏联的办法，用产销税的方式，平衡国营事业各部门的发展，实现税收的杠杆作用。

怎样认识纳税?*
——《共同纲领》纳税政策的透视

（一九五零年二月二日）

一

从特权世纪，到人民世纪，时代有了根本的改变。对于一切事物的看法，就该有本质的不同。这不是数量上的多少问题，也不是分量上的轻重问题，更不仅是外形上的新旧问题，而是本质上发生了划时代的变化问题。财政上的纳税便是一个很显著的例子。假如还拿特权时代的眼光，来看今天人民时代的纳税，根本上就犯了错误！纵令你说出一大片道理来，也不过是错误的演绎，根本没认清人民的立场！

在过去的特权时代，一方是剥削者，另一方则是被剥削者，二者之间存在着不可调和的矛盾和对立。在那个时代，课税是发生剥削的作用，而纳税则是发生被剥削的作用。从人民课取来的税收，很少甚至没有用在人民福利的方面，而是用在少数统治者的享受与压迫人民方面。人民对于统治者，好比待割的羔羊，有毛随时剪，有皮随时剥，有肉随时割，有油随时榨。比较开明的统治者，可以用"轻徭薄赋"的手法，缓和对立的情绪；天真的被剥削者，还要称颂它是"仁政"。法国的科尔伯说得很坦白："财政这种技术，就是：拔最多的鹅毛，听最少的鹅叫。"这是很巧妙的剥削。但是好景不长，所谓"仁政"，不过是昙花一现，跟着就是横征暴敛，竭泽而渔，弄得民穷财尽。而少数统治者则囊括累累，恣意屠杀，结果引起人民的反抗和革命，推翻了寡头的统治。蒋政权的财政崩溃，即原于此。

所以在那个时代，人民的痛恨纳税，是对的！"重税"固然要不得，"轻税"就

---

* 此文发表于天津《进步日报·专论》。——编者注

该是好的么？它给你假仁假义、故弄玄虚、朝三暮四的变戏法。拔了你的毛，避免你的叫，你就该称它是"仁政"么？眼睛雪亮的人民，当然不是这样看法。这不是轻税重税的问题，而是那个政权"要得，要不得"的问题。

寡头政权要不得，所以人民才推翻它；人民政权要得，所以人民才建立它。建立起人民政权之后，政权是人民自己的，政府是人民自己的，不再属于什么家族和寡头。人民纳税，是给自己办事，是为自己纳，不再是给什么特权阶级报效。办什么事？目前是贯彻人民的解放战争，此后是实施人民的经济建设。到了这个时代，人民对于纳税，就不是从前那样看法，而要另有个看法了。

二

在今天，课税与纳税的关系，在形式上，一方是政府，一方是人民；但在实质上，好比由右手交给左手，又好比从右边的荷包掏出来，放到左边的荷包去，左右没离开人民的本身。这不是对立。而是一致。不是损己利人，而是自用自享。好比拿钱看电影，吃馆子，付出去的是手，收进来的是眼和口！我们看，人民纳了税，政府都办些什么事呢？首先在大陆上把反动政权肃清了，跟着不久，还要解放海南岛、台湾和西藏，完成全中国的人民解放。同时，在解放战争的进程中，拼命地进行建设：津浦、陇海两条长线铁路修复通车了，京汉、粤汉的长线铁路搞通了，应该一两年完成的事，几个月就完成了。这对于全国人民，该是多大的便利！此后我们要搞的经济建设还多着呢！看看以上的例子，那一桩不是我们人民所最需要的？比看电影、吃馆子，重要得多！那么，"自用自享"的看法，还不是千真万确的事情么！

这里可以引用一位西洋文学家的话，他说："更充分更恰当的税收象征，无论是好的影响或是坏的影响，都可以从地面上水分的蒸发看出来。太阳可以从河流、沼泽与海洋吸收湿气，升到天空；再以轻飘的阵雨，降落到园圃、牧场和谷地。但是它也可以同样地，从耕种的田野，抢走了水分，而把它降落到停滞的池塘，降落到泛溢的沮洳，或是降落到不毛的沙荒。"这个比喻很好！太阳对于水分的蒸发，好比国家课税权的行使，可以有好的影响，也可以有坏的影响。以往蒋政权的课税，是后者之例；而人民政权的课税，则是前者之例。"取之于民，用之于民"，惟有在人民世纪才能作得到。取之于多余的部分，降落到有益的部分，惟有在人民世纪的财政政策之下，才能作得到。

三

综上所述，方向是不错的，没有人可以否认，这就要看"税收政策"了。应该是怎样的取法，依照人民政协《共同纲领》第四十条的规定，当前的税收政策有三个原则和两个方面。所谓三个原则是：（一）保障革命战争的供给；（二）照顾生产的恢复和发展；（三）照顾国家建设的需要。所谓两个方面是：一方面简化税制；另一方面则是合理负担。这在《共同纲领》中，规定的很简要，很明白，而且经过全国人民代表的衷诚承认。根据这样的纲领，体现在一九五零年的财政预算上，也得到全国各方面的热烈拥护。

当前的税收政策，看来是很简单，但是稍加体认，便可以看到：里边包括很多的道理，要我们一层一层地来分析。先看第一个原则"保障革命战争的供给"，这便意味着：当前的中国财政，还不是平时财政，而是战时财政。但是这个战争，又和帝国主义者的侵略战争与反动政权的残民战争，有着本质的不同。这是解放人民的革命战争，比较一七七六年的美国独立战争，和一七八九年的法国大革命，意义还要大得多。我们要从这个战争，推翻三千年的封建剥削，清除一百多年的帝国主义侵略，消灭二十二年的寡头屠毒。古称"春秋无义战"，现在我们可看到义战了，非把它进行到底不可。但是打战是最费钱的事，这个钱，该从那儿来呢？这笔重写历史的巨额战费，该怎样的筹措呢？这就不能不想到战时财政所用的三件法宝——增税、募债与发钞。这三个法宝之中，以发行钞票最方便而省事，是抵抗力最小的一条路。在政府方面，只要钞票印刷机的轮子一转动。在人民方面，也乐得轻松，不像增税之惹起叫喊，也不像公债之苦口劝募那样费事。但是发钞的影响，大家都很清楚，以前的反动政权，由于它的本质是反对人民，不顾人民的死活而滥发钞票，其结果必然的要走向崩溃而灭亡。到了我们人民世纪，自然要反其道而行，不要单靠发钞，而要尽量运用募债与增税。募债虽较发钞为优，将来仍要还本付息，加重此后多年的人民负担，又不如增税之作一段、了一段。所以我们的"税收政策"，将"保障革命战争的供给"，列在第一，这是最正确不过的。

我们再看苏联的先例。苏联财政的收入，绝大部分是靠国营收入，而不是靠课税收入，它已经是"企业国家"，而不是"租税国家"。但是当第二次世界大战保卫社会主义祖国的时候，它还要靠课税。据苏联税务专家拉乌洛夫在首届全国税务会议中的报告,他曾讲到:"在第二次世界大战中,由于国家企业收入的减少,……而要求提高从人民征税的税率,因而开征战勤税,并将彼时现行的各税的税率提高。"又苏联财政人民委员长质费列夫所著《三十年来之苏联财政》第一分册❶,也曾明白地指出:"战争要求大量财力,以满足前线的需要,这使人民的税负,必然增加。"此外,苏联财政专家如博高列波夫、沃兹涅先斯基等人,均有同样的说法与叙述。

我们以新中国人民的资格,对于纳税的认识,首先要把握住这一点。好在我们的解放战争,眼看着就要全部完成,为山九仞,岂可令其功亏一篑?保障革命战争的供给,应该是我们人民当前最神圣的使命!

四

顾及到"财政政策的原则"之外,又要顾及到"经济政策的原则",那便是《共同纲领》中所称"照顾生产的恢复和发展及国家建设的需要"。我们对于当前的税政,一方面固须克服仁政观点,不可轻言减免;同时亦须克服单纯的财政观点,照顾正当。必需的生产之恢复和发展,不使负担过重。这在最近一月二十七日政务院第十七次会议通过的"工商业税暂行条例"中,反映的很清楚。在税率方面,分为两大类:一是依营业额计算者,又分为两类:(甲)系按营业总收入额计算,税率为百分之一至百分之三,这和从前比较,没有加重。(乙)系按营业总收益额计算,税率为百分之一点五至百分之六。最高率虽比以前稍高,但只适用于牙纪等业,有些方面还建议提高到百分之八。同时最低税率降低到百分之一点五,适用于公用事业和修理业,这比以前的百分之四,可就低多了。按照各种行业对于国计民生所起的作用,适用不同的税率,在轻重上加以区别。至于依所得额计算者,税率自百分之五至百分之三十,也没有比以前重(《条例》第六条)。《条例》第七条又规定,就着所得计税的部分,分别减征百分之十至百分之四十。例如"第一类机器制造业"等四项减征百分之四十,"第二类化工制造业"等四项减征百分之三十,出口货物制造业及出口商业等七项减征百分之二十,建筑器材制造业等三项减征百分之十五,普通必需品制造业等七项减征百分之十。此外,对于合作事业,另行规定征税。至于国营公营企

---

❶ 质费列夫:《三十年来之苏联财政》第一分册,国际文化服务社1950年版,第104页。

业，则与私营企业，一律课税，以期建立经济核算制的精神而免私营企业感受压迫。这次税法拟订的要旨，是工轻于商，必需品的制造轻于非必需品的制造，重工业轻于轻工业。但亦非是工都轻，也非是商都重，而要看其行业性质对国计民生的贡献如何。这样照顾生产的恢复和发展及国家建设的需要，虽不敢说完美，约亦大致不差。

至于解放后对于工商业课税的税率，是不是觉着重呢？是不是因为课税之故而妨碍了生产的恢复和发展呢？这要看一月十九日《人民日报》千家驹所写"纠正工商业家的轻税思想"一文的第三段和一月三十一日同报所载"一年来北京市的私营工业"一文的两个表。就北京一地而论，衰退的工业有洋酒、汽水两个行业，衰退的商业有金银饰物、玉器、绸缎、古玩、军衣、香烛等十三个行业。大家一看就懂，不看也可以想象得到，这些行业，在解放后是没有它们的发展前途了！聪明的老板，早就该改行。谁还需要那些"劳什子"呢？这与税的轻重，可不发生因果的关系。换言之，对于这些行业，你就是给它轻税甚至免税，也救不了它的衰落。反之，如机制面粉、金属冶制等四个行业，都是发展的。较之一九四八年，增加最多的达到百分之一百八十以上，有那么多的，正当需要，就有那么多的正当营业。营业好，赚钱多，纳些税没什么。

至于"照顾国家建设的需要"，除了以前所述的意义而外，还有一个意义，便是要从税收政策中，积累国家生产资金，这就需要"高度的税收政策"了。国家要运用"高度的税收政策"，将社会上散在的、零星的、多余的，甚至容易浪费的民间资金，用课税的方式，集拢到国家之手，集腋成裘的转移到国家的生产方面，这对于整个经济建设，意义可重大了！苏联和新兴的新民主主义国家，都曾采用过这种办法，这又是第三个原则的特色所在。

五

以次再看税收政策的两个方面。"简化税制"是就着政府的责任来讲，"合理负担"是就着人民的责任来讲。简化税制有两个用意：一是从纳税人方面着想，负担重一些，没什么，就怕繁，头绪多，摸不清头脑。就怕扰，添啰嗦，妨碍了交流。所以要简。二是从政府方面着想，想要实现"税务行政的原则"——少费。以最少的征收费，取得充分的税收，使人民所出和国库所入的中间差额，减至最低，办税也得要讲成本！至于实施，可从三个办法入手：（一）简化税收机构,不可政出多门。这在中央人民政府,已经竭力的去做。(二)简化税种税率,例如最近通过的"工商业税暂行条例",即是把旧时代的营业税、特种营业税、营利事业所得税、一时营利所得税等合并一起,定出一个主要的税法,尽可能的合并征收,使工商事业减少若干时间上、手续上的麻烦。(三)简化征收方法,例如查帐是很麻烦的手续,当此工商事业正在恢复之际,不一定要用查帐的形式,烦扰他们。上海方面就曾运用过自报实缴的办法,国家省事,工商业者也省事。但是如果不能做到自报实缴,政府自然要实行查帐了。典型户的调查与帐簿抽查,即系配合自报实缴或民主评议,以期达到合理负担。

六

以下再谈"合理负担"。根据当前的国家需要,人民所担负的税赋,纵令重一点也应当!但是关于税负,必须作到公平合理。怎样作到?乡村与城市、工业与商业、坐商与行商、大企业与小企业,以至行与行、户与户之间的负担合理,乃是最紧要的事。而且在负担上,又须注意直接负担与间接负担,换言之,便是要分析税负的转嫁与归宿。举一个例,课于乡村的农业税,不大容易转嫁,而课于都市的工商业税,很多容易转嫁。今日税收的负担上,已经存在着乡村重于都市的现象,再加上转嫁的作用,大部还要转到乡村,那就太不合理了!所以城市中工商业方面的税负,至少要和农业税看齐!

但在实际上又是怎样呢?依据一九五零年财政收支概算,在收入方面,占第一位的是公粮收入,换个称呼,就是农业税,是取自乡村的,占到总收入的百分之四十一点四。至于占第二位的"其他税收",只占百分之三十八点九,比起公粮收入,已经少了。就在这各项税收之中,盐税是绝大部分由农村负担,关税也有大部分转到农村,货物税则是将税额加入销货价格之中,工商业者所负有限。至于工商业税的营业额计税部分,又可大部转嫁。印花税的商事评证,亦可把发货票所贴的印花,加入货价之内。只有按所得额计税的部分,算是直接负担的成分大一些,但亦不能说毫无转嫁。如此说来,真正归于工商业者负担的税负,又能有多少呢?如此而仍要叫喊税重,不知重从何来?轻重是由比较而得,我们要和乡村农民的负担比一比啊!

八年的抗日战争,三年的解放战争,在没有进入城市以前,所有战费的负担,都是落到农民身上。等到大陆上各大城市解放之后,农村的负担,并未怎样减低。在整个收入中，占到带头的地位，而课自工商业者的税负，竟是如此之轻，我们看：这能算作"合理负担"么？政府所以很谨慎地未曾怎样加高城市的负担，无非为的是休养生息，使私营工商业很快地得到恢复和发展，以提高社会的生产力，可以说是考虑的很周到了。那么，城市的工商业者，就该心平气和地把应纳的税，很迅速地依法缴库，而不可有丝毫的隐匿与逃漏。这样才可以对得起乡村的农民，表示在解放和建设大业中，也曾与乡村的农民齐头并进，尽了应尽的责任。

人民世纪，是要人民大家来争取；人民政权，是要人民大家来建树。人民的解放战争和经济建设，更要人民大家来出钱出力，以底于成。有的"见义勇为"，有的"当仁不让"，拿这个立场，这个观点，来看纳税问题，自然会踊跃完成，争先恐后！

在全国货物税业务会议开幕会上的讲话*

（一九五零年二月二十六日）

一、强调货物税的重要性

人民政府的财政，目前应以税收为主要来源，今年的国家预算，公粮与各项税收，合占百分之八十以上，其中各项税收为百分之三十八点九，这里面包括我们主管的税和关税、盐税，我们主管的税要占重要地位，因此可见参加税务工作的同志，对于国家所负的任务是很重大的，这一点刚才李局长已向大家强调说明。我们主管的各种税，主要的是货物税和工商业税，这两种税一个是属于间接税，一个是属于直接税，在今天讲是同样重要，我为什么要提出强调货物税的重要性呢？今天的货物税与国民党时期的货物税不同，税课是以国家的政治制度和经济制度作基础的，政治经济起了变化，税课也便从根本上发生变化。其不同处，并不在税率轻重和种类多寡的问题上，而是本质上的不同。所以如拿过去的眼光看今天的货物税，便是根本上犯错误。过去的货物税一般人都认为不是好税，尤其资本主义国家，曾经提出这样的口号"尽量减少货物税，增加直接税"，它为什么这样说呢？因为资本主义国家私营企业多，私人所得多，它有那样的经济基础，所以要求那样的税收制度。在另一方面，货物税是消费税，很大的部分是劳动阶级所负担，废除或减少货物税，也是他们缓和劳资斗争的一个有力的方式，资本主义国家提出这一口号是有它的经济背景的。我们是新民主主义国家，与资本主义国家情形相反，我们的税收应该着重货物税，这是因为政治经济基础的不同，所以不能相提并论。而资本主义国家所以强调以直接税为主，是起源于私有财产的发展，和个人所得收入的悬殊。换言之负担能力

---

*此文刊载于一九五零年三月三十一日出版的《税工研究》杂志第一卷第三期。——编者注

既有不同，负担同等消费税当然不对。新民主主义国家私有财产不会过份的集中，每人所得收入渐趋平衡，负担能力不会有很大的悬隔，负担同等消费税，当然无问题。同时我们的国营经济带头，一天天发达，私营企业以后会逐渐减少，私营企业资本家的所得，也便随之逐渐减少，像过去那样的情形不会再有了。在过去反动政府统治时期，有些人动不动的发横财，这种情形，今后也不会再有，因此我们观测将来趋势，直接税将逐步减少，货物税将逐步增多。至于货物税可以扩展至何种程度？有苏联的例子可以参考。基于上述情况强调货物税的重要性，实属当前责任。

二、认识货物税的发展性

今天每一个人的收入已可逐渐得到上升而平衡的发展，购买力逐渐提高，消费量逐渐增多，在这种条件下，货物税的前途是非常光明的，这在今明年内即会有事实证明。今年经济建设已经逐步展开，明后年货物税的任务，可能增加若干倍，这并不是预言，而是客观事实摆在我们的前面，但在今天，必须打下很好的基础。货物税在新民主主义时期的发展前途，我们是看到了，将来进入社会主义时期以后更要发展，苏联最重要的收入，便是这一类型的税收。这种税的名称，有的译名"交易税""周转税"，按其性质似可名为"产销税"，在学理上的名词则为前面所说的"周转税"，即是就国营企业生产部门产出来销出去的这一周转上课税。苏联收这种税的目的，与资本主义国家和旧中国都不相同，第一是为了财政收入；第二，籍此管制价格制度，平衡市场价格；第三籍此平衡各个国营企业的生产资金。因为国营企业的生产资金有够与不够，须要在国家计划经济中使之平衡发展，使各方配合，齐头并进。为达成这一目的除了国家有计划地调拨生产资金外，便要依靠周转税了。这种周转税与我们现在的货物税相近似，货物税远的前途就是周转税，认识到这一点，我们便应把眼光注视到将来，开始做准备工作。

三、严密货物税的技术性

这是这次货物税业务会议的主题，范围很广，除细则外还有一些单行办法，都要在这次会里研究好，综其内容，不外（1）货、（2）价、（3）运、（4）证、

（5）查、（6）罚六个方面。我们必须在这六个方面，严密管理技术。在这里我对大家提出三点希望：

第一，希各位同志，多多反映意见，总局方面虽曾研究了许多办法，但对实际情况了解很不够，大家应尽量提供材料，根据不同的情况，不同的意见，照顾到全国需要，使之大体一致。

第二，办税的方法尽量严密，但对纳税人的手续则应尽量简便。如办税方法不严密，招致奸商钻空，不但不能保护守法工商业，也影响了税收。如手续不简化，便会给纳税人很多麻烦，甚至影响物资交流。总之简化税制是对纳税人说的，我们办税的人，绝对不能怕麻烦。

第三，今天办税，光靠自己的力量是不够的，必须结合各方面的力量，与有关机关密切联系，这对税收工作是有很大帮助的。税目最好明白定出，并对各种货物的产销情况，详作了解，有了这种材料，执行上便简单多了。各种货品，我们既不可能逐一自己去调查，应该结合有关行政机关来进行。此外我们还必须结合群众，使之协助缉私，眼光四射，深入群众、依靠群众。

在全国货物税业务会议总结会上的讲话*

（一九五零年三月十三日）

关于货物税业务会议的问题，李局长和专家已有详细的报告，我再向大家提出下列几个问题：

关于法令：李局长再三说，这次会议主要是统一工作，根据大会决议和上级指示，今后应该严格执行，绝无疑义的。就如李局长刚才所说，这次开会是要大家提意见，不是要大家来接受总局的意见，所以在会议作出决定之前，有意见尽可提出，充分发挥不同意见，我们根据各个不同的意见，求得合理的解决。但是会议作出决议之后，就必须严格尊重组织，尊重纪律，尊重领导，认真执行。这就是说，会议前意见越多越好，决议后不能再因有不同意见而不执行决议。在执行统一决议的时候，遇有困难，应该随时反映到主管税务机关转报总局。总局根据报告，参考多方面的材料，经考虑后，轻的问题请示财政部，重的问题请示中财委或政务院，如须修改税法，到时机成熟就办。也就是原税法所未包括的，若须立刻补充就呈报补充，无须立刻补充的，留待修改税法时再办。本着这种精神，大家把执行新税法的经验随时反映到总局。

关于手续：手续很多，本人有个认识，凡是组织领导上告诉我们的，我们要好好执行。在这次业务会议之后，除去这些办法之外，是不是还有办法呢？够用了吗？不够！还得大家再想想那合理的更有效的办法。上午谈评价的时候，我曾联想到评价检查的很多困难，譬如一箱肥皂有的一百块或八十块，有的还到一百二十块，有的成色高，有的成色低，因此我想到"标准化"的问题，中午我到图书室，看见《天津日报》载公营企业的问题内，也提到这件事，可说是所见略同。人家能想出来的事，我们用脑筋也可以想出来。货物标准一致，评价容易吧？容易！检查容易吧？容易！今天上午对手续报告很详细，但是够了吗？不够，大家回去还得想如何使货物标准化，货物标准化之后，于税收有利，于

---

*此文刊载于一九五零年三月三十一日出版的《税工研究》杂志第一卷第三期。——编者注

商人无损失，于消费者不吃亏。

关于干部：我们办税与人民接触最多，在许多税务工作中，与人民接触频繁密切的就是货物税，我再强调李局长那句话，就是同志们回去传达时，务必传达慎选和教育干部的重要。我们对于驻征员应有政治教育与技术教育，我们是应该先着重政治教育。就谈技术吧！以前通都大邑的驻征员，他们的技术很不坏，业务全部了解，然而他们不好好办事，这就是李局长所说，他们和资本家联成一片，立场错误，因此我们着重政治教育。我们的工作繁忙时，可以加夜班，干部不够分配时可以机动配备，直接税、货物税、地方税，共总这些人办这些事，那里最需要，就往那里配备，当前最紧要的事办完，再办别的事，这样才能搞好工作。

从特权财政到人民财政[*]

(一九五零年三月十三日)

一

财政和人民的利害关系,最为密切。人民对于政府,在以往时代,所最关心的,除了当兵之外,便是纳税(包括纳粮)。前者和人民的劳动、生命有关;后者和人民的所得、财产有关。好政府可以保护增殖人民的所得与财产,坏政府可以剥削夺毁人民的所得与财产。人民无所得与财产,则无以持续其生活;而政府的财政便是对着人民的所得和财产打算盘的。

以往的政府,除了国有财产及特权收入之外,大体上是不事生产的,但是要消费,而且是社会上最大的消费者。霍布士曾称之为"利维坦",就是大水怪,胃口可真不小。那么政府所要用的钱,该从那里来呢?自然要对老百姓想办法。人民的所得,是"第一所得"或"原生所得",乃是直接参加生产得来的。政府的财政,则是"第二所得"或"派生所得",并不直接参加生产,而是从人民的所得或财产中,用课税的方式,间接取得的。政府的消费愈大,人民的负担愈多,所出的租税愈重,"羊毛出在羊身上",所以财政对于人民的利害关系最为密切。

"财政"这一套,一方面是政治的反映,同时是经济的反映。换句话讲,有什么样的政治和经济,便有什么样的财政。政治和经济的组织和作用发生了变化,财政也必然跟着起变化。根据历史的经验,每当政治清明、经济向荣的时期,也就是"轻徭薄赋"的时期。每当政治窳败、经济困穷的朝代,也就是"横征暴敛"的朝代。所以威尔逊(一八零五至一八六零)曾讲过:"没有健全的政府,不会有健全的财政",这还是从量的条件来看。进一步从质的条件来看,政治和经济如果在本质上起了变化,那么,财政制度也必然要发生质的变化,由旧的"财政类型",转入新的"财政类型"。当前的中国,便是这样。

---

[*] 此文发表于上海《大公报·星期论文》。——编者注

二

在人民革命解放以前，中国财政是属于半封建、半殖民地的，垄断在专制的、寡头的、特权阶级之手。解放以后，中国财政是属于新民主主义政治的、新民主主义经济的、操持于代表人民的人民政府之手。以前的财政，是统治者的财政；此后的财政，则是人民的财政。这个财政，为人民而存在，是属于人民的。

特权财政的特征，借用财政学者马可教授的话："国家主权者或是统治阶级，具有绝对的权力，在垄断的条件下，运用其政权，有时假借法律，有时造成事实。这便给它以权力，在产生公共财用时，总是选择那些能够专属或最利于统治者的利益，而将成本的负担，全部或大部分，置诸被统治阶级的身上。换句话讲，便是把私营独占企业那一套，复制于财政的领域之中。在各种形势之下，统治阶级得到了，被统治阶级付出了，垄断的价格。"[1]

在我们中国，就在解放以前，专制的、暴君的、寡头的政治形态与落后的、半封建的、半殖民地的经济体制相结合，其结果必然是财政的剥削、榨取与掠夺。由政府活动所发生的好处，必然归属于统治者；而因政权活动所发生的负担，必然归着于被统治者。财政设施的判断，不会以被统治者的利害为标准，而是以统治者的利害为标准。对于公共劳务所定的价格，完全基于统治者的需要，而不顾被统治者是否能够负担。俨如私营经济现象中的独占价格一般，可以任意提高。但是私营经济的独占价格如果提高到相当限度，尚可以促致代用品的出现和消费的紧缩，以与独占势力相抵消，便不敢肆行无忌。但是在公营经济的政府财政，一旦发挥其垄断作用，可要比私营经济厉害得多。以专制的权威，强迫人民出钱，要多少就得出多少。以寡头的浪费，侵蚀社会所得，要多厉害有多厉害。其抵制的方式，除了死与逃，便是暴动与革命。那个垄断的政权，终于被人民革命推翻了。在中国财政上，也就发生了空前的质的变化。"以后财政的收支，是人民解放事业的收支，与统治阶级的收支，性质完全不同。"[2] 具体的分析，我们的"人民财政"，应该有些什么特征呢？

---

[1] Antonio De Viti De Marco, translated from the Italian by E. P. Marget, *First Principles of Public Finance*, 1936, p.42.

[2] 《民主报》载宋乃德撰文，1950 年 8 月 19 日。

三

"人民财政"是要贯彻新民主主义的政治理想,是要实现新民主主义的经济政策;同时,也要由人民政府来运用,由人民经济来支持。当前的主要功用,是要支援前线,将革命进行到底;以后的主要功用,是要发展生产,繁荣经济。举其特征,约有下列八项:

(一)财政机构不复操持于特权阶级之手,而是人民的政治机构来运用,产生公共财用,遂行公共劳务,以满足集体欲望。人民是财政的生产者,同时也是财政的消费者,而其消费品也都按照成本,不复在成本以上更为统治阶级尽量提高其利益,形成所谓独占价格。

(二)财政不再是少数剥削多数的工具,财政学不再是御用的财政技术学,而是达成新民主主义有力的杠杆。财政的目的不再是为政府的收支而存在,而是为"利用""厚生"而存在。这时的财政研究,既不限于财政技术学,也超过了财政病理学,而是财政机能学。以机能财政,实现新民主主义的理想。

(三)财政支出的结果,最主要的是要能扩大社会生产力。所以对于经济开发的支出,教育文化的支出,福利卫生的支出,是要列在最前面的。虽说在今日支援前线的要求之下,以及将来保卫新民主主义的祖国的要求之下,军事费不能过分缩减;但是我们的军事费,和那个反动的、帝国主义的军事费的性质,根本不同。即使为军事目的,也不一定花在军事费的形式上造成很健旺、能战斗的人力,提高很充分的生产力,而且凝成高度的、社会的共同意识,那才是国防力量最真实的源泉。

(四)新民主主义的收入制度,要从国营企业中取得主要来源,不像资本主义财政,以租税为重心。但是这,总要经过相当期间,不是马上一下子就可以做得到的。因为国营企业的扩大与成长,是要经过相当的步骤,参天松漠,自非旦夕可几。在此过程中,无论为收入目的或是为社会目的,都需要很合理的租税制度。

(五)新型的租税制度,对于租税种类的选择与配合,一方面要根据"能力纳税原则",以期负担的公平,同时要衡量支出的效能,以定应取的数量。换言之,如果不课税而由私人消费或储蓄所能发生的社会效果,与通过课税而由集体支出所能发生的效果,两相比较,那一个能够得到最高的社会利益?依此以为抉择的标准,这是一。更进一步,在社会财富的分配上,课税能够发生怎样的影响?是正号的发生平衡作用呢?还是负号的发生偏颇作用呢?也要有适当的选择,这是二。再进一步,对于社会生产,将发生怎样的影响?是否助成其繁荣,或是促致于更有利的方向?这是三。所谓"杠杆"的作用,最主要的便是对生产与分配而言。❶

(六)新型财政的支出,若由全国地域性的分配来看,不再是以往头重脚轻的病态,大部分花在上层,而花在地方的则少得可怜。不再是以往花在治官的人事费与机关费则不厌其多;而花在治事的事业费则不厌其少。而要翻转过来,花在上层的,则力求其节约;而花在地方的,则力求其充分,使经费的效用遍及各地方的民众。花在治官的则力求其少,花在治事的则力求其多,期能发挥岁出的效能。在收入管理上,固可采用集中方式,以求其精简与效率。但在支出的划分上,应为地方财政,确保合理充分的供应。

(七)过去政权,因为恶性膨胀、通货贬值的结果,公债政策老早就停顿了。人民认购政府公债,等于一种储蓄或投资,但是过去那样政权,那样币制,谁还敢储蓄它,谁还敢对它投资呢?但是解放后,形势可不同了。我们有硬朗朗的人民政府,有币值稳定的人民币,以前"反储蓄""反投资"的心理,皆可随着旧政权的倾覆,一扫而清,自然可以进行公债政策,加强经济建设的资源。

(八)新型财政的预算制度,已经不是寡头出纳的算盘,不是聚敛之臣超比附益的工具,而是实现新民主主义政治与经济最有力的机构之一。因为是有计划的,所以必须是有预算的。有了精密的预算制度,才能有理想的"财政纪律"。首先要有健全的行政收支预算,以实现人民政治;还要有健全的建设预算,以实现计划经济。这时所谓预算平衡,不仅像资本主义国家仅指政府本身行政收支的平衡,还要包括着社会生产与消费间的平衡和对外的国际收支的平衡。

四

以上提出的八点,乃是根据新民主主义的政治理想和经济政策而为新型财政所不可缺的条件。至于针对现实的需要,每一个节目,均须有更详细、更具体的研讨与设计,配合政府的政策,辅以学术的探索,努力舆论的宣导,加强民众的认识,则对于"人民财政"的展开,必有很大的助力。

---

❶ 《苏联财政政策》(英文版),1931。

全国税务会计会议的开幕词*

（一九五零年四月十二日）

代表同志们：

由总局召集的全国税务会计工作会议，今天正式开幕了。

这次会议是税务会计的专业会议，是在统一国家财政经济工作决定的要求下召开的，正显示了我们这次会议的目的及其要求。我们所做的税务工作，是整个国家财政工作中的重要组成部分，执行程度的好坏，不但影响到国家财政预算，而且关系到财经政策的贯彻；更进一步，在我们税务工作中，会计工作的重要性和它的作用，同样值得我们注意。我们要有一个正确的认识，如何把我们的会计工作提高一步，对保证国家财经工作的胜利完成上起一定的作用，最基本的，首先要建立一套统一的税务会计管理制度。

一个从事于革命的税务工作者，必须具备三个先决条件，才可能把工作做好，实现任务的要求。

（一）提高思想水平。一个税工同志，首先要有革命的统一思想，政治上要有明确的认识，否则不论技术如何熟练，其结果是无用的，甚至有害。

（二）提高政策水平。与前者是关联着的，每个革命的工作者，在工作的执行上必须理解政策，而且善于掌握政策，尤其做会计工作的同志们，不能以单纯的熟悉现有的会计技术为满足，更不能仅认为是简单消极的数字记载，而是要积极地主动地掌握资料，通过数字去督促检查，有力地配合着各税政部门去发现我们的税收工作对政策的执行上是否正确，并随时可以检查税收任务完成的程度。因此我们必须要学习政策，提高政策水平。

（三）提高技术水平。毛主席教导我们说："过去我们熟悉的东西，今天有的已经闲起来了，某些快要闲起来了。我们不熟悉的东西，正在强迫我们去

---

* 此文刊载于一九五零年五月三十一日出版的《税工研究》杂志第一卷第五期。——编者注

做。"从这个意义上，在国家整个经济建设的过程中，就会计工作而言，不仅要提高业务，而且要精通业务。如果具备了这三个条件，可以肯定的说，这样的干部，能够决定一切。这个会议的主要目的，就是集体的提高一步，在会计工作上求得统一。

一、统一会计工作的意义

过去我们是处在战争的环境，是分割的局面，因此各方面都是因地制宜的，在会计工作上，很难取得一致。但是今天的形势已经完全改变了，对于我们的要求也不同了，最重要的就是统一，而且急需统一。今天的统一是国家财经管理的总要求。从政务院所颁布的《统一财经工作的决定》及《全国税政实施要则》等，都是极其重要的财经措施，是富有一定历史意义的。就今天的税务工作而言，由发展上去观察，在国家财政的比重上，税收已占第一位了。从新华社所发表的《税收在我们国家工作中的作用》社论中，着重地提醒了全体财经工作人员尤其税务工作者：今年的税收任务，如果能按期如数完成，则一九五零年度的全国收支概算的实现就有了把握。否则整个财政就有被破坏的危险，而整个国家的军事、政治、经济的计划，就有随着被破坏的危险……同志们！我们的任务是何等的巨大！税务会计工作在整个税务工作中，是一个重要的环节，会计工作一方面要做到税款及时入库，保证国家财政的开支，另一方面从赋有时间地点而可靠的数字中去看各地税收的比重、任务完成的程度，更可能看到各种税源的发展前途，所以说掌握了正确的会计数字，是上级领导者以及各级负责执行者考虑或处理一切问题的最有力的根据。

二、如何求得统一

其次要明确从那些方面去统一。同志们！不仅在思想上认识上求得统一，更要紧的是要在实际工作中、制度的执行上、手续办法上求得统一。当然我们的统一要求，不是主观的，而有他的统一原则、重点及步骤，同时也要照顾到各地不同的实际情况与困难，但不能强调困难和特殊。

统一原则的三方面：

（一）绝对性的统一。即在有关整体的问题上，是肯定的统一，如日、旬、月报制度以及税款及时入库的等制度，根据政务院的决定，要毫无条件的执行。

（二）原则性的统一。在统一的原则下，对于某些具体问题的处理，给予适当的照顾，赋有一定的弹性，例如：票证属于地方性的，因城乡条件差异，就不能硬性的强调统一。

（三）在某些问题上，因现时统一条件不够，很难立刻作到一致，我们就要准备创造条件，以便求得将来的统一。关于细微的手续上，各地可以酌情自拟。

统一制度的几个方面，这里我仅提出重要的几点，供大家讨论：

（一）会计科目：因各地极不一致，在工作上增加了不少的困难，但在各种税种税目业经统一的今天，我们的科目应该是统一的。

（二）账簿组织：根据总局所拟定的要求。联系到各地的实际情况，是否适用？如各种补助帐应配合实际需用的添设。

（三）报告制度：如何求得简化、及时、一致毫无折扣地执行。

（四）解库制度：怎样才能做到税款及时入库，不使已收税款受到损失。

（五）年终结算及会报制度：一方面是税收任务的要求，配合工商业税的征收，另方面是会计手续及年度的整理。

（六）税务费会计：在财政开支上要精打细算，减少不必要的开支，防止浪费。

（七）会计检查，较过去的审计工作，是提高了一步。它的中心任务，是在工作执行中进行检查，是积极的、及时的，但如何检查？检查什么？需要大家加以研究讨论。

（八）票证制度：李局长曾经着重地讲过：我们的票证工作要做到既科学又简化，管理严密，便商利民，有利税收，促使物资交流。

三、如何在执行统一中去克服所遇到的困难

这一问题的提出正是我们这次会议讨论的重要点。税务会计既是这样复杂，事实上是会遇到困难的。但是要记取毛主席的话："我们是有希望的，有办法的"，大家在统一的原则下，发挥智慧，尽量地提出宝贵意见，多想办法，共同向统一目标前进，完成我们的光荣任务。

同志们！要坚信困难是能克服的。根据上级对我们的期望和指示，加以热烈地展开讨论，相信一定可以圆满地达成这次会议的任务。

全国税务会计会议的总结报告

（一九五零年四月二十五日）

会计工作会议自五月十二日开会至二十一日，共进行十天，各小组均按照会议日程预订计划完成，在讨论中代表们都很认真紧张。

一、这一次的会议是符合于中央的要求的，在统一的原则下，求得"及时""简化"

会议基本上是成功的，有收获的。

第一，对统一会计制度的认识，从思想上更加明确和一致了。大家初步地共同制订了全国税务系统中较完整的会计工作制度，并且表示有信心贯彻到各地各级税务会计工作中去。

第二，在会议中，各地区互相介绍了情况，交流了经验，充实了制度的内容，使得制度比较切合了实际。

第三，每个参加会议的同志，由于十多天的讨论研究，从业务上提高了一步，对今后工作起了一定的推动作用。

以上都是这次会议的巨大收获。但另一方面还有一些缺点：

第一，材料准备得不够系统，条理不够明确，总局参加会议的个别同志准备得不够成熟，有的地方自己也未弄清楚，因此有时发表意见不能完全一致。

第二，在讨论问题时，由于事先没有很好地组织起来阅读研究材料，在开始讨论时有些问题掌握重点不够，偏重到条文的修改，使得有些同志对于原则精神领会不够，总局同志没有及时提出，解释得也不够，在讨论过程中，有的问题上走了一些弯路，同时个别同志发言不多，有的从全面出发不够。

---

* 此文刊载于一九五零年五月三十一日出版的《税工研究》杂志第一卷第五期。——编者注

以上缺点会议第三天即进行检讨纠正，确定晚上大家依照会议日程阅读材料，每次讨论先由小组长及总局参加会议同志将重点及精神解释后，再进行讨论。

第三，出席会议的代表，总局事先考虑得不够周到，不够全面，省级会计干部除了华北五省外，只有东北区辽西省会计科长、中南区湖北省会计科长，其他区没有省级代表参加，因为城市税收集中，会计技术较好，其他条件亦比较好，我们的制度，要真正贯彻到县、所，省局是一重点。

第四，对某些问题，会场的表现有些不够充分，例如在最后讨论票照问题时，大家感到不熟悉业务，对票照完税凭证等的意见不多，这一点不论各地区同志、总局同志，今后都应该注意，不仅要懂得会计，同时要注意有关业务的学习，会计人员也应懂得税政、税法、税务、管理等知识。

二、统一的会计制度如何贯彻执行

全国税务会计制度，经过大家研究，讨论通过，是大家共同制订出来的，各地区代表回去要负起责任来认真地、坚决地执行和贯彻。

会计制度的具体内容及各项问题，因为时间关系，不便详举，仅提出几项主要问题：

（一）报告制度

1. 日报：按照此次会议的统一规定执行，最迟在第三天上午十二时前将电报发出。

2. 旬报：省局于旬后逢七发出不变，省局所属，由省局自行规定。

3. 月报：前两个报告都是税收情况报告，月报是较正确的会计数字报告，大家一定按规定执行。市局于次月十五日以前报出，省局于次月二十五日前报出，省局以下各级由省局自行规定，省市局报送日期不能变动，区管理局月终后四十日内报出。

4. 季报：季报大部分是各区管理局编造的，各区应依照统一规定的表报，按期报送。

5. 年度税收报告：要求分清年度月份，分清税目，包括所属税收全面数字。

以上都是经过大会通过的，应一律按照执行。

（二）税款解库

要求分清税目，做到及时入库，依照中央规定，当地有金库者，随时入库，当地无金库者，两天三天解库一次，最多不能超过五天。

过去有些个别地区，没有很好注意，因此在米（折实）数上发生过折差，税款发生过被盗情事，曾使财政上遭受过损失，今后应特别注意。

（三）税款报解

税款报解和过去有些不同，较前进一步，过去各级税局是以库据抵款上解，由总局再转解财部。这次所制订的办法，省市局除留地方税款外，实际上已免除了报解手续，在手续上做到了简化并且及时，省局每旬即能看到全省各县局的税收情况，真实的会计数字。

目前在数字的核对上，尚须经过专区局，今后应努力做到县与省直接发生核对关系。

（四）会计科目和税目

过去各地区各有一套，极不一致，经过这次会议已规定了统一的会计科目。确定了中央所公布了的统一税目。今后各区不能随意变更，如有增加，必须呈报总局批准后，才可以增加，因为税目是服从于税政的，是有关政策问题。

（五）账簿组织

过去各级使用的账簿亦不一致，在这次会议上也有了统一的规定，主要账一定要统一取得一致，辅助账各地可以根据实际需要自行设置。

（六）决算编制

决算期限，主要是配合工商业税的征收期限而规定的。因为本年度第四季度的工商业税是在下年度三月底才能缴纳完毕，所以我们税局的决算，规定从四月一日开始，至五月底以前完成，三月底以后所收到的上年度税款，列入本年度杂项收入，但不抵作任务。各地区应该努力在三月底以前全部征收解库，规定的决算期限，要坚决执行，不要影响国家总决算的编造。

（七）会计检查

各级会计部门应认真执行会计检查工作，由消极的等待的审核工作，变为积极的主动的检查工作。督促帮助会计制度的贯彻执行，推动工作，前进一步，随时表扬好的，批评坏的，以便改进工作。

（八）税务费问题

确定了开支范围，自下而上执行预决算制度，非特殊情况，不得随意追加预算，编造预算力求精确，将来应争取做到各科目不准流用。税务费的开支是掌握在各级会计部门，大家要注意防止浪费，不使财政和税收任务受到影响，大家应很好掌握。

（九）票证制度

1. 印制权限

票证式样——原则上由总局统一设计，属于地方性者，必要时，总局可授权各大区自行设计，但须呈报总局备案。

印制划分——属于全国性的，流通于各地的税票花证，由总局印制，并授权各区管理印制，供给各省市应用，各省市一律不得自行印制。属于地方性的，区自行印制，或指定省市印制，专县局所不准印制。货物税票证各大区也不能任意修改或增加。

2. 领发保管

严格建立票照使用及预算报告制度，以便掌握印制，不使影响税收。并且要认真负责保管，建立保管制度，避免防止遭受损失。

3. 审核工作

票照审核工作各级应认真执行，重点应放到县局，县局应普遍审查，分局抽查，省市局也应重点抽查，审查时特别注意有无违反政策。

（十）对于没收品的处理

税务所除了一些有时间性的、容易腐烂的没收物品，准予就地拍卖外，其他一律不准自行处理，各级局应做到随时清理，按期变价入库，并按照规定分别解送。

（十一）缉私奖金的分配及处理

1. 原则上税工人员个人不提奖，为了鼓励缉私人员积极工作，可以在规定的原则范围内，于分配奖金时加以照顾。总的原则应依据每个同志的工作态度成绩大小而评定。

2. 各级局的奖金提成，应照顾到本省本市的所属局所，不应全部使用或分配给本局人员。

3. 奖金总额照原规定，暂时不变更，俟请准后，再行通知。

（十二）会计交代

会计人员及会计负责人在办理交接时，应依照规定办理交代手续，在交代未清楚前，不得离职。

三、各项规定执行日期

（一）报告制度，各区代表回去即行传达，即日执行，不能等待或迟延。本年一至三月份月报，回去后应即按照规定分别补报。

（二）会计科目及税目，回去即行调整归并，并报总局备查。

（三）账簿的建立可以机动一些，各区有的已经印制了全年的，可自明年一月份起按照执行，只准备了半年使用的，即从七月份起开始执行。

（四）其他办法一律自本年七月份起开始执行。

（五）解库及报解的规定应依照中央规定日期执行。

另外各地在执行当中，应该注意与有关部门尤其是财政部门金库方面应很好联系，以便顺利地贯彻我们的工作，完成上级给予我们的任务。

税务问题*

（一九五零年七月三日）

新知识座谈会要我来传达全国税务会议的总结，因为这个会还没有开完，总结没有做出来，所以用这个题目和诸位谈谈。虽然不是全国税务会议的总结，但对于这次会中讨论解决的问题，在大体上是要谈到的，对于工商界诸位先生是有些参考价值的。

为什么要来召开这次有工商业代表参加的全国税务会议？是为的要了解各地税收情形，和工商界对于税收的意见。工商界有的人认为今天的税收太重，影响了工商业的发展。今天的税收从某方面看是重了一点，但政府方面绝不是不顾人民的负担能力，任意地把税收加重的。一年来的税收工作，是在稳定物价、刺激生产、平衡收支、调整城乡负担上来考虑决定的。稳定物价首先要紧缩发行，使钞票回笼。自从一九五零年财政收支概算公布实施以后，不到半年，就把币值稳定下来了，证明政府的政策是正确的，是做对了。过去的反动政府，在多少年以来也想这样做过，可是它都未能做到，也不可能做到的。要知道通货膨胀这个病不彻底治好，一切都是没有办法的。治这种病，偏方用不得，只有用猛烈的药剂和开刀的手术才能治好。既然开刀，病是治掉了，好肉也会连带着痛一下，这是应有的现象。兴风作浪、投机倒把的商人被打垮了，正当商人也挨了一下，这就是工商界现在感到不好受的地方。但这种痛是会过去的，今天的全国物价已趋稳定，就说明病症是治得差不多了。如果今年一月到三月，税收不紧，公债不催得快，通货不能大量回笼，不会造成三月以后的稳定局势的。政府的税收政策是正确的，可以讨论的是在执行政策的时候发生了某些偏差问题，老干部一向过着"上马杀贼"的斗争生活，在作风上难免有生硬的地方，使

---

* 此文系作者于一九五零年六月十日在民主建国会举办的第七十三次新知识座谈会上的讲演，由汪松年记录，刊载于天津《进步日报·经济周刊》第四十四期。——编者注

工商界有点吃不消，现在决定通盘检讨，彻底纠正，有什么偏差，有什么错误，在这次税务会议中都要开诚检讨，改正过来。

税务会议中解决的重要问题

这次的会议与其说是收税人的会议，不如说是纳税人的会议，政府要听纳税人的意见，要集中他们的意见来决定今后的做法，来达成公私兼顾的目的。为什么政府可以更有效地来照顾工商界？因为多年的经济病症已经治好了，财政收支可以平衡了，所以有力量来考虑将人民的负担再减轻些。三个月来的经验，使我们有把握做得更好些，多给工商业以恢复发展的机会。

现在说到税务会议中讨论解决的比较重要的问题：

税收中比较重要的是工商业税、货物税。工商业税中主要的为所得税和营业税。工商界对营业税反映较多。

（一）是对于总店和分店个别缴纳营业税问题。总店给分店拨货，总店要纳营业税，分店把货卖出，还要纳营业税，这样是不合理的。因为总店把货拨给分店去卖，在总店说，并不能认为是把拨出的货已经卖出去了，不应该纳营业税的。这种现象，以前各地区，因为抓紧税收，防止漏洞，是免不掉的，一时未能通盘改正。这次会议决定，把拨出的货和销出去的货划分开来，只准按销货收营业税，纯粹的拨货，不问多少，不准收营业税。

（二）是行商、坐商如何区分的问题。因为没有明确证明的坐商，到外埠去销售货物，就会被所到地方的税收机关算做行商，要他照行商缴纳临时商业税。坐商的税额（就一般贩卖业讲）是按营业额百分之三纳税，行商则按百分之四纳税，税额不同，就发生了争执。这个问题的发生，就因为一个坐商到外埠去做生意，他如果在他到的地方没有分店来证明他是坐商，就无法证明他不是行商，而他到一个地方，既不只为着买货，常常在市价好的时候，又把他买得的货卖出去，只有拿他做行商看待了。但这总是对坐商的照顾不够周到，税务会议中已经决定，凡是坐商到外埠推销他的货物，只要有证明文件，就仍照坐商缴纳百分之三的营业税。各地在上海设庄采办的"申庄"，过去是缴纳营业税的，现在已经严格禁止征收。过去对于坐商至外埠销货、或在本埠而经营所报行业以外的营业者，（如所报为绸布行业，而经营非绸布行业）均以行商论，现在已经把这种限制取消了。

（三）民主评议问题：工商业税征税的方法共有三种，一是自报查账，二是民主评议，三是定期定额。自报查账的办法，现在不容易做得普遍。因为我国的工商会计制度不够健全，政府不能用许多人来做查账工作，在这过渡期间，许多地方，只有采取民主评议是比较能够行得通的办法，因此还是要行下去。至于这个办法也发生了一些偏差，税务会议已经决定补救了。发现出来的偏差，就是负担不够公平。补救的办法，是使这一区和那一区间的任务分配得合理；这一业和那一业，这一家和那一家的负担分配合理。做到公平合理，必须有正确的调查材料来作评定的根据，在各地解放之初，政府对于各地的材料是不够的，只概括地分配下来，从不断的实施经验中，材料多了起来。有人说：过去办税的是贪污，现在办税的是贪功，也许因为有些办税的人是太看重任务，竭力地要想达成任务，所以未免显得贪功了。但他们是赤心耿耿地为人民服务的，在做的时候有些偏差，因为他们才刚刚做起来的缘故。"三折肱而后知良医"，培养出一个良医，总不免有人为他受了些苦痛的。现在政府的收支已经做到平衡，在这个条件下，是能够使人民再减轻一些负担的。对于民主评议不公平以致偏差的地方，决定改正过来。为求得公平合理，决定为民主评议定出一个方式，就是在评议之前，先作典型户调查，在每一行业中都根据比较正确的材料来决定典型户，典型户更分为大、中、小户三种，三种之中每种更分为上、中、下三级，这样分成了三等九级的典型户，作为民主评议的标准，就可以防止在评议时不合理不公平的偏差了。

货物、印花、交易三税的修订

其次再谈谈货物税。

在年初制颁货物税条例的时候，因为国家财政的需要，强调了税收，所以把货物税加了一点。货物税是能够转嫁的，不会使商人增加负担，但是通货收缩，物价由稳定而趋于下跌，形成暂时的经济萧条，商人虽然能够在销出货物时把税也转嫁出去，可是在货未销出之前，还是要先垫出税款的，这样就感到有些资金被税款弄呆了，也感到是一种负担。一般反映，是货物税的种目多、税额多，这些多的地方已经决定要减少一下，减少纳税的种类和项目，就是减少了手续和负担。如过去纱和布是分别征税，现在合并一起，只征棉纱，不征棉布。白布和染色布以前是分别征税的，现在只征白布，不征色布。鸡、鸭、鹅毛以前是列入税目的，现在取消了。毛茶、花熏茶，以前是分征的，现只征毛茶叶，由毛茶改制的它种茶叶都不再征税了。类此改正的税目很多，不一一列举。

因为时间关系，其它的税不能都谈到，只略谈谈印花税和交易税。

印花税分定额贴花、比例贴花两种。有的工商界认为这样太麻烦了，何不改为一种，全按定额贴花。发货票要贴，收据又要贴，这不是一桩买卖贴了两次印花税吗？现在改为发货票只贴千分之三的印花，银钱收据按定额贴花。但只适用于卖出一次货物时，既开发票又开收据，如果只开发票或只开收据一种时，还是要照货价比例贴花的。

关于交易税，有人说：既有营业税又有交易税，不是重复了吗？为什么不归到营业税里头去，就因为交易税是专对有市场有牙纪的地方收的，是从牙行向交易人收的佣金中转变而来的。牙行经纪人有严重剥削行为，收的佣金都很重，从这里抽一点税，同时管理牙纪，使变为交易员，实际并没有增加消费者的负担。对于原来的牙纪，组织他们，改造他们的剥削思想，改称交易员，照他们过去所收的佣金，分作三份，一份照顾交易者，藉以减轻人民的负担；一份作为交易税交给政府；一份归交易员作为他劳务的报酬。这种税的目的，化私为公，减轻剥削，并从而教育改造牙纪，提高他们为人民服务的思想。所以交易税完全是针对牙纪剥削行为征收的，与一般营业税有别。所以这次会议，更明确地规定：交易税只对有牙纪市场者，始得征收。公营商店、合作社、固定工商业和人民不经过牙纪或交易员成交者，一律不征交易税。

因为时间的限制，不克详细叙述，仅就几个主要的税收，说明政府税收政策的方向，藉供大家了解。

第一次全国税务机关
计划工作会议开幕词*

（一九五零年十月十六日）

各位来宾各位同志：

今天总局负责召集税收计划工作会议，除西南区代表因路远尚未到达外，其他地区代表均到会。这次会议特别标明为计划工作会议，按性质讲，是专业会议。仅就召开此次会议的意义及所要解决的一些问题，向大家提出，并希望会议能达到预期的结果。

一、召开会议的意义

税收计划工作，根据政务院公布的全国税政实施要则，已确定了计划工作的方向。实施要则第十二条四款规定："各级税务机关必须建立统计制度，重视调查研究工作。重点为工商业情况，税收负担的轻重，税收政策对各种经济的影响等。"同时，全国各级税务机关暂行组织规程内也规定了各级税务机关都要有担任计划工作部门及人员。税务计划工作最主要的使命在那里？我们认为税务计划工作，是国家计划和财政计划的重要组成部分，它是提供历史的、现状的有关税务数字材料，确立以预算控制和指导全国税务工作活动范围及克服工作中盲目现象的重要手段，全国市、县以上税务机关均须设置机构或专人负责此项工作，以奠定心中有数的工作基础。

开国后的第一年，全国各级同志，在紧张的积极努力工作中，对此工作做了不少，也表现了一些成绩，是应当特别提出来的；但因为总局未能把全国统一的计划工作制度定出来，因之，在工作中不免有些偏向与不够的地方：

---

* 此文刊载于一九五零年十一月三十一日出版的《税工研究》杂志第一卷第十一期。——编者注

第一次全国税务机关
计划工作会议开幕词

（一）有的部门将税收计划工作与行政工作计划混为一谈。每一行政部门都有行政工作计划，那是属于一般性的；至于税务部门，除了一般性的行政工作计划而外，还要有税收计划，不能认为行政工作计划与税收计划工作是一种。

（二）有的认为计划工作与检查工作是一回事，把计划与检查放在一个部门里，因之减低了计划工作的效能。

（三）计划部门与业务部门分工不清楚。有的业务部门也要做计划工作，而计划工作也离不开业务，二者之间分工不太合理，在工作中免不了有重复与脱节的现象。

（四）有的计划工作部门单纯作了统计工作，而未能把计划工作所要求的基本使命表达出来，认为计划工作等于过去的统计工作。因为过去没有计划工作，统计工作是一种消极性、片断性的。

这次会议。我们要总结交流经验，相互检讨，以便能得到正确的方向。

苏联在一九一七年革命胜利后，在未实行新经济政策前的时期，预算与计划的编造是在恶劣的环境下进行的，因为在那时，计划与预算几乎毫无资料，干部不够，卢布价值不稳定，这样就作不好计划。

苏联的经验是这样，而我国开国后第一年，计划工作材料在很短期内很难充实；我们不能奢望在短期内做好计划工作，但也不能气馁。因为中国今天与当时苏联的条件有的不及，有的较好。拿货币的价值来讲，我们建国后仅半年即稳定，这一点要比苏联条件好，因为货币稳定才能做好计划。我们不能放松这个好条件，我们有信心能做好计划工作。

我们国家财政计划，从去年底即已开始，我们新中国第一个财政收支概算是在去年十二月二日提出的，对这一历史重大事件我们要很好的认识，在薄部长那个报告中很扼要地提出量出为入与量入为出兼顾的原则，我们税务工作要体现这个原则，"量"即是计划，表现在税收上，根据政策的要求，我们必须完成任务。同时，我们要了解税源，取之合理，既不影响税源，又不影响收入，才是好的计划工作。

为了统一与加强今后的计划工作，此次会议必须制定一套比较切合实际的计划工作制度，树立正常的工作规范，克服我们工作中盲目、被动及混乱的不正常现象，这就是召开此次会议的主要意义。

二、预期解决的问题

（一）计划工作究竟做什么？（内容），今天不用说得具体，也不可能说得具体，因为要吸收全国各地经验，才能把计划工作内容综合得适当；不仅要吸收全国的经验，同时也要根据领导的要求，因之，还请求领导上多给予指导。这个问题决不是总局单独所能解决的，决不能闭门造车，因为计划工作主要根据数字材料，是综合全国的材料加以研究分析后才能做计划，根据合理的正确的数字，才能做出较正确的计划。总局拟出计划工作规则初稿内提出了一些内容——A.调查研究，B.资料统计，C.税收预算。如有不合适，请尽量讨论修正。

（二）我们做计划工作应根据不同重点，把全国税务机关中每一层次中应负的任务分清。即总局、管理局、省市局、县局及有关单位，在计划工作中，应该怎样分工和联系。

（三）计划工作主要以数字为中心，而数字的表现，即各种表报制度。这种表报制度是相当复杂，因为今天干部条件所限，又不能作过高要求。如表报过详反而做不好，因为下面人少，办税都办不完，表报又多，不知由何下手，我们得考虑这一点，单凭空想，强迫命令，便成为形式主义。要求下面多反映对表报执行情况如何？有何困难？根据具体情况，作到合理。我们要切实研究那些需要，那些不需要，表报应特别强调全国统一，统一不仅是上层机关要求，也是下属机关要求，如对同一表报中财委、中财部、税务总局要求不一致，到下面执行便感困难，这一点必须要统一起来。

（四）计划工作部门与其他业务部门联系问题：在一个组织中，计划工作部门与其他工作部门都要发生联系。因为计划工作是全面的，计划部门与业务部门不仅要很好联系，同时也要很好分工，使工作不重复、不脱节，这样才能发挥计划工作的效能。

税收工作部门要做好计划工作，除自己努力外，还要联系有关部门。如调查工商户，必须结合工商管理部门。又如，在拟定税收计划上，因为税收是建筑在各种经济基础之上，必须了解工业部门的生产计划。因此，我们分工与联系，一方面是内部，一方面是外部，这样做计划，才是有计划的计划。

三、希望计划工作做到的几点理想

（一）统一——如何做到计划工作方向、方法、程序、表报的统一。

（二）联系——联系做到全面性，不脱节，不重复，合理分工。

（三）精简——目前计划工作，要求精密为时尚早，我们要求精简；要求下面提供原始材料，拿到上面再整理，不能要求下面的材料即是完成品，以便照顾下层条件不够的情况。

（四）及时——表报不及时便失去了作用，要求经过这次会议，今后表报能从精简中按时报达。

我们经过这次会议的讨论，做出总结，才为结果，这个结果不是少数人的意见，而是大家的共同意见。希望领导部门对于我们的会议多给指导，并要求各地代表同志尽量发表意见，相信我们的会议一定会开得很好。

第一次全国税务机关检查工作会议开幕词*

（一九五零年十月二十八日）

各位来宾各位代表同志：

今天是全国税务检查工作会议开幕的第一天，各地代表如期赶到，我们首先要表示欢迎！这次税务检查工作会议，是新中国开国后的第一次，它的重要性，并不亚于计划工作会议。我们执行税务工作，打算把事情做好，在执行之前，要有计划，按照计划来执行。执行之后，又须有检查，即检查执行的情形，是否符合政策和符合计划。前几天开了计划工作会议，今天又开检查工作会议；打算把税务工作做好，最后一个阶段，就是怎样把检查工作做好。今天是会议开始的第一天，要在这次会议中汇集、综合全国的经验和意见，方能找出检查工作的正确方向。过去在总局方面，对检查工作的布置做得很不够，因为它是一种新的工作，对于我们比较生疏，短时期内，经验的积累也不多，时时在逐步摸索。今天我们大家刚见面，在未能充分了解各地情况之前，不可能肯定地指出检查工作该怎样做，要求全体同志趁着这次会议，集思广益，好好地讨论一番，以期得到合理而正确的结论。今天我仅提出两点意见，作为大家讨论时的参考。

一、检查工作的重要性

税务部门检查工作的重要，大家是很了解的，但是还需要我们深入一步地去认识，这可以从以下四个方面来看：

---

* 此文刊载于一九五零年十二月三十一日出版的《税务研究》杂志第一卷第十二期。——编者注

第一次全国税务机关检查工作会议开幕词

（一）法令上的根据

1. 去年一月政务院公布全国税政实施要则，第十二条第三项规定各级税务机关应该建立的各种制度中，其中一个，就是检查工作制度。

2. 本年一月政务院通过的全国各级税务机关组织规程第三条第二项以及有关条款，均有检查工作的规定，政府法令早已强调检查工作的重要性。

3. 本年三月二十四日政务院通过关于统一管理一九五零年度财政收支的决定，在第四段中即曾指出："必须严格执行财政监察制度。"我们搞税务工作的，应该特别重视这个决定，税务检查工作，是要包括在整个的财政监察制度之中；决定中又指出："随时检查各收支部门，是否按照财政计划执行，及执行中有无错误。"具体到税收部门，则要检查是否按照税收计划执行，及执行中有无错误。

4. 本年五月一日刘少奇副主席在五一劳动节报告中，对财经部门工作，一方面肯定其成绩，同时提出亦要认识执行中发生的错误及偏差，尤其在报告的第六段中，号召大家认真地纠正缺点、错误，整训干部；税收干部的作风，更要好好地检查，这是担任检查工作的同志们所应该特别重视与贯彻的。

5. 本年六月人民政协开会，陈云主任、薄副主任在会中关于调整税收的报告，均曾强调端正税务作风的重要。陈云主任报告中，特别对于干部作风有扼要的指示，并限定整训的期间。薄一波副主任报告，开头就提到税工人员的作风，指出完成任务是好的，但作风有时比较生硬，引起了许多纳税人的反感。此外并有少数贪污受贿情事，要我们及时纠正。领导提出的方向，如何使之实现，主要地就要看我们的检查工作做得怎样了。

（二）税务检查工作的复杂性

人民政府中，每一个部门都要做检查工作的。但是对于税务部门，特别重要，因为其他部门只要把内部检查做好，就差不多了。但是税务部门的检查，并不限于内部，还要对广大的纳税义务人进行检查，同时还与金钱有关，这就复杂了。政府的收税与人民的纳税，其间所发生的关系，是否做到正确及其所起的影响如何，都要好好检查，所以要我们特别重视这一工作。

（三）树立税收纪律

我们在税收部门，要建立税收纪律。因为整个的国家建设，是有计划的，经济是计划经济；财政、税务也都是有计划的，打算贯彻计划，就要有纪律。税收纪律的重要性，无论就收税人或纳税人来讲，是要能保证税收计划的贯彻与实现。如何建立税收纪律？第一个责任，就要从检查工作部门做起。有了很好的检查工作制度，才能很好地贯彻税收纪律。新中国的税工干部与旧税务人员的区别，主要就是表现在税收纪律这一点上。再进一步，国家的税收政策，要贯彻到收税与纳税的双方。税工人员固然要遵守纪律，纳税义务人同样也要遵守纪律。纳税人若不遵守纪律，不仅对国家有害，即在纳税人相互间的负担上，亦将酿致不平。所以税务机关的检查工作，对于征纳双方，都起有树立税收纪律的积极作用。

（四）学习苏联经验

新民主主义经济迟早要走向社会主义的，虽不能马上走上社会主义，但在财政税收纪律上，要马上向苏联看齐。税收纪律主要的是要发挥它的政治作用。这里可参阅苏联专家拉乌洛夫同志在《税工研究》第一卷第七期刊登的"国家税收的计划工作与检查工作"及苏联财政专家查清柯教授所写的论文"苏联财政的职能和使命"（载在东北出版的《国际经济》十六、十七两期），其中特别指出财政监督的必要。这些材料，我们执行检查工作的同志，都要好好地学习。

检查工作是根据政府的法令、政策，根据税收工作的要求，从检查工作中，树立国家的税收纪律；最后则要学习苏联的经验。从这简单的分析，可以看出检查工作的轮廓，随着时代的发展，计划工作须加强，检查工作也必须要加强的。苏联经验告诉我们，他们现在仍要强调检查工作，就是说，这一工作不是一下子就可能做好的，而要不断努力提高。还有一点，对于别的部门的工作，希望尽可能不要重复，但在检查工作，重复一些，是更可以发挥效能的。检查工作的具体体现，就是批评与自我批评的精神，我们要从各方面，求其展开。

二、会议所要解决的问题

检查工作的使命，既是如此重大，而工作内容又是这样复杂；同时我们对于这种工作的经验，还不到一年，从事检查工作的干部又很有限，在这些条件之下，现阶段的工作，一方面是表现了成绩，但另一方面，也就感觉到存在着许多急待解决的问题。当然，这是一个新的工作，是不能一下子作好的，可是我们在主观努力上不能不要求很快地作好。在本年度将要终了时，召开这次会议就是要大家共同商讨，总结经验，检讨过去，寻出问题，提出意见，总结出一套此后检查工作所要求的具体制度，以便把这一工作很快作好。在这次会议

第一次全国税务机关检查工作会议开幕词

中，所要解决的主要问题，可以概括为以下五个方面：

（一）检查工作的范围：究竟税务机关的检查工作都要作些什么？要明确，同时要求各地划一。

（二）检查工作的内容：范围确定了，要有那些内容？如对内检查与对外检查，事前检查与事后检查，经常检查与临时检查，被动检查与主动检查，都要把内容很具体地规定出来。

（三）检查工作的程序：执行各种检查工作，由头到尾，由始至终，都要很明确地规定出系统的步骤。

（四）检查工作的组织与分工：由谁作？怎样组织？如何分工？同时与有关部门如何联系？分工分到怎样程度？联系该怎样才有效？

（五）检查工作的制度与纪律：所谓制度，例如检查工作的各种报告制度，怎样制订才能适合需要？最后则是工作纪律，这是最重要的；检查工作，是要检查别人，自己首先要作出是遵守纪律的模范。

以上仅是一些主要的，此外还有许多有关的问题，例如检查工作如果广泛地展开，所需要的经费和旅费，就要有相当的预算，希望大家尽量讨论。总局草拟了检查工作规则草案，以及有关的表式，以备会议讨论中的参考。但讨论中不要因草案而拘束了，这只能当作蓝本，希望大家根据不同的经验与认识，提出不同的意见，然后归纳出一致的结论来，作为今后检查工作的新方向。相信大家一定能作到。最后，我个人还有一点意见，就是税务检查工作，仿佛和卫生部门的检查工作和医疗工作差不多，打算作好税务检查工作，就要学习良医的作风，抱着治病救人的态度，检查了病症之后，有时要动手术，要开刀，但是基本精神，则是治病救人与人为善的。与过去旧时代的视察、督察那一套腐朽的官僚主义作风，根本不同。我们今天是帮助人走向健康的道路，是使工作提高的。良医国手对待病人，无论病人脾气怎样坏，始终是心平气和地加以检查，加以疗治。我们要树立新时代检查人员的优良作风，成为税务工作部门中的良医国手。

一九五一年

税收政策与调整公私关系*

（一九五一年）

列宁讲过："不要忘记：如果我们在财政政策上不能有所成就，则我们任何急进的改革，都必然归于失败。"所以财政政策在社会主义国家或是在新民主主义国家的每一发展阶段上都构成重要的一环。税收政策是财政政策的主要成分，尤其在新民主主义国家像我们中国今日的情况，更要以税收政策，助成急进的改革。自从一九四九年十月一日中华人民共和国成立以来，在经济上我们所要求的第一个急进的改革是什么呢？便是用全部力量，用种种方法，克服多少年来通货膨胀的恶性循环。这个祸根不除掉，一切建设经济，改善民生，都无从说起，而解放胜利的光辉也不免归于虚幻。这确乎是一个"急进的改革"，要准备忍受一时的痛苦，如同割治宿瘤一般，流些血，挨些痛，都是免不掉的。在这克服通货膨胀的过程中，税收政策是尽了很大的责任的，我们看欧洲进步国家的经验，消弭通货膨胀，最得力的手术，便是"高度的税收政策"（high tax policy）。这道理很简单，如果不肯采用高度的税收政策，不仅做不到通货回笼，还要增加通货的发行，越发加重恶性膨胀的沉疴，而无以自拔。不错，在一九五零年春加强税收的阶段，国内的纳税人，尤其是城市的工商业者，不免受些痛苦，尤其是执行手术的"医生和助手们并非个个都是高明的，各种设备和药剂的准备也不完全，这样就使一些本来可以避免的痛苦和困难，没有能够避免"（刘少奇副主席五一报告）。毒瘤固然是割掉了，但是那些医生和助手们需要立即检讨：为什么本来可以避免的痛苦，没有能够避免？马上加以改正，这便是"调整税收"发自税收执行者本身的要求。

新民主主义的税收政策在一九五零年第一个发展阶段上已经尽到它的任务了，做到通货回笼，助成物价稳定，奠立正常的经济建设的基石，在政策的要求上——也就是共同纲领中所说的"国家建设的需要"——也应该适应形势的发

---

* 此文收录于千家驹著《新中国租税制度》一书中。——编者注

展，由第一阶段进入第二阶段。这第二阶段的要求是什么呢？便是——以税收政策调整公私关系，实行调整税收。

一个人割治毒瘤之际，生命都不免于危险，幸而平安渡过，则割后的虚弱，自属意中之事。我们看到通货回笼，物价稳定之后，紧接着便是市场的疲滞和生意的萧条，于是工商业者到处叫苦，这和大手术后的虚弱一般，亦属意中之事。病人的气血大亏大耗之后，可要好好看护，也就等于税收政策中所说的"照顾"。良药苦口，苦头可吃得不少，要进些葡萄糖水，尽可能地帮着他休养生息，这便是"调整税收"的主旨所在。

怎样调整税收以助成公私关系的调整呢？这要从以下几个方面着手：（一）减少税种，（二）减少税目，（三）减低税率，（四）改进征收方法，（五）简化货照制度，（六）调整评价计税办法，（七）加强税工人员教育，（八）展开批评与自我批评。分述如次：

一，减少税种。吾国现行的税收种类，除农业税外，根据全国税政实施要则所列，共为十四种，现在决定将薪资报酬所得税和遗产税两种，暂不开征，地产税和房产税两种，合并为一种，称房地产税。这样，便把原来的十四种减为十一种了。本来薪资报酬所得税和遗产税都是名实相符的直接税，比较都是良税，但在吾国今日的情况之下，社会上失业者尚多，勉强就业，大抵待遇微薄，所以薪资报酬所得税的开征，宁可缓些。至于征收遗产税所需要的条件，在没有相当具备的时候，勉强开征，也是难于公平合理，自以缓办为是。

二，减少税目。最主要的，为货物税税目的减少，计全部免征的，有：钢、地毯、陶器、石灰、土制砖瓦、自来水笔零件、钟表零件、留声机零件、汽车及汽车零件、生熟漆、土硝和蜡烛等。一部免征的，有：橡胶制品、玻璃制品、五金类、电料类、自行车零件、矿产品、毛制品、丝麻制品、皮革和植物油等。免征税目共三百八十七个。合并征收的，有：棉织品合并在棉纱内征收，毛织品合并在毛纱内征收，纸、糖、酒、皮毛、罐头、饮料等税目，亦加合并。因合并减少的税目，共三百九十一个。两项共减少七百七十八个。原有税目共一千一百三十六个，减并后，剩三百五十八个。

其次为印花税。国民党时代印花税法共有税目三十六个，中央财政部所拟印花税条例草案，列有三十目，现在决定减去职工领薪收据、身份或资格证照、各种许可证照、运输护照、结婚证书、延聘及受聘证书、总分支店往来对帐的抄单等共减去五目，余二十五目。再次，关于交易税，只对有牙纪市场者始得征收，其公营商店、合作社、固定工商业和人民不经过牙纪、交易员而直接成交的，一律不征交易税，这等于减少税目。再次关于屠宰税，人民政府机关和部队团体，自养、自宰、自食的牲畜，不征屠宰税，这也等于减少税目。再次，关于城市地方附加以供地方政教建设之用者，此后只准在公用事业和房地产税内附加，其他如营业税和所得税均不准附加，并限于一九五零年底，将城市地方附加整理完毕，这又是减少税目的显著例子。

三，减低税率。税率减低最多的，当属货物税。卷烟税率由原来百分之一百二十，减为百分之九十至一百二十，分四级从价征税。改制酒税率由原来百分之一百二十减为百分之五十。改性酒精由原来百分之一百减为百分之三十。罐头由原来百分之三十减为百分之二十。化学碱由原来百分之十减为百分之五。火柴由原来百分之二十减为百分之十五。棉纱与棉织品合并征收，按税率应为百分之十六点四减为百分之十五。毛纱与毛织品合并征收，按原税率应为百分之三十减为百分之二十。

其次，减低税率的为印花税。缩小按金额比例征收范围，扩大按件定额贴花范围。例如商事凭证，除发货票仍按千分之三贴花外，售货银钱收据等，均改为按件定额贴花，这对于工商业者的负担，可就减轻很多。

再次为所得税，税率虽然仍为百分之五至百分之三十，但是适用税率的所得额，放宽许多。原定所得额未满一百万元者，税率百分之五，现在改为所得额未满三百万元者，均适用百分之五的税率。原定所得额在三千万元以上者一律适用百分之三十的税率，现在则放宽到一亿元以上，这么一来，工商业者的负担，可就轻得多了。

其它如盐税按原规定减半征收，利息所得税，原定为百分之十，减为百分之五，而且公私银行，一律征收。房地产税税率，房产一律按百分之一，地产按百分之一点五比例征收，比原订者为少。筵席税的起征点从一万元提高到五万元，冷食税从五千元提高到一万元，旅宿税规定每日每房间房金在三万元以上的，始得征收。使用牌照税亦酌量减低，如非机动车从原订的二十四斤米到一千斤米，减为从二十斤米到四百斤米。滞纳金由以前的按日百分之三减低到百分之一或千分之五。

四，改进征收方法。工商业税中之营业税和所得税所用的征收方法，在现行条例中，定有三种形式：一个是自报查帐，一个是民主评议，另一个是定期定额。因为工商界的条件不足，税局干部的配备不够，以及调查材料的贫乏，实施自报查帐的范围既狭，而民主评议的结果亦不免于偏差，因而对于"合理负担"尚有相当的距离。也因为在第一个阶段强调税收的结果，税工人员不免有重视任务的偏向，于是中央领导方面特别提出"依率计征"的指示，无论采用何种的征收方法，都"要做到按照税率，不征多，亦不征少"（引用薄一波副主任报告），这对于税收政策的实施，确是一大进步。

此外关于总分支店的纳税问题，外埠采购，推销承揽订货，特约代销以及联营机构之应否纳税，如何纳税，何处纳税等问题，均在薄一波副主任关于调整税收的报告中，有了明确的规定。

五，简化货照制度。货物税中，关于水泥、平面玻璃、唱片、钨、锑、啤酒、麦粉、棉纱、瓷器、罐头、饮料等十一种货品，均经决定：完税出厂后，不再领取分运照，不再办分运手续。其次如农林矿产品之茶叶、竹木、矿砂和煤类，尽量采用划区货照同行办法，货物运出划区外，不再领取分运照，不再办分运手续，这对于税务稽查和物资交流，做到了双方兼顾的效果。

六，调整评价计税方法。货物税计税公式，仍维持原定办法，但经决定严格执行按出厂价格或不超过第一次市场批发价格的规定计税。货物出口，经批准后，可以退货物税。调整税价，由原定的百分之十五，调整幅度，改为百分之十。并于一九五零年十二月底，举办工商业资产重估和资本调整。

七，加强税工人员教育。"干部决定一切"，"技术决定一切"，这是斯大林同志所曾经提倡过的，对于我们今天的税收工作，具有很大的提示性。而且陈云副总理和薄一波副主任在这次人民政协所作关于财政、税收的报告，也特别强调此点。国家的税收政策，尽管正确无误，由于干部的人力不足，和技术的水平不高，也可能做出许多的偏差和错误来，这就要多方设法补充和提高干部的量与质了。进行税工人员的教育，因此乃是税务机关最迫切的工作之一。

八，展开批评与自我批评。人民政府的人民税收是要结合人民的力量，和人民打成一片，而后才可以把税务做好。税工人员要不断地执行自我批评，更要从纳税人方面吸取广泛的批评，而后才可以集思广益地汇集有效的改进办法，以期把税政税务更能提高一步。这就是召集第二届全国税务会议的主要动机。

二届全国税务会议和以往的税务会议不同，不仅召集了全国各大行政区税务管理局的局长和各大省、市的局长，而且邀请了各大城市的工商界代表，这不仅是收税人的会议，而且是收税人和纳税人结合在一起的税务会议，这在我们中国的财政史上，可说是空前的举动。七八十位税务局长和干部与五六十位工商界代表和顾问，聚首一堂，共同商讨，这真是前无古人的盛会。收税人是竭诚聆取，纳税人是恳切陈词，大家把经验到的或是观察到的问题，都很坦直地说出来，在很和谐的气氛中，剖析利弊，寻求方法，公私兼顾，获致结论。薄一波副主任在人民政协会议中关于整理税收的报告，便是二届全国税务会议的成果。有了中央的正确领导，得到工商界代表的提示和协助，再加以税工人员的努力，于是在很和谐的气氛中，很融洽地收到批评与自我批评的佳果。这在以前反动政权时代，是做不到的，因为他们怕人民，不敢和人民站在一起没遮拦地去讨论。这和资本主义国家的议会讨论预算的情形，也有着本质不同，因为他们虽然貌饰民主，毕竟为代表垄断资本的少数政党所操纵。分赃的政党，彼此讨价还价，千回百折，仍把绝大部分的税负，转嫁到劳动人民的身上。今天的时代是人民时代，今天的政府是人民的政府，所办的税收是人民的税收，纳税的人民和办理税收的人民勤务员，会到一起，共同站在人民的立场，才把这个税务会议开成一个具体而微的人民协商会议。它之能有良好的收获，完全合于时代的条件，也完全合于时代的要求，必能共同珍重此一收获，协力前进！

新形势与新税法[*]

（一九五一年一月十六日）

税法的制定，除了根据国家的财经政策和税收政策而外，首须配合一定阶段政治和经济形势的发展。政策是比较不变的，但是施政重心，则随形势的发展而不能不有所转移。尤其是经济形势，在此全国解放不久、大力转入新民主主义经济的过程中，各方面均呈现空前多样、错综、急剧的变化。这种变化是应有的，而又必须予以正确掌握。国家税收之实质的基础是建筑在经济之上的，经济呈现了显著的变化，则关于税收的立法，即须与之相配合，于是对于已颁的税法，就要加以修正，对于待颁的税法，更须多方考虑，广泛征询，以期对形势的反映，更近于真切。

工商业税和货物税两个较大的税法，起草于一九四九年底，公布于一九五零年初，制定之际，除了服从于国家政策而外，便是配合当时的施政重心与经济情况。我们在开国之初，革命的战争尚在进行，财政收支尚有相当的赤字，人民政府决心不走不利于人民同样也不利于政府的通货膨胀的旧路。而国营企业的收入方在萌芽，农村的公粮负担已不能再予增加，势不得不加强城市税收，藉以平衡城乡负担。不该要的税种，毅然裁并，而对于采用的税种，除了应有的减免规定而外，势非加强征收不可。当时税法的制定和执行，都反映了这种形势。

但是，未容两大税法的细则和其它条例依序颁布，当时的经济形势便发生了重大的变动，那是经济转型中必经的阵痛，而工商业者，对于税课负担，却不免于指责；同时对于已颁布税法的执行，因为细则没有跟上的缘故，在税务总局则疲于解释，处于被动；在各地税局，则执行上时感困难；形势演到这一步，对于征纳双方，确有重新检讨，通盘调整的必要，于是有一九五零年六月第二届全国税务会议的召开，以调整税收，配合调整公私关系，重新修正或草

---

[*] 此文系作者于一九五零年十二月三十日在民主建国会举办的第一百零二次新知识座谈会上的讲演，刊载于《中央税务公报》杂志第一卷第二期。——编者注

拟全套的条例与细则，从此，以税法制定配合形势发展，又步入一个新阶段。

经过一九五零年六七月间调整公私关系及调整税收之后，经济形势立即改观，工商事业开始好转。根据各地统计，开业远较歇业为多，全国经济业由恢复而走向发展。但是新税法的基本内容，并没有改变，其有一小部分变动的，程度也不大，其中更加减轻的，且不在少。例如印花税定额贴花的最低额，会议商定为五百元，新颁条例则为二百元。佣金收益的税率，会议商定为百分之十至百分之二十，新颁条例则为百分之六至百分之十五。其中有稍为加高的，也是为了平衡负担与从整体来着眼。总之，这次新颁布的税法，因为是配合了经济形势的新发展，而且是综合了征纳双方的主张，尽量吸收各方面的意见，所以，新税法是值得拥护的，我们全国的纳税人民和税工干部，应切切实实地来贯彻执行。

我们预计，在执行新税法之中，还不免要遭遇或发现若干新问题，其故有二：一是全国这样大，情况这样复杂，很难完全反映于税法之内；二是税收政策五大内容的相互比重，怎样才能够配合得当，新税法可能也未完全作到理想。

总起来看，经济的形势是逐日流转，而税法的颁行，却要在较长时间的段落之内，作到稳定，以便养成征纳双方的明确习惯，而不至朝令夕改，淆乱耳目。

但是税法的执行中，如果确是发现重要的问题，该怎样处理呢？这可以分别采用下列方式来解决：（一）依据《统一税政法令解释》的五项标准，分别加以明确的说明；（二）依问题之性质，得由中财委、中财部或税务总局，颁发单行办法，加以补充；（三）问题特殊与税法出入甚大者，得援用条例中"除另行规定者外"的条文，由政务院另以命令处理。例如公债利息，原则上是要征课利息所得税的。但对于一九五零年胜利公债，政务院可以颁发命令，免征其利息所得税。这是专指胜利公债而言，其它公债的利息则照征。这是指一九五零年发行的胜利公债而言，以后如果发行新公债，如须免税，仍须另颁新令，否则照征。这样运用以上三种方式，皆可以解决问题，而不必轻易变更税法。

不过在税法的执行中，我们税务机关应该从条例颁布之日起，不断地、尽量地搜集各方所提出的意见及其处理的经过，加以分析与综合，以备下一次修订税法时，分别采纳，这是对人民负责最重要的工作之一。

人民税法的制定，是要大家通力合作，才能完满地体现国家的财政税收政策。人民政府的整个税务工作，也是要大家来办，由征纳双方，通力合作，才能把税务办好。

第二次全国货物税业务和
第一次全国票证工作会议开幕词*

（一九五一年六月一日）

同志们：

第二次货物税业务会议及第一次票证会议今天开幕了，回想去年三月召开第一次货物税业务会议，距今已有一年零三个月，上次会议主要任务是："根据条例，参照各地具体情况，拟订施行细则草案"，开始了全国性专业会议的规模。在这一年多的时期中，由于党政的正确领导及各地税工同志们的努力，是有不少成绩的，其中最主要的是胜利地完成"统一全国货物税制度"的历史任务，也完成了国家赋予我们的财政任务。

一九五零年我们的全部税收超过了一九四九年十二月通过的全国税收计划的百分之六十五，超过一九五零年二月财政会议调整计划的百分之二十三，在国家概算上城市税收已占了第一位。货物税是城市税收中一个重要组成部分，它与工商税、地方税的比重，大体上是四、四、二，如果以货物税来说，一九五零年完成的程度是较原计划超收百分之三十一，较调整税收后的计划超收百分之五十。

税收的超额完成，保证了国家财政收入，特别在抗美援朝支出增加的情况下，财政收支仍能接近平衡，物价仍能保持平稳，税收是起了应有作用的。这个成绩的获得，在座的诸位代表及全国税工同志是尽了很大的努力的。为了巩固这些成绩并克服存在的缺点，经中财部批准，召开这次会议，并与全国性的票证会议合并举行。这次会议上要解决的几个主要问题，先向大家报告一下，提供大会参考。

---

* 此文刊载于一九五一年六月三十日出版的《税工研究》杂志第二卷第六期。——编者注

一、总结一九五零年工作经验

毛主席的《实践论》指示我们：理论一定要与实际相结合，实践一定要提高到理论。同志们经过了这一年多的工作，积累了不少经验，掌握了不少实际情况，摸清了不少规律，与一年前茫无头绪的工作情况是迥然不同了。我们一年来的货物税工作，由分歧走上统一，由统一更求提高，已有了很大成就。但是也还存在过并存在着一些缺点。大的偏差虽然已都及时纠正，但某些环节上还存在着一些问题，甚至有些地区产生了轻视货物税思想，以致造成税收上的漏洞。这些成功的经验与失败的教训应综合起来，提高到理论原则上，来指导一九五一年的货物税工作。

二、明确一些品目的征收范围

货物税的征收品目，经过去年第一次货物税业务会议与二届全国税务会议的缜密研讨，一般的是确定了。但某些品目由于我们了解不够，故直至今日，仅有概括规定，其中最难鉴别的，如颜染料与炼焦副产品，这类品目发生问题最多。还有一些品目，因无明确规定，在执行中也还存在着分歧现象。希望这次会上把"征免两可"或"界限不清""鉴别不明"的品目弄清楚。（但我们不是讨论修正条例，而是在条例细则的范围内来进行讨论。有关修改条例的意见，当然也可以提出研究，但不一定要作正式讨论）这是此次会议中的一项重要工作。

三、把评价工作提高一步，并希望订出严密评价制度

一九五零年中各地评价制度，虽已初步地建立起来，但由于一部分商人觉悟较差，偷税方法愈来愈巧，而有些地区的负责同志，片面照顾思想仍未肃清，因此就给了商人可乘之机，表现在税率较高的卷烟上最为严重。税额不能及时调整，这是很大的漏洞，如何调查物价和分析物价，过去我们都注意得不够。另外关于税法上规定的，如按厂价核税的，则不应再受百分之十调整幅度的限制，这一点我们也应有更明确的认识并应统一执行。评价核税工作，从调查物价到印制税额表分发实施，任何一个环节，都是重要的，也都是互相关联着的。每种税收都有几个组成环节，从理论上讲，如"税本""税源""税基""税额"，都

是互相关联、缺一不可的。"税本"是工厂，工厂所生产的应税货物，就是"税源"，货物税的税价，就是"税基"，有了正确的"税基"，然后才能依据税率，算出正确的"税额"。"税基"不正确，"税额"自然是错误的。从另一方面讲，货物税的税率是税法中最主要的部分，税率的高低是体现政策的标志，货物税的评价工作就是税收政策的具体表现。而我们同志当中可能还有对于"税率必须结合税基"认识不够明确的。如对卷烟只认为规定的税率是四级，由百分之九十至百分之一百二十，而未能把作为"税基"的税价，很正确地结合起来。其结果，评价不实，税基有了偏差，机械地引用税率，等于修改了税率。三届全国税务会议强调了评价工作的重要性，各级税务机关的领导同志均已明确认识。我们这次会议上希望讨论出一些正确执行的具体办法。

四、研究和改进我们的征收方法

一九五零年中，各地在执行三种征收方法上，已摸索到不少经验，创造了不少办法，对漏洞的堵塞，起了相当作用。但我们绝不能以此为满足，要知道我们货物税上的漏洞还很大，如何进一步更好地运用三种征收方法，尤其对照不同行业的货物如何加强源泉控制，希望大家很好研究。

五、进一步研究简化手续同时注意防止漏洞

货物税的稽征手续，在一九五零年中，虽然已经简化很多，但做的还不很够，如划区货照同行办法至今尚未公布，有些品目的最低出厂量和最低分运量等，原来订的还未尽适合。本年度中央财经总方针，以发展城乡物资交流为其中主要内容之一，我们为了配合这一政策的执行，必须尽量想出办法，使手续更趋简化。我们应大胆地把自中央至地方所规定的一系列的有关货物运转手续重新考虑研究，尽可能地加以简化。

但我们同时应注意到另一方面，就是一九五零年中货物税漏税情况是严重的。商人的偷漏取巧，固然是原因之一，税务机关主观上努力不够，也是主要原因。这不但是财政上的损失，同时由于税负失平，也便影响了政策。所以希望同志们在大力研究简化手续的精神下，同时坚决防止偷漏，以免偏废。

六、健全照证制度

这次票证会议与货物税业务会议同时举行，是为了将照证管理工作，从政策与业务上结合起来，提高一步。加强照证工作与业务的统一性。另一方面对照证种类及使用手续等，如何做到既能管理严密，保证税收，又能简化手续便商利民。

一年来的照证工作，由于同志们的努力，已获有不少成绩，这是值得提出的，但亦还存在不少缺点。有些制度尚不够健全，丢失现象仍很严重，总的说来可能个别地区、个别干部对这一工作还不够重视，这里再把其重要性明确一下：（一）照证是纳税义务人交纳税款的法定凭证，又是区别已税未税货物的标志，它不仅和商民直接有关系，同时也直接关系到国家财政收入。（二）照证工作直接关联着便商利民和物资交流的经济政策。如税务人员因填写错误，或不按规定办理，就会使查验增加困难，甚至发生扣货留人或误罚误没的严重错误，不但阻碍了物资交流，还要引起商人不满，影响政府威信。

因此照证工作不能认为是单纯的印制、保管、配发的事务工作，它是具体体现政策法令的重要一环。在工作中不加研究或不加重视，认为是无出息的工作，都是不对的。

关于一九五零年票证工作的成绩，有以下几点：（一）统一了印发、保管、配发、使用、审核等制度。（二）统一了有关全国性的各种照证式样及种类，手续上亦有简化。（三）保证了票照的及时供应，从而也就保证了税款收入。

但是也有缺点：（一）对统一的重要性，认识不够，重视不够。有的地区仍有自行套印、改印、油印或以白条代替税票等现象。（二）印发的盲目性。个别地区五零年底照证的库存数字，估计足够全区继续使用三年以上，其主要原因，是没有主动地了解税收及税源情况而盲目的印发。再加上变动性大，使用局没有计划的"领"，发照局怕影响税收而有求必应的"发"，这些现象难免要造成浪费。（三）严重的损失现象。根据全国不完全的报告统计，共有一百八十余起，即以货物税完税照证而论，即达十三万余张，除被匪劫者外，大部均为管理人员失职所致。

根据以上情况，总局提出几个问题，准备在这次会议上解决：

（一）与业务部门结合起来，研究如何简化照证手续。

第二次全国货物税业务和
第一次全国票证工作会议开幕词

（二）贯彻照证管理制度并研究如何有计划地防止损失和浪费现象。

（三）如何加强提高印制工作。

（四）如何与伪造国家照证的罪犯作斗争。

我们应该根据三届全国税务会议决定了的方向，订出一套完整的照证制度。

以上六个问题，是这次会议的主要任务。最后我再一次提出，我们的工作是有成绩的，但我们必须记住陈云副总理在三届全国税务会议上对我们的指示，这个成绩是在各种条件和因素之下配合得来的。首先是中央及各级党政重视，全国人民的支持，以及全国大丰收和抗美援朝的胜利，而修复交通、清匪反霸、加工订货，推销土产以及各种经济事业的逐步恢复等条件，也有很大关系。因此我们千万不要自满，要更虚心更深入地钻研政策，钻研业务。我们绝不能单纯依靠已有的经验而不去急求改进。实际上我们的税收工作，在某些地方，在配合财政经济高速度的发展上，仍很不够，这在我们全体税工同志说来，都应特别警惕。因此，我希望到会的诸位同志和全国税工同志，更加虚心地钻研改进我们的工作，以接受和完成国家给予我们的重大任务。祝会议成功！

在第一次全国税务干部教育会议开幕时的讲话*

（一九五一年六月十一日）

今天是我们全国办理税干教育工作的同志第一次聚会的日子。这个会召集的意义以及我们所要做的工作，李局长、张副校长都已经谈得很详细了。本人只说一二点局部问题。虽然是局部问题，但也是根据总的教育方针、总的教育计划，加以具体的分析，和大家交换一下意见，作为大会的参考。

（一）为什么要特别重视训干工作：因为在今天人民政府工作下的任何人，都要注重学习，经常进行学习。这说明了凡是参加革命工作的干部，都要不断地提高政治水平，不断地提高业务水平，而且把经验提高到理论，这可以说是，在今天人民时代最重要的事情。根据这种精神，我们在日常学习外进一步要做到提高工作。全国税干训练的目的不外三点：提高政治水平、提高业务水平、把经验提高到理论，然后再使理论与实际结合指导工作、加强工作、提高工作。根据毛主席"实践论"的指示，是应该这样做的。

由于学员的成分不同，如新学员就要特别注意政治思想教育；在职干部以及有了政治水平的人，就要注重提高政策业务水平。还有一些干部政治业务水平都很好，就可以研究班的方式，把经验提高到理论，然后再把所研究的理论带回去实践。因此，税校工作同志，不论行政、教务以及辅导工作，我们的责任是非常重大的。我们担负着要提高别人政治水平、业务水平，我们先要检查一下自己的政治、业务水平够不够？能否去提高别人？因此，干部本身就应该更好地提高自己。要提高学员政治水平，就要由老干部中政治水平最好的人来担任；要提高学员业务水平，就要由业务部门业务水平最好的人来担任。所以

---

* 此文刊载于一九五一年八月三十一日出版的《税工研究》杂志第二卷第八期。——编者注

在第一次全国税务干部
教育会议开幕时的讲话

选择做训练工作的干部,标准规格就需要特别注意。如果我们本身政治水平还有问题,那怎么能帮助别人?如果我们本身业务水平还是马马虎虎,那怎么能提高别人?因此,经过这番认识之后,我们如何把人员配备好,使税校办得更好,就要注意到另外一点。

(二)师资问题:我们税校担任课程的教员,除了另聘专人担任政治课以外,应该怎样来解决?首先从税务部门去找。现在的情况,我们感觉到做实际工作的人还不够,再要抽出一部分人到税校来上课是相当困难的。就是说,在业务部门日常工作上已经忙得不可开交,再要抽出时间来教课,如果没有很好的准备,那就要误人子弟。所以这种感觉,不但中央税校如此,就是全国各地分校及训练班也是这样。今天全国税干教育工作同志们都聚会到一起了,讨论一下如何充实、加强我们的师资问题,是很必要的。我想到几点不成熟的意见:

第一点,首先把业务部门的干部补充起来,业务部门人数充实起来以后,才好抽出一些人到税校讲课。因为我们师资问题必须要从业务部门去找,业务水平不高,就不能帮助学员进步。这一点中央已经注意到,希望各地同志们回去也和当地领导强调一下,如果要收到很好的效果,就要向这个方向努力。

第二点,在业务部门工作的领导同志,平日应该多注意培养可以担任税校讲授的人才。培养这些人,不仅在业务上能做好工作,而且到税校还能把功课教好。今天在干部中我相信有这种人才,不敢说很多,但可以说一定有。这种干部平日肯努力,在实际工作中有许多经验,使他进一步深入钻研,取得理论认识,相信他会具备税校讲课的条件。所以培养师资是很需要重视的。这样,不但税校业务教员可以解决,而且对业务部门工作也有帮助。虽然一时不能得到很好解决,相信今年差一些,明年就会好一些,后年则更好,这样就能逐步解决。

(三)教材问题:这是一个很重要的问题。有教员没有教材,好的方法也没法实现。现在开始努力,相信一二年就可好转。今天把重要的问题提出来,并不等于一下子就能解决。我们在教材上受着主客观的限制,不可能作到很完善,但是我们也要克服困难,不要因为客观限制就不做了。如专门学识课程有专任教员,时间充分,就可以编写初步教材,然后逐步改善;其次,可以写出一些纲要,内容简要总括,这部分税校已经做过一些,但没有把所有的课程都这么做,这方面还需要努力。再其次,在课本纲要以外,可以采用专题报告的方式,因为,我们课程中有些部分是属于报告性质的,内容尽量可以丰富,但有伸缩性；所以工作忙的人，也可以这样做。这些教材经过相当的期间，逐步积累，我想教材是可以做好的。教材不分地区，那一个地区好，就采用那一地区的。我们在北京看到的有限，希望这次各地来的同志，带教材来的给我们留下全份，没有带来的，回去收集一下，写信寄来。这样我们可以"择善而从"，吸收好的，作为全国教材。我想只要大家有信心这是可以做到的。

今天在这宝贵的时间里，只提出这几点，作为大家参考。

第一次全国直接税业务会议的总结报告[*]

（一九五一年六月二十九日）

同志们：

第一次全国直接税业务会议经同志们十多天挥汗热烈讨论进行下，已经胜利的结束了。我首先向参加这次会议的代表们及会议的工作同志们表示慰问之忱。

一年多以来，直接税的工作是有成绩的，而且成绩是主要的。我们超计划完成了国家所赋予的任务。同时对于贯彻政策，照顾经济的恢复与发展，亦尽了一定的作用。在工作中，由于全国税工同志的辛勤努力，钻研创造，积累了许多新的办法。如前旅大区首创专管制度，建账建票制度；东北区很早即加强外勤，实行内一外二，并对征收公营企业营业税取得经验；华东区的苏州市推广专管办法，上海市则有控制计算、辅导查账、运用巡回资料及集体纠正所得税等办法与经验；中南区武汉市首先执行民主评议营业额及大力扭转拖欠办法；西南区重庆市及华东区上海市较早已实行依靠职工店员的杜偷漏、反贪污；天津市对征收临商税有比较完整的一套办法及首先实行印花税的凭证鉴定工作；北京市积极推行建账建票以及结合工商、公安机关有效地对摊贩管理征税；河北省建立了农村征税的税收委员会制度等。此外，自去年十月抗美援朝运动开始后，各地工商界在爱国主义教育下，在各地党政机关及各界人民的大力支持与鼓舞下，自福建省南屏市的转运业开始，展开了集体纳税的爱国主义热潮，很快地普及于全国各地，这对于人民税务的展开，确是一个新的创造。这些，有的需要巩固，有的则需要再求细密与提高。

---

[*] 此文刊载于一九五一年七月三十一日出版的《税工研究》杂志第二卷第七期。——编者注

但我们的直接税工作中,还是存在着缺点的。业务上不少的原则问题,还未能及时解决。这在李局长的开幕报告及刘一山处长的工作报告中均已提到了。经过这一次会议,大家研讨之后,在思想上都有了一致的认识,虚心地检讨了工作。较显著的缺点是:普遍存在调查税源不够,在执行税负政策上存在畸轻畸重不平衡的现象;对严重的偷漏、假账尚未找到很好对策;以及地方的照顾思想,满足于完成"任务",对依率计征,应收的要十足收齐,认识不明确,因此有收多少算多少的错误作法;征收方法中的老一套的经验主义和好高骛远及按月估征所得税,不合立法的政策精神,亦不是依法办事等,都是在今后必须克服的。会议并总结了几项具体经验,安排了今后工作的重点,对提到会议上的许多原则性问题,基本上都已得到解决。因此,这次会议是成功的,是有很好收获的。会议总结分三部分。

一、直接税工作的几条基本经验

(一)只有依率计征,贯彻奖励与限制政策,才能具体体现工商业税的保证收入、调节利润与指导生产的作用。

一年来的实践证明,在工商业税征收工作中,凡是依率计征、依法办事的地方,就能很好地贯彻政策,完成任务。反之,就会在原则上犯错误,使工作发生偏差。而要做好依率计征,则必须摸清工商业的真实营业额与所得额,因为这是体现依率计征的"税基",是最根本的一环,不如此就只能是形式上的依率"计算",就失去了依率计征的实质。必然是畸轻畸重使税负失平,同时,不如此就不能贯彻工轻于商奖励与限制的政策,就不能使在依率计征同等基础上,有其不同的税负与享受合法减征的国家奖励,亦就不能配合国家建设的需要,指导生产走向有利于国计民生的方向。

(二)建立与健全段业结合的划区专责管理制,组织纳税人,实行控制计算,是做好工商业税工作的基本环节。

自去年春总局派人研究并介绍旅大区的划区专责管理建账建票等制度以来,上海、武汉、苏州等大、中城市先后采用,对组织纳税人,共同办税,对摸清与控制税源及了解工商动态等方面,是起了很大的作用。这一经验是成功的,是值得推广的。会议认为一般大、中城市在主客观条件许可的情形下,划区专责管理制应成为今后管理征税的方向。它可使各税有机结合,使工作一元化，可以合理的使用干部力量，以加强干部的工作责任心。同时将人民政府的税收政策与法令就地区向纳税人进行宣传解释，可以很好地组织与教育纳税人，发挥他们的积极性。

（三）坚决依靠职工店员，协助与保护国家税收，教育工商界，供给有关材料，是作好查账与典型调查、反假账、反逃税的有力保证。

直接税的征税面是这样的广泛，如果单靠干部的力量去从事稽征，势必陷于孤军奋战与工作被动，必须认识只有真正地坚决地依靠职工店员协助政府征税工作，才是对依靠工人阶级保护国家税收的具体实践，亦才能实现"堡垒是容易从内部攻破"的真理。绝不应单纯的仅仅以做到供给材料为满足，或者有事去找，无事不问的个别使用关系，而应是有组织、有领导的联系，以发挥工人阶级的集体力量。更重要的则是经过劳方教育资方爱国纳税，进一步搞好劳资关系，在相互检查与监督下达到做好业务，保护税收的目的。

自然依靠职工店员，是办好工商业税的一方面。而另一方面我们税工干部则应通过政治学习，掌握技术，提高业务水平，做好查账和典型调查，合理运用工商业税三种征收方法，才能使负担平衡，有其具体的内容，而不至流于形式。所以这两方面又必须是密切配合，如果偏废了任何一方面，都会使工作遭受损失。

（四）团结工商界，协商办税，表扬模范，批评落后，发挥纳税人爱国积极性，是办好人民税务的有效方法。

在爱国主义的旗帜下，团结工商界协商办税就是税务工作中统一战线政策的具体表现。因此在这里必须是有团结亦有斗争，斗争仍是为了团结。我们必须鼓励工商界积极纳税的进步表现及重视工商界合理负担的要求，同时也必须要警惕纳税人的落后一面。我们在征收工作中，必须团结广泛的肯于进步的一般商户，培养其积极性，同时必须坚决地揭露与处分一些少数的顽梗不化的逃税分子，表扬模范，批评落后，绝对不能偏废，这是人民政权征纳关系上所必须掌握有理、有利、有节的重要原则。

随着抗美援朝运动的普及与深入，各地工商界在自觉自愿的基础上签订了爱国公约，以集体纳税的行动来表现其热爱祖国、支援前线的热诚，是值得欢迎与鼓励的，这是新民主主义政权下的征纳关系的新创造，它使税收工作进入了一个新的阶段。实行以来，基本上消灭了过去的滞纳现象，保证及时入库，做到无欠、无拖、无抗、省力、少争吵的地步。所以我们对于集体纳税运动，应有正确的估价，要好好地巩固与发展这一纳税方式，转为经常化的制度。但是我们也必须有足够的认识，集体纳税不能解决普遍而严重的偷漏问题。我们应该很好地运用这一政治形势的有利条件，进一步加强深入调查工作，掌握充分的材料，摸清税源，摸到规律，做到实报实评，十足收齐。

二、今后直接税工作重点

（一）展开调查税源、加强控制税源。

1. 省辖市以上城市，凡未进行税源调查者，应在本年第三季即进行此项工作；已经做过税源调查者，亦应复核抽查一次，检查其真实程度。其他城市有力量者，亦可办理。

2. 实行四建：（1）建段专管；（2）建业归行；（3）建账簿；（4）建发货票，控制到户、到业，并控制到记录。

3. 掌握四数：（1）掌握行业户数——行业数、户数；（2）掌握三额——营业额、所得额、资本额；（3）掌握各种价格——进货价、销货价、批发价、零售价、时价、原价；（4）掌握有关比率——毛利率、纯益率、开支率、折旧率。

4. 配合工商管理部门，做好财产重估工作。

（二）强调做好依靠职工店员工作。

1. 与同级店员工会商定协助税收的实施办法。

2. 商定工作计划。

3. 定期召开联席会议，经常交换工作意见。

4. 对店员作有关税法及各期重点的报告。

5. 定期做出工作总结，介绍经验。

（三）团结工商界，协商办税。

1. 巩固集体纳税，使成为经常的制度。

2. 结合抗美援朝政治运动，检查爱国公约，督促实践爱国公约。

3. 号召实报实评，表扬纳税模范，揭露逃税分子。

（四）确实检讨现行的三种征收方法，有效改进。（详见第三部分）

（五）加强宣传税政税法工作，负责同志亲自指导。

（六）各城市在第三季即举办临商登记，并加强管理，来保证便利物资交流。

（七）加强干部学习，提高自觉，克服不良倾向，提倡研究问题、研究规律的风气。

三、关于具体问题的规定

（一）关于工商业税三种征收方法的问题

1. 三种税收方法的划分问题

三届全国税务会议，关于工商业税三种征收方法结论的三点原则是正确的。在目前的条件（查账还不可能大量实行，假账严重，主观力量不能适应）下，我们的三种征收方法，不能不是两头小（查与定）与中间大（民评）的情势。查账的方向必须肯定是对的，应向此努力以赴，稳步扩大，在查账工作注意防止追逐户数，流于形式。民评工作必须认真做好，提高与改进这一方法，要反对老一套经验主义的民主评议方法，亦要反对在今天就要全盘取消民评的认识与做法。努力创造办法，使评得的营业额接近真实，以便依率计征。定期定额只能用于小的业户，防止过多过宽使用此法是必要的。

因此不就全国提出以何种方法为主，而是结合运用。同时，允许在具体的城市是可以提出以何者为主的决定的。

2. 查账问题

甲、关于营业税部分的查账征收户，一般条件不必限制过严，未实行查账的省辖市以上城市，应根据主客观的条件，在下半年要确定适当的查账户数，开始查账征收工作。锻炼干部，积累经验。已有查账工作基础的，必须是稳步扩大查账业户，注意防止追逐户数，流于形式。

乙、大城市应在税局内成立专门办理查账的机构，集中使用查账人员，以便掌握查账的大户（如李局长对天津市的意见，由市局掌握一定数量的查账人员，机动使用，各城市可以参照办理）。

丙、上海市局于暑期中发动大学生查账，此种经验一般大城市均可商请领导同志同意后进行之。

丁、查账征收，不应单纯的从技术观点出发，反对视查账为高深莫测的神秘化观点。事实证明，一般干部经初步指导即可查账。同时亦反对不重视技术的观点，应该是通过提高政治觉悟，使查账技术与群众路线相结合，从实践中去学习技术，提高技术，来掌握为人民服务的技术。

3. 如何督促工商业真实申报

甲、工商业每月或每季申报营业额（年终申报所得额），应请各城市"店员协助税务委员会"，规定由店员小组或其代表加以初步研究，提出意见，报经店员工会转告税局，以助审核。

乙、各业户主办会计人员，在申报表上一律实行责任的连署。其记载账簿并应遵照工商业税暂行条例施行细则第三十三条的规定办理。

丙、对工商业的会计人员依照以下规定办理：

（1）税局应定期的召集企业会计人员加强爱国主义教育与指导工作技术。

（2）如有伙同东方记假账、作不实报告的会计人员，参加工会者，交由工会处理，必要时税局得根据工会的检讨材料予以公告。同时亦须对忠实履行爱国公约，确实好的会计人员予以鼓励或物质奖励。

（3）其未参加工会者，税务机关得按其记载不实程度及情节轻重予以教育或处罚。

4. 申报的步骤与日期

甲、申报表应于税法规定的期限内（至迟不得超过每月的七日）交由纳税小组长会同专管干部（未建立专管地区则由纳税小组长负责）初审，提出意见，如认为申报不实时，得交由纳税户重报或补报。

乙、小组长初步审查完毕，小组长与管段干部（未建立专管地区可迳交该管税所或分局）均应签注对纳税户所报数字的意见，交该管税局先行核定税额，填发交款书，并由该局作出分业统计，交由管业干部作为行业评议的依据，专管人员要随时进行查账工作。

5. 申报表格式

申报表分为月报表与季报表两种，每季第一、二两月只填月报表，第三个月填季报表，但填季报表时，须分月合计。至表式内容可由各地自行研究规定，互送式样参考。

6. 典型调查的比例

评前调查典型材料及掌握多方面的有关材料应为征收工商业税的经常工作。调查典型材料以愈多愈好，但其比例至少不得低于百分之五。

7. 评议期限

原则上仍以按季评议为主。但得视主观力量及具体情况，亦可按半年评议，或在同一城市中选择若干行业分别按季评，其余行业按半年评的混合办法，以便主动灵活掌握。

8. 交税时期

每月均先按自报额交库，评后照补。

9. 评议程序

专管地区小组将申报表审查后，交由专管区干部转报主管分局，分局将其分业分类统计，即以分局为单位进行初步评议，但为使业内负担平衡及报告初评结果，再通过全市的分业评议，必要时并得进行全市的行业联评。

10. 评议方法

为了能作到依率计征，关于评议方法，各地还可以创造新方法。现在据各地实行已取得一定经验者大体有以下几种：

甲、工商业户自报每月营业额后，即以各行业经营规模、建账情况、经营性质或自由结合等方式分组，并酌分大、中、小、上、中、下各等级，由各级民主评议组织领导进行互查互评。分局在互查互评的基础上选择典型，分组抽查，其抽查的典型户不得少于各组或各业总户数的百分之五。将抽查结果，印证其他有关方面的材料计算出瞒报的程度，与分评会进行协商，分组确定总营业额，再就协商后的总营业额，按多瞒多加、少瞒少加、实报不加的原则进行复评，由全组的各业户分担。

乙、在专管比较有基础，纳税委员及小组长工作具有积极性、建账建票及管理严格和依靠职工店员及公安人员等条件下，以地区纳税小组"自报、审议、征收、复查"即工商业者自报后，由工商小组长会同纳税委员召集小组审议会，互相审查协议，专责干部分别掌握之。

丙、以行业为主，根据营业情况，评等评级，确定各业户负担上的位置，然后运用各等级的典型（自报前或自报后所掌握的材料，自报真实程度与掌握材料接近者更易于作典型户），评议各业户之营业额，等级高于典型户者，营业额应高于典型户。漏报户应向实报户看齐，充分发挥积极户带动落后户，上等户带动下等户，小户推动大户的牵制作用。

以上方法，经研究以后，在现状之下，工作进度不一，因此，对于评议方法，各地可视当地的具体情况及主客观的条件，参考运用，不宜作统一规定。但是要做好民主评议，必须与划区专责管理结合，同时必须从督促自报真实营业额的基本环节上加以控制，充分做好典型调查与依靠群众的审查监督及评后复查工作。如果民评只到小组为止而不运用市评的做法，是没有分局以上的比较评议，未解决分区间的同业税负平衡问题，因此值得研究，应加以改进。

11. 处罚问题

甲、自报以后，评议以前，查有漏报者，如经小组长提出意见，即自动更正补报者，一般的可不处罚，但对蓄意逃税情节严重者，税局仍应适当予以处罚，以推动一般业户真实自报。

乙、评议过程中，自动补报的不罚。对引用典型材料所评加的营业额，亦不予处罚。

丙、评议以后，如发现有严重漏税情形，税局可通过评议会查明，就其超过评加不足部分之漏税额，予以补税处罚。

丁、为税局的主动掌握，对于民评中的处罚运用，最好通过工商组织。通过爱国公约的检查，将处罚与通过群众的力量结合起来，就能更好地推动实报。

12. 定期定额的标准

以三届全国税务会议所决定的原则为依据，只适用于小城市与大行业中的小业户，一般应为：

甲、营业额不大，只做零售，不做批发。

乙、以业户为主，不应以整个行业确定范围。

丙、定额后中途如扩大营业额到百分之二十至百分之三十，即需调整。

丁、在民评基础上，实行营业税与所得税分别评议，合并征收。

（二）划区专责管理及建账建票问题

1. 专责管理的性质

甲、专管单位为税务局与市行政区划相配合的分段管理的基层统一组织，不能只是直接税的基层组织。因为专管是以地区划分，以纳税户为单位，所以它的发展方向，应为各税结合，进行管理。这样既可合理使用干部的力量，并免使纳税人疲于应付各税种稽征干部此来彼往之苦。

乙、现阶段在人力不足的条件下，在总的力量使用上，应以工商业税为中心，货物税为重点，并照顾印花、房地产及其他各税。分局领导同志，应掌握所属各段的不同情况再按业户特点及税收比重，明确规定专管重点。

丙、还应明确的一个组织形式，即纳税小组，应该肯定是纳税人与税局的桥梁，虽是由纳税人自己组成的互助组织，但必须明确小组是受税务机关领导的。

2. 专管机构之领导问题

专管机构的领导问题，取决于专管的性质。专管既为税务局的基层组织，自应在分局的统一领导下执行任务。此外，还有一种专管办法，如武汉市现行的分局以业为主，既管本区的，又管各区的（实即全市的）某些行业的专管办法，我们感觉有其统驭全市某一行业全貌的优点，但在执行上似太错综交叉，希望再研究总结其经验。

3. 专管制的适用与方法

甲、专管制一般只适用于大中城市，至一千户以下的小城市按地区、按行业管理均可，只是税务局内部的分工，不一定采用专管的组织形式。

乙、大中城市应以管段为主，按公安局的派出所、地区或街道、门牌等划分。但另须以一定的力量从事管业，尤其是重点行业，这样可以使业段互相结合。管段和管业人员通过主管业务单位相互交换资料，管段供给管业以工商动态及具体材料，管业供给管段以工商业发展规律，互相核对印证。

丙、每一专管人员，一般以一百户上下为宜，应视干部不同的质量决定其管户多少。

4. 专管人员的职责

甲、专管单位在管段内，应进行以下工作：

（1）传达税收法令，组织工商业者学习税法，召开纳税人会议，听取其意见并解释有关税务上的疑问。

（2）搜集资料，掌握情况，检查业户，堵塞偷漏。

（3）组织领导工商小组长审查申报表是否真实。

（4）掌握工商户动态，处理开歇业户的税务问题。

（5）收发与初核表报，督促工商业者按期交税。

（6）教育企业中的会计人员，提高觉悟，忠实记账与作报告。

（7）督促、帮助检查建账和建票。

（8）联系职工店员，协助税收。

乙、管业人员应进行以下工作：

（1）组织与掌握所管行业的民主评议。

（2）了解行业经营情况，掌握行业发展规律（行业的户数、营业额、所得额、资本额、季节性的变化等）。

5. 建账问题

除建议中央财政部会计制度司提早完成工商业会计法规外，税局应先照以下各节进行此项工作。

甲、工作步骤：除东北旅大已全面建账的地区外，其他城市依据力量，可采取一般号召，并在今年内开始对一定行业的建账工作，进行重点指导，以便取得经验，逐渐推广，经常检查。

乙、建账原则：强调建账，要求记录必须真实，账簿格式不宜急于统一，初期以能建账就是好的，对新式或改良账簿都可允其存在，但应随时督促各行业逐步走向统一。建账以后，必须统一由税务局登记盖印，建账户凡在未登记的簿册记账均是非法的。

丙、建账指导：结合工商部门、工商联合会、会计专家等社会力量，设立建账的指导组织，并训练会计人员按细则三十三条规定的要求忠实记载。

丁、建账种类：

（1）健全的业户，须设立总账、日记账、商品账、资本账及有关各种辅助账。

（2）一般的业户须设总账和日记账两种主要账簿。

（3）记账能力差的业户，至少须设日记账一种。

（4）无记账能力者，呈请税务局批准后，始可免于建账。

6. 建票问题

甲、建票面：坐商、行商和摊贩，都必须建立统一的发货票，外埠坐商如在本埠销货者，均应使用本埠统一发货票。至行商由外埠来本埠销货，无论是否通过行栈，均应使用销货地的发货票。

乙、营业额在五千元以上者，必须开立统一的发货票。

丙、发货票的格式，不必强调统一，力求简化，以能防止逃税为原则。但为防止漏洞，必须统一印制，可允许业户自定格式交税局印制。税局盖章，领销登记，统一编号，每本由税局在封面上编印起止号码，由领用人根据封面上编就的起止号码自行逐页编填，并采取严格的管理制度。

（三）营业税与所得税的比重问题

根据一九五零年各地征收所得税的情况和营业税与所得税实收数字的比

较，已经否定了过去的四比一、三比一的因袭看法。大城市差不多均已达到一比一甚至还超过这个比例，一般中小城市亦在百分之五十至百分之七十之间，这虽然还不能作肯定的结论，但是已能够说明我们过去对税源的调查不深入，对新的经济发展情况，估计不足。今后必须通过调查税源，摸清经济发展规律，大力作好所得税的征收工作。

（四）营业税分业税率比照问题

营业税税率表未列举之行业，根据条例规定，是可以比照适用的。但各地执行标准每有不同，总局提出之营业税分业税率比照表经补充修正后，已取得一致意见，俟整理后，发至各级税局参照执行。

（五）关于所得税减征问题

所得税减征的目的，是根据国家建设的需要，经过减征应纳税额来贯彻奖励工业的政策，达到指导生产及调度社会资金的积极作用。会议讨论的修正、补充及明确解释的各项意见，由总局再加整理，即呈请中央财政部审核，俟批准后，再行通知，兹将关于减征的几个原则说明如下：

1. 减征表规定了业别，又规定范围的立法精神，是采取品名列举主义，凡表内未列者，均不得比照减征，此点必须严格掌握。

2. 减征表项别栏内，列有"及其他重要……"字样者，其确属性质相同，应予奖励，而未具体列入的成品，应详细审查认定，提出意见，报请总局转请中财部核准后施行，不得径自减征，更不得就整个行业予以减征。

3. 减征表项别栏内，所列之成品，有易误解者，如"中西特效药，大众图书，特种工艺品……"，会后商同主管部门，再作补充解释，俟呈准后执行，在未奉通知前，不予减征。

4. 根据国家经济建设需要，确应减征，而减征表未列举的；或类似表列品名之新的发明，有予以奖励必要者，得专案处理，须事前将调查详情及应减征的具体理由，报经总局转请中财部批准后执行。

（六）关于总/分支机构纳税问题

1. 为了促进总/分支机构实行经济核算制度，工商业如牌号相同，资本合一，虽会计独立，单独计算盈亏，而不单独处理盈亏者，亦应批准为总/分支机构关系。

2. 总/分支机构间相互发货，免课营业税，应自批准通知之日生效，如批准在下半年各分支机构所在地已估征上半年所得税者,自下半年起汇算清交。

3. 经批准之总/分支机构,为了经济核算,相互计算收益(如利息、加工费、手续费),非属营业行为,有证明者,可不课工商业税。

4. 批准权限及报请程序,已有专文指示(五月三日(51)直一字第七三七号),各地必须遵照执行。

(七)联营机构课税问题

对各种联合集中资力,进行产、运、销业务的工商企业联营单位,应当加以照顾的立法精神是为了促进生产,展开城乡物资交流。此次会议上总局汇集了十五种联营组织形式,各地代表又补充了八种,经讨论结果,认为联营正在发展,形式极不一致,有的是为了逃避纳税而假借联营的自不应予以承认。除对每种形式的具体课税办法,由总局加以整理呈请领导批准后再行通知执行外,兹就几个原则问题较多的联营,规定如下:

1. 联营机构经工商、税务机关批准并不取得差额收益者,免纳工商业税。其有差额收益者,即应视为独立经营单位照章纳税。

2. 商业组织联合购销,原则上不应视为联营,须按独立经营单位纳税。但以联购为目的之联销及以联销为目的之联购,合于下列条件经工商、税务机关会商批准者,得按联营单位纳税:

甲、以联购为目的者,须购本业经营货物;以联销为目的者,须销本业货物。

乙、批发而不零售。

丙、购销过程中,不作更番经营,按次结账纳税。

3. 联购、联产、联销的经营,应视为独立经营单位,照章纳税。

4. 联营机构不得接受代理经销业务或委托他人代销,否则应视同独立经营单位,照纳工商业税。

(八)代理购销业纳税问题

1. "代理购销"是极易为商人藉名逃税的漏洞,应该严格限制其范围。根据施行细则的规定只有以下两种情况,经工商管理机关核准并订有契约者,始可按代理购销业课税:

甲、受工业委托的特约代销业务。

乙、代办本业范围以外的采购业务。

2. 工商业不得接受商业的委托代销,细则早有规定。但对过去一向兼营代客买卖行业，为了不影响其经营，如经当地工商管理机关登记有案之业户，其接受商业委托代销部分，准按牙纪业税率计税，以示照顾。

3. 受托代销商号不得将其代销商品再转托其他商号代销或到外埠推销。

4. 凡仅以一定限价委托购销而不限代理者之买卖价格者，不论有无契约及所获差额收益之多寡，一律作为进销货，就其全额课税。

(九) 公营企业调拨及机关企业纳税问题

1. 公营企业的调拨问题

甲、贸易部所属各专业公司，以该总分支公司为调拨范围，一律使用拨货证明单。

乙、同一行政管理机构下的各企业单位，业务性质不同、资本划分、会计独立、单独计算并处理盈亏者，其相互间的拨货不能视为内部调拨。

丙、已批准的总分支机构间，不论按成本或按市价，相互调拨货物，均不纳营业税。

丁、贸易系统各专业公司及铁道、邮电、人民银行等所属收益性质的企业单位，不必办理申请批准总分支机构的手续。但所属制造出售货物的企业单位，属于总分支机构者，仍应办理申请批准手续。

2. 机关企业纳税问题

甲、结算盈余后，应按条例第十九条规定先行纳税，不得预提公积金或福利金。

乙、机关企业对本机关的营业部分，照纳工商业税。

(十) 关于临商征税管理问题

为贯彻三届全国税务会议对临商进行登记发证与管理的决定，须依照以下规定办理：

1. 对于登记临商及使用运销证明单的规定

甲、居住城市之临商，必须办理登记，核发临商营业证；来自集镇农村之临商，尽可能取得区村政府证明；税局凭营业证，核发"临商运销货证明单"。同一临商于必要时可核发两册，循环使用。

乙、工商管理机关，未办临商登记地区，税局可举办临商登记，以利管理征税。

2. 对货运管理的几项原则

甲、为便利物资交流与检查管理起见，全国使用的货运证明，必须统一规定，统一执行。

乙、各地对于货运管理，应加强入境货物的控制；对出境货物检查，应着重逃漏"上手税"的控制。

丙、加强销货地的检查，购货时无须限制，亦不须再要购货证明。

丁、各地应加强车站、码头、邮局及主要交通卡口的检查，组成控制网，设置专人严格管理，并与有关公安、交通机关联系，组成联合检查组，以减少检查手续。

戊、货运管理必须依靠工人，走群众路线，尤其是与搬运工人和行栈店员取得联系，以便获得更有利的基本材料。

己、各地可针对当地实际情况，自行规定具体控制方法，但不得与统一规定有抵触。

庚、各地均已推行了发货票的工作，因此统一发货票也形成我们检查货运及漏税的主要工具。临商一律使用销货地统一发货票。为了核对发货票的真实，防止商人销货时不入帐，可普遍采用换票证，今后各地税局建立经常交流资料制度。

辛、销货管理除货物税票照依货物税条例规定办理外，固定工商业外销时，以"拨货证明单"或"销货证明单"，临商以"营业证"与"临商运销货证明单"及农渔猎牧户以"自产自销证明单"为限，各地不再另行规定货运证明。

壬、为了堵塞临商偷运货物入境，及区内临商的辗转交易企图逃税的漏洞，除前项货运管理外，并应加强区内牙纪、行栈、仓库的管理，以补充控制货运的不足。

此外对货运管理与检查的具体办法与手续，会上也作了详细的研究，由总局根据大家意见，加以整理，呈请领导批准后公布施行。

3. 对管理牙纪、行栈、仓库、市场的几项规定

甲、行货栈进出货物，必须建立报告制度，按规定填造出入货物报告表。税务机关应随时抽查。

乙、仓库堆房进出货物，应与行货栈建立同样报告制度，并对货物的过户提取，严格控制，以免投机商人辗转售卖，取巧逃税。

丙、对于个体牙纪（有叫"跑合"的）应与工商管理机关联系，进行登记，发

证管理。以免勾结不法商人逃税。

丁、加强集散市场的管理，控制交易所，必要时设站或经常派员驻在检查或巡回抽查。

戊、各项管理办法，得由各省市税务局自行拟定，报请区管理局核准后施行，并报总局备查。

4. 对于两种特殊行业的征税规定：

甲、个体牙纪收益按百分之十五征税。

乙、其他临时收益（包括出租车、船、机器、临时包工等）按临商课税。

（十一）关于摊贩业征税问题

各地即可依照中财委批准之三届全国税务会议总结的规定，摊贩业改为按营业额征税，并以三万元为起征点。大中城市必须重视征收与管理相结合的原则，由税局商同工商局、公安局共同组织摊贩管理机构，指定专责干部认真进行此项工作。只有加强摊贩管理，才能使摊贩业与坐商税负适当的趋于平衡，才能改变各大城市摊贩业畸形发展的情势。至于对贫苦摊贩已有免征点的照顾，仍须确实做到。

这次大会以讨论工商业税问题为主，但对于印花税及利息所得税问题，讨论亦颇详尽。关于印花税者，如加强检查工作，推行凭证鉴别，小商简化贴花，以及个别凭证应否贴花及如何贴花的处理，均经详细讨论，取得一致的意见。关于利息所得税者，如税源的分析，控制的方法，目前存在的问题，亦经分别研讨，强调与工商业税的征收相结合。因为印花税的商事凭证，与营业额的关系最为密切，而利息所得的控制，主要藉助于工商业税的查账，如能很好控制一方，便可控制他方，自不能因税收比重有大小，而有所忽视。总局将根据大会讨论的结果，分别行知全国，措诸实行。

总之，直接税工作，尤其是办理工商业税，在现行各税种中，是最繁复最吃力的一种工作。就外延看，凡在本国境内之工商营利事业，不分公营、私营、公私合营或合作经营，亦不论其经营方式是固定、是临商或是摊贩，无不与工商业税发生关系。外延如是之广，再看内涵，无论是营业额或是所得额，都不容易抓到具体的外形，而要通过记载、计算、申报与查核，才能确认其内涵，以为计税的依据。办理直接税工作的同志，仅凭一年多的努力与摸索，所得到的认识，自然谈不到深入与全面，但经这次会议，交流与总结了大家的经验，加以广泛的讨论，已经掌握了初步的规律，而有这次会议的收获。大家回到工作岗位之后，再从实践中，继续加以钻研与发展，相信我们直接税的工作，必可大大的提高；明年召开第二次业务会议时，我们将有更大的成绩，以贡献于国家。谨祝大家努力。

现行工商业税解说*

（一九五一年七月三十一日）

一、税名的解释

工商业税是和农业税相对称的，简单地讲，就是对工商业所课的税。这个税名，根据《共同纲领》税收政策"简化税制"的精神和《全国税政实施要则》的规定，是具有总括性的，将过去时代对于工商业所课的营业税、特种营业税、营利事业所得税、行商营业税、一时所得税、摊贩牌照税等许多税种加以简化，综括于一个税名之下，便是今天的"工商业税"。这个税名和税法，经过一九四九年十一月首届全国税务会议的决议制定草案，经过政务院的审查通过，于一九五零年一月三十日公布施行。又由二届全国税务会议加以讨论，送经政务院审查修正，于一九五零年十二月十九日公布施行。

但是我们要注意，工商业税也并不是将工商业所应该纳的税统统包括在内。例如：进出口商所纳的关税，由海关主管；盐商所纳的盐税，由盐务总局主管。以货物为征课对象的，另由产制厂商或购运商人交纳货物税。以商事行为或产权行为结合凭证为课税对象的，另由有关的工商业交纳印花税。以加强市场管理、取缔牙纪为目的，可以向有关的工商业征课交易税。工商业因为借贷款项取得利息，应该另纳利息所得税。工商业的房产、地产，应该另纳房地产税。工商业使用车、船，应该另纳使用牌照税。有屠宰牲畜行为的屠宰商，应该另纳屠宰税。这些税，都和工商业有关系，而且以工商业所交纳的占主要部分，在用语上，可以统称为"工商各税"，但是和"工商业税"在性质上是有区别的。

---

* 此文系作者对中央税务学校第三期学员讲授的课程，刊载于《税工研究》杂志第二卷第七期。——编者注

二、征课的对象

工商业税的征课对象，依照暂行条例及有关稽征办法的规定，包括有两个部分：一个是营业额，另一个是所得额。换句话讲，便是，工商业税是对于工商业者的营业额和所得额而征课的。什么是营业额？依照条例第十七条的规定，分为三个内容：

（一）营业总收入额——即是以商品销售为主的销货净额。

（二）营业总收益额——即是以提供劳务或收授信用为主的收益总额。

（三）佣金总收益额——在系统上也是属于总收益额，但为了执行政策的必要，另行计征。

以上三项，都是以工商业者的营业行为所发生的营业额，作为工商业税的第一课税对象。如果不属于营业行为，便不是课税对象，不应课税。例如：经过批准的总分支机构相互间的"拨货"合于一定条件的，即不视为营业行为，不课税，因为拨货不是销货，但是也不应以销货冒充拨货。工商业者冒充，便成为偷税；税务机关放任，便成为漏税。又如：营业行为应该包括购货与销货，但是要以销货为主，购进来，销出去，才构成完整的营业行为；如果只有购进，尚未销出，不能视为营业行为而课税。又如：工商业者临时将自己不用的家具或车辆卖出，并不是以此为经常营业的，也不课营业部分的税，但是应该在计算所得额时，汇总计算。以上以营业额为课税对象的部分，在过去时代，单独立法，称之为营业税；今天，总括于工商业税之内，成为"依营业额计算部分，简称营业税"（修正暂行条例第三条）。

工商业税征课对象的第二个部分，便是所得额。所得额是工商业"按每营业年度或实际经营期间之收入总额，减除成本费用及损失后之余额计算"（条例第十八条）。在会计学上称之为纯益或净利，是要在结账后才能正确算出来的，结账前只能概算或推算，不能精确地结算。结账的结果，也许赚钱，也许不赚钱，也许赚多也许赚少，表现在所得额上，也就是有、无、多、寡。有所得者，课所得税；无所得者，不课所得税；多有多课；少有少课。每一个工商业者，都有营业额，所以都要纳营业税；但是不一定都要纳所得税，这就要看所得额的有无而定。对于工商业者"依所得额计算部分"，在过去时代，包括于所得税法之中，属于营利事业所得；今天则包括于工商业税条例，成为工商业税课税对象的第二部分，简称为所得税（参看条例第三条）。

　　严格讲来，所得税才是工商业者所实际负担的税。纳税人与担保人应该是同一人格。工商业者对于国家应尽的纳税义务，需要在所得税方面很正确地表现出来，这和营业税的性质有些不同，虽然同是由工商业者之手所付出的，但是营业税是依营业额即营业流水计算，可能是而且绝大部分是把营业额转嫁出去，在货价上或是在代价上把税额卖出，所以营业税在名义上虽称为工商业税，不一定是由工商业者负担。（关于转嫁作用，要受许多条件的支配，在趋势上表现不同的形态，不可一概而论，此处不细讲。）而所得税无论在税收政策上，在税收立法上，或是在征纳的执行上，都应该成为工商业者对于国家所负担的税。随着人民税政的展开，工商业者的自觉，征收方法的进步和群众力量的控制，所得税应该是而且可能是不转嫁的税，恰如其分地，由工商业者来负担。

三、征课的范围

　　工商业税的征课范围，可以从三个角度来看：第一从经营境域来看，第二从经济所属成分来看，第三从经营方式来看。

　　（一）从经营境域来看，依照现行条例，是采取属地主义的，便是"凡在本国境内之工商营利事业——均依本条例之规定，于营业行为所在地交纳工商业税"（条例第一条）。对于这一规定，可以从两方面解释：第一是"凡在本国境内的工商营利事业，无论本国人经营或外国人经营"，一律纳税（参看《全国税政实施要则》第九条及《工商业税暂行条例施行细则》第二条）。这是在过去时代根本做不到而在今天的人民政权时代所实际执行的！课税权，是国家政权的行使，在行使政权的国境范围以内，应该不分国籍，同等课税，这是课税平等原则的第一个要求，使外国人所经营的和本国人所经营的工商业，履行平等的纳税义务。同时，根据国际条约的互惠原则，也可以相互地减税免税。这是新中国在税法的制定与执行上新的景象！其次从另一方面来解释，本国人经营的工商业，其总分支机构，有在本国的，有在外国的，根据现行条例，均就其在本国境内总机构或分支机构的营业额及所得额课税（参看细则第六条）。这在理论上当然还有不同的主张，在过去也存在着"国际重复课税"的问题，但是根据现行税法税则的规定，是和上述第一方面的理由有着联带关系的。这对于开国之初的税法，在执行上很公平，很简便，而且可以避免工商业者的双重负担。

（二）从经济所属成分来看，依照《共同纲领》第二十六条的规定，新民主主义经济的组成，包括国营经济、合作社经济、农民和手工业者的个体经济、私人资本主义经济和国家资本主义经济。除了农民的个体经济应该依照农业税条例另行交税外，其余的经济成分，都应依照工商业税条例，交纳工商业税（参看条例第一、第五、第六、第七各条）。这在全国税政实施要则的第八、第九两条，也有原则性的明确规定。

在这五种经济成分中，因其对于"国家建设的需要"各自具有不同的作用，关于工商业税的交纳，也有方式和程度上的差别。首先，是私人资本主义经济，亦即私营企业，对于营业税和所得税，都是要照章交纳的。其次国家资本主义经济，亦即公私合营的工商业，也要和私营企业同样纳税（条例第六条）。其次，国营经济，亦即公营企业，原则上应与私营企业同样负有交纳工商业税的义务，但在方式上，其营业额部分照纳营业税，所得额部分，另订办法，提取利润，不纳所得税（条例第五条）。关于提取利润这一点，和苏联的办法相同，虽不采取纳税方式，等于纳税一般，而且比私营企业所纳的所得税还要多，因为公营企业的利润是完全属于国家的；也就是属于整个人民的。其次，合作社经济，"同样应该向国家纳税，不得例外"（税政实施要则第八条），但"其合于合作社法之规定者，得酌于减免"（条例第七条），这是体现了《共同纲领》第二十九条所规定"应扶助其发展，并给以优待"的精神。其次，手工业者的个体经济，如果是属于"贫苦艺匠及家庭副业，是应该归入免税而不在征课范围以内的"，否则应与私营企业同负纳税义务。

（三）从经营方式来看，依照条例第二条的规定，分为：固定工商业、临时商业及摊贩业三者，固定工商业一称"坐商"，又称"住商"，所纳的工商业税，在税额上形成绝大的部分，因而在条例和细则的条文上，也是以固定工商业为主，至于临时商业税及摊贩业税，则由中央财政部另订稽征办法，以便执行。临时商业一称行商，南方俗称跑单帮，北方叫做跑走水的，是一种流动性质的商人，一般是无一定字号与行业，无一定营业地点与场所，经手购销的货物品种也不一定。它的好处是调剂有无，交流物资，坏处是可能投机倒把，波动物价。至于摊贩业则是在一定地址或一定区域而经营的零售摊贩。摊贩和临时商业，都要加以管理，使其对个人生活有补；同时对社会经济有益。以上三种经营方式，对于营业税和所得税都是要交纳的。在固定工商业，除了较小业户得按定期定额计征合并交纳外，主要是分别计算，分别交纳（有时可以同时交纳）。临时商业因为流动性大，则是混合计算，一次交纳。摊贩业之规模较大者，得按民主评议方法计税。一般之摊床小贩，则按定期定额合并交纳，而且须有起征点，对于确实贫苦之摊贩，予以免税的待遇。

此外，在原则上属于征课范围，但由于经营的性质或负担力问题，可以划在征课范围以外，免纳工商业税，依条例第八条的规定，其例有三：

（一）国家专卖、专制事业；

（二）贫苦艺匠及家庭副业；

（三）其他经中央人民政府财政部批准者。

先说国家专卖、专制事业，"系指国家为执行财经政策与调节消费，对特定物品，设立专营机构，其他公私厂商，非经专营机构许可，不得从事产制与运销的事业"（细则第五条第一款）。这与一般公营企业不同，不必交纳营业税，同时由国家提取利润，亦不必交纳所得税。其次，贫苦艺匠与家庭副业，前者仅是维持其生活，后者非属经常正式的营业，故均应免予课税（细则第五条第二款及附例）。其次，外形属于营业，但非以营利为目的或以营业收入专用于教育、文化、公益、救济等方面，或具有特殊意义为国家政策所要求者，得经中央财政部的批准，准予免税。此外在条例的第一条，所以列入"除另行规定者外"的语句，也就是意味着，原则上应属征课范围而可以另行规定免税的意思。

四、税率的组织

体现税收政策的中心环节，在于税率。为了"保障革命战争的供给"，营业税和所得税的税率，不能比过去时代低得太多，而只能适当地加以调整，所以营业税税率规定为：

（一）依营业总收入额计算者，税率百分之一至百分之三；

（二）依营业总收益额计算者，税率百分之一点五至百分之六；

（三）依佣金收益额计算者，税率百分之六至百分之十五。

至于所得税税率，按所得额全额累进计算，税率百分之五至百分之三十。以上除佣金收益的税率，系在修正工商业税暂行条例中加入外，其余在两次公布的条例中，大体相同。而且在营业税税率的分业适用上尽可能地从轻，在所得税税率的份额适用上，尽可能地放宽，对于工商业者的负担，实际减轻不少。但是要切实做到依率计征,该收的不得少收,以保证国家的收入。

为了"照顾生产的恢复和发展及国家建设的需要",首先在营业税的税率上,区分为"工业部分"与"商业部分",一般地讲,是工轻于商,因为工业是创造价值的,而商业则否。当然,"商业不创造价值,但可使物资流通,在社会上也起了一定的作用"(马克思语)。所以商业对于经济的发展也是需要的,如进出口业,为了国家建设的需要,税率特别从轻。但是一般地讲,工业税率是轻于商业税率的。其次,是关系国计民生必需品的制造和贩卖,其税率是轻于非必需品的。以营业税税率而论,甲项税率分为五级(百分之一、一点五、二、二点五、三),乙项税率分为七级(百分之一点五、二、二点五、三、四、五、六),丙项税率分为五级(百分之六、八、十、十二、十五),就是根据税收政策而加以区别的。这样,才能适合于工业化的总目标,而且适合于新民主主义经济发展的要求。

至于所得税的税率,则不是分业计算,而是按所得额的多寡,分为二十一级,适用高低不同的税率,这是根据"应能负担"的原则,适应于纳税者的能力,课以累进的税率。但是为了照顾"国家建设的需要",指导社会资金投向有利国计民生的生产部门,还要"分别行业,减税百分之十至百分之四十,以资奖励"。减征率分为五级,业别包括二十四,这并不是消极地减轻工商业者的负担,而是积极地积累生产资金,扩大社会的再生产,这与利息所得税暂行条例第四条第三款"投资于企业的股息所得"免税的精神是一贯的。无论是营业税的区别税率,或是所得税的分业减征,在两次条例中,精神相同,而在修正条例中,更是提高了一步,这是新民主主义税收政策的具体体现,而为前此所未有的。

为了实现"简化税制"的理想,除在税种上予以合理的总括与在征收方法上、征收手续上予以必要的简化外,在税率的组织方面,也体现了这个原则。营业税的税率,虽然区别得很详细,但是一定的行业,只适用一个税率,分级虽繁而应用则简。所得税的税率,在理论上讲,自以"超额累进"较全额累进为合于科学。但在现阶段经济发展的条件上,工商业税的征收方法,大部分尚须采用民主评议,而不能马上大规模地采用查账计税,所以全额累进较之超额累进,是更适合于"简化税制"的原则。而且在所得额与累进率的分级上,从原条例的十四级,增加为修正条例的二十一级,对于每一级距的跃进,尽量放缓和些,也是接近于超额累进的精神的。

为了实现"合理负担"的理想,除在征收方法的执行上特别注意外,在税率的制定上,关系最为重要。所有行业的划分与税率的区别,纵使所差只在零点五之间,都要合于"合理负担"的精神。这在第一次条例的制定上,因为事属初创,不及广泛调查,规定是很粗糙的,修正条例已经有了很大的改进。如营业税的甲项税率的工业部分,包括业别三十八;商业部分包括业别三十七,乙项税率包括业别二十二,丙项税率包括业别六,共为一百零四,这比旧条例已经细密很多,而区别税率的使用,更加以通盘的调整。以中国如此之大,行业如此之繁,对于各地的具体情况与行业的真实内容,尚须继续加以调查与了解,但是对于"合理负担"的体现,已经有了显著的进步。

关于税率的适用,还存在着两个较重要的问题。一个是"工商业同一营业单位,不能适用一种营业税税率者",应如何计征?依照条例第十一条的规定,解决的方式有三:(一)兼营两种以上之行业,分别按其不同税率计征;不易分别者,按较高税率计征。这样,可以促进企业的专业化并可促使企业的经营管理与账簿记载,更趋于有条理有系统。(二)工商性质不易划分者,依商业税率计征。本来工业制造也为的是销售,未有工业而不兼商业者。但是工厂销售成品,以依照批发价格为主,"批发部分的营业税,按工业税率计征;零售部分的营业税,按商业税率计征",因为按零售价格出售的部分,取得商业利润,和商业就没有区别了,所以细则第十四条规定"要分立账簿",如果混合记载,不易划分,只好俱依商业税率计征。(三)连续生产之工业,数种产品税率不同者,按较低税率计征,总的精神是照顾全能的工业生产。但对于连续生产的解释,"仅限于在同一工厂之内纵的生产,如棉纺纱,纱织布,布染色,即可视为连续生产",始能适用较低的税率(参阅《中央税务公报》一卷七期第五页末段)。

关于税率适用另一个问题,便是营业税分业税率表未列入之行业或包括范围栏未列举者,应如何处理?根据附表应用说明,"应依其性质相近之行业,比照计征,并报中央税务总局备查。"因为营业税的课征,依照条例第一条的规定,凡属工商营利事业,都应该向政府纳税,这是一个总括性的税种,并不因税率表未及列入而不课。此与货物税或印花税仅限于列举而避免比照者,作用不同。

此外,对于所得税的税率,有人主张:以所得额合资本额的百分比为适用累进税率的标准。其理由，以为所得税的计算，照现行条例规定，仅以所得额的多寡，适用不同的税率，这样，资本额大的企业与资本额小的企业，如果所得额相同，便要适用同一税率，认为负担上不合理。这个意见值得研究，但在修正条例中所以未采用者，原因有三：（一）资本额的正确表现，须在财产重估调整资本全面办好之后，必须先有正确可靠的资本额，才能据以测定盈余力的大小，这个条件在修正条例时尚不具备，且非短期所能做到。（二）累进税率的使用，已较为繁复，如果在税率的适用上还要先找出纯益对资本的百分比，在计算上不免更加复杂，且只能适用于查账计税的部分，对于民评及定期定额计税部分很难适用，愈增问题的复杂，不合于简化税制的标准。（三）上述意见如果规定在税法里，势须适用于一般，但是根据国家建设的需要，工业资本与商业资本是不能一律看待的，工业资本又有基本建设与非基本建设之分，如果无所区别地在税率上照顾资本的盈余力，也不合理。相反地，如现行条例第十条所规定，在依照税率算出所得税额之后，根据国家建设的需要，分别行业，减税百分之十至百分之四十，运用减征政策的奖励诱掖方法，指导社会资金投向有利国计民生的生产部门，这样照顾生产资金的积累，才能适合新民主主义经济政策的要求。政策所要照顾的，并不是资本的本身，而是资金投向生产所能发生的社会效果。主张前说的人，对于此点置而不讲，只是着眼于资本本身的利益，自无采纳的必要。

五、报告与调查

人民时代的税务工作，和过去时代不同。征税的机关和纳税的人民，不是对立，而是一致的。"取之于民、用之于民"的人民税务，在人民政权之下，已经有了事实的表现，而为人民所承认。今天的人民税务，不仅是靠着税务机关来办，而是结合起广大的纳税人民共同来办，所以工商业税暂行条例的第三章，即掌握此种精神，而以"报告与调查"并称，税务机关有其责任，纳税人民亦有其责任。将人民的报告与机关的调查，很正确地结合起来，才能把人民税务办好。这又是过去时代所未有而为今天可以做好的特点之一。从一九五零年一月公布第一次条例时，已经有了这样的认定。

税款交纳的方式，应用最多的，不外三种：一个是"申报法"，其次是"扣交法"，其次是"贴花法"，从征收机关来看，后二者比较省事，而申报法则手续较繁。但是工商业税的交纳，绝大部分必须用申报法。我们看三种征收方法，查账的要"自报查账"，民评的要"自报公议"，定期定额的，以民评为基础，仍然要自报。条例第十二条规定是关于纳税户的报告，第十三条是关于营业额及所得额的报告，第十四条是关于报告营业额与所得额的基本根据——账簿与凭证。人民税务要由纳税的人民将报告做好，征收机关更须帮着人民将报告做好，这是办理工商业税最基本的关键。

但是税务机关，也有它自己的责任，有它自己应该做的事，便是调查。尽着可能运用的人力，可能想到的办法，可能搜集的材料，可能求得的规律，帮助纳税人民将人民税务办好，好比都市中的交通警察，帮着行人和车辆把路走好一样。调查的究极作用，和人民的利益是一致的，而不是对立的。调查愈清楚、分析愈明细，对人民愈有利。调查工作可分为两个方面：一个是定期普查，划定一定的时间，以了解工商业的静态；一个是"临时调查"，配合发展的阶段，以了解工商业的动态。了解的主要对象亦有二：一个是经营情况，再一个是负担情况，为了国家的利益，要摸清税源，同时也为了人民的利益，要平衡负担（条例第十五条及第十六条），无论是报告、是调查，在人民政权建立的初期，都不可能一下子就办好，这都有它的原因。在报告方面，纳税人民刚刚从特权时代解放出来，对人民政权认识未清，不敢把"经营情况"的真象报告出来，甚至不敢记载下来，另外还有一些受了旧时代的害人肥己的恶习所熏染，只顾个人，不顾整体，在纳税义务上，仍然施展其欺骗手段。于是假账、漏报、匿报等不良现象，都不免于发生，大大妨碍了人民税政的推行。更从私营企业的本质来看，列宁曾指出："巨大资本很容易大量逃税——隐匿自己的利润和周转额。"在今天人民政权之下，逃税假账的现象仍很严重，这是人民税务工作者所应该特别警觉而努力克服的。其次在调查方面，因为新的税务机构刚刚建立，税工干部配合未齐，质量不足，经验缺乏，所能掌握的调查材料，不是已失掉时代的意义，便是片段不全，重新全面调查又为时间人力所不许，因而在执行税收工作中，不免偏重自上而下的"任务观点"，缺乏自下而上的调查工作，其结果，对于人民的负担，不免畸轻畸重，不该收的多收，该收的漏掉，甚者且违反了政策、法令，因而有依法办事、依率计征的要求，这都是调查工作未做好的原故。

随着人民政权的巩固和发展，以上两方面的不良现象，毕竟是暂时的，是可以克服的，而且事实证明已经克服了许多，向着人民税务的正确方向迈进。在纳税人民方面，逐渐认识了今天的税务确乎是"取之于民、用之于民"的人民税务，今天的政权，确乎是实现人民利益、保护人民利益的政权，自动自觉地走入正确报告的方向。同时在税务机关方面，积累了一定经验之后，逐步地健全组织之后，不断地进行整风之后，深入一步地认识了并展开了调查工作。惟有调查税源，才能了解税源，才能掌握税源，才能贯彻国家的税收政策，以实现人民的合理负担，配合了报告与调查两方面的进展，于是把人民税务大大提高了一步。

报告与调查，必须由征纳双方分别负责，做到正确，才能把人民税务办好。但是站在税务工作者的立场，我们所应该好好去做的，便是调查，这是我们本身的责任。在报告一方面，无论是正确的或是不正确的，如果不经过税务机关的调查，又怎能判定它是正确或不正确呢？即在集体纳税的爱国运动中，总起来看，固然是好的表现，但是我们对于个别纳税户的纳税额，如果不经过调查，又怎能盲目地认定它都是正确的而没有不正确的呢？如果仅是乐观地只看到光明的一方面，忽略了隐蔽在集体纳税行动中的虚报与假报，而不加以实事求是的调查，致使国家蒙受损失，便是有亏职守没有尽到我们应有的责任。工商业税的调查，在总的方面，规定了定期普查与随时调查，在三种征收方法中，更规定了查账与典型调查，配合干部的数量与质量，由重点以推及于线与面，藉使税务工作者摸清规律，心中有数，才能对于纳税人的报告，肯定其正确的，揭发其不正确的以归于正确。在征收机关如果真能做好调查，心中有数，则在纳税人方面，也就不敢轻于尝试其偷漏的行动，逐步走向正确的报告。这不仅提高了税务工作，而且提高了纳税人。所以做好调查，应该是办理工商业税最基本、最扼要的关键所在。

除了征纳双方，还有一种力量起着推动的作用的，便是群众的力量，其中尤以工人店员为主。报告做的有不到的地方或是调查做的有不到的方面，均有群众的力量来帮助；对于应做而不做或是做得不够，更有群众的力量来制裁。有关人民利益的税务工作，都可以由人民来说话、来动手，这样，便把人民税务的内涵，更大地充实起来，形成税务工作中依靠职工的群众路线。

六、计算与纳税

　　随着经济的发展，工商业经营的种类、方式与内容，是愈来愈复杂。纳税之前，对于营业额与所得额的计算，都不是一种简单的事，所以办理工商业税，在各种税收工作中所需要的技术条件最多，工作亦日趋繁重。现行条例中，首先规定出计算的总的标准，营业总收入额、营业总收益额、佣金收益额该如何计算？所得额该如何计算？这在条例第十七、十八、十九各条总的规定之后，更辅以细则的第四章及第五章，包括了二十八条之多，因为工商业经营的复杂与发展，仍须随时随地加以补充的解释。但是这些，还只是提供了计算的标准。

　　计算的标准，又可分为两方面，一个是计算内容的标准，如何构成营业额？如何构成所得额，内容应该包括些什么？这是属于计算内容的标准。另外工商业所经营的财产数额、交易数额以及损益数额，都要以货币来表示。经过了十几年来反动政权的恶性通货膨胀之后，这些以货币记载的数额，许多失掉了真实性，不足为计算的外形标准。于是在人民政权稳定币值的条件之下，自一九五一年开始重估财产调整资本的基本工作，使工商业计算在账簿上所表现的外形标准，做到划期的正确。关于这件工作，工商业者要认真执行，税务机关要多方协助，对于工商业的正确计算，也是不可缺的重要条件。

　　有了计算的标准之后，算出营业额及所得额，如何加以确定，以为纳税之依据？尚须通过计征方法。依照条例第二十条之规定，得由各地税务机关，斟酌实际情形，采用下列方法计征：

　　（一）会计制度健全，经税务机关审定，认为可资征税确据者，得采用自报查账，依率计征方法，按其营业额及其所得额计征。

　　（二）不合前项标准者，得采用自报公议、民主评定方法，结合调查资料，依率计征。

　　（三）较小业户，得于民主评议之基础上，采用定期定额方法计征。

　　以上三种计征方法，从一九四九年十一月即由首届全国税务会议初步拟定，据以制定工商业税暂行条例，由政务院公布施行。复经一九五零年六月二届全国税务会议，综合实施经验，对于三种计征方法，加以更明确的整理，修正条例的第二十条即以此为依据。一九五一年三月召开的三届全国税务会议，讨论如何齐一工作步调时，对于工商业税三种征收方法的运用又提出三个基本原则，即是：

（一）稳步扩大查账业户；

（二）认真做好民主评议；

（三）适当缩小定期定额。

因为：查账计征必须量力而行，不应好高骛远，盲目地扩大查账征收业户，使查账流于形式。民主评议工作上，应正视现实，也要预见将来，不要固步自封停留在评任务、评假定分的阶段，必须进一步做好典型调查，掌握材料，实行评营业额，结合依率计征。至于定期定额部分，要根据具体情况和干部力量，照顾负担平衡，适当缩小其范围。

会议上又决定，以上三种方法，必须相互结合运用，查账工作中可以有民主协商，民评工作的典型调查，则又是采用查账的方法，定期定额在民主评议基础上去定，才能定的合理。同时，应以具体的地点、条件来决定三种方法的比重，才不至于流于机械地执行。

明确了计算标准与计征方法之后，加以合法合理地运用，"纳税"便好办了，于此尚须注意纳税的期限。关于纳税期限的规定，有三个标准：一是税额的计算，二是纳税人的方便，三是国家财政的需要。营业额可以按月计算，所以营业税的交纳，原则上是按月。按月分开交纳，对纳税人很方便，国库也可按月取得收入，但是为了适合较小业户或偏远县镇的交纳，也可以按季，于四、七、十、一各月交清。至于所得额，则须按年结算，所以所得税的交纳，在理论上应该是一年一次。但是为了国家财政的需要，规定在每年第二季度终了估征一次，等到年终结账后，再行汇算清交，多退少补。清交期限不得迟于下年度三月（参看条例第二十一条及细则第七十二条）。这样，一年应交的所得税款，经过估征，可以分作两次交纳，免得筹款困难，对纳税人也有方便。本来，所得额的结算虽在年度终了之后，但是所得额的获致，则是通过全年积累而来的，一般地讲，过了一年，有一年的所得，过了半年，有半年的所得，估征的税款，是对于已经获取的所得而征收的，所以估征和预征不同。估征的计算标准，主要参照上半年交税经验和本年经营情况，依同期毛利率，费用率的计算来估计，这对于半年的真实所得，稍有出入，但是不妨，有年终的汇算清交，可以算总账。

综上所述，工商业税的交税期限，有按月的，有按季的，有按半年的，有按一年的，都有一定的期限。但是也有应该随时交纳的，主要有两个例子：一个是因工商业改组、合并、解散、转让、倒闭而歇业或宣告清理时，应于规定期限内，报交营业期间之营业税及所得税（条例第二十二条）。这是不拘束于按月、按年而要随时交纳的。另一个例子是临时商业税，因为纳税人是流动性的行商，不能等待或拘束于按月、按年，也要随时交纳的。这不仅为了国家的税收，也为了纳税人的方便。

七、复查、复议与处罚

应纳税额经核定后，依照规定期限交入国库，纳税问题即可告一段落，征收机关与纳税人民养成良好的征纳习惯之后，事情也可到此为止。但是可能发生两个问题，一个是出自征收机关方面，另一个是出自纳税人方面。现行条例对于前者有复查、复议的规定，以保护纳税人的利益；对于后者有处罚的规定，以保护国家的利益，这也是兼筹并顾以求其公平合理。

为什么要有复查或复议？因为经查账或评议核定的应纳税额，可能有不恰当的地方，而为纳税义务人所不服或不能了解，依照一定手续（细则第七十三条）有向税务机关申请复查、或向复议委员会申请复议之权。经过复查决定或复议决议，纳税义务人如仍有不服，得向上级税务机关申诉。对于纳税人的权益，照顾得很周到。

为什么要有处罚？因为人民所应遵守的纳税义务（共同纲领第八条）或在纳税前所应遵守的报告及有关义务，可能有怠于履行或蓄意违反以致有损害国家利益并酿致纳税人间负担不平的情事，不能不加以制裁。制裁的方式，依照条例规定（第二十四条至第二十七条）按其情节轻重，得处以罚金、处以滞纳金或送人民法院处理。在人民政治觉悟提高之后，罚则可以尽量少用。但也不能宽大无边，对于违反人民国家利益者放任不理，相对地使守法纳税的工商业感到负税的不平。对于这一问题，税务机关应进行事前宣传及经常检查，临时并应进行教育，依章惩处，严禁滥行处罚（税政实施要则第十条）。同时于处罚之外，对于纳税义务人踊跃纳税或协助税务机关征税有成绩者，则由税务机关报请同级人民政府，予以表扬（细则第七十八条）。有惩罚也有奖励，通过各方面的力量，将这种较为复杂的人民税务办好。

八、结语

"税收是人民国家重要的经济工具。它不仅是保证我们国家财政收入、平衡收支、回笼货币、保证币值、保证物价平稳的工具,而且还有下列的重大作用:(一)调节利润,调节收益,即有保护劳动和节制资本的作用。(二)在生产事业上,有鼓励和限制的作用。(三)集中国家的分散资财,用到对国家当前有决定意义的方向。(四)对国营企业征收营业税和提取利润,可以促进该企业的经济核算制的建立"(参看《税收在我们国家工作中的作用》一文)。对于以上四种作用,以工商业税所表现者最为重要。此后,随着工商企业的发展,必能蔚成国家财政收入的主流,同时通过这一税收,亦可促使此后的经济发展更趋于健全合理,符合于新民主主义的经济建设的要求。所以,"建立正确的税收制度,把税收工作做好,是一件异常重大的事情"。

一九五一年劳动节的次日,写于北京

参考资料:

一、人民政协共同纲领第四章

二、全国税政实施要则

三、工商业税暂行条例

四、工商业税暂行条例施行细则

五、税务法令汇集

六、税工手册

七、中央税务公报

八、税工研究

九、《税收在我们国家工作中的作用》——《人民日报》社论

十、《调整税收的两大原则》——《人民日报》社论

十一、《拥护新税法、迎接新任务》——《人民日报》社论

十二、三届全国税务会议总结报告

第二次全国地方税业务讨论会总结报告[*]

（一九五一年十一月十日）

同志们：

自一九五零年三月第一次全国地方税会议以来，我们的地方税工作是有成绩的，具体表现在：四种税法公布，进一步促进了人民税政的统一，整理了反动政权时代十分纷乱的地方税收；各地税收超计划完成，有力地保证了国家与地方财政的供给及国防经济建设的需要。同志们经过一年多工作中的摸索，业务水平提高了，有些地方在征收方法上还有不少新的创造。

但是，不容忽视的，我们工作中也还是有缺点。首先，是税务总局对地方的情况了解不够，从而对于各地工作的指导也很不及时，有的问题在处理上还不够明确；其次，个别地区在贯彻"因地制宜"的精神上，忽略了既定原则（三届全国税务会议时，政务院财政经济委员会陈云主任指示："在有利于全局的条件下，不违背税法的原则下，实行因地制宜"）；第三，在与有关部门的联系上，也还不够密切；第四，有些地区还未能切实根据税源情况，适当地健全机构，运用人力。经过这次会议上同志们的检查、讨论、研究，对这些问题都明确了，想大家回去一定能够更加发扬优点，及时地补正缺点。这样，一九五二年的地方税工作，一定可以大大提高一步。

这次会议，同志们讨论得很好，这里根据大家的意见，提出几点经验，作为今后工作的指导。同时，对业务上的一些具体问题，提出结论意见，请同志们回去向领导汇报。如有不同意见，希迅速告诉我们，以便转报中央人民政府财政部批准后，正式印发。现在分别报告如下。

---

[*] 此文刊载于一九五一年十二月三十一日出版的《税工研究》杂志第二卷第十一期、第十二期合刊。——编者注

第一、关于地方税工作中的几点经验

一、必须明确认识只有在统一的原则下，实行因地制宜，才能正确地贯彻政策，做好地方税工作。

二、主动地联系有关部门，依靠组织力量，认真做好代征，是控制税源、完成任务的有力保证。

三、建立评价制组织，做好评价，是城市房地产税工作的主要关键。

四、广泛宣传税法，划清"税""费"范围，明确征收权限，才能提高人民认识，顺利推行税政。

第二、关于若干具体问题的规定

一、城市房地产税

1. 开征地区问题：

甲、未开征房地产税城市，可参照下列条件：

①工商业在一千户以上；②人口在三万人以上；③近似以上两个条件而建筑物良好，市区繁荣且有征收基础者，省（市）人民政府认为有开征必要时，可依条例规定，层报中央财政部核定。但此次会议前已经核定开征的城市，暂不再变动。

乙、未开征本税之城市，不得再就房地产征收"捐""费"。如为解决地方财政开支，可遵照政务院"关于进一步整理城市地方财政的决定"另行组织收入，但不得用捐的名义（中央财政部已有指示）。同时拟由总局建议中央财政部明文通知各地，除正税附加可由税务局代征外，其他"另行组织的收入"，一律由主管部门办理征收，以免"税""费"混淆，影响贯彻政策及正税业务。

丙、开征城市划分市区与郊区征收房地产税问题：其原则依照中央财政部财税字第六三八一号及（51）财税字第九号两次通知的规定办理，即：①市区内的农地一律征收地产税；如需照顾负担能力，可在评定地价时酌情处理；②所属郊区市镇如其经济繁荣情况，已于城市近似者，亦可征收房地产税；③不在上述征税的市区或郊区市镇范围以内地个别工厂、仓库及新式建筑，均不征收城市房地产税。

2. 评价问题

甲、房地产评价工作，依条例第九条规定，各地应组织评价委员会办理。会内应具体分工，由有关部门供给资料，税局综合拟成评价方案，提供评委会研究，转请当地人民政府审定公布实施；评价委员会组织规则应由各地税局拟订，报请当地人民政府核准。

乙、评定标准房价，原则上应依照条例规定办理（以买卖价格为主，参照建筑价格）；但有些地区工作基础和条件不同，采用分类、分级（未分区）评定办法者，可再进行具体研究，加以总结，提出意见，报总局考虑。

丙、评定标准房价，可参照买卖价格、建筑价格及租金三种材料。目前一般的买卖价格均低于建筑价格，如仅依一种价格，易产生税负轻重不均的偏差，在此两种价格中间，可斟酌租金收入情况，确定标准房价。确定时应贯彻财产税精神，并照顾目前的租赁情况，以收到奖励修建房屋的效果。税负以不超过租金的百分之十为为宜（只可内部掌握，不要向外公布）。

丁、城市房地产税的评价方法与"资产重估办法"，在执行中，个别地区发生同一房地评出两种价格的现象，招致了纳税人的反映。我们应该注意取得一致，要在评价工作中与重估工作密切联系，以房地产税评价为主，商得近似价格，适当处理为宜。至财产重估问题，留待直接税会议再行研究。

3. 减免问题

甲、合于免税规定的单位（机关、部队、学校、人民团体）无租或低租使用私人房地或应税单位的房地如何征税问题：关于军政机关无租使用之房地产，暂可免征房地产税；但收租者照征。学校及人民团体比照办理。

乙、公产管理局（或清管局）的公产或代管产纳税办法如下：①公产管理局（或清管局）的公产或代管产无租拨给规定免税的单位（如机关、部队、学校）使用者，可予免税。无租拨给应税单位或个人使用者，在订约付租前，由使用人纳税；②空闲的公产或代管产，在当地人民政府拨配（或准备出租）期中，可视同公产局自有自用房地予以免税；③公产或代管产出租者（不论租金多寡），一律申报纳税，如当地从价征收，公产局亦应从价，不得从租，以免招致反映，影响公私关系；④城市房地产税，既为地方财政收入，公产局照章纳税，不但不致影响地方财政，还会对促进建立正常的租赁关系和公私关系起好的作用。各地现行办法与以上三项相符者，继续办理；不符者，应速与公产局联系，促其重编预算，自一九五二年度起照章纳税。

丙、合于免税规定的单位所有之宿舍，向使用人（干部、教职员、学生、工友）收取租金或其他费用，目前纯属修缮费性质。且使用人所使用之房地，全凭组织调配，不同于一般的租赁关系。故免税单位的房地，拨给本单位员工使用，仅收少量的修缮费者，可视为该免税单位的自有自用房地，准予免税。

丁、新建、翻修房屋免税年限问题：凡在条例公布前已按各地原有暂行办法处理者不变；在一九五一年下半年度内落成尚未处理者，一律按照新条例的免税年限执行。

戊、条例执行指示第四项第五款所述"有奖励与照顾必要的文教、卫生、救济事业"，其范围如何决定，各地可在统一税法原则下根据具体情况，适当掌握减免。

二、特种消费行为税

1. 开征城市如何确定，由大行政区税务管理局或直辖省税务局根据条例执行指示第二项的精神，商请领导酌量决定。至于冷食及旅馆两个税目收入少的地区，开征与否问题，由大行政区税务管理局根据具体城市的情况决定之。

2. 关于税率问题：由于大城市内娱乐种类复杂，消费程度不一，对不同的娱乐业别，可在条例规定的娱乐税目之弹性税率内，分订差别税率；但同一业别如电影业，不要再分订税率，以免执行困难。

3. 富有政治教育意义的影剧，减税减给观众的规定，原则不变，中央财政部财税戌字第一九四号函已有详细解释。至具体执行问题，可商同文化部门研究办理。

4. 筵席税起征点，仍按条例规定，不计人数合并计税。如系部队、机关干部或人民团体代表，集体吃饭，其餐价合于当地所规定的包伙标准者，可比照包伙免征。

5. 自带酒类到餐馆饮用，应否征税问题：因未通过代征业户之营业行为，不在征收范围以内，仍应以不征为宜。

6. 筵席与冷食合并食用时，原则上应分别计征，如不易分别时，则可合并按其所用主食计征。

7. 代征人拒不代征或挪用税款，纳税人抗不交纳税款，或伪造完税凭证者，得斟酌情节轻重处理，必要时得移送人民法院处理。

三、屠宰税

1. 关于按标准重量征收地区的肉类，运销按实际重量征收地区，如何征税问题：根据屠宰税暂行条例第四条规定："按实际重量征收"是主要的征收办法，各地应尽可能创造条件，逐渐推行。至运销肉类，一般是屠商为多，农民较少，屠商由按"标准重量"地区选运大型牲肉，至按"实际重量"地区销售，显系取巧牟利。为平衡税负，防止漏洞以及避免影响按"实际重量"地区屠宰业的经营起见，实行按"标准重量"计征地区，对于运销按"实际重量"计征地区的超过标准量的肉类，应改按实际重量计征，并于肉上加盖"外销戳记"，在税票上注明销售地点，以凭检查。

2. 屠宰场是控制税收和卫生检验、耕牛检查的主要场所，各地在实践中已经获得很好成绩，特别是控制税收有显著成效。因此，已有的屠宰场应作进一步的整顿，使能充分发挥效用。其尚未建立屠宰场的地区，应根据当地实际情况，有计划地进行建设。如果筹款困难，可先从简设备，逐渐扩充；尤应注意商请领导，拨用公产及鼓励私营，争取早日完成全面设场。

3. 自养、自宰、自食免税的精神，主要是照顾农民年节宰食"自养"牲畜的实际情况。至于免税手续，应根据区、乡人民政府的证明。为使证明正确与体现免税精神，各级税局应广泛宣传，并主动地与区、乡人民政府联系，说明免税意义，以贯彻税法精神。

四、车船使用牌照税

1. 关于使用牌照遗失与补发问题：车船遗失牌照申请补发者，在其有效期间内不应补税，只收牌照工本费。车船使用人申请补发时，须交验原领完税凭证、行车执照、船舶证书等。其遗失之牌照应否登报声明，由各地自行掌握。在有报社地区的机动车、船，以登报声明作废为宜。如有关各项证件一并遗失，必须取具当地区（乡）人民政府或公安、航政部门证明，或同业公会、商店担保，经税务机关审查属实后，方予补发。

2. 征收季度和期间应否统一规定问题：征收季度应按照条例第五条之规定办理，机动车、船一律按季（一、四、七、十月份）征收；但个别偏僻地区，不便按季征收时，得声明理由，报请大行政区管理局（直辖省市报总局）核准变更。非机动车、船得由各地根据实际情况，按季或按半年（一、七月份）征收；脚踏车仍按全年（一月份）一次合并征收。征收日期在规定月份内，由各地自行决定。如能与公安、航政部门换发牌照或检验时间配合时，应尽量协商配合。

3. 未开征车船使用牌照税地区之车、船，往来开征地区，经常与非经常行驶的鉴别问题，可依以下三点办理：①凡营业用的车、船或农业用的车、船，而兼营运输业务者，因其行驶开征地区的机会较多，应视为经常；农民自用之车、船，偶尔兼营运输业务或运销其生产品，持有区乡（村）人民政府证明者，应予免征；②车、船有组织者（如同业公会），税务局可通过这种组织，了解其经常与不经常行驶而决定征免；③车、船本身无组织者，应由区乡（村）人民政府或税收委员掌握，其经常行驶开征地区者，不予发给证明；如非经常行驶之农民自用车、船偶尔兼营运输业务或运销其生产品者，得发给证明。税务机关即凭其有无证明决定征免。此项办法可商请省（市）人民政府转知区乡（村）人民政府依照办理，并可在报纸上公布。

4. 甲地（原所在地）登记纳税的车、船，如因故行驶乙地（其他地区）时，可否在乙地纳税问题：《中央税务公报》第一卷第十九期"车船使用牌照税问题解答"中已有详细解答，可依照办理。惟答案中所称"申报"，应规定用书面报告，以备查考统计。

五、交易税

1. 关于条例草案研究问题：交易税暂行条例迄未公布，各地多系沿用单行办法，以致执行纷歧。同志们要求中央早日公布条例，如政务院短期内不能公布时，请由政务院财政经济委员会或中央财政部先行颁发草案试行。对原条例草案所提出建设性的意见（另案整理），由总局综合汇报中央财政部考虑，并作审订条例参考。

2. 手续费如何支付问题：交易税所提手续费之开支范围，以交易员之劳务报酬和集委会的必要开支为限（包括办公费、煤火费、交易员训练费、市场零星修缮费）。至代征人之代征手续费，最高不得超过税款百分之五的意见，应明确在手续费内包括，不是在手续费外另支。再介绍成交之手续费标准，悉依照三届全国税务会议交易税总结第二项办理。代征手续费及介绍成交手续费，均属于规定限额以内，由税务机关具体掌握。结账日期，以按季结清为原则，如某些地区确有困难，可按半年清结，结余应以交易税科目交库，不得移作别用。

3. 市场管理应与工商部门共同领导、分别负责：市场、集市及其他交易场所应由工商与税务部门共同领导。属于工商行政范围者，由工商部门负责；属于税收稽征范围者，由税务机关负责。对牙行、牙纪之审查、训练、管理，则应共同负责。最好与工商部门协商拟订市场管理规则，报请当地政府批准后，共同遵守。

4. 检查和补税问题：①交易税是行为税，必须就交易行为发生时征收，一般不得在中途施行检查，以免影响城乡物资交流。因此，必须加强控制交易市场，就交易行为所在地征税，并应在起运地或到达地采取重点检查；②牲畜交易税，可采取重点检查或于入屠宰场时检查，经查明偷漏证据确切者，可予补证；对屡教不改的，亦可给予处罚。因牲畜交易面广，成交不一定通过市场，不检查无法控制，不仅损失税收，容易形成市场混乱，税负不公。

5. 零售商店与批发商店如何具体划分问题：为了贯彻在零售商店购买应税商品不征交易税的原则，各地税务机关应本此精神，与工商部门研究，会请当地人民政府妥为规定，明确划分。

6. 合作社代购代销征税问题：代购代销都不是合作社本身经营范围，因之，不论向社员和非社员代为购销，均应照征交易税。由合作社代为扣交。

一九五二年

坚决肃清纳税中的假账与瞒报[*]
——通过"五反"运动建立真账与实报

（一九五二年二月五日）

事实证明，现在工商界在纳税中是严重地存在着假账与瞒报的。假账与瞒报，本身即是诈欺行为，其目的，主要是为了偷漏税，其结果则是严重地损害了国家建设资金的积累和全体人民的利益，这在当前工商界执行"反对偷税漏税"运动中，必须坚决清除。清除了旧的、丑恶的、违法的行为和思想之后，马上要建立起正确的认识与行动，此后必须严格地作到真账、实报，实行纳税中的忠诚与老实。

这是全国工商界改造思想运动中最主要的考验，这是工商界是否真能执行反诈欺、反偷漏最具体的证明，这是工商界是否真能根据马克思列宁主义改造资产阶级思想，及遵守共同纲领的最显明的考查。

走上人民税政的大道

这里所以提出"税政"的字样，是要特别强调新中国税收的政策性。根据人民政协共同纲领的有关规定，不仅税工人员要坚决执行，全国人民包括工商业者都要严格遵守，拿出整个的人民力量，体现共同纲领的政策精神，才不愧"人民税政"的称号。

根据这样的认识来看工商界以往的假账与瞒报，很显然地是违反了人民税政的理想。无论是假账，是瞒报，用诈欺手段来对待人民国家，妨碍建设资金的积累，损害全体人民的利益，这样的工商业者，已自居于人民之外而成了人民的敌人！严重地破坏了人民政协的共同纲领，向人民政权作猖狂的进攻，这是绝对不能再容忍的，必须坚决地打下去。一方面要把过去的假账和瞒报充分

---

[*] 此文发表于《北京民建会员通讯》。——编者注

坦白出来，听凭国家法纪的处理；另一方面要绝对保证此后不再有假账，不再有瞒报，充分作到真账与实报，走上人民税政的大道。

检查工作的准则

毛主席在人民政协全国委员会第二次会议上的开会辞中曾讲过："我们有伟大而正确的共同纲领以为检查工作讨论问题的准则"。依照《共同纲领》第三条的规定，对于民族资产阶级的经济利益及其私有财产，是加以"保护"的。但是，这个"保护"是有条件的，必须以"实行工人阶级领导"（第一条），"发展新民主主义的人民经济"（第三条），"在国营经济领导之下"（第二十六条），"有利于国计民生"（第三十条）为准则。合于这个准则的，要保护；不合这个准则的，不仅不予保护，还要"严格取缔"。

私营工商业者必须认清：新民主主义社会中的民族资产阶级，与半封建半殖民地时代的资本家不同，它不应该仍旧以对待反动政权的思想和手段来对待人民政权；又与资本主义国家的资本家不同，它不应该追求暴利，走向垄断，背叛人民经济的利益。民族资产阶级的经济利益是要在服从国家经济的整体利益为前提；民族资产阶级的私有财产的存在是要以不妨碍人民经济的发展为原则。它是在国营经济领导之下而获取合理利益，它是在有利于国计民生的条件下而得到"鼓励与扶助"；因而在共同纲领第八条的规定之下，它必须有"遵守法律………缴纳赋税的义务"。通过"取之于民、用之于民"的人民税政，以其所获利益的一部分，经人民政府之手，用之于最大多数人民的最大利益，所谓最大多数人民的最大利益是连民族资产阶级本身的利益也包括在内的。修铁路、兴水利，不是个人有钱就能办得到的；开学校、防瘟疫，不是个人有钱就能办得到的；"稳步地变农业国为工业国"，更不是个人有钱就能办得到的。人民为什么要纳税？纳了税为的是干什么？经过两年来的建国事业证明，还不是很清楚的事情么？怎能再容忍那些利令智昏只知自私自利地造假账搞瞒报的勾当。

办好所得税的汇算清交

私营工商业者是否能够配合当前的"三反"运动作到思想改造，马上就有一件大事来考验，这便是一九五一年度所得税的汇算清交。随着一九五一年度的结束,工商业者必须好好地,真真实实地结一下账,计算自己的盈余,以便报交所得税;随着一九五二年度的开始,又必须好好地,真真实实地建立新账,作为以后健全发展的基础;随着所得税汇算清交申报期限的到来,又必须好好地,真真实实地依照税法规定,将营业情况和结果,向当地税务机关办理申报,根据现行工商业税暂行条例第三章的规定,是"报告与调查"并提的。调查的责任,要由税务机关来担负,报告的责任,就要由纳税的工商业者以及有关的人民群众来担负。将人民的报告和政府的调查很正确地结合起来,才能把人民税政办好,二者之中,则又以正确的报告为首先应尽的责任。所以进行私营工商业者的思想改造,必须清除假账和瞒报,必须作到真账与实报,才是办好人民税政的正本清源之道。

护税力量的发挥

在今天全国广大的职工店员弟兄们大力展开护税运动之后,个别工商业者就是还打算假账瞒报,也不好作了。工人店员是人民政权的主人,在爱国主义运动中,他们要保护国家的税收,不使受到侵蚀和损害;在执行国家税法中,他们要"作忠实的记载",不受工商业者非法的支配;在贯彻"三反"运动的热潮中,他们更要据实检举个别工商业者的诈欺行为。而且守法纳税的工商业者也不容许行业中的败类那样损害国家资财影响正当营业而要加以制裁;广大的群众也决不容许毒恶的剥削思想侵蚀社会,各方面要加以检举;这样,在今后的人民税政中,假账瞒报的卑鄙勾当是不可能继续施展的了。有觉悟的工商业者赶快洗清旧染,面向光明,遵守国家法纪,保护人民利益,忠诚老实地作到真账与实报,走上人民税政的坦途。

写于一九五二年二月一日

一九五三年

现行印花税的回顾和展望*

（一九五三年五月十日）

一、从第一次简化到第二次简化

在这次中财委关于税制若干修正的通告中，对于印花税的修正是其主要内容之一，体现"简化税制"的原则，前进了一大步，而且准备着继续前进，做到简化的理想。

关于印花税的简化，在新中国税制发展的过程中，这已经是第二次了。我们记得，一九五零年六月十五日中财委薄一波副主任提出《关于调整税收问题的报告》时，对于那时的印花税，即曾指出：有的沿用国民党时代的印花税法，共三十六目；有的用中央人民政府财政部印花税草案，共三十目。二届全国税务会议根据财政部草案，减去了职工领薪收据、身份或资格证书、各种许可证照、运输护照、结婚证书、延聘证书和受聘证书、总分支店往来对账之日计表、月计表和对账性质的抄单、洗染单、存户取息不足起征点的收据，共减去五目，剩下二十五目。

接着即由中财委于同年七月一日颁发《关于调整税收实行日期的通知》，将上项报告有关印花税的调整，作了五项具体规定，即日付诸实施。同年十二月十九日公布的《印花税暂行条例》，即以上项报告和通知为依据.这是关于印花税第一次的简化。

自从《印花税暂行条例》公布之后，经过了两年的实行，它对于保证国家收入，曾表现了一定的效能。但是这个税，是以凭证为贴花对象的，而凭证的种类和名称（尤其是商事凭证），随着经济的发展日见繁多。那些凭证应该贴花？那些不必贴花？无论是税务机关，或是工商业者，打算逐类加以鉴别，都

---

* 此文发表于《工商界》杂志一九五三年第一号。——编者注

感觉到不是一件容易的事。为了适应经济的发展，给工商业者以便利，对于印花税有再进一步加以改进的必要，于是在这次《税制若干修正》中，又作了第二次的简化。

二、此次修正的内容

此次关于印花税的修正，将原来的二十五个目，再进一步加以简化。凡属商事凭证应贴的印花大体上可以并入其他现行各税者，尽量加以合并，并入之后，即从原印花税税目中予以剔除，今后不再贴花。具体表现在以下七个方面：

（一）整个税目因合并而取消者，计有九个目。即：第一目的发货票、第二目的银钱收据、第三目的账单、第十二目的汇兑、储蓄及存入或支取款项之单据薄折、第十三目的提取货物之单据薄折、第十四目的寄存契约单据、第十六目的运送契约单据、第十七目的货物收据、第十八目的电影、戏剧及娱乐比赛票券。以上九个目，包括各目说明栏所列举的凭证，均已分别并入商品流通税、货物税、工商业税及屠宰税内征收，此后不再贴花，因而这九个目，便从原来的二十五个目中取消了，只剩下十六个目。

（二）就在剩下的十六个目中，按照中财委通告所列举的并由中央财政部税务总局根据通告精神所补充的，还有以下若干凭证免贴印花；即：（1）第七目的保费收据；（2）第九目的承揽及加工收款收据；（3）第十一目的佣金收据（以上俱见《通告》）；（4）第七目说明栏第二项所列赔款收据，系投保人在保期内遭受损失，收到保险公司赔款所立的收据，今后可不贴花；（5）第十目预定买卖契据说明栏第二项"代替发货票使用者，按第一目发货票贴花"的规定，因发货票部分贴花已并入营业税内计征，本项应予取消，今后预定买卖契据只按本目万分之三税率贴花；（6）第二十四目说明栏第二项所列租金收据，其属于租赁业者，如影片公司的影片租金收据，因为应纳的印花税已并入营业税内征收，不再贴花；又电影院、剧场的场租收入，应按租赁业税率缴纳营业税，其场租租金收据，亦可不贴印花；但其他一般租金收据及收取租金之薄折，仍应按租金金额千分之三计贴印花（以上三项已由税务总局通知所属执行，参阅《中央税务公报》本年第三期）。

（三）根据中财委通告的简化原则，对于有关凭证可以免贴印花者，又由税务总局加以补充规定如下：（1）某些凭证虽属银钱收据等九个目但未并入其他各税征收者,如医院诊所的医药费收据、农民出售自产品开立的凭证、调拨款项或调拨货物单据、预收货款及保证金收据、股红息收据、支票本,为了便于执行,均不再贴印花;(2)联营社的业务费收据、收回货款的收据、不计息的欠货款单据,过去解释按件贴花五百元者,均不再贴印花;(3)一九五二年的赊销货款,于一九五三年收进,所开立的货款收据,不再贴花。

(四)以上均就免贴印花而言,但也必须指出:某些应贴花的凭证,其贴花标准原系比照他目,而所比照之目又已取消者,仍应按原负担贴花;例如:(1)第六目说明栏第三项银钱业同业拆款契据期限在三日以内者,因本目继续存在,仍应按件贴花五百元;(2)第六目说明栏第四项各种主债务凭证已按本目贴花者,其从属债务凭证仍应按件贴花五百元;(3)一九五三年一月一日以前所立的应税凭证未照章贴花者,仍应按原规定办理。

(五)不属于以上免贴各项的税目,仍由税务机关按现行条例及有关规定办理。

(六)还有一点应该明确的,即是:这次印花税的修正,固然以简化纳税手续为主旨,但是同时必须与保证国家税收的原则相结合,凡是未经合并还应该贴花的税目和凭证,必须照章贴花。在纳税人方面,不分公私,均应善尽其纳税的责任;在税务机关方面,亦须以严格执行检查,为其应尽的职守。

(七)最后一点须加以说明的,即是:印花税经过这次修正后,发货票的印花税并入营业税内征收,原来规定凭证所载金额不满一万五千元者免贴印花的照顾,随着没有了,有人认为是增加了小商户的负担。但是必须认识,印花税虽有起征点,营业税则没有起征点,发货票的印花税既合并于营业税内征收,不再在凭证上贴花、销花,起征点的基础已不存在。如再强调照顾过去起征点以下的负担,即不能实现简化的目的。而且一般商业适用的营业税税率,原来以百分之三的为较多,经过这次修正,合并了印花税和营业税附加,应该是百分之三点六六,现在则按百分之三点五计税,仍然是有所照顾的(参阅《中央税务公报》本年第三期第十三页)。还有,根据中财委的通告,对于小型工商业户及摊贩应纳的工商业税,于简化手续之外,其每月销货额不满九十万元或收益额不满六十万元者,均免纳工商业税。如果从全面看问题,便可了解政府对于小型工商业户及摊贩,在纳税上是有合理的照顾的。

三、今后的展望

印花税在我们人民政府之下，经过前后两次简化，尤其是最近一次的修正，已经有很大的改进，为大家所称便。但是这次税制修正，对于印花税的打算，原来还不止于此。我们看苏联先进的榜样，在它的税收体系中有没有印花税？没有；但是苏联有"公证费"。我们的印花税经过这次修正之后，凡可以合并入其他各税的，都尽量归并了，所剩下的税目，总起来看，有并入公证费的可能。以产权凭证及合同契约为例，并入公证费内征收，是更觉合理的。因此，今后的印花税应该以苏联的先进经验为榜样，更进一步实现公证制度，将今天的印花税转变为明天的公证费，实现整个税种的简化，应该是我们努力的目标。

但是，打算实行公证制度，必先有新型的公证机构，这一机构该由那一部门来担任呢？这要很好地计划一下，不是咄嗟之间即能实现的。在公证制度未拟妥以前，在公证机构未建立以前，为了保证国家税收，所有未合并部分，仍应由税务机关按照原有条例及原有规定继续办理。同时由税务部门多方联系，抓紧准备，以期下一步的进展能够很快的实现。

我们要努力于税制修正的今天，但也要展望到税制进展的明天，认清了发展的前途，就能促起我们对今天的努力。大家要把今天的印花税办好，为今后的进展创造条件。

税务问题解答[*]

（一九五三年九月十日、一九五四年二月十日）

货物税部分

一、关于"若干修正"应该怎样认识？

（一）现行货物税所根据的税法，是《货物税暂行条例》，首次于一九五零年一月三十日由中央人民政府政务院公布；嗣于一九五零年十二月十五日经政务院第六十三次政务会议修正通过，于同年十二月十九日公布，这是第一次的修正；去年底又经政务院财政经济委员会，将现行税制加以若干修正，报经政务院第一百六十四次政务会议核准，决定自一九五三年一月一日起实行，其中第二部分，即"关于货物税的修订"，这是第二次的修正。两次修正都是由政务院通过、核准，这是相同的；但也有不同之点。第一次的修正是全部修正，以修正后的条例代替以前的条例，以前的条例即归废止；第二次的修正是"若干修正"，亦即部分修正而非全部修正，以部分修正代替现行条例中的有关部分，其被代替的部分自归失效而要按照新规定来执行；但是"若干修正"以外，未被代替的部分，仍然有效。因此，一九五零年底修正公布的条例并未废止，仅是条文中的若干部分因为"若干修正"而失效，以新的规定代替之，未曾全盘修正税法。征诸苏联先例，也有类似的经验。我们在执行中，一方根据新公布的有关货物税的"若干修正"，同时即根据现行货物税暂行条例的有效部分，相互配合起来。今后随着财经情势的发展，可能再作新的"若干修正"，也可能在适当时期，办理全部修正。

（二）这次货物税的"若干修正"，首先要认识一个最重要的部分——标志着新中国税收制度的划时代的发展，即是：从原有货物税的征课品目中，划出若

---

[*] 此文发表于《工商界》杂志一九五三年第五号及一九五四年第二号。——编者注

干，改征商品流通税。我们看商品流通税的二十二个税目，除了"酸"和"化学肥料"而外，其余二十个税目，都是从原来货物税的征课品目中移过来的。经过这样的转移，现行货物税的征课品目相应地减少了，而且这种减少的趋势，今后还要发展。"目前由于我国社会还有五种经济并存，小商品生产仍然占着很大优势，因此还只能从货物税中选出一部分品目来试办（商品流通税），以便取得经验，逐步推广"（参阅《人民日报》社论《努力推行修正了的税制》）。因此，在税制若干修正的通告中，曾经明文规定："在试行取得经验后，某些征收货物税的品目，凡可以改征商品流通税者，由中央人民政府财政部报经本委核准，逐步改征商品流通税"。这是新民主主义税收制度中有关质量的重大发展。

（三）货物税的征课品目，经过这样修正之后，固然是相应地减少了，但也新增了几个税目，即：蚕丝、香精、照相机、胶卷、胶片、油墨、生漆、茴油、桂油、漆油、核桃油、薄荷油、松节油、苏子油、粮食。增添的理由，在《税政宣传大纲》中已有所说明（参阅《中央税务公报》本年第二期第九页）。结果，在现行"货物税税目、税率表"中，共列了三十六项，另以"目别"，加以较详的注释。这里，还要注意：在第一次修正的货物税暂行条例第五条，对于税目，曾以三个栏来表示，即：类别、项别、目别。经过"若干修正"，将类别（八大类）一栏取消，项别调整为三十八，目别的注释标准，较前也有些变动。以项别言之，原来第一项的卷烟，将机制纸烟、半机制纸烟、手工制纸烟移入商品流通税，而称为卷烟；将雪茄烟则留于货物税内而列为货物税税目的第一项。原来货物税税目第三项烟叶，将薰烟叶移入商品流通税，而将土烟叶仍留于货物税。又如原来货物税税目表第三十八项为竹木，经过"若干修正"后，将原木划入商品流通税，而将原竹仍列于货物税。以此例推，这是就项别来看。再就目别来看，有加以详细列举的，如焚化品、化妆品、饮食品、颜染料、植物油、非金属矿产品等；亦有废除了列举品名的规定的，如瓷器、陶器、搪瓷器、铝制品、玻璃制品、橡胶制品等，其原因，在《税政宣传大纲》中有所说明（参阅公报本年第二期第九页）。此外，在"若干修正"后的税目中，初看似是新增而实际不是的，例如第十六项的土布，在这次修正前，已由土布交易税改征土布货物税；第三十四目的粮食，系这次修正时由粮食交易税改征。货物税中添了这两个目，交易税中则少了这两个目。

（四）经过这次修正后的货物税，和以前的货物税，在性质上也有所不同。以前的货物税，单纯是对物课税；修正后的货物税，仍以对物课税为主，结合产制应税货物的厂商所应纳的营业税、营业税附加及印花税，合并于原来的货物税中一道来交纳。这样的货物税不仅简化了纳税手续，在性质上已经具有商品流通税的一部分而且是首要部分的作用。但这仅指对于工矿企业产制的应税货物而言（当然占货物税税目中的绝大部分），对于"经营土烟叶、水产品、原竹、粮食的购运商原纳的印花税、营业税及营业税附加（现已合并于营业税），均未并入货物税，仍应照工商业税规定分别征收"（参阅公报第二期第二页《关于执行货物税若干修正的指示》）。从这里可以看出：现行货物税的应税货物中，大体上包括两个类型，一个是属于工矿产制品，另一个则属于农林水产品，在商品流转中具有不同的过程和动向，因而在纳税方法上，也要有所不同。

（五）修正后的货物税税率，基于两个原因，必须加以调整而有所变动。一个原因是产制厂商应纳的营业税等并入货物税内征收，另一个原因是计税公式的简化。结果，"对大部分品目是把原有税率合并、折算，基本上没有轻重。其余部分把原有税率合并、折算后，又作了适当的调整。其中略为调高的有乙类化妆品、焚化品等品目，调低的也有不少品目"（参阅公报第二期第九页）。其中最显著的有四种品目，税率和以前一样，即：土烟叶仍然是百分之四十，水产品仍然是百分之五，原竹仍然是百分之五，粮食在征收交易税时税率百分之二，改征货物税后仍然是百分之二。

（六）以上关于税目、税率部分，均与货物税暂行条例第五条有关，经过这次修正，必须重新认识，按照新的规定来执行。其次，则是关于条例的第六条，经修正的有两点：一个是核税价格，另一个是计算公式。先说核税价格。原条文所依据的核税价格（亦称完税价格）有两个：一个是市场平均批价，另一个是厂商的公告牌经税务机关认为可资依据者，一般以前者为主。这次修正后的核税价格，它的依据有了改变了，一律按国营公司批发牌价核税。国营公司无批发牌价的，得采用当地市场批发价格核税，仍然是以两个价格相配合而以前者为主。修正的原因，已如《税政宣传大纲》所说。这是根据共同纲领实行国营经济领导，在价格政策方面应有的步骤。在初期执行中当然不免存在着一些问题，但是这个方向，肯定是正确的，必须努力以赴。

（七）其次是计算公式。条例第六条原文所列的计算公式，是沿留下来的一种绕弯子的办法，没有多大意义，徒增手续麻烦，为了简化，改以税率直乘货物价格计算应纳税额，征纳双方都感便利。不仅修正后的货物税这样做了，试行的商品流通税和修正后的屠宰税也都这样做了，经验证明，确是感觉方便。通过公式，税率高着点，不用公式，税率低着点，何必一定拘守旧办法呢？在《关于执行货物税若干修正的指示》中，曾经提到："过去通过公式计税，是为了扣除其价格内所包含的税款，现税率已降低，因此，除土烟叶、水产品、原竹、粮食四种品目外，其余应按含有税款的价格（即不必通过公式的价格）计税"（参阅公报第二期第三页）。

（八）在《关于货物税若干修正的指示》中，第五项粮食部分曾提到："原粮加工后仍为应税货物者（如芝麻、花生、豆类制成植物油、小麦制成麦粉），应按规定另行征税；不属应税货物者（如玉米磨成玉米面、小米磨成小米面）不予管理"。这是说，芝麻、花生、豆类、小麦属于粮食项目，应纳货物税；植物油和麦粉是粮食以外的应税项目，亦应交纳货物税。芝麻、花生、豆类可以制成植物油，也可以直接用作食品，芝麻等应征税，犹可说；至于小麦不能直接食用，不可以考虑不征货物税么？这样考虑一下是可以的，但是在实际上，并没有多征了税，因为未征粮食货物税时，在粮食交易税中原已包括芝麻、花生、豆类（油粮）和小麦了，以前是百分之二的税率，现在仍是百分之二的税率。

（九）货物税是具有转嫁作用的税，最后都要归货物的消费者和使用者来负担，关系到广大民众的生活，在开征某项货物税或修正现行制度时，必须加以慎重而全面的考虑。但在我国今天经济发展的情况下，在进行建设积累资金的要求下，"不可能定出一个不需要绝大多数劳动群众参加国家财政活动的财政制度"。我们从今年起，开始第一个五年经济建设计划，许多地方和苏联进行第一个五年经济建设计划时的情况相仿佛，因而我们需要以苏联的经验作参考，来规定我们的进行步骤。苏联在一九二七至一九二八年度——一九三二至一九三三年度的五年期间，"……课税收入，包括间接税，也将显示出大大的增加，而且将继续成为收入中最重要的项目……首先必须弄明白，在苏联经济发展的情况下，不可能定出一个不需要绝大多数劳动群众参加国家财政活动的财政制度。然而体现在计划中的财政制度，其目前的形式虽还很不完善，但已有直接税这样一个极有力的武器（农业税与所得税）可以保证国家预算收入部分有严格的阶级性质。但是，只有拿这财政制度来整个地加以考虑，即包括预算的支出方面来考虑时，才能评定作为这种财政制度的基础的阶级政策的全部价值。国家的总政策是通过预算的支出来实现的，如发展集体农庄、推广合作社组织、供给农业机器、土地整理、城市房屋建筑、文化事业等等的费用。总的看来，五年财政计划将受到阶级政策的考验，也将受到政府所定的一切其他经济原则的考验"（引自本年六月出版的《苏联第一个五年经济建设计划》『一九二九年四月二十三日苏联国家计划委员会主席团公布』第八章《财政纲领》，译本第一二六页）。在认识我国现行税收制度时，这一段话，是值得郑重引出，而要我们加以深思熟虑的。

二、应税货物可不可以分类呢？

货物税的应税货物原分为八大类，自"税制若干修正"后，将"类别"取消，另以"项别"和"目别"表示之。取消"类别"的原因，一个是从原来货物税应税货物中划出二十种，改征商品流通税，影响了原来"类别"的称呼，例如：原来"烟酒类"中的大部分划入商品流通税之后，留在货物税中的只是雪茄烟、烟丝和土烟叶，当然不能再用"烟酒类"的类别称呼，而只能以项别表示之。另外还有一个原因，即是分类的标准，很难严格分清，常常是交互错综着，勉强加以分类，总觉着有些地方不合适，倒不如不分类，径以项别表示，较为直截了当。例如：原"类别"中的"工业品类"，包括了十个项，但是"用品类"中也都是工业品，"饮食品类"和"纤维皮毛类"中也有很多是工业品，其他类中仍有工业品，分了类并不能做到界线分明，则不如不分类之为愈。因此，遂把"类别"一栏取消。

但是我们在研究上，是否可以试着分分类，以便识别应税货物中都包括着什么样的货品？这当然是可以的，但也只能大概地分一下，而且要从各种不同的分类标准来着眼，结果仍不免有些交互错综的地方。首先，我们可以从"生产资料"、"生活资料"的标准来分，现行货物税应税货物的三十六项，出不了这两大类，而以属于"生活资料"的比较多，这是可以一目了然的。就是这样分，仍然免不了交互错综，例如：第三十六项的"煤"，如用以做饭、取暖，那就属于生活资料；但若用于熔铁炼钢，那便成为生产资料，两边把"煤"都列上，便失掉分类的作用了。课税的时候，只要认定是煤，适用百分之五的税率，就够了，至于煤的用项，是用在厨房或是用在工厂的锅炉房，可以不问。

其次，从应税货物的来源看，可分为工、矿产制品和农、林、水产品两大类，而以属于前者为多。如粮食属于农产品，原竹属于林产品，鱼、虾、蟹以及海参，燕窝等属于水产品；又如金属、非金属的矿产品则是从矿里来的，毛、麻制品和电工器材等工业品则是从厂里来的，而工业品中又包括了机制、半机制和手工制品。这种分类，在规定征收方法时，是需要考虑到的。对厂、场产制的应税货物，可以派员驻征；厂、场规模较小，不便派员驻征的，得查明产量，按期核定征收；不便依照以上两个办法征收的，可于货物起运时征收。从大体上看，用一、二两种办法征收的，属于工、矿产制品；用第三办法征收的，属于农林、水产品；但是有些工业品如糖、如纸、如植物油，亦须针对其属于机制、半机制或手工制，分别采用不同的征收方法。因此，这种分类法亦只能在研究、考虑时注意到，而不便机械地据以分类。

再次，则根据货物税的性质而据以分类。货物税是属于消费税的性质，通过转嫁而由消费者或使用者来负担，从这一角度来看，可分为：食料类、饮料类、吸料类、服料类、消耗类、使用类、建筑用类、产制用类等八个类。①可列入食料类的，如粮食、植物油的一部、水产品、调味品、糖、罐头的主要部分、海参之类。②可列入饮料类的，如汽水之类、罐头中的乳类、茶。③可列入吸料类的，如雪茄烟、烟丝、土烟叶。④可列入服料类的，如毛纱毛线、毛制品、麻纺织品、丝、土布、橡胶制品的大部分。⑤可列入消耗类的，如鞭炮、焚化品；也可以把化妆品列入，放炮听响，化妆好看，当时就消耗掉了，似可列入；但是这里就有问题，在社会主义社会或新民主主义社会里，合理的化妆品的消费，不能和焚化品、鞭炮等量齐观，这在分类上就有问题了。⑥可列入使用类的，如钟表、照相机、留声机、收音机、自来水笔、暖水瓶、自行车零件、搪瓷、玻璃制品、铝制品、瓷器、陶器、纸张等；但是使用期限的长短，很难划界，那些是较为长期的而列为使用？那些是较为短期的而列为消耗？就很难分。⑦可列入建筑用类的，如砖瓦、原竹（用作盖房编篱用的）、电工器材、漆胶、五金的一部、植物油的一部以及纸张中之花壁纸等。⑧可列入产制用类的，如金属矿产品、颜染料、五金的主要部分等。大体说来，可以这样分类研究，也可以从这种分类中看出问题，但是很难分的清楚、恰当。关于应税货品的分类，我们可以进行研究，但可不必订入税法的条文里，所以"若干修正"后的货物税废止"类别"。

但是从应税货物的分类研究中，我们也可以看出一些问题。现行货物税，除已划入商品流通税的品目外，计有三十六项，如从消费性质分类，其中包括吃的、喝的、抽的、穿的、消耗的、使用的、建筑用的、制造用的，涉及面不为不广，在今天讲，还是属于间接税的范畴。我们要问：在新民主主义税收制度中是不是还要这样依靠间接税呢？我们的答案：还是要的；但也必须认识：这和资产阶级政权下的间接税，有着本质的不同，它是真能实现"取之于民，用之于民""从群众中来，到群众中去"，合于社会主义的性质和作用的。苏联在一九二二年四月联共（布）第十一次代表大会"关于财政政策"的决议中曾指出："……目前税收制度的重心却只能放在间接税方面，因为这是一种简便易行的（如大量消费的消费品税）……而人人皆可分担的税制"（参阅《联共（布）关于经济建设问题的决议》第二辑第三十八页）。以后，经过了好几年，到了一九二九年四月二十三日公布苏联第一个五年经济建设计划时，在其《财政纲领》中，亦曾指出："……课税收入，包括间接税（也包括实际等于一般消费税的工商业营业税），将显示出大大的增加，而且将继续成为收入中最重要的项目"。该计划接着指出：国家预算中收入方面的这种结构，特别是间接税所占的比重之大，必然会引起一些问题；然而"必须弄明白：在苏联经济发展的情况下，不可能定出一个不需绝大多数劳动群众参加国家财政活动的财政制度"。该计划也承认：目前的形式还很不完善，但是要看：这样来的钱是用在什么方面去，整个地加以考虑，才能评定财政制度的全部价值。我们今天的财经情况及其发展阶段，和苏联当年是相仿佛的，以上所引的看法和理论，在认识我们今天的财政制度时，是必需加以考虑的。我们学习苏联先进经验，当然不能生搬硬套，但是其中有可以相互印证的，亦须留意及之。这样，对于我们理解今天的货物税是有帮助的。

当然，我们要注意："税收制度的推行，不应当引起工人实际工资的降低；即是说，应当在工资方面有适当的补偿"（前引《决议》第一辑第三十八页）。我们在征收货物税时，不仅要考虑到工人的实际工资，还要考虑到广大劳动群众的生活，尤其是广大农民的生活，以及经济建设的成本。如果因为课税而工资部分所包括的货币量涨大了，必然增加国家预算和工矿建设的支出，抵销了国税的增收，我们必须要算总账。所以运用货物税这一工具，是有其一定的限度的。

因此，我们今天的货物税包括的三十六项，是不是都是合理的呢？是不是都能符合税收政策的要求呢？是不是有应该包括而尚未包括的呢？必须继续不断地在实践中加以全面而深入的研究，以期合理地改进。

最后，关于货物税应税货物的研究，不能孤立地单从货物税本身来看，还要联系商品流通税的应税商品和营业税，"按营业总收入额计算征收的工业部分"，通盘来加以研究。这里包括两个意义。第一，商品流通税的应税商品其中有二十项是从原来货物税划过来的，划过之后，分属两个税；但是商品流通税的生铁、钢材和货物税的五金的划界问题，就需要深入地、具体地加以研究，以期划分清楚、各如其分，始能便利交纳，避免疑难。在试行初期，因为产制情况复杂，在全国范围内，难免有认识分歧、分属各异的个别现象，但必须由征纳双方实事求是地进行鉴别，求得合理的解决。这是一个较为显著的例子。第二，货物税的现行项目，大部分要逐步转入商品流通税的，转入之后，货物税的项目即可逐渐缩减；而营业税工业部分的若干项目，在一定的条件下亦有可能转入货物税或径行转入商品流通税，不再按工业营业税征收；今天交纳工业品货物税的厂商，可不再交纳工业营业税，这在简化税制的原则下是应该这样做，而且是很合理的。因此，以货物税为枢纽，从三种税的有关项目加以通盘的研究，对于今后进一步修正税制，乃是必要而不可忽视的准备工作。

一九五三年度各级税务机关税收征解业务会计制度草案试行工作基本总结[*]

(一九五三年十一月二日)

一、总的情况

一九五三年度各级税务机关税收征解业务会计制度草案（以下简称"试行草案"），是随着修正税制后新的工作要求制定的。其基本特点是：将税收会计工作和征收业务进一步紧密地结合起来，适当地简化记账与结报手续，更有效地发挥会计工作的应有作用。因此，获得了各级领导的重视和支持，征收业务单位的有力配合，会计票证工作人员的普遍赞同。布置之初时间紧迫，又值大力推行修正税制，但是，由于全体会计票证工作同志们的努力，在年度开始前短短的一个月内，各级先后召开了布置传达会议；不少地区领导同志都能亲自参加指导，并着重对同志们的思想给以启发；县级一般均采取了学习讨论的方法，因此，试行草案很快贯彻到基层单位。

试行以后同志们更发挥了主动性与积极性，有条件的地区定期召开所属会计主管人员碰头会议；有的是组成了联络站藉以交流经验；大区局和省市局则多根据下级局提出的问题陆续作了综合解答，并拟定了具体补充办法；特别是各级局先后组织了人力，加强会计票证检查，给下级以具体帮助，对推动工作、贯彻制度起了很大作用，因而会票工作逐步提高，获得了一定的成绩。这些成绩主要表现在：掌握销号控制滞纳工作上，不仅为领导提供了全面征纳过程数字，而且便利了业务单位催缴工作；在税款征解方面，基层经征局、所同志们辛勤努力，坚决执行了税款及时入库的原则；再就整个票证工作来看，由于大

---

[*] 此文系作者于一九五三年十一月二日在第四次全国税收会计工作会议上的报告，刊载于一九五四年三月三日出版的《税务工作通报》杂志一九五四年第七期。——编者注

一九五三年度各级税务机关税收征解业务会计制度草案试行工作基本总结

部地区的重视和认真审核，不但保证供应，加强管理，且会不断发现不合税法规定的情事，并及时得到纠正。这就使得试行草案不断地充实，会票工作不断地改进，为修订会计制度准备了有利条件。

但是，由于试行草案本身在某些关键问题上规定不够明确，交代不够清楚；某些具体手续规定过于硬性；若干会计处理办法未能及时修订颁发；预算科目统一布置不及时，而且变动频繁；修正税制后对有关票证印制、填用问题，事前也缺乏明确规定；第二次修订金库条例施行细则颁发较迟，存在问题又未能获得及时解决，因此使各地在试行当中，遭到很多困难。产生这些缺点的基本原因，除了某些客观条件外，主要是由于总局会计主管单位对新的工作缺乏足够经验和对征收业务不够熟悉；对客观要求未能充分地分析研究；加以布置解释不够详尽，问题解答不够及时，因而在试行初期一度产生某些混乱现象。经各级同志们的努力，自四月份起才逐步趋向正规，工作效率也逐步提高。就各级局会计月报的编报工作来看，不少地区均能做到按期或提前报出，因而总局汇编全国会计月报时间逐步缩短，从一月份需时一百天进到八月份只需四十七天即编成报部，较规定还提前三天。

其次，应该指出：仍有个别地区，按其具体情况，执行统一制度并无多大困难，但由于对新制度的基本精神认识不足，或习惯于自己的一套；或遭遇困难而缺乏贯彻的信心，致使制度执行中受到一定影响。

总之，在试行过程中虽然存在上述缺点，但成绩是主要的。为了更好地完成一九五四年度税收会计工作任务，对既有成绩和工作中的优点应该加以巩固与发扬；对存在的缺点必须坚决克服。

此次召开会计工作会议是为了交流经验，多想办法，使制度更加完备，工作得以提高。兹就几个主要问题加以分析，并提出几点要求与同志们共同研究。

二、几个主要问题

（一）关于掌握销号和控制滞纳

根据苏联税收会计工作的先进经验和苏联专家的建议：新的税收会计应该同时符合财政与适应业务的要求，不仅要完成税款入库报解工作，也有责任切实掌握征纳的主要环节，协助业务单位加强征收管理，以便督促清理滞纳。经我们反复研究，已在试行草案中作为税收会计工作的基本任务之一。对税收会计工作来说，无疑的，这是一项重要改革与提高。

经验证明：由于各基层经征业务单位对纳税户的交纳情况一般是由专责人员掌握，其数字是分散的，同时因集中全力于稽征，对控制滞纳工作就很难兼顾，因而各地对清理积欠和催收工作，就不免产生了一定的困难。

自会计执行销号工作以来，由于对滞纳数的控制有了一套较为完整的手续，通过会计数字供领导上了解全面征收情况，进行分析研究；同时也就便利了征收人员的督促与清理工作。因此，各地均认为会计通过销号工作掌握滞纳是一项行之有效的办法，并且通过销号工作曾经揭发了贪污行为和官僚主义，对加强票证管理工作也起了一定的作用。更由于各级认真贯彻，并在工作上发挥了群众智慧，创造了不少方法，使工作效率不断提高，特别是城市地区在清理积欠催收滞纳上获得了良好的成绩。根据各地所报滞纳数字，总局曾不断发出通知引起注意，各地领导对此亦极重视，截至八月底止据已报来的数字，全国积欠税款即达五点三二二亿余元，由此说明目前滞纳现象极为严重，而我们已经有力地掌握了这个数字，并已电知各地加紧清理催收。

但是，也还有个别地区对此项工作的基本精神领会不足，又缺乏深入研究，误认为"会计掌握销号作用不大"，因而就放弃了对此项工作的认真贯彻与执行；也还有主动与业务单位联系不够，使工作处于被动。事实证明，这种看法和作法显然是不对的；当然这与总局的经验不足、解释不够，在征收方法上缺乏深入了解，规定不尽切合实际等原因是分不开的。

必须说明会计掌握销号和控制滞纳的原则，首先要考虑到销号工作的最终目的是为了反映征收过程，藉以严密地控制滞纳。因此，在执行中应根据各地不同的情况和不同的征收方法，城市与农村分别对待，在工作方法上灵活地和多方面地有效运用。

一九五三年度各级税务机关税收征解业务会计制度草案试行工作基本总结

（二）会计、统计有机结合

试行草案规定，在会计报表中增列税源指标是根据四届全国税务会议结论拟定的，它的目的，原是为了利用会计报表编报时间迅速，把主要税源数字与税款征解数字连锁上报，以解决及时了解全国主要税源轮廓情况的需要，同时为了便于列报，并规定在完税凭证汇总单上也增加税源指标内容。在试行过程中虽然存在问题很多，但由于同志们对此项工作曾尽了最大努力，在试行初期和统计制度未颁发以前，对供应税源统计资料是起了一定作用的。当拟订此项规定时，虽然也知道这种指标简单，只能满足一定目的，但没有考虑到拟定统计报表时仍不能不规定这些税源指标会发生重复填报的后果。因而在试行中会计、统计有机结合便成为最突出的一个问题。各地为此迭有反映，总局五月间派人重点进行了解后，经反复研究，会计方面税源数字比较简单，为了避免重复列报，保持统计报表的完整性，节省会计汇列税源指标的力量用以加强审核工作，因此，决定从七月起会计月报内不再列报有关税源数字，同时也改进了完税凭证汇总单的结合办法。虽然如此，但上半年已给各地工作上增加了不必要的负担，造成人力浪费。

产生这些缺点的基本原因有以下几点：

第一，经验不足，考虑不周。在拟订试行草案时，由于总局对征收业务与下面的具体情况缺乏深入了解，考虑不周，而只是从主观愿望出发，以致规定与实际脱节，使干部力量有不少浪费。

第二，布置草率，规定笼统。由于事前既未广泛征求各地意见，亦未采取重点试行稳步前进的办法；对城市与县镇也未能分清对象，区别规定，而只是急于求成，全面展开，因而给各地工作上造成困难。

第三，联系不够。由于总局对会计与统计没有细致地联系考虑，以致在品目、单位含量及报表内容等方面的规定互不一致，因而产生工作被动和重复现象。

根据以上分析，这些缺点，并不在于会计、统计的应否有机结合，问题关键是在于如何结合才能有利于整个工作。我们认为今后应从税收统计与完税凭证汇总单上很好地结合起来，其目的在于以会计解库数编列税收统计，除对一些变态性的收入以补充表加以说明外，即可发挥税收统计的作用；同时也便于计划单位集中力量做好税源统计工作。此外，通过填票人员向会计单位办理结报工作的同时，连同完税凭证尽可能地将有关统计资料并列在完税凭证汇总单内，避免业务单位各供一套资料汇总的重复工作。至于具体内容，可根据不同税种，由省局计划、业务与会计单位共同研究商定，以适应双方需要，是否妥当，尚待深入研究讨论。

（三）税款报解

一九五三年度由于第二次修订金库条例施行细则明确以县支库为基层库，经收处收纳税款仅系代理性质不算正式入库。同时原已办理支库手续的银行营业所也陆续取消代理支库，因而给予基层经征局、所在办理税款收解工作上不少的影响。特别在较为偏僻的农村税务所，一般距县级局与县支行在四、五十里路以上，交通条件也极不方便，再加银行设置种种客观条件的限制，不能不存在一定程度的困难。但由于基层经征局、所同志们不分昼夜、不避风雨的辛勤努力，一般均坚决地执行了税款及时入库的这一原则，不少地区都能在当地财委或财政部门主持下，经常地召开财、税、库联席会议，主动地与银行方面取得密切联系。华东、中南、西南等地区不少采用了邮汇和若干其他方式，保证了税款及时入库，节省了不少人力物力。

但是不能否认，在我们的工作中仍存在着以下缺点：

首先，由于总局对基层局、所的实际情况了解不够，规定的限期、限额制度和实际情况有出入，以致部分地区执行上感到困难，这也是影响制度统一执行的一个原因。

其次，关于对账工作，总局强调"基层局、行签证一致"的原则，这是完全正确的，并且在工作上也前进了一步；但由于制度中忽略了省级局事后督促与检查（事后核对）的规定，同时某些地区对这一原则的执行又不够认真，以致税局与银行双方数字不断发现错误，使得省级局汇总困难，不得不进行事后的清理。为了加强对账工作，保证做到基层局、行签证一致，在此次修订提纲中曾提出了初步的改进办法，希望共同研究。

（四）审核工作

票证审核是会票工作中一个重要环节，它的目的与任务是为了及时发现与纠正计税、核税上的错误，在贯彻依法办事、依率计征上起了一定作用。据我们了解，大部地区对此项工作都很重视，创造了很多简便有效的审核办法，并曾发现了一些不合税法规定的情况，及时得到纠正；但是也有个别地区对此项工作不够重视，工作抓得不紧，或者完全流于形式，我们认为这是应该从速改正的。

从总局检查，过去在票证制度中对此项工作规定很不具体，在试行草案中也缺乏一套完整办法，致使各地普遍感到执行困难，更未能及时地总结各地审核经验加以推广，普遍地提高审核作用。我们在此次修订草案时，已明确了审核的目的、范围、内容及审核错误处理手续等，以期使票证审核工作长期存在的问题得到解决。

三、几点要求

此次会议的主要任务是：修订试行草案、布置一九五三年税收决算准备工作，并研究简化日、旬报问题。特提供以下意见，请讨论研究：

首先，一九五三年会计制度草案对若干具体手续规定的过于硬性，以致影响了制度的全面贯彻执行。这次会议应本统一性与灵活性适当结合的原则，研究修订。

其次，这次会议应根据需要与可能进一步研究简化手续办法。当然，要求简化，丝毫不能理解为简单从事，而是可有可无的坚决去掉或加以改变，必需的仍要保留或适当补充。

最后，我们在讨论问题时，必须从全面出发。税收会计工作必须适应财政与税政的要求，才能起到它应起的作用。特别是关于完税凭证汇总单的内容和格式，我们应很好地研究改进，使它既能符合简化的原则，又能适应统计与会计单位的需要，真正达到会计、统计有机结合的要求。

第四次全国税收会计工作会议总结报告*

（一九五三年十一月二十七日）

这次会计工作会议的主要任务，是修订各级税务机关税收征解业务会计制度和布置一九五三年年终税收决算准备工作。又经过与统计工作会议的同志们在联席座谈会中解决会计统计结合的方针，税收会计决算与税收统计数字一致的原则和办法。

会议出席代表，计有七个大区税务管理局及河北、湖南、广东、四川、浙江、安徽、松江、新疆、上海、武汉、旅大、重庆、北京、天津十四个省市税务局的会计主管人员。

会议在三周中除作了"关于一九五三年度各级税务机关税收征解业务会计制度草案试行工作基本总结"，交流了各地试行经验外，并由中央财政部派员参加，对修订会计制度作了重要指示。中央总金库亦派专人共同研究了有关税库问题。经过热烈讨论和认真的深入的研究，取得了一致意见，顺利完成了修订税收会计制度的主要任务。为了早日传达布置，已经中央财政部初步审查，并同意先以修正草案试行。

会议期间曾邀请中央财政部苏联会计专家塔塔连阔同志介绍了苏联税收会计工作的先进经验，给了我们很大启发。李局长在会计、统计代表联席座谈会上作了报告，共同研究了会计、统计进一步结合的办法，解决了税收统计与税收会计的关系问题，要结合起来、一致起来和加强起来。特别提出要求将我们的数字工作，在社会主义会计统计的原理指导下更提高一步。这更是两个会议中的一项很大收获。

兹将会议讨论的主要问题结论如下：

---

* 此文刊载于一九五四年三月三日出版的《税务工作通报》杂志一九五四年第七期。——编者注

第四次全国税收会计工作会议总结报告

一、税收会计工作的基本任务

（一）税收会计制度的立法依据

过去税收会计是单位预算会计制度的一个组成部分，因此，它是以单位预算会计为立法依据的。此次修订会计制度前，奉中央财政部指示：为了更符合税收会计工作的目的和任务，也就是为了符合财政要求和适应税政需要，确定改以预算决算暂行条例及各项税法为立法依据。这就使得我们的税收会计制度的方针、任务更加明确，内容更加充实。为与总预算会计制度内所定名称取得一致，今后改称为"各级税务机关税收会计制度"。

（二）税收会计工作的基本任务

制度总则第二条明确规定：各级税务机关执行工商各税预算收入之征收、解交、减免、退还等一切会计事物。我们的税收会计工作，包括会计、业务和统计三种性质。税收会计首先必须符合财政的要求，负责税款及时入库，保证税款入库数字与金库数字双方一致，按照统一规定的预算科目为财政上及时提供正确税收数字；其次，应进一步加强掌握滞纳，及时反映征纳情况，并通过票证审核，体现依法办事、依率计征的政策精神；第三，应在会计数字内尽量提供资料，使税收统计与税收会计决算的项目和数字一致起来。因此，税收会计要在会计的基础上，符合财政的要求并适应业务和统计的需要。

当然，由于我们国家目前是处在过渡时期，我们税收会计必须随着国家财政和税收工作的发展，根据需要与可能等条件来稳步前进，逐步提高。

二、修订税收会计制度的基本特点

（一）体现了制度的统一性和灵活性

统一的原则和要求应该是执行统一的国家预算科目，会计凭证、账簿设置、报表内容格式和编报的统一。灵活性表现在此次修订制度中一些会计事务处理手续上，适当照顾了各地区的不同情况，规定了各种具有一定范围的灵活的办法。如税款征纳解缴一章表现最为明显。其他若干具体手续也已明确由大区管理局或授权省级局根据当地情况适当加以规定。应该着重指出：充分运用灵活性的目的，是要在统一制度的原则下与规定范围内，根据各地不同情况，在实际执行中发挥同志们的工作积极性和创造性，以便更有利于统一制度的贯彻与执行。同时，亦须指出，税收会计制度是直接与国家预决算制度相连接的，不能过分强调特殊或各来一套。

（二）进一步明确了职责并充实了内容

自一九五零年起，有关退税、没收品、缉私奖金处理等办法曾在会计制度内加以规定，由于处理权限与处理手续规定比较笼统，还有不够完善的地方。经过总局研究后，明确了会计单位专负手续处理之责。此次已将修订后有关办法连同票证管理一并列入修订会计制度中，这就使得税收会计制度较前更加完整。其次，在若干具体手续的规定上，一方面贯彻了简化原则，同时在控制和管理上也较为严密，实现了可有可无的坚决去掉或者加以改变，必需者适当加以补充的原则要求。

（三）兼顾到城市与县镇的实际情况

为了保证制度的统一性与完整性，在此次修订工作中，适当地照顾了城市与县镇的不同情况和工作条件，分别予以规定。如在掌握滞纳方面有关登记簿的设置、征纳报告表的编送以及税款征纳、解缴部分的各项具体规定，对城市与县镇的要求都作了不同的规定。这就给顺利贯彻修订的制度提供了有利条件。

三、对若干具体问题的要求

（一）掌握销号和控制滞纳

事实证明，会计掌握销号控制滞纳是一项行之有效的办法。因此，各地应该在现有基础上更进一步加强起来。制度规定了各种不同的掌握方法，各地在执行中可灵活和多方面的有效运用，并不断地总结经验，逐步提高。

掌握滞纳工作的重点应该是在城市，当然县镇乡村已经掌握的也不应放松。过去掌握不够认真的，应积极创造条件，多想办法，争取时间，向实行好的地方看齐。在税种方面仍以工商业税和城市房地产税为重点。一九五三年度滞纳情况极为严重，必须认真清理，并及时通知征收单位限期催缴；过去执行不健全者，清理后应另行登记。至一九五二年及以前年度的滞纳，也应提请领导上研究，尽可能地配合业务单位加以清理。

（二）会计、统计有机结合

几年来，这种方法在工作中是早已实行了的。实践证明：会、统结合的方向是正确的，而在结合的内容和方法上是应该改进和提高的。经过这次会议以及会计统计联席座谈会反复研究讨论，大家认为会计报表内增列税源指标容易造成重复劳动；应该是会计决算数字与税收统计数字相结合，因而明确了以税收解库数字作为税收统计数字，据以考核计划完成情况；并在会计制度中适当地增加了退税、补税、所得税估征、汇算等必要项目，以便利税收统计的分析研究。

其次，将会计数字与税源统计数字结合在完税凭证汇总单内，这样，可以通过填票人员向会计单位办理结报工作，依据需要连同完税凭证（即税票存根）中有关税源资料部分一并汇总，以适应会计与统计两方面的要求，避免重复汇总工作。汇总单格式的基本内容，各地不得减少，保证全国的统计要求；如某些省份，工作有十分必需增加指标者，亦必须经过大区管理局的批准。

汇总单的审核工作，是会计工作和统计工作均须认真检查所属报告数字的基本工作。原则上确定：税收资料由会计单位审核；税源资料由统计单位审核；少数无统计人员者，会计单位必须负责办理全部汇总单的审核工作。各地可按具体情况适当掌握。特别提出，各级会计统计部门，要充分发扬互相结合办理做好工作的精神，反对某些不顾整体的思想和互相推诿的工作作风。

（三）会计审核工作

一九五三年在审核工作上比较过去有了显著进步，因为票证审核的目的与作用是在于发现与纠正计税核税的错误，是具体检查依法办事、依率计征的重要方法之一。以往执行较好的地区，已经能够对领导上提供检查贯彻税收政策的具体事例，这是好的，应在现有的基础上提高一步；执行较差的地区，今后亦应特别重视与加强起来。审核工作的重点，应该放在县级局和城市的分局。凡有条件的地区，应在不影响税款及时入库的原则下，采取重点税的事前审核办法，提早发现问题，纠正错误。审核方法上各地已有不少创造，对于审核工作发挥了很大作用，希望随时总结经验，以便提高质量，逐步推广。

（四）对账签证工作

一九五三年县级税局与支库对账工作，各地发展还是不平衡的，若干地区仍不断发现错误。为了真正做到基层局、库签证一致，必须认真执行按日核对、月终对账，达到及时、正确；省级局亦应随时督促检查，事后与省分库进行核对，保证会计报表编报及时数字精确。对账签证工作是税款报解中一项最重要的工作，必须与金库主动联系，认真办理，以免事后返工。

（五）票证印制工作

几年来由于同志们埋头苦干，在保证供应上完成了任务，管理工作上也有所提高。今后大区管理局、省级局对票证印制工作，应根据统一式样，严格掌握印制预算，保证供应，加强领发保管手续，防止积压浪费。一九五四年拟与商、货两税专业会议合开第二次票证工作会议，研究改进各税票证制度，请各地及早准备，多提改进方案报送总局。

（六）税收日旬报工作

几年来，由于各地坚持了税收日旬报制度，及时提供领导了解全国税收进度，能够迅速地掌握财政调度，起了良好的作用。因此，领导同志仍决定现行日旬报制度继续执行不变。至报送项目俟研究后专案通知。

（七）缴款书填列经济性质

一九五四年国家预算科目规定，商品流通税及货物税不再按经济性质分"项"，中央财政部指示，由税务总局在税源统计中加以解决。为了保证统计工作取得这两种税的税源资料，满足分析各种经济成分变化发展的需要，因此，在商品流通税及货物税专用缴款书上应一律加戳或填明经济性质。

（八）一九五三年度决算工作

一九五三年度即将终了，税收决算编报工作急须准备，县级局应抓紧与基层库进行签证、核对工作，如数字不符时应赶紧清理；各级必须按照一九五三年国家预算科目的规定汇编税收决算。要求代表们回去后，立即根据中央财政部关于一九五三年财政收支年终清理及年度决算编报的指示及总局的决算补充办法迅速办理，保证如期报出。

（九）大区管理局的会计工作

主要任务是代表总局督促、检查所属各级局的会计工作，坚决保证统一制度的贯彻执行。应经常深入重点局所，给予具体帮助，及时总结经验，指导全区工作；并应加强报表审核，藉以保证数字正确。

同志们，我们这次的会议是成功的，修订的制度，业经中央财政部同意先以修正草案试行。同志们回去后，首先应向领导汇报，研究后迅速开会布置，认真传达此次会议的基本精神，密切各单位间的联系，以期获得有力的配合。为了避免在执行上的不平衡现象，对于干部力量较弱、条件较差的地区，应组织适当人力给以具体帮助；并应吸取以往经验，特别注意制度中新的规定，要对税务所采取学习方式，进行确实的传达布置，务使修订后的制度及时地贯彻到基层单位。

最后，预祝同志们胜利完成一九五四年的工作任务。

一九五四年

保证税收防止偷漏的重要意义*
——学习国家过渡时期总路线笔记

（一九五四年三月十日）

工商业者为什么"要保证税收，协助政府防止偷税、漏税并向偷、漏的不法行为进行斗争"呢？这一问题，陈叔通主任委员在中华全国工商业联合会会员代表大会的开幕词中曾说："交纳赋税是每个国民应尽的义务，在共同纲领上有明确的规定，而我们工商业者尤其负有责任。我们工商业者对国家建设的具体贡献，纳税是其中之一。私营工商业交纳的税款在一九五三年国家预算中占总收入百分之二十二点三六，占着相当比重，我们必须保证完成或超额完成这一任务。然而我们不少工商业者却没有守法纳税，履行自觉自愿爱国纳税的义务。偷税、漏税、故意欠税和抗不交纳的现象，在'五反'后还存在着。个别商人甚至公然抗拒查账。这种非法行为，是我们工商界所不能容忍的。自然，工商界的'五毒'不可能在一次运动中完全肃清，而这类偷税、漏税的非法行为，仅是不法工商业者所为，但正因为如此，我们守法工商业者更应提高警惕，互相监督，不要使部分人的违法行为，玷污了我们守法的工商业者。"这一段话，是很扼要、很清楚的，本来可以不必再来废话。但是因为社会主义改造是一项长期的工作，要求我们在学习上、在实践上必须不断地、反覆地、深入地来进行，因此，对于上述问题，试作较为详细的分析。

一

为什么"我们要保证税收"呢？除了共同纲领第八条及第四十条已有明确的规定外，李维汉副主任在"会员代表大会"上的讲话第二部分曾指出：私营工商业是国家的一项重要经济因素，在一定时期内对国计民生可以起相当大的

---

* 此文发表于《工商界》杂志一九五四年第三号。——编者注

作用；它对于国家，除了供应产品、帮助物资交流、训练企业的技术和管理的干部而外，而且可以为国家积累资金。积累资金的内容是什么呢？一个是税收，另一个是公积金，而以税收最为重要。因为国家工业化所需要的资金积累，从国家预算内的积累来看，在今天我国，实以税收为第一。当然，在国家税收的总额中，有从国营企业交纳的，有从合作社交纳的，也有从其他各阶层的人民交纳的，但是私营工商业交纳的税款，诚如陈叔通主任委员所说，"在一九五三年国家预算中占总收入百分之二十二点三六，占着相当比重"，因此，"我们工商业者对国家建设的具体贡献，纳税是其中之一"，"我们必须保证完成或超额完成这一光荣的任务"，以利于国民经济的向前发展。

"应当指出，私营工商业所交纳的税款，除所得税外，实际上仍然是由消费群众首先是工人农民群众负担的，而私营工商业的一切所得，也仍然是工人和农民所创造的。因此，保护和发展工人阶级和农民阶级的生产积极性，应当是我国一切经济政策和财政政策的基本出发点。但是同时也应当指出，一切有益于国计民生的私营工商业在我国目前经济生活中仍有其重要性，私营工商业者对国家财政也是有贡献的，正确地发挥他们的积极作用，仍然应当是国家的一项重要的政策"（见《关于一九五三年国家预算的报告》）。

在工商各税中，所得税一项是私营工商业者关心的问题，因为它和私营企业的利润分配有关。李维汉副主任的讲话中，曾引述陈云主任的报告，对较大企业的利润分配提出了一个大概的原则：即在企业的正当盈利中，按国家所得税、企业公积金、职工福利奖金、资方的股息、红利（代理人酬劳金在内）等四方面分配，资方的股息、红利等可占到企业利润的百分之二十五左右。这是说，私营工商业者的利益，得到合理的保证。

学习了以上的报告和讲话，我们一定能够很清楚地认识了陈叔通主任委员所指出的"我们要保证税收"的真义所在。

二

我们工商业者为什么要"协助政府防止偷税，漏税"呢？因为私营工商业，除了具有积极性、建设性的一面，也还具有落后性和破坏性的一面。"直到现在，在私营工商界中还有一部分人从事偷税、漏税……"（引李维汉副主任讲话）。去年十一月九日中国民主建国会黄炎培主任委员也讲过："工商业者会员中，有的做到了爱国守法,而在不同程度上,犯有错误或违法行为的人数也相当多。"事实既然如此,所以"庆祝中华人民共和国成立四周年的口号"中提到"反对偷税、漏税"或"防止偷税、漏税"的,即有四处之多(口号第三十四,第四十七第三和第四两款,第四十八)。偷税和漏税的动机、情节虽有不同,但就其后果而言,均足以损害国家工业化的资金积累,延滞了甚至妨害了国家工业化的速度,所以必须反对,必须防止。防止偷税、漏税,不仅是国家机关工作人员的责任,也是私营工商业的职工店员的责任,更是私营工商业者本身的责任,他们要协助政府防止偷税、漏税,作好协税、护税的工作,以免损害国家工业化的资金积累。"保证正确地实现国家预算,是我国全体人民、全国各企业、各机关的重大的战斗任务。"(见《关于一九五三年国家预算的报告》)

事实证明,现在工商界在纳税中是严重地存在着假账与瞒报的。假账与瞒报,本身即是诈欺行为,其目的主要是为了偷税、漏税,其结果则是严重地损害了国家建设资金的积累和全体人民的利益。用诈欺手段,来对待人民政府,这样的工商业者,已自居于人民之外,变成了人民的敌人,严重地破坏了人民政协共同纲领,向人民政权作不同程度的进攻,这是绝不能容忍的,必须加以肃清。因此,私营工商业者必须认清,新民主主义社会中的民族资产阶级,与半封建半殖民地时代的资本家不同,他不应该仍旧以对待反动政权的思想和手段来对待人民政府,他又与美英资本主义国家的资本家不同,他不应该追求暴利,囤积居奇,背叛人民经济的利益。通过"取之于民、用之于民"的人民税收,以其所获利益的一定部分,经人民政府之手,用之于人民事业,在集体利益之中也就包括了民族资产阶级的本身利益在内;损害了集体利益,也就是损害了自己。

人民为什么要纳税?纳了税为的是干什么?经过数年来建国事业的证明,已经是有目共睹的事实,自不能容忍那些造假、瞒报、偷税、漏税的不法行为。尤其是在学习总路线、国家对私营工商业进行社会主义改造的今天,如果还有这种非法行为,当然更是我们工商界所不能容忍的了。

这就是我们工商业者所以必须协助政府防止偷税、漏税的道理。

三

为什么我们工商业要向偷税、漏税的不法行为进行斗争呢?

诚如陈叔通主任委员所说："工商界的'五毒'不可能在一次运动中完全肃清，而这类偷税、漏税的非法行为，仅是不法工商业者所为。"李维汉副主任也指出："……在共产党和人民政府领导之下，私营工商业者的改造和进步是可能的。这是必须指出的一方面。""但另一方面也必须指出，"李维汉副主任接着讲："在一部分工商业者中，'五毒'劣根不只尚未清除，且经常乘隙发作。最近揭露出来的犯有严重违法行为的工商业者虽然是少数，但在不同程度上犯有违法行为的人则占有相当大的数量。由此可见，工商界的思想改造是一件长期的严重的工作，并且需要经过反覆多次的批评和斗争。"一方面为了"不要使部分人的违法行为，玷污了我们守法的工商业者"，同时也为了"要引导广大工商业者进入为实现总路线而奋斗的光荣行列"；其具体工作，"特别需要在工商业者中继续加强爱国守法教育"。这个责任该由谁负担起来呢？李维汉副主任指示我们："需要工商界的代表人物首先负担起来。"

根据这一指示，在全国工商联会员代表大会中，大家有了明确的认识，并作了决议，愿为其贯彻而奋斗。关于这一点的决议，摘录如下："……我们首先必须加强个人的思想和作风的改造，加强爱国守法的教育和国家对于私营工商业的利用、限制和改造的政策的教育，不断地和反覆地展开批评与自我批评，对一切违法行为进行严肃的批判和斗争。"这当然不只是对偷税、漏税而言，但是在反对偷税、漏税的斗争中，我们工商业者必须坚决贯彻这一决议。

四

最后，还有一点必须指出，李维汉副主任讲话的第三部分曾提到："废除营业秘密和技术秘密，把一切生产和经营情况公开出来，由劳资双方共同研究改进。"这一指示，其直接的效果，固然促进了增产节约，其间接的效果也可以防止偷税、漏税。笔者在前面曾指出，偷税、漏税主要靠着假账、瞒报，反对偷税、漏税，就要走到真帐、实报，也就是"废除营业秘密"。我们工商业者，对于今天的人民政府，还有什么营业秘密必须隐瞒的呢？还有什么生产和经营情况不肯公开出来的呢？只要爱国守法，相信一定能够做到"废除营业秘密"，这对于防止偷税、漏税并向偷、漏的不法行为进行斗争，确是一个有力的关键。

全国第一次商品流通税业务会议及第三次货物税业务会议开幕会的讲话[*]

（一九五四年六月二十六日）

同志们从各地来到北京，参加这个会议，来共同研究解决商、货两税业务中存在的重要问题，我感到非常兴奋，就此表示衷诚的欢迎。并借此机会，简单地和同志们讲几句话。

我们知道，税收工作，是具有综合性的，是相当繁重的，这在一九五零年三月二十二日的《人民日报》社论《税收在我们国家工作中的作用》一文中就已指出。这是由于过渡时期的国民经济结构是多成份性的，税收工作必须与经济结构密切配合。

苏联的经验告诉我们，十月革命后过渡时期中各种税收的存在，决定于当时经济结构的多成份性。我们存在有五种经济成份，要对这五种不同的经济成份，运用不同的征收方法来调节其收入，我们的税制也就不可能不采用复税制。四年多来我国经济建设的经验又告诉我们，国民经济的各方面，呈现了迅速的发展和变化，税制要适应这样的多变化性，当然也就不可能在短期内做到简化。我们必须在一个不太长的期间内建成社会主义社会，面对着这样一个多样、多变的情况，这就决定了我们的工作是艰巨的、紧张的，而这也是光荣的。我们必须克服工作中的困难，来完成这一光荣任务。

具体到这次商、货两税业务会议，有三年没有开这种会了，同时又由于我们的工作是这样复杂，大家要求解决的具体问题一定很多。但因为这次会议的时间不能拖得太长，所以就必须权衡轻重缓急，抓住重点问题，集中力量加以解决，防止贪多骛广。最后希望同志们妥善支配时间，发挥集体力量，完成这次会议的任务，并在紧张的工作中注意身体健康！

---

[*] 此文刊载于一九五四年十一月二十日出版的《税务工作通报》杂志一九五四年第三十期。——编者注

人民税政是为人民宪法而服务的*

（一九五四年七月）

在中国共产党和毛主席的英明领导下，中华人民共和国的人民终于在一九五四年六月十五日这一庄严的日子看到了宪法草案的公布。这是真正属于我们人民的第一个宪法，它以无限的光辉照耀着中国人民英勇奋斗的史册。我们全国人民以无比欢欣的心情来拥护属于人民的国家大法，并将以坚决英勇的行动来保卫人民宪法的庄严，来贯彻人民宪法的执行。

我们的人民税政，从开国以来，即是给执行人民民主政权的国家而服务的。它发挥着"取之于民、用之于民"密切相关联的两方面的作用。为了执行国家的职务，需要取之于民；同时，为了贯彻国家的职能，就必须用之于民；取之于民是为了用之于民，"只有拿这个财政制度整个地加以考虑，即包括预算的支出方面来考虑时，才能评定作为这种财政制度的基础的阶级政策的全部价值。"❶将近五年来的事实证明，我们的人民税政，对于恢复和发展国民经济、巩固国防力量、逐步提高人民物质生活和文化生活的水平等，都起了一定的作用。我们的宪法草案，是巩固了我国人民革命的成果和建国以来政治上经济上的新胜利，并且反映了国家在过渡时期的根本要求和广大人民建设社会主义社会的共同愿望，因而我们的人民税政也就必须为这个宪法服务。

建设社会主义社会，首先要逐步实现国家的社会主义工业化，逐步完成国家对农业、对手工业和对资本主义工商业的社会主义改造。因此，服务于人民宪法的人民税政，就必须执行这样的任务，即——一方面要能更多地积累资金，有利于国家重点建设；另一方面要调节各阶级收入，有利于巩固工农联盟，并使税制成为保护和发展社会主义、半社会主义经济，有步骤、有条件、有区别地利用、限制和改造资本主义工商业的工具。

---

* 此文发表于《中央税务公报》杂志一九五四年第十三期。——编者注

❶ 《苏联第一个五年经济建设计划》，人民出版社，第一百二十六页。

这个宪法，是我们人民民主国家的根本大法，首先要由我们的国家机关和它的工作人员遵照宪法的规定，"老老实实地为人民服务"。同时，在我们的国家里，公民的权利和义务是不应该分开的。因此，宪法草案也规定了公民有遵守法律、爱护公共财产、纳税和服兵役等的义务。这些义务都是符合我国人民的切身利益的，是和公民享受的各种权利密切相关联的。具体到我们税务工作人员来说，我们必须积极地发挥高度的为人民服务的精神，为实现宪法草案中和我们有关的规定而奋斗。

努力完成税收任务，保证国家预算收入*

（一九五四年七月十六日）

我们的国家预算是依据国家在过渡时期的总任务，在第一个五年建设计划第一年度国民经济计划胜利完成的基础上编制的，反映着整个的国家的政策，它规定了政府活动的范围和方向。因此，它的公布是一件大事，每个人都要以十分关切的心情来注视它，并要尽一切努力保证它的贯彻实现。

我们的国家预算，在本质上和苏联以及人民民主国家的财政预算是属于同一类型的。它是我们国家进行社会主义建设的重要工具，国家通过财政预算，动员社会主义性质的企业积累和人民的资财，并根据党和政府所拟定的政策，有计划地把这些资金来建设社会主义经济的物质基础，来满足日益增长的社会的物质和文化的需要。

一九五四年我们的国家预算，是国家过渡时期总路线总任务明确提出后的第一个预算，它完全符合过渡时期总任务的要求和全国人民的根本利益。它的显著特征，诚如《人民日报》社论所说："在于它是建立在国民经济发展的稳固基础上，而又不断促进着国民经济的增长"。它和苏联国家预算一样，不仅反映出国民经济各部门将要进一步发展，也反映了国家对文化、教育、科学、卫生和社会福利事业的关怀。它也和苏联国家预算一样，必须保护国防力量的进一步加强。总起来看，我们的国家预算，是一个建设性的和平发展经济的预算，也就是普洛特尼柯夫教授所指称的"日进繁荣的预算"。

我们的国家预算是为国家过渡时期总路线而服务的，首先要为国家的社会主义工业化而服务。为要实现工业化，为要发展重工业，我们需要有不断增加的大量资金；而为要得到这项资金，我们必须从生产的增加和财政上、生产上的节约来逐渐积累。苏联社会主义工业化资金积累的经验告诉我们："没有一定的最低限度的资金，没有一定的最低限度的后备，就不可能制定任何工业计

---

* 此文发表于《中央税务公报》杂志一九五四年第十四期。——编者注

划；也不能建设这样或那样'规模宏大'和'包罗万象'的企业"。当时苏联在建设资金上是有着一定困难的，这问题今天对我国来说，也是或多或少的存在着。虽然由于我们今天有伟大的苏联和许多人民民主国家的友谊帮助，在这一点上是和苏联当年的情况有所不同，但是，依靠内部积累的资金来实现社会主义工业化的方法，对于我们，同样具有头等重要的意义。

预算内的积累来源，也就是预算收入的来源，种类也不一样。在我们今年的国家预算里，即列有工商各税（包括关税和盐税）、农业税、国营企业利润提成、公债收入等，而以工商各税为最多，计一百零四万四千五百五十一亿元，占总收入的百分之四十五点零五，比一九五三年增长百分之十二点九。从税务工作者的责任来看，不可否认的是一件重大的责任。但是今年税收计划的编制，是符合实际的，是适应经济的发展的，是建立在可靠的、稳妥的基础之上的，具备这些客观条件，再加上主观的努力，并配合经济建设各方面的工作，它是可以完成并可能争取超额完成的。

根据预算报告的分析，一九五四年国家预算的收入中，来自社会主义性质的企业收入继续占居首位。国营经济缴纳所占的比重，已由一九五三年的百分之六十二点二零，增长到百分之六十三点五八。这是以生产资料所有制作为分类标准来认识国家预算收入的来源，这一点是很重要的。但须注意，这里所指国营经济的缴纳，主要有两个内容，即是利润提成和税款缴纳，第二部分也包括在工商各税之中。至于社会主义性质的企业收入，除了保留一部分以备扩大生产、经营外，以多少部分提缴利润？以多少部分缴纳税款？同是向国家预算缴纳，缴利和缴税的对比，那一个应该多一些，则要根据国家的计划和建设的需要。无论怎样，社会主义性质的企业收入中，总要有一部分以税的形式缴入国家预算。

在工商各税收入中，除了国营企业缴纳的税款而外，还有由合作社经济缴纳的、有由公私合营企业缴纳的、有由私营工商业者缴纳的以及为数不多由个人缴纳的（例如个人存款由银行代扣代交的利息所得税。当然，工商各税中由私营工商业所缴纳的税款，在实际上仍有很多是由消费群众首先是工人农民群众负担的）。这些缴纳，在国家预算的收入中都占有一定的比重。

我们的预算收入是建立在可靠的、稳妥的基础上，本着实事求是的精神来编制的。但对于预算的执行，我们决不能抱着万事大吉的态度，而必须从增加生产、扩大物资交流、提高劳动生产率、降低成本、厉行节约和正确地执行税收计划和税收政策等一系列的措施入手，所有我们的国家机关、企业部门、文化教育单位的职工以及全体人民都有责任保证预算的实现；也都有责任来克服一切可能产生的困难。总起来说，要我们好好地贯彻毛主席说的"增产、节约、多留后备力量，是巩固国家预算的可靠的三道防线"这一英明的指示。

因为完成各项税收是顺利实现国家预算的关键，我们就必须认真贯彻税收政策，抓紧收入，进一步改进征收管理工作。对工商户一面要加强爱国守法纳税的思想教育，一面要继续与偷税、漏税现象作严肃的斗争。毫无疑问，这首先是我们税务工作者的责任。

税务工作者怎样才能做好自己的工作，克尽自己的职责呢？他必须"提高自己的政治业务水平，使政治与业务结合，理论与实际结合，展开批评与自我批评，反对骄傲自满的情绪，并在执行财政纪律上，尽到自己应尽的责任"。

税务工作者，光是尽到自己应尽的责任，就可以保证国家预算的实现么？还不够。他们必须"认识财政工作（包括税务工作。下同——笔者注）是一种综合性的关系到各方面的政治工作，必须服从党和政府的领导，必须依靠广大人民群众的支持，取得其他部门的配合和帮助，才能做好工作。而各级党委和政府对于财政工作领导的加强，经常关心和检查他们的工作，始终是我们完成财政工作任务的保障"。这对税务工作来说，是更为重要的。

我们希望全国人民和所有爱国守法的工商业者正确认识到：结合对国家过渡时期总任务的学习，特别是结合对中华人民共和国宪法草案的学习，其最实际的行动之一，就是依照国家法律的规定，履行纳税义务，并积极协助人民政府在私营企业中搞好爱国守法教育，坚决和那些害群之马作斗争，不使那些违法行为损害了国家和人民的利益并玷污了爱国工商业者的信誉。

我们税务工作者，必须效忠人民民主制度，服从国家的法律，努力为人民服务，遵照领导的指示，更紧密地依靠工人群众的监督和护税力量，坚决反对为了私人利益损害公共利益的一切偷税、漏税行为，更好地贯彻国家在过渡时期的税收政策。

事实摆得很清楚，领导指示得很清楚，只要我们能够在工作中贯彻上述各项要求，相信一九五四年的国家预算必可顺利实现。全国税务工作者同志们，让我们为完成税收任务，保证国家预算收入而努力奋斗吧！

关于初级市场情况座谈会综合发言*

（一九五四年七月二十四日）

这次初级市场情况座谈会是由全国合作总社和税务总局联合召开的，到会代表包括山东、河北、河南、湖北、湖南、江西、广东、江苏、浙江、四川等十个省的基层合作社主任和税务所长等共四十六人（其中税务机关的代表十九人），另外还有华东、东北、内蒙、浙江、四川等地参加商、货两税业务会议的代表同志参加。会议是遵照中财委的指示召开的，会议目的主要是为了了解情况、听取意见，对某些问题也作了初步研究。在七月二日至十四日联合座谈了今年上半年初级市场的变化情况、初级市场管理和私商改造问题并对有关合作社的纳税问题也交换了意见。关于市场情况和对私商改造问题，合作总社程代主任已在十四日下午报告中作了明确指示；关于合作社纳税问题，将参照同志们所提意见和合作总社等有关部门作进一步的研究，以求得逐步解决，这一点李局长在十四日下午的发言中也已经提到了。

从十五日起到今天止这几天当中，基层税务机关的代表同志来到总局座谈了农村税收问题并研究了初级市场经济、税源变化及其对税收的影响等问题。

一、关于初级市场经济、税源变化及其对税收的影响

关于初级市场情况材料的整理，根据总局与合作总社的分工，是由合作总社负责。后来，我们考虑合作总社整理的材料可能只限于市场情况、市场管理和初级市场私商改造等问题，不一定涉及经济、税源变化对税收的影响，而这个问题对于我们却是应该注意研究的。因此，总局根据各位同志的汇报及所交的书面材料，把有关初级市场经济、税源变化及其对税收的影响等问题作一初步的整理。又经过同志们两个上午的讨论，我们现在已参照同志们所提意见做

---

* 此文为作者在初级市场情况座谈会上的发言稿。——编者注

了修改，可以印发给大家带回去作为研究经济和税源问题的参考，但注意不要引用或作为说明问题的根据。

二、关于工商业税问题

1. 关于农民自产自销农副产品征免临时商业税及是否使用自产自销证明问题：多数代表基本上同意中财委二办调查组所提的八点初步意见，但在是否发给自产自销证明方面、在农民自产自销证明适用地区范围方面以及自产自销证明由谁掌握方面，大家意见尚不一致。我们认为，农民自产自销证明的问题表面上看是手续问题，实质上是关系工农联盟的重大政策性问题，必须慎重研究，在中央未作新的规定前，各地可仍按照本地区的原来规定执行，这次同志们所提意见可以作为进一步研究的参考。

2. 关于小型工商业户及摊贩交纳工商业税办法草案的改进问题：（1）对于小型工商业户起征点问题，有的意见主张取消；有的意见主张对外取消，改由内部掌握；有的主张降低为六十万元及四十万元；也有主张降低为五十万元和二十五万元。（2）对于征收方法问题，有的意见主张取消定期定额办法，一律改用民主评议；有的主张采用"征收本季，固定下季"的办法。（3）对于定期定额调整幅度问题，有的意见主张降低为百分之十；也有主张取消调整幅度的规定，改为随时增加、随时调整。由此可见，对于这个问题，大家的意见也尚不一致。关于小型工商业户及摊贩的起征点问题，总局已代部拟稿，通知各地可在九十万元和六十万元的幅度内报请财委批准后，酌予降低，争取早日下达。至于征收方法、调整幅度和所得税计算率问题，各地情况不同，目前不好作统一规定，同志们仍可根据本省内的具体规定执行，总的原则是要在贯彻政策、保证税收的条件下，酌量简化手续，以便抽出力量控制主要税源。

3. 手工业生产合作社纳税问题：总局所拟手工业合作社纳税办法草案，即将由中财部报请中财委转发各大区研提意见，同志们这次提出的意见是很好的，拟待结合各大区意见再作进一步的考虑。

三、关于商、货两税问题

在商、货两税方面，根据同志们所反映的情况和意见，对农民的征免界限试拟了"自产自用的不征,出售和委托加工的照章纳税"的新原则的初步意见,并研究了在执行这一新原则时应注意的事项,并在此基础上对农村商、货两税主要品目提出了具体征免意见,这是很好的。

在执行这一新原则时,应注意的事项有以下几点:

1. 自产自用的一般不征税,个别品目,为配合有关部门贯彻政策,亦可考虑征税;其出售部分和委托加工的,一般要征税,个别品目在某些地区,为照顾实际情况,亦可考虑不征。但遇此情况,应由省市税务局报请省市人民政府核准执行。

2. 同一品目的征免照顾上,应注意到与毗邻地区大体一致,尽量减少矛盾,因此,必须加强与兄弟区的联系,经常交流经验。

3. 个体生产的农民和参加农业互助组、农业生产合作社、集体农庄的农民自产自用的应税货物,是否征税或如何照顾,在待遇上应基本相同。但对个体生产农民的照顾,不要多于组织起来的农民,以免影响互助合作的发展。国营农场、手工业生产合作社、劳改队生产的应税产品,应另作规定。

4. 农民以自产应税货物售与国营企业、合作社、用货单位及收购商者,由收购单位或收购人纳税;其委托厂坊加工者,由厂坊纳税;其直接售与消费者,由出售人纳税。至纳税环节,可由各地税务机关根据具体情况适当掌握。

5. 依靠地方党政,多汇报,多请示(有的地区经党政同意,由税务所将税务干部派至区、乡政府去办理税收工作,受区、乡政府和税务局双重领导,因而税务工作得到很好的开展,这个经验各地可请示党政后参酌试行)。

6. 税务机关应参加初级市场管理委员会的组织,在征收管理上并与各有关部门密切配合(有的地区对零星的应税产品托请区、乡政府或合作社(或产销组)代征;有的委托初级市场管理委员会代征)。

7. 大张旗鼓地做好宣传工作。

根据前项原则,进一步研究了对农村应税产品的具体措施:

(1)酒:已禁止私酿或无家酿习惯的地区(如东北、华北等区),仍一律不准家酿;有家酿习惯的地区,应依据粮食政策并照顾当地的实际情况及毗邻地区征免措施,由省市人民政府决定征免。

(2)食油:食油实行统购统销后,对自榨自食的(不经厂坊加工),暂不征税,各地农民以油料委托油坊加工或以粮换油者,除油料免征粮食货物税外,其食油不论自食或出售均应由油坊照章纳税。

（3）糖：蔗农以自产甘蔗委托加工者，在国营公司或合作社收购地区，为配合国家收购业务，不分自食或出售应该一律征税；未经国营公司、合作社收购的零星产区，对自食部分可采用定额免征办法。

（4）粮食：为配合粮食统购统销政策，除对农民自产自食部分仍不征税外，售与国家部分由粮食公司或收购部门纳税；其在国家粮食市场互通有无者，原则上应该征税，个别地区有特殊情况经省、市人民政府批准者，可予照顾。

（5）烟叶、烟丝：农民以自产烟叶吸用或以自产烟叶自刨烟丝自吸者，都不征税，出售烟叶就烟叶征税，出售烟丝就烟丝征税。

（6）原竹、原木：农民自产原竹、原木自伐自用不征税。

（7）水产品：渔民自食及零星出售给消费者不征税。

（8）皮毛：农、牧、猎民以自产皮毛委托厂坊加工的照征（少数民族地区可考虑照顾）；农、牧、猎民自熟或雇工熟制后自用的不征税。

（9）土布、土丝：农民自织土布、自缫土丝自用的不征税；出售的照征。

（10）砖瓦：农民临时烧制砖瓦自用者，经当地政府证明后，可不征税；经常产制者，不问自用或出售，均应照章纳税。❶

大家认为：座谈会讨论的这个划分界限的新原则的初步意见是较过去的原则明确了许多，也便于执行。如果执行这个征免界限的新原则，要注意有一定的统一性，但也应有其灵活性，可能还有未考虑到的，须继续研究。这个原则尚未经中财部审查，成立与否尚未确定，故回去之后还不能马上执行，只能作为向上级汇报和进一步研究的参考。特别值得注意的是：要摸清假如施行这一新原则，商、货两税在农村中是会多收一些或少收一些？与农民的关系是会紧张了一点或还是缓和一点？同时也要研究对直接售给消费者的这一部分采什么办法征税，如何管理等，在研究过程中如有新的发现或有不同意见，应即报告总局，总局再与有关部门研究。

---

❶（6）、（9）两项：收购商向农民收购未税竹、木的制成品及未税土丝织成的土绸，为配合国家收购业务，产地税局可另订办法，报经省、市税局批准后，由收购商补纳原木商品流通税或原竹、土丝货物税。

四、关于地方各税问题

在地方各税方面，同志们主要座谈了屠宰税和牲畜交易税的问题。

1. 关于屠宰税问题：（1）屠宰税税率问题。总局在讨论材料中曾提出两个初步意见。第一个意见是："①屠宰税税率仍为百分之十，出售牲肉一律征营业税；②对专营屠宰商的营业税及所得税（坐商定为百分之二，行商仍为百分之五），为简化手续，可与屠宰税合并征收；对国营、合作社及兼营屠商的屠宰税与工商业税一律分征；③农民、市民及机关、团体、学校、部队等屠宰牲畜，除合于免税者外，自食部分按百分之十征屠宰税，出售部分另征百分之三营业税，为简化手续可合并征收，但不征所得税"。第二个意见是："屠宰税税率改为百分之十三，凡宰杀牲畜者，无论自食或出售，一律按百分之十三征税，征收方法如下：①出售牲肉一律不征营业税，属于商业（屠宰商）性质者，另征所得税。②专营屠宰商的所得税，为简化手续，得按百分之二固定税率合并征收。③将牲肉加工做成熟肉、腊肉、火腿及罐头等出售，因属另一营业行为，仍应依率计征营业税"。在座谈中，多数同志同意第一个意见，大家并对两个意见提出补充和修改意见。这两个意见，各有优缺点，尚须进一步研究，在中央未统一规定前，各地区暂按原订办法执行。（2）屠宰商所得税如何征收问题。同志们座谈中，有的主张按固定税率与屠宰税合并征收，有的主张最好按期征收，年终汇算。按固定税率与屠宰税合并征收的好处是简化征纳手续，目前除华东区系规定由各省（市）自行规定税率执行外，一般均按百分之二的固定税率。根据各地执行经验，按固定税率与屠宰税合并征收既有简化手续和避免拖欠等作用，可以继续照此办法执行。已按固定税率与屠宰税合并征收者，是否再行年终汇算？须作进一步研究。（3）自养、自宰、自食免税问题。座谈的意见也不尽一致，总的意见是：在食肉区（如内蒙等）不应限制自食数量，应按实际自食数量免税。在产猪较多地区（如四川）不限制自食量，则对税收有影响。我们认为自养、自宰、自食免税规定，实行已久，广大农民已经习惯，这对鼓励农民养畜积肥发展生产方面也有其一定的作用。为了有利于巩固工农联盟，仍应继续贯彻执行。至于如何具体掌握，应否加以限量，因为各地情况不同，可由各省（市）税务局根据当地实际情况，拟定办法，报经省（市）人民政府核准实行。（4）农民在农村赠送、分食、互换牲肉免税问题。根据大家汇报情况，我们认为，农民在乡村赠送、分食、互换牲肉免税，必须具有"自养"条件；"分食"应以共养分食为原则；互换应以"以肉换肉"为原则。由于这三项免税与"三自"免税规定有联系，各地可根据不同情况，由省（市）税务局参照以上原则，拟订具体办法，报经省（市）人民政府核准实行。

2. 关于牲畜交易税问题：（1）合作社与社员购买牲畜免税规定，根据同志们的座谈意见，在执行中确实存在着上级社向社员买卖牲畜是否免税与农（牧）民委托合作社代购代销如何纳税的问题需要解决。有的同志提出取消免税规定；有的建议降低税率或并入营业税等办法。又有同志提出：为了吸引农（牧）民和合作社密切联系，促进合作社经济的发展并简化征纳手续，适当照顾税收，对合作社保持征收一道交易税，于购进时征收，出售时不再征收交易税的意见。以上这些意见，拟在制订牲畜交易税征收办法时注意参考，目前各地应仍按原办法执行。（2）农业生产合作社向供销合作社购买牲畜是否免征交易税问题，座谈中有的认为不应免税；有的认为如免税，互助组亦应免税；有的认为农业生产合作社可免税，对互助组不应免税。关于这个问题，中央原无免税规定，根据大家反映，农业生产合作社社员，既多为供销社社员，则农业生产合作社向供销合作社购买牲畜，是否应予免税，可作进一步研究。

此外，还就以下问题，征求了同志们的意见：

（一）关于税务所设置、领导关系及学习、生活等问题

1. 同志们对现行税务组织问题，反映了许多宝贵意见，为今后修改组织规程作了准备，尚待今后继续研究。

2. 从大家反映中，了解到各地党政对税收工作都是重视的，同志们对依靠党政领导、做好税收工作的思想，也是明确的，因此，多能主动地经常向当地党政领导汇报工作，请求指示，这是很好的。总局基本上同意大家的意见：除税收业务工作及人力使用应由县税务局根据统一规定具体领导外，在政治上、组织上、思想教育上应受区的党政领导。税务所的负责同志应更加主动地定期反映情况，提出意见，请求区的党政领导指示与支持，这对开展工作、密切各方面联系、提高政策思想水平都是有利的，今后应进一步贯彻。

3. 同志们普遍反映要求轮训，提高政策、业务水平，这种积极要求进步的思想，总局非常同情，除建议中央财政部在可能条件下，增加中央财政干部学校的调训名额外，各省市仍应注意干部的轮训工作，总局今后也将注意从各方面加强这一工作的指导。至于工作上、生活上的其他问题，如交通工具、房屋

修理费、炊事员等等，将提议各有关大区局及省局，请示当地领导在行政经费与业务费规定范围内，逐步求得解决，以便利同志们今后更好地工作。

（二）关于今后建立联系制度问题

总局为便于今后掌握农村基层税收工作的基本情况（如初级市场情况及税源、税收规律的变化、税收政策及税收工作中存在的重大问题，党政领导及有关部门对税收工作的意见以及基层干部思想、工作、学习、生活等），作为提供领导制定有关税收政策、法令、指导工作以及了解农村税务工作推行情况的参考，拟与此次参加初级市场座谈会的基层税务工作单位建立联系制度。同志们既一致表示同意，拟在不增加大家工作份量的原则下，待征得大区与省局同意后，我们今后将建立一种简单实际可行的联系制度（详见印发的参考资料）。

（三）关于基层会计、统计工作问题

由于各地领导的重视，会计、统计工作有了进一步的开展。这次会上，大家提供了不少改进意见，留待统一研究时参考，今后还要一面贯彻现行制度，一面在工作实践中多加研究，不断提出改进意见。会计、统计工作，是我们税收工作的重要一环，特别是在基层单位，是个繁重而比较艰苦的工作，还望大家在巩固现有成绩的基础上，再提高一步。

至于同志们反映了各地党政领导及有关部门对税收工作的意见，和同志们对其他问题的若干宝贵意见，留待会后继续研究解决，不再一一列举。

总之，通过这次座谈会，使总局了解了许多农村税收工作的实际情况，听取了同志们许多建设性的意见，也研究了若干问题，大家相互间也广泛地交流了经验，会议的收获是很大的。但是，因为这次会议的目的只是为了了解情况、听取意见，故不做任何结论，大家所研究的问题，有些虽然已取得了一致意见，也不能马上作为执行的根据，这是应该向大家说明的。

最后，希望同志们将此次座谈会的情况，向当地党政领导及上级局汇报，请他们更多地提供意见，协助推行基层税务工作，为正确贯彻国家税收政策和更多地积累社会主义建设资金而努力。

私营企业建立节约制度的重要意义[*]

(一九五四年十二月十日)

目前全国私营工商业在国家进行社会主义建设和社会主义改造的过程中，普遍存在着一个急需解决的问题，就是关于改善经营管理、消灭浪费、节约开支、提高质量、降低成本的问题；进步的工商业者都重视并且强调这一问题，在实践中还表现了不少的范例，这是好的现象。

周恩来总理在《政府工作报告》中，对于国营企业，曾指出："由于许多部门和企业不重视节约资金，不重视管理财务成本而形成的巨大的浪费。……中央和地方的国营工业的生产成本只要降低百分之一，就可以每年为国家节约八千四百亿元；中央和地方的国营工业的劳动生产率只要提高百分之一，就可以每年为国家增产一万六千亿元。因此，为了增加国家资金的积累，为了消灭浪费，一切国营企业和建设单位必须全面地完成和争取超额完成国家的计划，贯彻经济核算制，建立最严格的节约制度，力求降低成本。"关于建立最严格的节约制度，我们认为，对国营企业是必要的，对私营企业来说，也是很必要的。

周恩来总理在同一报告中很恳切地告诉我们，"一方面，我们要改造资本主义企业使它们最后成为先进的社会主义企业；另一方面我们还要改造资本家和资本家代理人的思想，尽可能使他们在社会主义改造过程中起积极的有益的作用"。因此，建立严格的节约制度，便成为私营企业当前的重要任务之一。

苏联的先进经验告诉我们，节约制度是苏联国民经济高涨的最重要的杠杆，它是苏联共产党和政府领导苏联人民一直贯彻执行的基本经济措施之一。列宁在苏维埃政权建立的初期，就号召人民厉行节约。在当时曾是一个艰巨的任务。首先需要克服腐朽的资本主义的遗毒，根绝腐朽的资本主义所遗留给人们的对生产中的节约所抱的冷淡的有时是敌视的态度。并采取了许多措施，动员劳动人民彻底实行节约制度，获得了良好的效果。多少年来，苏联国民经济的进一步发展，人

---

[*] 此文发表于《工商界》杂志一九五四年第十二号。——编者注

民生活水平的提高,在许多方面都是取决于实行节约制度的成就。

在学习苏联先进经验中,关于这一课题,我很高兴地向大家介绍苏联学者卡西莫夫斯基同志一九五四年出版的《节约制度》(时代出版社译本,本年十月印行)。这一著作,用许多实例和数字,说明节约制度在苏联各个历史阶段中所起的重大作用,以及苏联人民如何在为贯彻节约制度而斗争,实行节约制度应该用些什么方法。抓紧这一文件的学习,对于我们建立节约制度,有很大的帮助。著者告诉我们:不仅苏联很成功地利用这种方法,而且在摆脱了腐朽的资本主义奴役制度的束缚的其他国家,也都成功地采用这种方法。

我们的国家是工人阶级领导的、以工农联盟为基础的人民民主国家,工人群众对私营企业的监督,其主要任务之一就是实行生产节约;监督正确而合理地使用原料、材料、燃料和机器设备,同各种想要隐匿物资和破坏正常生产进程的企图作斗争。私营企业必须接受工人群众的监督,才能很好地建立节约制度,配合社会主义的建设,进行社会主义的改造。

现在有些私营企业在经营管理方面仍然是很落后的,沿袭着老一套的作风,表现为五花八门的开支上的浪费。对于每月开支,既无财务计划,也无所谓制度,在账务处理上,更是凌乱残缺,不足以反映企业经营的真相。到了年终结算,用了多少就算多少,亏累固属当然,就是可以有盈余的也被浪费所吞噬。在经营作风方面,故意扩大开支,欺骗隐瞒,赔在账上,赚在腰包,只知肥己,不顾国家和人民的利益。这种不良情况如果听其存在不加纠正,对于企业改造和个人改造都是不利的。

自从国家在过渡时期总任务明确宣布后,在全国范围内展开了宣传教育,不少的工商业者觉悟有所提高,因而在企业的经营管理上有了不少的改进,认识到:只有改善经营管理,消灭浪费,节约开支,提高质量,降低成本,才有可能接受社会主义改造。肯于这样做的,有的已转变为各种不同形式的国家资本主义经济,其一时尚未转变的,也多是变亏累为盈余,转落后为进步,发挥其有利于国计民生的积极作用。这样的例子在很多较大城市中都可以看得到。例如北京永建织布工厂,自从改善经营管理后,由长期赔钱的情况转为有了盈余;在原料方面,也由亏纱的情况变为有了余纱,扭转了过去有些工商户认为花纱布公司给纱不足、工缴费过低的想法。又如北京有名的瑞蚨祥绸布店,原来旧习陋规很多,浪费很大,自从国家总任务宣布后,即积极进行改善经营管理,主动与劳方协商消除过去各种浪费及不合理开支的办法,今年上半年即节约了六亿余元。今年九月经销棉布后，为了向国营公司看齐，又经劳资协商，将全部工资五万五千分减少了一万六千分，现仍在继续检查浪费并设法节省不合理的开支。又如长沙的绸布业福昌号、兆龙绸庄，由于节约了开支，增加了营业额，均由亏损转为盈余。

　　当然，在执行节约制度时，也和其他一切措施一样，必须预防或消灭执行中的偏向，必须在不降低产品的质量，不缩短车床、机器和建筑物的耐用年限、不使劳动条件和生活条件恶化的条件下，来合理地实行。

　　企业因建立节约制度降低成本，而获得较多的盈余；这就企业本身来说，固然是健康进步的表现，从国家工业化资金的积累来看，也有很大的关系。在国营企业，它的盈余有一部分以利润提成的形式，缴入国家预算；在私营企业，它的盈余有一部分以所得税的形式，缴入国家预算。企业盈余增加，不但企业本身得到好处，国家财政也取得稳实可靠的基础，对于更多地积累建设资金，具有重大的意义。这种情形，以在公私合营企业所表现的更为显著。李维汉副主任在《关于公私合营工业企业暂行条例的说明》中曾指出："由于企业在公私合营以后，经营管理改善，职工劳动热情提高，企业利润一般较私营时增加，可以积累更多的资金，用来扩大生产。"并举唐山华新纱厂为例。同时，根据《公私合营工业企业暂行条例》第十七条的规定，股东的股息红利，加上董事会经理和厂长等人的酬劳金，共可占到全年盈余总额的百分之二十五左右。企业利润一般既比私营的时候增多，因此，依照上述原则进行分配的结果，私股所得也会比私营的时候增多。只要改善经营管理，厉行节约制度，开支减少而盈余增多，对国家有益，对个人也有益，这是国家利益与个人利益正确结合的现实例证。在公私合营企业是这样，在私营企业，只要能够改善经营管理，贯彻节约制度，消灭浪费，减少开支，也可以收到同样的效果。这是私营企业应走的光明大道，较之扩大开支，肆意浪费，损害了国家的税收，也败坏了企业的经营，阻塞了个人的改造，孰好孰坏，何去何从，岂不是很清楚的事情吗！

　　总之，在国家总路线的光辉照耀下，发挥爱国守法的精神，改善经营管理，建立节约制度，先解决重要的问题，再合法合理地解决次要的问题，自然可以做到国家利益与个人利益的正确结合，做到企业改造与个人改造的密切结合，从而带动一般工商业者，为更好地接受社会主义改造而努力。

税务工作人员在遵守宪法和保证宪法的实施方面负有重大的责任*

（一九五四年十二月二十五日）

一

我们全体税务工作人员以无限欢欣鼓舞的心情，来庆祝中华人民共和国宪法的公布，并以实际的行动来拥护和贯彻宪法的执行。我们拥护宪法的实际行动，必须是坚决贯彻国家的税收政策和保证完成国家的税收任务；同时，因为国家对于干部的要求，在各方面，都应该比一般公民的要求高，干部不仅要执行方针政策，遵守政治纪律和工作纪律，更必须严格遵守国家的法律，努力成为守法的模范。

宪法第十八条明确规定："一切国家机关工作人员必须效忠人民民主制度，服从宪法和法律，努力为人民服务。"因为我们干部都是人们的勤务员，我们要求人民群众遵守法律，我们自己就必须做到遵守法律。

宪法第十七条规定："一切国家机关必须依靠人民群众，经常保持同群众的密切联系，倾听群众的意见，接受群众的监督。"国家机关应该尽到的这些职责，要由我们机关工作人员来执行。如果我们不能依靠人民群众，不能经常保持同群众的密切联系，不愿倾听群众的意见，不肯接受群众的监督，毫无疑问地就是违背了宪法。

宪法第八十一条明文规定："中华人民共和国最高人民检察院对于国务院所属各部门、地方各级国家机关、国家机关工作人员和公民是否遵守法律，行使检察权。地方各级人民检察院和专门人民检察院，依照法律规定的范围行使检察权。"那么，我们税务机关工作人员是否遵守法律，检察机关就有权随时进行

---

* 此文发表于《税务工作通报》杂志一九五四年第三十三期。——编者注

税务工作人员在遵守宪法和
保证宪法的实施方面负有重大的责任

检察。

除了检察机关行使检察职权而外，宪法第九十七条更加以规定："中华人民共和国公民对于任何违法失职的国家机关工作人员，有向各级国家机关提出书面控告或者口头控告的权利。由于国家机关工作人员侵犯公民权利而受到损失的人，有取得赔偿的权利。"那么，我们税务机关工作人员如有违法失职情事，任何公民都有权利对我们提出控告，或要求赔偿。

刘少奇副主席在宪法草案报告中，曾经很郑重地指出："一切国家机关的工作人员，都是人们的勤务员，一切国家机关都是为人民服务的机关，因此，他们在遵守宪法和保证宪法的实施方面，就负有特别的责任。"我们税务工作人员完全拥护这一号召，我们坚决以实际行动保证宪法的实施。他又指出："宪法一方面总结了我们过去的奋斗，另一方面给了我们目前的奋斗以根本的法律基础。它在我们国家生活的最重要的问题上，规定了什么样的事是合法的，或者是法定必须执行的，又规定了什么样的事是非法的，必须禁止的。在宪法公布以后，违反宪法规定的现象并不会自行消灭，但是宪法给了我们一个有力的武器，使我们能够有效地为消灭这些现象而斗争。"我们学习了这一报告，应该认清合法与非法的界限、守法与违法的界限，在自己的岗位上，以实际行动，服从宪法和法律，并对违法现象进行坚决的斗争。

二

从开国之日起，我们的领导即根据共同纲领的规定精神教育干部。在二届全国税务会议中，特别强调"依法办事、依率计征"，号召我们全国税工同志为贯彻政策、遵守法律、保证供给而奋斗。一九五二年进行了伟大的"三反"运动，一九五三年二月又在全国范围内和各级机关中开展反对官僚主义、反对命令主义和反对违法乱纪的坚决斗争。经过这一系列的运动和教育，我们全国税工同志基本上做到了遵守法律和服从纪律，在工作中不断涌现出模范事例，获得优良的成绩。

但也必须指出，在全国范围内，仍有少数税务工作人员，努力不够，觉悟不高，未能做到严格地遵守法律，服从纪律，在不同程度上发生违法乱纪的行为，严重的甚至在征收工作中引起纳税人因税自杀的情事。在各级党政的领导下，在各级人民监察机关和人民法院的协助下，在广大群众的监督下，这些违法乱纪的事件，一般都能得到揭发和处理，并用以教育干部，维护法纪，密切与人民群众的联系，为消灭这些不法现象而斗争。

宪法的公布，一方面总结了我们过去的奋斗，另一方面给了我们目前的奋斗以根本的法律基础。在遵守宪法和保证宪法实施的奋斗中，我们全国税务工作人员，和其他国家机关工作人员一道，必须负起特别的责任。

三

守法的内容，首先是遵守宪法，其次是遵守根据宪法所制定的法律和法令以及根据宪法、法律和法令所规定的行政措施、所发布的决议、命令和指示。宪法公布后，可能而且必须逐步制定比较完备的法律、法令，以资遵守（参阅董必武代表在大会上的发言）。但在这些新的法律、法令未经正式公布前，第一届全国人民代表大会第一次会议特通过了一项决议："所有自从一九四九年十月一日中华人民共和国建立以来，由中央人民政府制定、批准的现行法律、法令，除开同宪法相抵触的以外，一律继续有效。"我们对这些继续有效的法律、法令，包括税法在内，当然有遵守的义务。

关于税法，自从一九四九年首届全国税务会议以来，曾经前中央人民政府政务院先后公布或核准公布《全国税政实施要则》及有关工商各税的各种条例、办法、通告、细则、规定等，以及在中央统一管理的基础上，为了体现共同纲领因地制宜的精神，授权地方人民政府所制定的稽征办法和补充规定，只要同宪法不相抵触，一律继续有效。但是我们各级税务机关，对于这些税法，必须重新作一番系统的、细致的检查工作，看看那些是同宪法有抵触的，依照一定的程序，作出及时的处理，这已成为我们迫切的任务。

其次，现行各种税收法令、规定，有的在形式上尚欠完整，或在内容上尚欠明确，因而对纳税人的依法纳税和对税工人员的依法办事，都不免感到困难的，我们就必须抓紧研究，依照一定程序，作出适当的补充。

再次，税法虽有规定，但以全国幅员广大，各地经济发展也不平衡，税法条文不能过分详细，因而对于条文的援用，有时需要加以解释。根据数年来的经验，我们对于税法的解释曾做了不少的工作，但仍有一些解释不够或解释矛盾的地方，以致各地在执行中碰到了不少的困难。此外，也有少数税工同志，对税法学习不够，遇有疑义，不待报告请示，便自行解释，以致错误分歧，招致纳税人的不满，今后必须严行防止。

最后，也是全国税工同志所最关心的，便是国家在开始大规模经济建设之后，明确提出了过渡时期的总路线和总任务，国民经济呈现了空前的发展和迅速的变化。过去颁布的税法，有的不能适应新形势、新情况的要求，而新的税法规定又未能马上提出，因而在依法办事的实践中，遇到不少的困难。其所以未能马上提出，自然也有它的客观原因。根据"从经济到财政"的原则，我们的税收立法是要依从于经济立法和经济决策的，税收立法不能跑在经济立法和经济决策的前面。当前的经济发展和变化是相当复杂的，国家对于经济决策，自须审慎周详而不能草率从事，因而我们对于税收立法的准备工作，也就不应该急躁冒进。而且税收工作是一种综合性的关系到各方面的政治工作（参阅邓小平副总理关于一九五四年国家预算草案的报告），我们必须多方联系，不免多费一些时间。关于税法的新规定、新修正所以未能马上提出，这也是原因之一。但也必须指出，各地的税务工作是不能稍有停顿的，碰到的新问题是不能久悬不决的。我们必须根据反映和调查，集思广益地抓紧研究，拟订方案，及时向领导报告请示，以期早日确定、解决，使各地税工同志有所遵循。在此期间，有关征课问题必须加以处理的，可以专案向中央报告，或由中央指示原则，或由中央授权地方党政暂作权宜的处理，实际上各地也都是这样做，问题是可以得到解决的，我们税工同志在工作中也是可以得到依据的。这当然要由总局密切注意，及时筹划，早作处理，以免各地久待。

还有一点必须指出，我们的现行税法，一方面感觉到应该具备的而尚未具备，另一方面也有人反映：有些税法规定相当繁复，在执行中不易掌握。当然，过渡时期的税制是决定于国民经济结构的多成份性，在税制上不可能马上做到理想的简化；在"公私区别对待、繁简不同"的原则下，应该在税法规定上加以区别的，也不能强求其合并，只图简单从事。但是，今后税制发展的方向，随着社会主义建设和社会主义改造的进展，我们的税制有可能逐步走向简化，因而对于现有税法的修正与新税法的拟订，也必须注意简化的要求，使它更便利于税工人员的执行和纳税义务人的遵守。

我们全国税工同志，在各地党政的正确领导下，几年来已经逐渐养成守法的习惯；在宪法公布后，我们更应该以身作则地来遵守和执行我们的宪法。国家对于干部的要求，在一切方面都要比一般公民的要求高；而对于税工干部，因为他的工作面很广，涉及到五种经济成份，且与文教政策、民族政策以及外交政策有关，因此，国家对于税工干部的要求就更多一些，这对我们税工干部来说，就更感到光荣。我们不仅要坚决贯彻国家的税收政策和保证完成国家的税收任务，在严格遵守国家的法律方面，还必须努力成为守法的模范，这是我们税务工作人员的光荣责任。

今后为了严格遵照宪法规定，贯彻"依法办事"精神，我们税工同志必须先在内部加强政策、业务学习，熟悉税法；对外，做好宣传工作，着重讲明政策精神，凡是应该明确的问题，要我们大家共同努力，做到内外一致地明确起来；还必须严格执行监察制度，随时表扬好的，批评坏的，养成习惯，树立风气，为正确贯彻宪法精神而努力。

一九五六年

我对于"百家争鸣"方针的认识*

（一九五六年五月二十四日）

我们要对新鲜事物有敏感，但也不能趋新而忘故，尤其在学习上更要温故而知新，于迎接新鲜事物的进程中适当联系以前所已经学到的东西。

学术问题上要贯彻自由讨论、百家争鸣的方针，这在目前来说，对许多人是感到新颖的，尤其是关于百家争鸣的用语。我们早就晓得，在艺术上是要百花齐放，现在又听到在学术上要百家争鸣，我们对这个提法，应该有深入的认识和体会，才能很健康地来贯彻它。

百家争鸣的提出，在字面上看是新颖的，但是从精神上来体会，必然要记起我们的宪法。宪法第八十七条规定："中华人民共和国公民有言论、出版……的自由。"第九十五条又规定："中华人民共和国保障公民进行科学研究、文学艺术创作和其他文化活动的自由。国家对于从事科学、教育、文学、艺术和其他文化事业的公民的创造性工作，给以鼓励和帮助。"我们的宪法，不是空谈，不是装潢门面，而是有事实来证实的，或是必然有事实来兑现的。今天提出学术问题上贯彻百家争鸣的方针，正是要求全国公民尤其是学术工作者更进一步地发扬宪法中已经规定的精神；一方面由国家来保障、来鼓励、来帮助，同时也就要求学术工作者大力进行"创造性的工作"。

学术是分门别类、包罗万象的，即在同一门类的学术中，由于独立思考、进行创造性的工作，也可能有不同的见解和主张，那就需要大家自由讨论，必要的话还要展开争论，实事求是地来给广大人民的利益服务。许多方面的学术工作者（概称"百家"）如果有了学问，闷在肚里，只供自己欣赏，是不行的，必须要"鸣"，将个人研究的结果，公诸大众。同时，向科学进军，人人有责，也是人人有份，应该是当仁不让，不能自甘退后，必须要"争"，充分进行自由讨论以致争论。只有这样，才能开动向科学进军的活力与潜力，鼓舞创造性的工

---

* 此文发表于《光明日报》。——编者注

作。因此，我体会到，百家争鸣的号召是有宪法的根据的，也就是宪法精神的发扬。

由此，我又记起"关于无产阶级专政的历史经验"一文的学习。在那次学习中，我们更深刻地认识了为什么要反对个人崇拜，为什么要继续展开对教条主义的斗争。因为"我们有不少的研究工作者至今仍然带着教条主义的习气，把自己的思想束缚在一条绳子上面，缺乏独立思考的能力和创造的精神"。我们必须运用马克思主义的研究方法，而不是束缚于教条主义的研究方法，才能"提高人民群众的自觉，鼓舞人民群众的生气勃勃的首创精神"，这样，才能给科学进军开辟广阔的道路，促进实际工作和理论工作的迅速发展。

我们晓得，"关于无产阶级专政的历史经验"一文是根据中国共产党中央政治局扩大会议的讨论由《人民日报》编辑部写成的，是经过很多人的自由讨论所凝成的集体意见，因而也就形成了"百家争鸣"的理论基础。

我体会到，我们在学习中，一方面要很锐敏地吸取新鲜事物，同时对过去已经学到的东西也要不惮反复地加以复习，前后之间还要做到适当的、有机的联系。既不要束缚于过去，也要善于继承历史的遗产，温故而知新地来巩固学习中业已获得的成果，更加以深入的、丰富的阐扬。

"百家争鸣"在祖国语言上是句成语，可以远溯到春秋战国时代。那时，诸子百家，著书立说，各显其能，哲学上的老、庄、荀、孟，实践中的墨翟、公输，以致管子的经济、孙吴的兵法……，他如名家、法家、纵横家……，一时也数不清，真是百家争鸣，各有独创，在中国学术史上蔚成一代之盛。

我们今天的时代，不同于春秋战国，我们提出百家争鸣的号召，有我们人民民主时代的新的内容与要求；我们要在现代进步的科学的国际竞赛中发扬中国人民固有的潜力，赶上现代科学的最高水平，同时在丰富多彩方面也不让我们的古人专美于前。

我们认为在科学研究中有不同派别的见解是没有什么害处的。考虑同一问题的时候，需要从各种不同的角度来观察、来分析、来衡量，尽管各人之间所见不同，而可以相反相成，蔚成正确的判断。春秋时代的晏子曾经讲过："君所谓可，臣有否焉，臣献其否，以成其可；君所谓否，臣有可焉，臣献其可，以去其否。"封建时代君臣之间尚且应该这样做，而况在今天的科学领域之间呢？所以，发展科学的唯一正确的道路是思想自由和研究自由，继之以自由讨论、进行争辩。我们以苏联刊物《经济问题》为例，即在前几年，也常登载对同一问题的不同见解的论文，由编辑部注明这是为了问题讨论而提出的，展开论辩之后，再进行结论；就是作了结论，仍然鼓励人们进行继续的研讨。惟有这样，才能做到学术的不断发展与提高。

当然，我们在学术问题上进行自由讨论、百家争鸣，也要注意防止或纠正可能的偏差和乱用。前面曾提到，保障进行科学研究的自由是我们宪法所已经规定的，这是公民应享的权利；同时，公民也有"必须遵守宪法"的义务。简单地讲，我们的宪法，具有人民民主专政的政治基础、社会主义建设和社会主义改造的经济基础以及辩证唯物主义和历史唯物主义的哲学基础，我们在进行学术问题上的自由讨论、百家争鸣的时候，自然不能违反宪法所具有的根本原则。如果违反的话，不仅浪费光阴和精力，不为多数公民所接受，而且也是具有起码的宪法知识的公民所不肯做的。这样讲，并不是在百家争鸣的号召提出以后，又要束上一条绳子，那是健康发展中应有的注意。

发展学术的广阔道路，在我们面前是充分地敞开了，要我们大家，尤其是学术工作者，在各个不同的岗位上，以百倍的热情与活力，奋勇前进。

在税务监察工作座谈会闭幕会上的讲话[*]

（一九五六年八月五日）

同志们：

会议今天就要结束了，有关这次监察工作座谈会需要讲的，任副局长在综合发言中已经都讲了，我只谈谈我的体会。

首先，我感到监察工作的重要性还需要全国税务监察工作同志们深入体会。任副局长开头就谈到"这次座谈会是在税制改革正在积极准备、组织收入即将进入旺征季节和税务机关的监察工作需要适应客观发展加以改进的情况下召开的。"最后又提出"要求全国税务监察工作同志们认清目前形势的发展变化，体会监察工作的重要性与任务的艰巨，改变以往对监察工作的某些不正确认识……"，这个总的精神需要我们进一步认识。适应客观形势，这是很重要的问题。一方面，我们国家经济情况有了巨大的发展变化；另一方面，我国的政治状况也出现了新的形势。中共中央关于《无产阶级专政的历史经验》的发表，标志着新的政治情况的发展。从这一具有历史性的文件中，我们看出，中国共产党在革命过程中并不是没有犯过错误，而是有过局部的、临时的错误，我们能够及时地检查纠正，因而，局部的错误没有发展成为全部的错误，临时的错误没有发展成为长期的错误。怎样使局部的错误不致成为全部的错误，临时的错误不致成为长期的错误呢？当然是由于党的正确领导。但联系到我们工作来考虑，还要有监察工作，监察工作是领导的耳目和助手，领导靠少数人是领导不好的，必须很好地发挥监察工作的耳目和助手作用，这样就有可能使局部的错误不致演变到全部的错误，临时的错误不致演变到长期的错误。同志们还必

---

[*] 此文刊载于一九五六年九月十五日出版的《税务工作通报》杂志一九五六年第十九期。——编者注

须注意毛主席提出的十大方针（十大关系），其中一点是要搞好党内与党外关系。李维汉同志在全国人民代表大会第一届第三次会议上的发言对此点谈得很清楚，就是"各民主党派长期共存、互相监督"。要真正防止个人崇拜和发挥集体领导作用，各民主党派必须互相监督，而且要加强对共产党的监督。这一伟大政策的提出是非常明智的。中国共产党提出了各民主党派甚至全体群众都要互相监督，这与我们监察工作是有关系的。过去工商界对我们税务工作提的意见不多，现在党提出了十大方针，他们就要提的多了，这就更感觉到税务监察工作的重要。我们内部必须先作好监督，作到健全无过或少过，才能减少外界的指责。政治的局势已经摆得很清楚，各级领导必须重视监察工作，税务监察工作同志必须深入体会此点。

其次，怎样做好监察工作呢？我认为不外"加强领导、健全机构、充实人力、改进方法、提高水平"五个方面。我只谈谈提高水平的问题。主要有以下几个方面：

一，加强学习研究——这个问题同志们过去作了一些，积累了一些经验，但我们研究的能力还不够，总局、省、区、市局还应加强业务指导的研究。每一个作监察工作的同志都必须加强业务学习。这次会议上，总局监察室把苏联国家收入局的监察细则翻译出来发给大家，我认为这对充实我们的业务知识，丰富我们的眼界有很大帮助。今后对于苏联先进经验的翻译工作要多作一些。当然，我们在学习苏联先进经验时，须要结合我们的具体情况，不能生搬硬套。

二，积累调查资料——积累资料非常重要，如果不掌握材料是作不好监察工作的。最近演出的名剧《十五贯》里边的况钟很能发挥内部监察的作用，由于他深入调查，搜集材料，弄清了娄阿鼠的罪行，因而使案情平反。如果他不深入调查搜集材料，是不能平反冤狱的。

三，进行干部训练工作——干部训练工作是有系统的、较大规模的学习。由于我在中央财政干部学校也担任工作，我感到财干校必须和业务部门密切联系，做好这一工作。

同志们，我们就要分手了，作为临别赠言，我把这些体会，贡献给大家，我们要为做好税务监察工作共同努力。

欢迎税工同志向科学进军[*]

（一九五六年九月十九日）

自从中共中央号召向科学进军，在全国范围内的税工队伍中也掀起了学习的热潮，这是一个很好的现象，值得我们特别重视。因为学习和工作是具有极密切的关系的，为了工作好，必须学习好；光是注意工作而不注意学习，整日忙忙碌碌地埋头事务，日子久了，就不免成为鼠目寸光的庸人，对工作是很不利的。越是在职干部，越要注意学习，光阴稍纵即逝，必须抓紧。

我要向已经走向科学进军的行列的税工同志们致以热烈的欢迎；对准备开动的，我欢迎你们积极地参加；尚未开动的，我希望你们赶紧从思想上、从具体条件上做好准备，不至于长期落在队伍的后面。各级领导同志对你们这一行动，无疑地是要极端重视，大力支援，多方鼓励的；因为这是提高税务工作的基本条件，这是为了你们的个人前途，同时也就是为了国家。

在这里，应该强调提出的，是在学习方法方面，必须反对教条主义式的学习。必须联系我国实际。必须明确在税收方面向科学进军的目的，是为了解决我国税制的理论与实际问题，而不是其他。

税收，算是一门科学吗？税务工作者，有必要、有资格向科学进军吗？我的答复都是肯定的。税收是国家财政的一个重要组成部分，财政既是社会科学的一个部门，税收当然属于科学的范畴。其次，税务工作者所负的责任，虽因职位关系有所不同，同是国家政策的执行者和贯彻者；在社会主义建设的进程中，都要发挥个人的特长，走向专业化，成为一个专家，这样，就必须努力向科学进军。就我们税工同志的文化水平来看，是很不一致的，有的人不能马上开始科学研究工作。但是我们每一个同志，都可以根据个人的具体情况，确定目标，制定规划，分开步骤，循序进行，长期坚持下去，自然也可以由浅入深，由小积大，迫近科学的堡垒。惟有自暴自弃，不求长进的人才是自己取消了向科

---

[*] 此文发表于《人民税务》杂志一九五六年第十八期。——编者注

学进军的资格。同时，水平较高的同志，也不宜期望过奢，求效太速。那样，不仅有碍于工作，而且不利于学习，将会招致不良的后果。这就是说，具有资格的同志，也要根据切实的规划，老老实实地，配合本身的工作，循序渐进，而不要被虚名、速成的情绪所迷误。

如上所述，由于干部的水平不同，在制订长期的个人学习规划时，都要根据个人特点，分别作出具体的安排，而不能强求一致。因此，对于怎样向科学进军的问题，对我们全国税工同志来说，不好做一般的答复。但是，总要有个大体的轮廓。试就个人的体会，提出很不完整的初步看法如下。

首先，必须注意马克思列宁主义基本理论的学习，这是向科学进军的基础。如果离开了辩证唯物主义和历史唯物主义，无论怎样致力于科学研究，总不免误入歧途或是白费力气。这个道理，大家了解得很清楚，无待赘述。至于我们税务工作者，根据"从经济到财政"的道理，更要注意政治经济学的学习。除了全面的、系统的学习而外，还要注意和我们工作特别有关的专题研究。例如《政治经济学教科书》下册第二十三章"社会主义工业化资金的来源"；第三十一章"社会主义制度下价值规律的作用的性质"；第三十三章"经济核算和赢利、成本和价格"；第三十六章"社会主义社会的国民收入"；第三十七章"社会主义制度下的国家预算、信用和货币流通"；第三十八章"社会主义再生产"——这些章，对我们税工同志来说，都要付出相当大的力量进行研究，这是我们做好科学研究和当前工作的不可缺少的基础知识。

其次，因为税务工作是财政工作的组成部分，我们在学习中，不应该狭义地拘束在税收的小圈子里，而要从财政工作的全面来着眼，尤其要从"国家收入"的全面来着眼，才能看清我们的税务工作在财政体系中应该发挥什么样的作用，并且可以看清楚税务工作发展的前途，因而坚定个人从事专业的信心。

"财政科学"是一个综合性的称呼，所包括的内容很多❶。税工同志可以先读亚历山大洛夫所著《苏联财政》（上下两册，1955年新译本即将出版）和巴丘林主编的《苏联财政与信用》（上下两册，1955年译本），这是两部比较新出、完整的有关社会主义财政的基础读物。更进一步，要阅读苏池科夫所著的《苏联国家收入》（1955年版）和马利雅亨所著的《苏联税制》（1955年版）两书，及

---

❶ 参看《教学与研究》1955年第10期，毕尔曼专家"论财政科学及其各学科的对象"一文。

《苏联税务工作人员手册》。此外，根据同志们的阅读能力，参考有关书籍和报刊杂志所载的专题论文，有系统地学习苏联的先进经验。

除了上述的学习之外，更重要的还是联系中国的实际，从事我国财政、税收工作实际问题的研究，以便能够为我国财政、税收工作服务。因此，我们必须学习开国以来历年的国家预算报告及有关文件。在这方面，资料是很丰富的，但还有待于系统的搜集和整理，至少要编印若干"选集"和"法令汇编"一类的书，以便学者参考。在国家税收方面，《人民税务》以及内部刊物，已经渐次展开政策性、理论性的研究，对税工同志的学习，提供不少的帮助。

第三，由于科学研究的专门化，专业之中，又有专业，在学习中，重点也有所不同。

我们税工同志向科学进军，既须学习财政科学中的"一般学科"，又须学习"专门学科"和"纯实用学科"。纯实用学科中，以"会计核算"为例，在社会主义建设进入高潮以后的今天，我们的税务专管员必须懂得会计核算知识，而这却是我们最感缺乏的东西。尤其是对于准备实行周转税，这类纯实用学科，更有加紧学习的必要。

以上对税工同志的科学研究，只就个人体会所及，提出一些很不完整的初步轮廓，作为同志们的参考，并借以吸取同志们更好的意见和经验，通过《人民税务》的园地，彼此观摩，互相策励，切实做好"向科学进军"。

试论财政科学中的"百家争鸣"*

（一九五六年十一月五日）

一

党中央提出"百家争鸣"的学术方针，对财政科学来说，是同样适用的。为了向科学进军，在财政科学领域中，同样要贯彻"百家争鸣"的方针。

财政科学是社会科学的一个部门，它和国家的关系，和社会生产的关系，都是极为密切的。由于我们的国家同资本主义的国家，我们的社会生产关系同资本主义国家的社会生产关系都具有本质的不同，因而我们的财政科学，在本质上说不同于资本主义国家的"财政科学"。虽然二者有本质的不同，但是我们对资本主义国家的财政学也不能采取完全否定的态度，而要进行研究和批判，弃其糟粕，取其精华。概括的讲，我们对于资产阶级国家财政学中属于方法技术一方面，只要是对我们有用的，都要加以吸取；属于政策一方面的，绝大部分要加以扬弃。陆定一同志在《百花齐放，百家争鸣》一文中曾讲过："除了朋友之外，我们也要向敌人学习，不是学习他们的反动的制度，而是学习他们的管理方法和科学技术中的有价值的东西。"因为通过这方面的学习，可以加速我国的社会主义建设的发展。

资产阶级国家的财政学，经过批判，也还有一些是值得我们参考借镜的。例如关于国家收支的划分、财政管理的权限、累进税率的应用、税收负担的分配等等，资产阶级财政学者经过多年的研究，对于我们来说绝大部分都成了历史的陈迹。但是我们在研究批判的过程中，总还要碰到一些精辟深入的理论见解，这对我们是具有启发借镜的作用的。因此，苏联国立莫斯科经济学院研究生为取得财政、货币流通与信贷专业学位，最低限度参考书目中也列有亚当·

---

* 此文发表于《财政》杂志一九五六年第二期。——编者注

斯密、李嘉图、施图尔姆、塞利格曼等资产阶级学者的著作。

由于以上的分析，我认为，在我们国家里所要展开的财政科学的百家争鸣，应该主要是社会主义体系财政科学的百家争鸣。我们知道，财政科学是具有阶级性的，而且它表现得特别显明，如果忽视了这个阶级性，那么，研究的结果，一定要违反科学的要求，即不成其为科学了。

这里需要再申述一下，"征收高度累进税"，在《共产党宣言》里主张过，在社会主义改良派的财政学者也主张过（尤其是英国），但是，前者是根据阶级立场而提出的，首先要由工人阶级取得政权，把主要的生产资料变为全民所有，在这个基础上，主张"征收高度累进税"，是完全正确的。如果忽视了阶级性，国家的政权仍然掌握在资产阶级的手里，继续维持生产资料的私人所有制，在这样的前提下，主张征收高度累进税，岂非"与虎谋皮"！掌握政权的资产阶级可以有种种方法，逃避税负，转嫁税负，或是一方面付了少量的税，另一方面却从国家取得极大的补偿，而真正的税收负担，仍然落到政权不在手里的劳动人民的肩上，反而加重了剥削的强度。这对于改良派社会主义的财政学家，简直是冷酷无情的讽刺。忽略了阶级性的财政学说，必然是非现实的，因而是非科学的。

二

社会主义体系下财政科学的百家争鸣，我认为要从以下几个方面分别来体现。

第一，在无产阶级专政类型的国家之间，我们要求对苏联财政、对东欧人民民主国家财政、对朝鲜和越南人民民主国家财政，尤其是对我们国家的财政，大力培养具有专门研究的专家，以其研究所得，展开百家争鸣，表现为社会主义的竞赛。即以研究"苏联财政"而论，我们为了学习苏联的先进经验，所依靠的资料或课本，直到今天，依然是翻译过来的有数的几本书，还没有看到充分使用祖国语言的由我们自己写出的"苏联财政"。（最近南冰、索真两同志出版《苏联税制研究》，是向这个方向的尝试，我们很欢迎。）至于"中国财政"的研究和编写，更是迫切的需要，各方面也正在开始努力。在"百家争鸣"的号召下，这是我们首先应该注意的。

第二，财政科学是一种专门科学，应当培养出一批专门人才来。但是在财政科学的领域中，还包括着若干学科，参照毕尔曼专家的报告主要可分为三类。首先是一般学科,其中包括"财政"、"货币流通与信用"。其次是专门学科,其中包括"国家预算"、"国家收入"、"国民经济与部门财务"、"国家保险"、"货币流通与信用的组织与计划"等。还有纯实用学科,其中包括"预算会计"、"银行业务技术"、"其他"❶。财政科学所包括的门类,相当丰富,因而我们国家打算培养的人才,不仅是财政方面的通才,还要分门别类地、更细致地培养出各部门的专才,这些专才,也要以社会主义竞赛的精神,发挥"百家争鸣"的作用。

第三,参加财政科学研究的人员,大体可概括为三个部分:(甲)科学院的专门研究人员和综合大学或财经学院设有财政课程的教师和学员;(乙)主管部设立的财政科学研究所以及在职的财政工作干部;(丙)财政干部学校尤其是中央一级干部学校的教师和学员。这三部分对于研究的要求和出发点,多少有些不同,概括的讲,甲项是从理论出发,联系实际;乙项是由实际工作的需要出发,联系理论;丙项是在训干政策之下,由实际提高到理论,从理论联系到实际,为提高工作水平而努力。以上三类之间虽有些不同,但是他们的目的,同是为了财政科学的研究,彼此之间是要相辅相助的;但是也可以进行社会主义的竞赛,各就研究所得,展开"百家争鸣"。

第四,财政科学的研究内容,由于着重点不同,主要可以从以下三个方面来分析:(甲)关于基本理论方面;(乙)关于方针政策方面;(丙)关于方法技术方面。以上三个方面是互相贯串的、前后联系的,不能彼此孤立起来。但在进行研究的时候,有时是为了解决理论问题,有时是为了解决政策问题,有时是为了解决技术问题,着重点是有所不同的,因而我们在"争鸣"上,应当按照不同的情况来进行。

关于技术问题我们可以各就研究所得,提出个人的看法,展开自由讨论。我们可以介绍苏联和人民民主国家业已行之有效的先进方法,也可以介绍可以适用于我国的资本主义国家的有效办法,还可以提出我们自己创造的新办法,对此,我们可以充分展开"争鸣"。

关于财政理论问题,为了提高我们的科学水平,我们要对社会主义体系财政科学的建立和发展,进行大胆的自由讨论,发挥"争鸣"精神。我们看,苏联建国已有三十八年的历史,关于"苏维埃财政"的定义,直到最近还有学者

---

❶ 参考毕尔曼专家:《论财政科学及其各学科的对象》,载《教学与研究》,一九五五年第十期,第三十五至三十九页。对分类内容,笔者有所调整。

提出不同的主张❶。又如对周转税的性质，也有非税收入与税收收入的论争，在苏联还没有得到结论。我们认为这样的自由讨论，百家争鸣，是很必要的，我们不宜急于求得结论，以便研究工作者深入而细致地讲清道理。

关于财政政策问题，在科学研究中怎样发挥"百家争鸣"，我认为可以分做三个阶段。第一阶段，在政策尚未正式决定公布之前，科学研究工作者可以而且应该进行自由讨论，发挥"争鸣"精神，充分提出不同的看法和论据，以供国家决策的参考。这样进行到一定程度，国家做出决议，颁布法令，付诸实施，进入第二阶段。这时首先要求大家对决议、法令共同遵守，贯彻执行；科学研究工作者，根据国家政策，加以系统的、理论的阐明，使国家的财政政策能够正确而透彻地为人民所了解，以利于法令的实施。如仍有不同意见，还是可以根据具体材料和个人研究的结果，提出个人意见。第三阶段，在贯彻政策的过程中，研究工作者要严密注意实施的效果，看一看，在执行政策中发生了什么偏差错误，在解决实际问题时原定政策是否都能切合实际。形势是不断发展的，具体情况如果有了很大的变化，原定政策应该怎样准备补充和修正。对这些问题，科学研究工作者，应该通过系统的调查研究，提出积极性的建议和主张，以便于国家财政政策进一步的改革。在这种情况下，仍然需要充分发挥"自由讨论，百家争鸣"的科学研究精神。

三

总起来看，虽然社会科学是和自然科学有些不同的；同属社会科学，财政科学也和其他的社会科学不是完全一样的；同是研究财政科学，具体到所选的题目和研究的内容也不一样，但是贯彻自由讨论，"百家争鸣"的方针，都是一样重要的。在动员一切积极因素，加强团结，从爱国主义的基础出发，从社会主义的基础出发，来建设社会主义的新中国的目的上，这也是完全一致的。

财政工作，是财政科学研究工作的依据，脱离了实际是不行的。同时，科学研究工作，又是提高财政工作极为重要的方面。在财政科学的研究工作中，"百家争鸣"的学术方针为我们指出了正确的道路。

---

❶《经济译丛》一九五四年第四期，译载阿拉赫维尔江：《苏联财政体系在国民收入分配中的作用》一文，即其一例。

二十世纪八十年代后

《财经古文选》序言*

(一九八三年三月)

在设有中国经济史的财经院校,要开设古汉语,看来是没有多大争议了。然而,如何确定古汉语的内容,采用什么样的篇章,也就是说,采用文学篇章,还是采用财经方面的篇章?看来认识还不尽一致。在中国历史的长河中,不仅产生过很多优秀的文学家及其不朽的文学巨著,而且也产生过不少大理财家及其著述的财经文献。作为财经院校,能否通过财经篇章进行古汉语教学,是中央财政金融学院汉语教研室同志们多年来一直探索的问题。正是以这种大胆探索的精神,他们才在两三年之内,编写了这部《财经古文选》。这是很可喜的。

这部《财经古文选》,选录了涉及财经的有代表性的古文四十二篇,其内容,始自春秋时代的管子,终于明末清初的黄宗羲、顾炎武和王夫之等。大体上足供一个学年教学之用。每篇照录或选录古代作者的原文,对作者加以详慎的介绍或考证;对每一篇文章的内容作了比较通俗的题解;并对一些古文引文、古地名以及比较难懂的成语、古词都作了简明的注释。

这部《财经古文选》,不仅对财经院校的学员以及对古文有兴趣的各级财经干部是一本比较好的教材和参考书,而且对有志研究中国财经历史的同志,也不无启迪作用。同时有助于我们今后进一步研讨祖国的古籍,作到"取精用宏"、"古为今用",从而在"四化"建设中为发扬祖国的文教事业、培养谙熟祖国文字的财经工作人才做出贡献。

---

* 此文系作者为中央财政金融学院汉语教研室编写的《财经古文选》撰写的序言。——编者注

以六计隆"四化",以一勤应百忙*

（一九八四年五月三十一日）

所谓"六计",第一,"生计",国民经济总计划的简称。第二个计是"岁计",指的是一年一度的国家预算与决算。第三个计是"主计",昔贤有言"徒善不足以为政,徒法不足以自行",必须有执法如山的理财之廉敏精干的主持计政的人才。第四个计是"会计"。第五个计是"统计"。第六个计是"审计",不待诠释而解。

以上这六个计,必须掌握好、运用好、贯彻好,一直贯彻到全国的基层。不然的话,上边喊得很响,下边充耳不闻,熟视无睹,置诸不理,岂不白费气力,无济于事!

我们都看过京剧中的《失街亭》《空城计》《斩马谡》等名剧,武侯是令出必行,违令必斩,而且引咎责躬,自请贬级三等。这虽是历史的故事,似亦可为今日"整风"的参考。

---

* 此文系作者以"静泊"笔名撰写,发表于《财政研究》杂志一九八四年第三期。——编者注

以古为鉴　可知兴替[*]
——学习中国财政史的点滴体会

（一九八四年五月三十一日）

"以镜为鉴，可正衣冠；以古为鉴，可知兴替；以人为鉴，可知得失。"这是唐初李世民讲过的话。"鉴"字亦可写作"鑑"，原意为镜子，引伸为：可以作为警戒或引为教训的事。例如"前车之覆，后车之鉴"、"引以为鉴"，可以使人警惕的事情。"以古为鉴"是说：以前代或古代历史中的事迹，引为今日的鉴戒。最初适用这个语句的是古籍《诗经·大雅·荡》。"殷鉴不远，在夏后之世"。意思是说：殷人（即商朝）灭掉了夏，殷人应该以夏的灭亡作为鉴戒。后来指：可以引为教训的前人失败的事。李世民扩大了这条成语的含义，"兴"指兴起，"替"指衰败。历史所载的前代事迹，其成功者，可资效法；其失败者，引为鉴戒，照顾到两方面，所以说是："以古为鉴，可知兴替。"

我们生活在今天的时代，亦即社会主义时代，首先要认识、了解、关心祖国现代的时事。自从新中国诞生之日起，迄今已经历了三十多年。我们在学习中，首先要学习《关于建国以来的若干历史问题》，这是属于"现代史"的范畴。历史是不能割断的。我们了解了祖国的今天，还要了解祖国的昨天和前天。"昨天"是指一八四零年鸦片战争开始以迄到解放的一百零九年，这是属于"近代史"的范畴，所谓"前天"，是指从上古的奴隶制社会、封建制社会，大约四千年之久的"古代史"的范畴。我们置身财经战线（这里也包括金融）的学友们，必须以学习"现代史"为重点，同时回顾到祖国历史的昨天和前天，从而取得"以古为鉴，可知兴替"的历史教训，以供今日振兴中华、开展四化之用。

回溯祖国的昨天和前天。古代史中传说很广泛、很久远的大禹治水，他能不顾自己的身家性命和古代的特大洪水作斗争，终于治平了水患，开始了灌溉沟洫的水利。古籍《尸子》说他"疏河决江，十年不阙其家。"《庄子·天下》篇

---

[*] 此文发表于《财政研究》杂志一九八四年第三期。——编者注

也说:"昔禹之堙洪水,决江河,而通四夷九州也,名山三百,支川三千,小者无数。禹亲自操橐耜,而九杂天下之川。腓无胈,胫无毛,沐甚雨,栉急风,置万国。"《孟子·滕文公》也讲到:禹"八年于外,三过其门而不入"。由于禹的辛勤奋斗,加上他的疏导得法,禹的父亲鲧多年治理不好的洪水,终于被禹治服了。(参阅一九七九年六月二十三日《人民日报》第六版所载《想起了大禹》的专文)是的,我们总要想起大禹治水的勤苦精神和他取得的宏伟业绩。宋代伟大的词家辛弃疾(即辛稼轩)在他登上镇江金山的尘表亭,纵目看到滚滚长江东流入海的情景,曾填过一首词:

悠悠万世功,矻矻当年苦。

红日又西沉,白浪常东去。

鱼自入深渊,人自居平土。

不是望金山,我自思量禹。

姚依林同志在他的一次报告中曾强调"我们要恢复和发扬延安精神,恢复和发扬解放初期的创业精神,恢复和发扬六十年代初期克服困难的精神……当时的吃苦在前,享受在后,一不怕苦,二不怕死的战斗精神,永远是必要的,永远是我们排除万难去争取胜利的宝贵武器!"

感慨之余,写下一首百字诗,作为本文的结束:

擘划农轻重, 安排有后先。

自称牛马走❶, 曾传司马迁。

英明党领导, 共济赖群贤❷。

任重而道远, 勤劳奋仔肩❸。

管理需精干❹, 技术要深研。

置身财金线❺, 努力著先鞭。

---

❶ 引自司马迁的《报任少卿书》。

❷ "共济"二字引自"同舟共济"的成语;"赖群贤"说明集体的群众的智慧是伟大的。

❸ "仔肩",是任务、责任的意思。社会主义制度下的每一个成员都要勤勤恳恳地、任劳任怨地搞好自己所担承的任务。

❹ "管理需精干",主要是说:今天国营企业的经营管理,需要精明强干的人才,精通技术,善于管理。

❺ "置身财金线"是指在财政和金融的干部、教师和学友们。

科学有险阻，苦战能过关[1]。

识途存老马[2]，青壮足接班。

先锋如鲁迅，俯首亦心甘[3]。

后来者居上[4]，涌进迈无前[5]！

---

[1] 这两句，引自叶老的诗句。

[2] "识途存老马"引自春秋时代管仲的故事，他和齐桓公讲："山行失道，老马之智可用也"。杜甫的诗句也有"古来存老马，不必取长途"的警句。

[3] 引自鲁迅先生"俯首甘为孺子牛"。

[4] "后来者居上"是古代流传下来的成语。

[5] "涌进迈无前"是说，社会主义制度下的青年和壮年，如同源头活水，澎涌向前，前程远大，无有止境之意。

《中国税务》创刊献辞*

(一九八四年十月十二日)

中国税务月刊,今与读者见面。
建设形势大好,仍须顾后瞻前。
财政根本好转,搞活经济关键。
总理工作报告,人民十亿欣然。
提高经济效益,现在仅是开端。
变革财政体制,中央颇感心关。
处理分配关系,以税代利当先。
初步改税收效,紧跟二步当前。
如何调整税率,如何税及资源。
增值调节两税,更须致力钻研。
改税迈进二步,任务确属重担。
杠杆调节作用,税政瞩目宏观。
以税代利改革,促进经济发展。
涉及外资课税,首须坚握主权。
欢迎投资合作,要能两利周全。
深入调查研讨,喜瞻税务新刊!

---

* 此文发表于《中国税务》杂志创刊号。——编者注

中国税务学会成立大会咏歌*

（一九八五年一月）

民字咏
取之于民，用之于民；博施于民，而能济众。

众字咏
万众一心，众擎易举；众志成城，与众同之。

同字咏
同气相求，同声相应；同舟共济，与子同袍。

和字咏
和气致祥，和衷共济；集思广益，察纳雅言。

积字咏
积土成山，积水成渊；积善成家，必有余庆。

生字咏
生之者众，食之者节；为之者捷，用之者舒。

勤字咏
民生在勤，勤则不匮；克勤于国，克俭于家。

惜字咏
大禹圣人，且惜寸阴；至于众人，当惜分阴。

警字咏
一日一钱，千日千钱；绳锯木断，水滴石穿。

法字咏
有法必守，违法必究；制法从严，执法如山。

---

* 此文刊载于一九八五年《税务研究》杂志创刊号。——编者注

中国税务学会成立大会咏歌

容字咏

海纳百川,有容乃大;壁立千仞,无欲则刚。

协字咏

友邦协作,涉及外缘;参酌税法,合理负担。

联话集锦

善于处理生、聚、用;广为团结老、中、青。

联话古训

洪范五福先言富,大学十章半理财。

一九八四年十二月十二日

寄希望于中青年税友

（一九八七年二月十五日）

> 崔老系中国税务学会顾问、中央财院顾问、原税务总局副局长，时年九十高寿，仍十分关心税收工作。欣闻全国税收理论讨论会召开，特提出中肯之见。字里行间充满了对中青年税友的希望。

关于税收理论，所需要讨论研究的内容，包括很多，很复杂，本人遂提出两个问题；一个是税制、税法的繁简问题，另一个是税收政策的杠杆作用问题。

关于税制税法的繁简问题，新中国已经有了三十五年的变动经过，开国后的三年恢复和"第一个五年计划"时期，是多种经济、多种税种并存的时期。到了一九八五年，执行简化、合并税种的阶段，预算岁收部分主要靠国营企业的利润上缴。而后又感到靠重利润的岁收有了问题，于是执行"利改税"的办法，实施"利改税"的两个步骤，又产生了"对外开放政策"以利于引进外资，并且"中外合营"与"外国人可以来中国开工厂"等措施接踵而来，于是又形成多种经济、多种课税的新问题。

于是税制、税法、税种的繁简问题，又提到我们面前！九十残年，只是意识到而不克提供有系统的具体意见，只能靠壮年税友！

关于第二个问题，是税收的杠杆作用问题，首先要说明"杠杆"的含义。古语有之："高者抑之，不及者举之，有食者取之，不足者减之。"这类古语，足资"办税者"所参考。

课税是具有政权的强制性的。应纳税的个人和单位都要遵照执行的。英美人民有句谚语："课税而能取悦好比谈爱而能凭理智、是未曾赋予人类的。"（To

---

* 此文发表于《税务研究》杂志一九八七年第二期。——编者注

tax and to please no more than to love and to be wise isn't given to man）这句谚语，是执行课税者所应考虑的。

应纳税的个人和单位，对于课税政权的强制性，不免有些抵触的。我们今天读报经常看到一些"偷税、漏税、瞒报、滞纳"一类的新闻记载，甚至有些严重的经济犯罪的行为。国家政权实施税收制度的杠杆作用，不免牵涉到各方面，而遇到或轻或重的抵触，问题是繁复难处的。这也涉及到税制、税法的繁简问题。纳税者是喜欢简化的，越简越好；可是国家行使课税主权，经过宏观也微观的考虑，有时不免于显得繁一些！怎样把税收的杠杆作用，执行得适当，实事求是地助成"四化"运动的进展。我这老残提不出更详细的意见！只有致望我们全国税友中之壮健者之努力！

崔敬伯年谱

李胜良

郡望与家世

崔敬伯，名翊昆，号钦壁，笔名有静泊、劲柏、天吁、千山万水楼主人、风雪荡舟客等，生于1897年4月26日（清光绪二十三年、农历丁酉年三月二十五日），卒于1988年5月27日，享年92岁。

出生于直隶宁河县汉沽庄。雍正九年（1731年）析宝坻置该县，据《河北省县名考原》："蓟运河纵贯县境，时多水患，故县以宁河名。"1914年属直隶省津海道，1928年属河北省，1949年属天津专区，1958年属唐山专区，1959年并入汉沽区，属天津市，1960年复置。

汉沽庄今属天津市汉沽区。据人民网天津视窗2008年3月16日张长山撰《天津汉沽区汉沽庄史说》谓：康熙年间（公元1662—1722年），汉沽庄西蓟运河畔建小圣庙。时有浙江慈溪张氏落户于此，始称汉沽庄小南街。又有刘氏家族建阁楼一座于今汉沽派出所北，是为汉沽地区有阁楼之始。崔氏家族九世祖崔崧，岁贡生，为人正直讲义气。康熙元年，视汉沽至北塘大道偏僻曲远，于营城南九里许路中置草房三间，做为行旅商贾及驿卒休息之所，乡民皆称"南茶棚"，为民做善事之举。雍正十二年（公元1734年），宁河县始建学宫。从此，本县包括汉沽庄崔、刘两大家族子弟均入此学宫就读。乾隆四十四年（公元1779年）汉沽庄隶属宁河县兴义里二保，并以汉沽之名列入七十二沽之中，代替了过去韩沽之名。其沽，取"沽水出渔阳塞外东入海"为沽的水名；又取地域渊源于汉代的"汉"字而得汉沽之名，并成为汉沽区片的后坨、前坨、国家庄等村的总称。是年前后，汉沽庄规模已定型，有四街、四桥、四庙、两阁、两坞。西濒蓟运河，水路交通捷便。庄内读书人渐多，进士、举人及禀生、贡生不断涌现。村民也能安居乐业。彼时，村民特别是官宦人家皆称汉沽庄这块古地是风水宝地，似龟状而万年常青。视庄内最高处的中街和南街为龟背，安东桥和安西桥为龟前爪，永济桥和永安桥为龟后爪，国家庄桥是龟头，一里地桥是龟尾，遂留下了汉沽庄有"汉古"之称。

崔氏向为河朔大族。英国汉学家杜希德著有《早期中华帝国的贵族家庭（博陵崔氏个案研究）》给以专门研究。在隋唐时确定的"五姓七望"世家大族中，博陵崔氏与清河崔氏占据两个郡望。汉沽崔家源自何系，待考。

据崔敬伯《自传》：高祖肩挑卖鱼。曾祖在芦台镇一家商店当店员。祖父为武秀才。父亲崔绍清为秀才，于光绪末年变化兴学时曾担任村里小学校长。

年　谱

1897 年（光绪二十三年），1 岁

本年出生。是年，英国驻上海总领事哲美森出版《中国度支考》。

1898 年（光绪二十四年），2 岁

是年，日本财政专家松岗忠美发表《论清国财政改革之急务》。

1899 年（光绪二十五年），3 岁

夫人崔颖若出生。

1900 年（光绪二十六年），4 岁

1901 年（光绪二十七年），5 岁

英国人赫尔德提交《整顿利源节略》，倡议开征印花税。

1902 年（光绪二十八年），6 岁

《大公报》本年创刊。是年，梁启超发表长文《中国改革财政私案》，提出逐步设立所得税、营业税、登录税、印花税、遗产税、通行税的建议。

1903 年（光绪二十九年），7 岁

清廷设立商部，以载振为尚书，伍廷芳、陈璧为左右侍郎。

1904 年（光绪三十年），8 岁

入村中私塾。由父亲崔绍清开蒙，讲授《大学》《中庸》《论语》《孟子》《诗经》《书经》等古籍，习"记诵之学"。

1905 年（光绪三十一年），9 岁

是年，胡子清出版《财政学》，为中国最早的公共财政论。

1906 年（光绪三十二年），10 岁

入汉沽小学堂。父亲为堂长，校舍为村中古庙。课程有修身、国文、历史、地理、算学、格致、体操、音乐，"应有尽有，但是不觉得吃力"。课本是蔡元培、张元济、高凤谦、夏曾佑、杜亚泉等编制、商务印书馆印行的教材，开头几课便是"天地日月山水土木父母子女井户田宅"的单字，颇有"蒙以养正"、"履端于始"的气象。

1907 年（光绪三十三年），11 岁

美国照会中国驻美公使馆，拟将庚子赔款中 1078 万美元还给中国，用于发展文教事业。

1908 年（光绪三十四年），12 岁

清廷从学部奏，明年开办分科大学、计经学、法政、文学、医、格致、农、工、商 8 科，开办费 200 万两。

1909 年（宣统元年），13 岁

入芦台镇高等小学堂，学业优良，族人誉之"宁河才子"。

自小牢记崔瑗座右铭"无道人之短，无说己之长"，谦逊处世，赢得良好人际关系，受益终生。其《自传》谓："半生作事，都是有人来邀，用不着自己奔走去找。"其一生在国、共两界皆受重用援引，可证其言不虚。

1910 年（宣统二年），14 岁

清政府度支部拟具《所得税章程草案》，并于 10 月 3 日送资政院审议，但议而未决。

1911 年（宣统三年），15 岁

考入天津北洋法政学堂附属中学。

1912 年（民国元年），16 岁

5 月，北洋政府设立财政部筹备处。7 月周学熙任财政总长后，正式设立财政部。

1913 年（民国二年），17 岁

北洋政府公布《国家税和地方税法草案》，这是中国税收管理史上第一次正式划分国家税和地方税。

1914 年（民国三年），18 岁

在天津北洋法政学堂附属中学读书。时常晨起于近郊跑步，初夏有诗记之，中有"柳色茏葱绿，天光绰约红"之句。此为先生所存第一首诗。

1 月，北京政府公布《所得税条例》，是为中国所得税法之始。外国顾问铎尔孟提出《遗产税说帖及略例》8 条。财政部次长章宗元拟出《遗产税征收条例草案》。

1915 年（民国四年），19 岁

1916 年（民国五年），20 岁

保送进入直隶公立法政学校商科，学习《经济学》《财政学》《会计学》《统计学》等课程。

1917 年（民国六年），21 岁

是年，贾士毅出版《民国财政史》。

1918 年（民国七年），22 岁

美籍奥地利经济学家约瑟夫·熊彼特（Joseph Alois Schumpeter）出版《税收国家的危机》（Die Krise des Steuer Staat），这是谱主日后时常引用的文献。

1919 年（民国八年），23 岁

9 月，毕业于直隶公立法政专门学校商科三班，学习成绩名列第一，留校任教，担任预科会计学讲师。同时兼任天津市老西开中学的历史、地理等课程。该年诗作《开始教学工作》，有"台前执教鞭，自问已汗颜"、"两校违离远，风寒跋涉难"之句。

本年兼任井陉矿务局天津总局英文会计，有《接收井陉矿务局担任英文会计》一诗记之，中有"俞翁一语恩，岂敢骄天祐"之句，与后人所谓受上司赏识之事相合。

1920 年（民国九年），24 岁

1921 年（民国十年），25 岁

北京政府一度开征官俸所得税。

1922 年（民国十一年），26 岁

4 月 5 日，与崔颖若在天津结婚。崔颖若，原名崔启华，河北省清苑县温仁村人，生于 1899 年 9 月 25 日（农历已亥年八月二十一日），保定第二女子师范毕业。

本年转入直隶公立法政专门学校本科教学，讲授《经济学》《会计学》等课程。

1923 年（民国十二年），27 岁

3 月 2 日（农历癸亥年正月十五日），长女在河北省宁河县汉沽庄出生，取名君慧。作者 1925 年诗《记君慧生日》中有"当时家住汉沽村"、"茅庐土炕炭火温"之句。

1924 年（民国十三年），28 岁

1925 年（民国十四年），29 岁

8 月 21 日（农历乙丑年七月三日），次女在天津出生，取名君定。

1926 年（民国十五年），30 岁

直奉军阀战争中，直鲁联军占据学校校舍，校方决定停课。遂去天津特别区二、三区担任会计。后赴保定，在河北省清理旗产事务局任会计。有诗《张登小学探亲》记之："随师保定弄笔端，颖在张登执教鞭。"

时值第一次国共合作时期。10 月，在转入地下的国民党直隶临时省党部天津市委党部首任地委书记于方舟介绍下，秘密加入改组后的国民党。先生自传中称"一度参加过改组的国民党"，谓此。

1927 年（民国十六年），31 岁

初春，任齐燮元的家庭教师，并伴同其子齐鸿迈东渡日本求学。在东京大学选修财政学课程，接受大内兵卫社会主义财政学思想，还钻研了德贝尔的原著《社会主义通史》。有诗《旅游日本东京》谓："破浪乘风后，扶桑一望收。"

8 月 7 日至次年 3 月 31 日，撰写《东游漫录》37 篇，发表于天津《国闻周报》。

1928 年（民国十七年），32 岁

国民革命军北伐攻克天津，商震出任河北省政府主席。7 月，受省政府秘书长马洗繁电邀回国，担任河北省政府秘书。

1929 年（民国十八年），33 岁

财政部聘请的甘末尔委员会提出《所得税说帖》，认为中国不宜采行所得税制。

4 月 26 日（农历己巳年三月十九日），三女在天津出生，取名君戒。

1930 年（民国十九年），34 岁

4 月，由河北省公费派赴英国留学，同行的有马洗繁、卢郁文等人。就读于伦敦大学政治经济学院，修拉斯基教授主讲的《政治学典范》、罗布逊教授主讲的《行政法》等课程。对达尔顿教授的《财政学原理》多有心得，但彼时达氏已不教书。积极研究社会主义思想，对马克思主义及唯物辩证法颇有兴致，同时接受悉尼·维伯、萧伯纳的费边社会主义思潮的影响。赴英之前，在北平一家书店购得英国学者柯尔新著《今后十年英国的经济政策》。据作者组诗《十年十首》附言："那时我已信仰社会主义。"

秋日去牛津饯友，有诗记之："秋色日萧森，三友去牛津。"留学期间清贫自守，有诗自谓："自幼习节俭，以纾寒门忧。粗衣御寒暑，粝食度春秋。"

12 月 8、9 日，陪同环游欧美"考察"的吉鸿昌前往大英博物馆参观。

为天津《大公报》开设儿童园地"天真烂漫谈"专栏，自 7 月至 9 月共发表文章 72 篇。

本年在天津《大公报》《国闻周报》发表《财政观之中华古国》《一九三零年之欧罗巴回顾与前瞻》等 7 篇译文，介绍西方财政观。

1931 年（民国二十年），35 岁

读《旷观周报》(Spectator)，翻译并发表其所刊载的《世界的财政与经济——以后的步骤如何》。

1932 年（民国二十一年），36 岁

"九一八"事变后，为赴国难，学业未竟，4 月提前归国。1931 年秋所写《水调歌头·咏履》中有句"裹创且再战，风雪万重山"，寓意"长期抗战"。作者词后附言谓："读报九一八事变消息后，当即打定主意，提前归国，共赴国难。"

留学期间，与好友、留学法国的杨秀峰时相往来。初春，归国中经比利时名城鲁文。杨秀峰赶来晤别，有诗《鲁文车站与秀峰兄晤别》以记："壮别情犹惜，倾谈影数移。"

六月在天津《大公报》相继发表《政治的根本问题》及《经济改造与政治改造》两篇论文。

接受北平燕京大学聘请，担任经济系财政学课程。同时兼任国立北平大学法学院、中法大学、中国大学、朝阳学院等校教授，讲授《财政学》《租税论》《预算论》等课程。时任北平大学法学院院长为白鹏飞，同校任教的有李达、陈豹隐、许德珩、沈志远等。同时在北平志趣相投的有杨秀峰、张友渔、范文澜、齐燕铭、黄松龄、侯外庐、王慎明、千家驹等。这期间，考辩马克思《资本论》中所提及的清朝主管财政官员 wan-mao-in 为"王茂荫"。

被天津《大公报》《益世报》《国闻周报》以及《东方杂志》等聘为特约撰稿人。

1933 年（民国二十二年），37 岁

时任河北省教育厅长的陈宝泉邀其担任天津市河北法商学院院长，婉辞谢却。

发表《罗马衰亡之财政的原因》等财政学论文 13 篇。

本年编年文：《国家岁出理论分析》。

1934 年（民国二十三年），38 岁

3 月，《经济科学》杂志创刊，在第一卷第一期发表《制宪与财政监督》论文。

9 月，接受国立北平研究院院长李书华的邀请，担任该院秘书长兼研究员，从事经济研究工作。

发表《现阶段的中国财政》等财政学论文 12 篇，关注世界财税进展，并用之于对国内财税形势的借鉴。

本年编年文：《现代所得税制之综括的检讨》（译作）。

1935 年（民国二十四年），39 岁

1 月 19 日（农历甲戌年腊月十五日），长子在北平出生，取名君望。

发表《世界财政动向鸟瞰》等论文 8 篇，其中《危机交迫中之中国财政与金融》《财政学方法论商榷》多有转载。

本年编年文：《苏俄现行之所得税制》。

1936 年（民国二十五年），40 岁

1 月 27 日，参加北平文化界救国会，并在该会第一次宣言中签名，投入抗日救国运动，积极从事救国会的工作。经常与之联系的有马叙伦、张友渔、杨秀峰、黄松龄、邢西萍、王右铭诸位教授。

6 月 26 日，撰写长篇论文《所得税的实施问题》，由北平研究院经济研究会以单行本发表。当时南京新成立的国民政府财政部所得税筹备委员会负责人高秉坊看后，即时通函北平，邀请其担任特约研究员，成为所得税事务处继朱偰、潘序伦、徐永祚之后的第四位特约研究员。据许毅说：《所得税的实施问题》等论文，在学术界和国民政府中都产生了很大的反响。

在此前后还发表了《苏俄现行之所得税制》《现代税制类型之检讨》《从间接税到直接税》《施行所得税问题》《推行所得税的人事问题》等 15 篇论文，为中国所得税的实施，做了理论和舆论准备。

9 月 20 日（农历丙子年八月初五），次子在北平出生，取名君壮。

10 月，在《教授界对时局意见书》上签名。

天津法商学院院刊《经济汇刊》创刊，在创刊号上发表《租税负担之分配问题》。

本年编年文：《从间接税到直接税——税制改革的批判与展望》。

1937 年（民国二十六年），41 岁

上半年，应冀察政务委员会委员长宋哲元之邀，与许德珩、李达一起，分别就财政学、政治学和社会学进行讲学。

7 月 15 日，蒋介石、汪精卫召开庐山谈话会，邀请全国各大学校校长、教授、各阶层代表、各社团领袖、新闻界知名人士等 100 多人共同商讨国家大计，应邀参加了首期谈话会，在会上作了《坚持全民抗战，建立非常时期财政》的发言。

"七七"事变爆发后，高秉坊多次相邀南下，参加所得税创办工作。7 月 29 日，北平陷落后，因"曾参救国会"遭到日伪通缉，于月底只身离开北平"辞家辗转到渝洲"。途经天津作短期停留后，即赴南京，参加所得税筹备委员会工作。参与起草所得税法规，成为中国所得税制度创始人之一。8 月在天津时有诗《辞家赴国难六首》。

《国际知识》创刊。在第一卷第一期发表《世界两大财政类型的对比》。

本年发表《中国财政之划时代的展开》等论文 30 篇。（胜良按：此可谓谱主第一轮学术井喷）

本年编年文：《当前中国财政问题》。

1938 年（民国二十七年），42 岁

元月，辗转到达战时陪都重庆。

3 月，受命担任国民政府财政部川康直接税局局长。该局所在地重庆为西南最大的工商业城市。协助创办了所得税、非常时期过分利得税、遗产税，为中国的直接税系统奠定基础。任职期间，提出直接税"四风"，即学术之风重研究、家庭之风重关爱、军队之风重纪律、宗教之风重信仰。主持川康税政期间，政绩卓越，政声清白。据在财政部所得税筹备处一科和川康直接税局一课工作过的周邠讲："其人之节操值得我学习，即如公家经费之支出，掷地而铮铮有声，非今日税人所能易见者。"

接受马寅初校长邀请，兼任重庆大学教授，讲授财政学课程。同时兼任中央大学教授，讲授"租税论"课程。随后又应中央政治学院经济系主任周炳琳之邀，讲授"直接税制度"课程。

这一时期，经常在《大公报》《新民报》《经济评论》《财政学报》《新经济》《时事新报》等报刊发表有关抗战时期财政经济方面的论文和诗词。与张友渔、孙起孟同为重庆《时事新报》三主笔,负责财政、经济方面社论,同时在"财说"社评、专论、"财政与金融"专刊上发表文章。自1938年9月19日至1946年8月22日仅在《时事新报》即发论文191篇。1971年5月致子君望信中谈及"我这个书呆子,平生最恨贪污,自己坚持不贪污,只凭自己的劳动,靠工资和写稿收入养家和教育子女。……这一点是老头最引以自慰的事。"

本年发表《所得税与国防公债》等论文17篇。

本年编年文:《税制改革之展望》。

1939年(民国二十八年),43岁

《政治建设》创刊。在创刊号发表《财政建设——政治建设之中心工作》。

本年发表《新财政之诞生》等论文50篇。(胜良按:此可谓谱主第二轮学术井喷的开始)

本年编年文:《财政游击与游击财政》。

是年元旦,财政学学术刊物《财政评论》创刊。此为民国时期第一个也是最重要的财政学学术刊物。谱主在此刊先后发表过《税人与税政》《我国战时财政之检讨》《论地价税之开征》《三届财政会议蒭影》《财政之紧缩与动员》等文章。

1940年(民国二十九年),44岁

财政部于6月决定将由原税务署主管之印花税改由直接税署兼办。如先生谓:"直接税主管之四种国税中,有已取得相当之历史者,如所得税、利得税是;有方在创行者,如遗产税是;有接办未久,正图改革者,如印花税是。"

在川康直接税局任上。重庆频遭日机轰炸,有诗《防空洞中得句》《抗战期间重庆大轰炸记事》诗记之。"时艰未肯悠悠遣,恨极犹堪苦苦吟"、"宇震灰飞户牖斜,几椅杯盘俱凌乱"之状,历历在目。刘景苏有词相赠:"夫子柱垂青,不计云泥仰景行。每忆屈尊经国赋,寅清,世上于今有几人?"又云:"属下秉四风,未得狼贪据。"

在中国经济学社编《战时经济问题》一书中,发表与杜岩双共同署名的长文《遗产税实施之商榷》。

7月1日,在重庆《时事新报》上发表《今日起开征遗产税》。

本年发表《我国战时财政之检讨》等论文40篇。

本年编年文:《从战时税政到建国税政》。

1941 年（民国三十年），45 岁

国民政府确定每年 7 月 1 日为"直接税节"。

在川康直接税局任上。年末，当时重庆有一家纱厂，准备出售废棉，友李华栋提议从税局经费中用十万获取利益，拒绝之。李谓之"顽固"。

6 月 19 日至 26 日，撰写《财会剪影》8 篇，发表于重庆《新民报》。

6 月 27 日至 7 月 31 日，撰写《征途翦影》28 篇，发表于重庆《新民报》。

《直接税月报》创刊。在创刊号发表《直接税之理想与实际》。

本年发表《直接税之理想与实际》等论文 34 篇。

本年编年文：《直接税与中国财政》。

1942 年（民国三十一年），46 岁

只身一人在重庆供职，而妻子"奉母携儿"在沦陷区。本年老母归天，全家终于历尽艰难来到重庆团聚。为此写《辞家赴国难再笔》以记。

因劳累过度，得了心脏衰弱症，住进重庆市歌乐山宽仁医院治疗休养。

于 7 月向财政部递交辞呈，请辞川康直接税局局长职务，因多方挽留而未果。

《财政知识》杂志创刊。在创刊号发表《今日财政之核心——经理》。《财政学报》杂志创刊，在创刊号发表《学术与财政》。

本年发表《生产重点主义》等论文 31 篇。（胜良按：第二轮学术井喷告一段落。）

本年编年文：《川康营业税接办及调整经过纪要》。

1943 年（民国三十二年），47 岁

在川康直接税局任上。洁身自持。据文泽宏转述高秉坊语："曾卖出自己的藏书，以维持一家的生活。"重庆一家报纸有人撰文称："……崔敬伯先生就像《红楼梦》中宁国府门前的石狮子，是清白的。"

本年发表《论美国战时财政政策》等论文 18 篇。

本年编年文：《税务管理刍言》。

1944 年（民国三十三年），48 岁

在川康直接税局任上。《税人》杂志创刊。在第二期发表《直接税税歌》《守真歌并序》。

9 月 1 日，在刚创刊的《大公晚报》开辟专栏，"每日必登崔师散文一篇，或诗词数首"，发表系列杂文《公退随笔》，直到 1946 年 7 月 30 日，共撰写 307

篇,"借古讽今,针砭时弊。新亭涕泪,情见乎词,深得读者喜爱"。

本年发表《实施民生主义的设计》等论文23篇。

本年编年文:《中国战时经济之特征》。

(胜良按:统计1944年至1946年三年间发表文章,有财政论文50篇、《公退随笔》307篇、《读书札记》129篇,仅此即有466篇,年均155篇。如此密集的创作与发表量,堪与李权时等高产学者比肩,蔚为民国财政学奇景。)

1945年(民国三十四年),49岁

在川康直接税局任上。

3月21日,在重庆《新民晚报刊》上发表系列杂文《读书札记》,直到1945年8月29日,共撰写129篇。

9月3日,日本宣布无条件投降,抗日战争取得胜利。

11月14日,当毛泽东的词《沁园春·雪》在重庆《新民报晚刊》刊出后,于11月29日、30日先后在《新民报晚刊》和《大公晚报》发表词作《沁园春》,并加小序:"顶天立地之老百姓,亦当有其立场也。"原稿标题为《蒋管区所谓的大后方》,发表时,报社编辑就标题和部分内容作了一些修改。诗词稿标题作《日寇投降后的蒋管区》。

12月初,辞去川康直接税局局长职务。有《八年感悟》诗诉说"川康八年办税"的艰辛。

时任直接税署署长的老友李锐主张出任副署长。经时任财政部部长俞鸿钧先委派任专门委员,继而于12月9日任命为财政部直接税署副署长。

本年发表《严惩贪污整饬吏治》等论文14篇。

本年编年文:《当前工商业的危机》。

1946年(民国三十五年),50岁

8月,直接税署迁往南京,遂由重庆抵南京市办公。此前到都江堰一游,有诗《参观都江堰》记之:"离堆留胜迹,灌口郁威灵。"刘景苏有词相赠:"辞别夫子时,形似沈腰瘦。三月旅程归,反觉精神抖。"

应南京金陵大学校长吴贻芳和中央大学校长吴有训的邀请,分别在两校讲授财政学。

自去年发表《日寇投降后的蒋管区》词作后,渐多"左"倾诗词作。本年有《除夕》《斥所谓"剿共"的内战》等词作发表,内有"且看明年,旋转乾坤别有天"、"残民内战何时了？"、"忍看万方膏血付东流！"等词句。

本年发表《国际经济合作展望》等论文13篇。

本年编年文：《财政经济问题的症结》。

1947年（民国三十六年），51岁

应中央政治大学校长顾毓琇之邀，为该校讲授"直接税制度"。

发表词作《战时财政何时了？》。

《直接税通讯》杂志创刊，在创刊号发表《英财长达尔顿氏之生平》。

本年发表《安定天下与安定一方》等论文11篇。

本年编年文：《中国经济史新页的迟临与倏逝》。

1948年（民国三十七年），52岁

2月，发表在重庆工作时期拟就的《税人铭》，斥逃税之风。

5月7日，辞去财政部直接税署副署长职务。至此，以学者身份从政凡十年，"洁身自好，两袖清风"。刘景苏有词相和："非塑非雕亦非庸，渊默若愚一髯翁。崇尚新风每自励，坚持原则不苟同。"

5月至10月，任国民政府立法院立法委员，多次提出"大力改革，制止通货膨胀"、"征课豪门资产，实施临时财产税"、"结束训政，走向宪政"等主张。

11月，应长沙湖南大学李达、李祖荫、江之泳三教授电邀，赴长沙担任湖南大学经济系教授，讲授财政学课程。离宁之前向立法院声明：不再出席会议，不再领取薪俸。《初旅湖大》诗有记。

（胜良按：本年是在政治和身心上转向光明的关键一年。其间思想变化和行为决断的历程据子女所写《无限的思念》称："随着解放战争的迅猛发展和受到三个女儿参加革命的影响，他逐渐认清了形势。"《离秣陵到长沙湖大教书》词后有说明：1948年11月，我自愿、自动地辞掉了当时的立法委员，应李鹤鸣、李祖荫、江之泳三位老友的电邀，到长沙的湖南大学经济系教书，并在《湖南日报》登出启事，声明本人已辞掉立法委员的职务，自1948年11月起不再支领委员薪金。在另一首"赴长沙湖大途中作"的《一介书生》词中，他对自己"迷途知返"的自我体认是："浮文炫世程门雪，虚名误我泥潭蹶。"纵观其生平诗词，这是他"脱胎换骨"系列词作的开始。从此之后，一直处于思想上的自我改造之中。就此类诗词，本谱名之为"改造诗词"。）

在此之前，已经支持三个成年孩子参加革命：君慧、君戒在华北，君定在上海。

《中国论坛》杂志创刊。在创刊号上发表《从财政看宪政》。

本年发表《改进所得税制度拟议》等论文11篇。

本年编年文：《从财政看宪政》。本年编年诗词：《调寄采桑子离秣陵到长沙湖大教书》。本年改造诗词：《一介书生》。

1949年（民国三十八年），53岁

年初，在《经济论坛》杂志上发表《转型期财政的展望》，明确提出中国应走社会主义道路。

4月5日，在《湖南日报》上刊登启事，正式声明脱离立法院。

4月23日，于上海《大公报》发表《悼政之先生》一文，回顾与胡政之领导的《大公报》的合作历程："自民国十六年起，寄稿《国闻周报》，政之先生所创办也，因得与书札相识，并开始为《大公报》撰稿，尔来二十余年矣。十年教学，十年从政，今更教书，始终以局外报人之资格，致力于舆论之壤流。凡有论述，以发表于《大公报》者为最多。"据不完全统计，谱主一生发表文章，计有天津《大公报》23篇，汉口《大公报》1篇，重庆《大公报》13篇，上海《大公报》3篇，《国闻周报》12篇，及重庆《大公晚报》307篇，凡352篇，确实与《大公报》的渊源不浅。

在湖南大学任教期间，与校中同事李达、杨荣国等教授一起从事解放前夕的民主运动，积极参与湖南和平解放活动，并为《湖南日报》撰写多篇政论文章。

长沙解放前夕的6月23日、7月12日，分别在《湖南日报》上发表"八斥词"：《斥压制学潮》《斥逃资》《斥中统与军统》《斥豪门（一至五）》。

8月5日，长沙和平解放。在近一个月的时间内，先后在中共主办的《新湖南报》及民盟主办的《民主报》上，连续发表近十篇文章、讲话，迎接中国人民政治协商会议的召开，宣传人民政府的财政、税务、金融和贸易政策。

9月6日，接到华北人民政府副主席杨秀峰、蓝公武的电报，邀请北上，参加新中国的建设工作。

9月25日，离开长沙启程北上。

10月3日，抵达新中国首都北京。作《京门十咏》赞"人民解倒悬"。

11月28日，政务院决策组建中央人民政府财政部税务总局。

12月17日，政务院第十一次政务委员会议通过任命，任中央人民政府财政部税务总局副局长,作为唯一的副手辅弼李予昂局长,筹备并召开首届全国税务会议,参与制定《全国税政实施要则》,统一全国税政,确定征收十四个税种,创建新中国税制体系,成为新中国税收的奠基人之一。

年底,台湾国民党政权撤销其立法委员职务并发出通缉。

本年改造诗词《幼稚的梦的幻灭》:"循规蹈矩,仰事俯蓄"、"阶级不知,斗争不识"、"迷情专业,不识政理,时当国难,涉足腥臊"。

本年发表《军事财政与发行》等论文11篇。

本年编年文:《转型期财政的展望》。本年编年诗词:《奉电召到新中国的首都》:"华府电约来京国,微及刍言,勉献肤言,税政新规应嘱编。"

1950年,54岁

政务院通过《全国税政实施细则》《全国各级税务机关暂行组织规程》《工商业税暂行条例》《货物税暂行条例》。财政部发出《关于印花税、利息所得税、特种消费行为税、使用牌照税、屠宰税五种暂行条例草案的通知》。

1月1日,中央人民政府财政部税务总局成立,在成立大会上做了《关于税务管理的意见》的报告。

春节作词《开国经建》《新都春节放歌》,"开国规模有重点,经建为先,稳币为先,物价趋平好过年。"

同年兼任北方交通大学和北京大学教授,分别讲授财政学、中国近代财政史等课程。有词:"红日衔山,明月衔山,迎我出城照我还。"

10月,财政部副部长戎子和向其提出参加民主建国会,以利于做工商界的工作,遂由范尧峰、张新周介绍,加入中国民主建国会。

本年发表《关于税务管理的意见—在财政部税务总局成立大会上的讲话》等论文11篇。

本年编年文:《从特权财政到人民财政》。

1951年,55岁

政务院公布《特种消费行为税暂行条例》。

友人袁穆如参加西南土改。复信作词《三把刀与三条路》。

在千家驹编《新中国租税制度》一书中发表《税收政策与调整公私关系》。

本年发表《第二次全国货物税业务和第一次全国票证工作会议开幕词》等论文7篇。

本年编年文:《新形势与新税法》。

1952 年,56 岁

1月12日,人民日报发表社论《怎样在财政系统中开展反贪污、反浪费、反官僚主义运动》。

9月,鉴于国民经济的发展和税源的变化,参与领导修正税制的工作,主要内容是:裁并税种,调整税率,修改工商业税,试办商品流通税。

9月7日,当选为民主建国会北京市分会第四届委员。

发表《坚决肃清纳税中的假账与瞒报——通过"五反"运动建立真账与实报》。

1953 年,57 岁

中财委于上一年公布的《商品流通税试行办法》自本年一月一日起施行。由财政部、国家计委组成的税收工作组于四月写出《关于修正税制的调查报告》。

春节作词《1953 年春节》:"春回喜共儿曹聚"。

8月,在全国财政经济工作会议上,毛泽东对修正税制做了严厉的批评,指出修正税制有利于资本主义,不利于社会主义,不是一般的错误,而是右倾机会主义错误。

《工商界》杂志创刊。在创刊号上发表《现行印花税的回顾和展望》。

本年发表《一九五三年度各级税务机关税收征解业务会计制度草案试行工作基本总结》等论文 4 篇。

本年编年文:《税务问题解答》。

1954 年,58 岁

3月20日,当选为民主建国会北京分会第五届委员。

9月20日,一届人大通过并公布《中华人民共和国宪法》。12月25日,在《税务工作通报》中,发表题为《税务工作人员在遵守宪法和保证宪法的实施方面负有重大责任》的文章,要求各级税务干部加强法制建设,严格执行税务监察制度。另发表《保证税收防止偷漏的重要意义》等论文 7 篇。(胜良按:这是建国后发表文章最多的一年。)

本年编年文:《人民税政是为人民宪法而服务的》。

1955 年,59 岁

财政部向中共中央提出《关于工商税制建设和对国营企业推行周转税等问题的请示报告》。

4月1日，当选为民主建国会中央委员会第一届中央委员。

5月，调任中央财政干部学校副校长，负责教学研究工作，同时兼任税务总局副局长。有《调寄采桑子·财院剪影》五首以记。

财政部两位苏联顾问与先生谈过数次财政税务问题后，回到财政部向薄一波部长、戎子和副部长说起："你们中国也有财政专家。"

1956年，60岁

一届人大常委会通过《文化娱乐税条例》。财政部公布试行《各级税务机关监察工作细则》。

2月2日，作为财政部的特邀代表，列席中国人民政治协商会议第二届全国委员会第二次全体会议。

2月，在《财政》杂志上发表《试论财政科学中的百家争鸣》。本年另发表《在税务监察工作座谈会闭幕会上的讲话》等论文3篇。

8月18日，当选为民主建国会北京市分会第六届常务委员。

本年编年文：《试论财政科学中的百家争鸣》。

1957年，61岁

国务院公布《关于取消工商业税暂行条例第十条所得税规定》。

11月5日，在"反右"运动中，被打成资产阶级右派分子，自此进入"四环无知己，比邻若天涯"的寂寞时光。

1958年，62岁

人大常委会通过《关于改进税收管理体制的规定》。国务院公布试行《工商统一税条例（草案）》。

2月15日，在行政上解除了中央财政干部学校副校长和税务总局副局长职务，由行政10级降为13级，分配到中央财政干部学校做教学工作，按教授待遇。据1987年8月对吴家俊的表述："我是右派，列入另册，定为五类，内部矛盾，从事教学，专研财政。"

9月9日，去四川省郫县一个人民公社，参加农村劳动，为期二个月。有诗《参观川北郫县人民公社》以记。

11月，去北京市昌平十三陵生产绿化队参加劳动。返校后，分配到资料室工作，于12月25日编出第一辑《有关人民公社资料索引》。

1959 年,63 岁

12 月 16 日,当选为民主建国会中央委员会第二届中央委员。

1960 年,64 岁

苏联单方面决定召回苏联专家。财政部苏联专家奥保林斯基返国。

与王子英在中央财政金融学院首次开设"中国财政史"课程,并写出讲义。

10 月 27 日,被批准摘掉右派分子帽子。10 月 31 日有诗《偶成》以记:"斩断旧葛藤,荡涤残渣滓。风雨过中天,明月清如洗。"

本年改造诗词《奋志成三到》:"今是觉昨非,身存须改造。路线放光明,奋志成三到。"

1961 年,65 岁

患胸膜炎病重入院,病榻上"曾有思想准备",写成《生死吟》《火化吟》《名利吟》等五言长句,谓之《病榻三吟》。

本年编年诗词及改造诗词《病榻三吟》:"余年逾六十,死生置度外"、"况经大整风,容我脱胎改"、"生性喜澹泊,于利少所求"、"抗战赴国难,未逐贪污流"、"税政参末议,财院共进修"。

1962 年,66 岁

独力写作《中国财政史》第二稿。

1963 年,67 岁

完成《中国财政史》第二稿。《中国财政史第二稿独立完成》有记:"国家存在要财政,数千年来已如此"、"读史令人恨之至,抚今方识爱之旨"。

1964 年,68 岁

本年编年诗词《为新中国的财政高歌》:"收支保平衡,积累增加快。自力图更生,求己不求外"、"未借一分钱,而且清外债。外贸有顺差,尾数即交代"。

1965 年,69 岁

1966 年,70 岁

2 月,长孙崔捷出生。

5 月,"文化大革命"开始后,被剥夺了工作权利,身心再一次遭到严重摧残。有诗《学习班中得句》以记。本年 12 月 15 日又有诗《行经郊原柏树林》,可参当时心境:"西风凋碧树,念尔独青青"、"尚有松堪友,亭亭蔚比邻"。

7 月,将自己珍藏的一部分中外财政专著,捐献给中央财政金融学院。有词

《献书》以记:"献书千百卷,伴我惟经典。"

本年改造诗词《学习班中得句》:"深入阶级斗争,站稳兴无立场。清洗陈年积习,荡涤封资影响。批判对待古书,警惕封资土壤。"

1967年,71岁

七十周岁。《七秩咏怀》有记:"知非伯玉虽多逊,健饭廉颇尚足称。破旧图新经骤雨,脱胎换骨沐春风。"自五十年代即用助听器,本年耳重更甚,有《耳重自咏》以记:"七十残年百念枯,只凭划字耳如无"、"关心若问聋人课,不是观书即扫除"。

本年改造诗词《自我检讨》:"忆知六十九年非,只应今日是。"

本年编年诗词《遥望"么零九"》:"一片园林似去年,无语频搔首";"无限风光滚滚来,触及灵魂否?"

1968年,72岁

8月,孙子崔彤出生,有诗记之。

9月,被关进"牛棚",丧失自由,遭受批斗,被逼交代问题,检查认罪。

本年编年诗词《参加体力劳动》:"列队时,号令听不清,惟从众。"

本年改造诗词《到广阔的天地去》:"曾忆亭子间中住,两个历史经历。面向郊原,离开都市,拓展新呼吸。投笔挥锄,发扬无限活力。"

1969年,73岁

始著《千山万水楼诗话》。(注:生前未得出版)

6月29日至7月3日,中财院组织赴怀柔县庙城公社平义分大队参加三夏劳动,住农民段有绪家。收割1750亩,凡割麦、捆麦、运麦、晒场、铡杆、打谷、清土、晒粒、进仓、再晒、再进、锄草、清苗诸事,分别有《支援三夏劳动》《奔赴三夏前线》《麦收劳动归途》等诗词。

9月,第二次将自己珍藏的中外财政专著及文史哲类书籍1000余册(中有不少古籍线版书)捐献给中央财政金融学院。1971年5月致君望信中说及:"数十年的工作中,也从工资中,买了一些书籍,下放之前,也都捐给学校了,计有一千四五百册。"

11月,赴河南淮滨财政部五七干校劳动锻炼。有诗《赴淮滨五七干校》《淮滨初雪》以记。行前有诗《偶感》:"今看遥落,惆怅寒空;树犹如此,目送飞鸿!"

本年编年诗词与改造诗词《赴淮滨五七干校》:"改造世界观,根源要触及。荡涤残渣滓，拓展新呼吸。"

1970 年，74 岁

继续在淮滨五七干校劳动，有诗词《菜园除草（四首）》《育苗护稻》《引水灌园》《麦垅晨行》《饲养所劳动》《看守西红柿菜园》以记。

夏天得病，有词《病中得句》《余年服务》以记。

本年编年诗词《余年服务》："愿化灰尘播垅间，服我余年务。"

1971 年，75 岁

在淮滨第三年。有诗词《寄潢川慰君戒》《老颖江南早春之行五首》《春雨寄颖若》《淮滨待月寄颖若》《得家书、复寄老颖》。9 月 18 日致妻信中说自己的诗词"说句自负的话，可以说是脍炙人口"。在此期间，继续撰写"千山万水楼诗话"，中有《老颖十二咏》慰妻。

10 月 24 日，历经两年的劳动锻炼后，由淮滨五七干校返回北京，与家人团聚。有《回京探亲》《棉、望两儿自哈抵京》诗以记："人间有路须人走，勇气充时病欲苏"、"满座风光南共北，一庭英气老中青"。

1972 年，76 岁

参加对林彪反党集团的批判。有诗《集体批判林彪得句》以记。

2 月 15 日春节，有孙崔援出世，呼为大元（大援）。有诗《大援孙生日得句》："门前爆竹迎春旭，案上清樽祝大元。"

9 月，孙女崔欣出生。

1973 年，77 岁

11 月 25 日，次子君壮在湖南常宁煤矿不幸以身殉职。有诗《含泪遥望常宁忆君壮儿》以记。

1974 年，78 岁

1975 年，79 岁

1976 年，80 岁

10 月，"四人帮"倒台，作诗词《粉碎"四人帮"》《愤怒声讨万恶文痞姚文元》《抓纲治国颂歌》《从小米加步枪到抓纲治国》，欢呼党中央英明除害。

1977 年，81 岁

八十周岁。有诗《八十初度自咏》以记："地道勤劳本色，天然潇洒襟怀。"

积极参加政治活动，有诗《学习班讨论会得句》《学习毛泽东选集第五卷》

《学习叶帅八十抒怀》《读史得句》《欢呼党的十一大胜利召开》《学习十一大政治报告》等记之。

1978 年，82 岁

3 月，中央财政金融学院复校。

4 月 1 日，夫人崔颖若在北京病逝，花圈手书："侍奉老亲，抚育群儿，享年七九，恸兹永诀"。旋作《八十一岁生日自咏》："岁月蹉跎奈老何，鬓边丝絮已无多。"

8 月得杨秀峰信，告以戎子和"对您在财政学方面的丰富学识很器重，希望在编写新中国建国三十年的财政史方面能够发挥专长"。

8 月起，听女婿之言开始戒烟。《赠涛婿》诗中有记："劝我少饮酒，规我要戒烟"、"小饮尚不免，警惕勿杯贪"。

12 月，辑《静泊诗词稿》，收录诗词 166 首，腊版刻印百余册送亲友。

1979 年，83 岁

中共十一届三中全会后，1 月 26 日，财政部党组为先生落实政策："右派系属错划，现予改正，恢复政治名誉，恢复原工资级别及司局级待遇。"

3 月，三女君戒自新疆调回北京，有诗《君戒自新疆返京》以记。

王芸生相访，有诗《芸生老友见访》："喜瞻风采阅华年"。

4 月 25 日与中央财政金融学院同学相聚，有诗《与财院同学首次唔谈》以记："八二颓龄莅讲坛"、"满座菁英学少年"。

5 月 29 日，时任中央财政金融学院院长戎子和至家看望并相邀，有诗《戎老莅临辄奉俚句以报》以记："财经参大计"。6 月 11 日，财政部任命先生为中央财政金融学院顾问。

10 月 11 日，当选为民主建国会中央委员会第三届中央委员。

11 月 15 日，刘志城致信："在我们整理税史、研究改革的时候，回溯过去，总能想到您们的业绩"，"最近我们编了几本书给您送去，请抽暇一阅，如有不妥，请指正以便更正"。

12 月 18 日，接待来访的周永林、刘明霞夫妇，有调寄《贺新郎》词相赠并回顾重庆岁月："识荆重庆堪追述。忆当年，崎岖抗战，只呈微薄。堪笑书生徒自守，未逐贪污泪没；公论许，尚无大错。"

1980 年，84 岁

1 月 6 日，中国财政学会成立。2 月 6 日，被推选为第一届理事会理事。

2 月，同王子英合著的《中国财政简史》，由中国财政经济出版社出版，被财政部确定为全国高等财经院校教材。此一时期，被尊称为财政史领域的"七校八老"之一。

7 月 21 日，刘志城致信："您对税收理论深有研究，对税制建设有丰富的实践经验，深望您在身体条件允许的情况下，给予更多的指导和帮助。"

长子君望自哈军工调北京工作，有诗《喜迎季子君望调京工作》。

有诗《预拟告别辞》："老残本是庸愚辈，浮生虚度八十三。"

1981 年，85 岁

7 月 9 日，千家驹致信言："老兄八十有四，我亦七十有三，历文化革命之浩劫，大难不死，差堪庆慰"。又谈及在上海"曾晤尹文敬兄"，"去年才平反"，"今年亦达望八之年"。

7 月 13 日，孙文学致信谓"马老转来老师惠书"，讨论财政史相关数字。

10 月 11 日，尹文敬致信谓"昔年好友，除吾兄外，伯商（朱偰）、笔渔（李锐）等皆已物故，此刻朝夕共事，只杜岩双一人"。

1982 年，86 岁

中央财政金融学院汉语教研室自 1980 年开始《财经古文选》的编选，至本年 2 月完成，为之作序。

4 月 5 日夜，梦亡妻。因作《纪梦琐谈》，有诗记之："老伴推门笑语存，铜盆木炭要添新。"

针对"文革"中被北京卷烟厂侵占的中央财政金融学院校舍，不顾年事已高，多方奔走敦促迁厂，并给曾任财政部长和中央财政金融学院院长的国家主席李先念写信。有诗《呼吁烟厂退还校舍》记之。

与李予昂时有诗词往还。《予昂老友惠诗率复》有记："中央开国筹新税，君事先驱我逐尘。"

11 月 30 日致信俞棉、君望交代"遗嘱"。

本年，为王国生所著《经济应用教学》作序。

1983 年，87 岁

3 月，《财经古文选》出版。

6月15日，被聘为中国财政学会第二届理事会顾问。

10月20日，作词《财政与金融》。

11月8日，当选为民主建国会中央委员会第四届中央委员。

12月23日，由许德珩介绍，加入九三学社。1985年5月16日致吴惟诚信中说及"九十多岁的老友许德珩还约我参加九三学社"事。

时常接受中国财政经济出版社（财政部副部长陈如龙兼社长）审核稿件任务，每天工作排得很紧。

1984年，88岁

5月24日，法商学院受业朱纪章、庄金林、首第模、王邦屏、萧埔、陆树元、谭业伟晋谒，"古稀弟子重聆教，共仰嵯峨刘晏贤"。

12月21日，被聘为中国税务学会顾问。

审阅学生匡球所著《中国抗战时期税制概要》，并请许德珩题写书名。

本年发表《以古为鉴可知兴替——学习中国财政史的点滴体会》等文3篇。

本年编年文：《<中国税务>创刊献辞》。

1985年，89岁

2月，陕西财经学院宋寿昌致信读《中国财政简史》有感："文章从古贵新篇，历朝食货赖公传。"

4月，河北省立法商学院校友会成立，被聘担任名誉会长。

发表《中国税务学会成立大会咏歌》。

1986年，90岁

4月，九十嵩庆，亲友学生纷至贺词。周邠、文泽宏、黄其杰等十五位老学生诗中有"久历序庠名教授，创行直税老前驱"之句，《奉和十五位老学友赐诗》答以"久历序庠相辅弼，创行直税启规模"。吴波有诗相贺："漫云材大难为用，偏耐风摧老更坚。"左治生有诗："宏才货殖传经济，健笔行文著令名。九十耄年仁者寿，万千桃李杏坛情。"倪镇拟诗："盛世人瑞，国之祯祥。"

11月，沪上老友周邠、匡球、徐世钜、吴家俊等，选购古籍《楚辞通故》四辑寄送，于20日寄达。

《九十残年日课》表现当时生活："杜门谢客，闭户观书。"

12月7日，致欧阳志高信并用作《湖南财政史》一书序，称其史实确凿、史识深刻、史断有力。

12月31日在上海市税务局科研所工作的吴家俊致信，谓"对民国税史如何评价，他们认为应如实反映，对敬老等的历史地位与作用应该肯定"。

发表《税务管理六要》。

1987年，91岁

2月，中国财政经济出版社出版《财税存稿选》，收建国前12篇财政税收学论文。

2月20日，在民主建国会第四届五中全会上，被增补为中央咨议委员。

3月30日、31日，两番致信闵庚尧，谈对三国及曹操评价事。

4月，中央财政金融学院为先生出版《静泊诗词选》。作诗《九十一岁初度自咏》："气自沉酣志自雄，短刀无意助功名。拼化化碧溶冰血，迸作摇天撼海声。"

5月3日，被聘为中国财政学会第三届理事会顾问。

9月19日周郐致信谈读《财税存稿选》《静泊诗词选》的感受："韵散兼行，文又夹白，用笔之活，构思之巧，则又只此一家之风格。"

11月，不慎跌倒，脑部严重受伤，身体状况渐趋恶化。

本年，为蔡次薛著《隋唐五代财政史》作序。

发表《寄希望于中青年税友》。

1988年，92岁

2月4日，为护工龙家略赠诗《龙家略壮友察改》，此为先生最后一首诗。

5月27日19时10分，在北京军区总医院病逝，享年92岁。

6月13日，中央财政金融学院和民主建国会中央委员会在北京八宝山公墓大礼堂，为先生举行隆重的追悼大会。

参考文献

[1] 崔敬伯手稿：《静泊诗词稿》。
[2] 刘景苏手稿：《景苏诗词稿》。
[3] 慧定戒主编：《静泊——崔敬伯纪念文集》。
[4] 《崔敬伯财政文丛——崔敬伯财政学论文集》（待出版）。
[5] 中央财政金融学院财政教研室编：《中国财政简史》，中国财政经济出版社，1980年版。
[6] 崔敬伯：《财税存稿选》，中国财政经济出版社1987年版。
[7] 崔敬伯：《静泊诗词选》，中央财政金融学院1987年版。
[8] 陈如龙主编：《中华人民共和国财政大事记（1949~1985）》，中国财政经济出版社1989年版。

[9] 田一农主编:《中华人民共和国财政大事记(1986~1990)》,中国财政经济出版社1993年版。
[10] 国家税务总局主编:《中华民国工商税收史——直接税卷》,中国财政经济出版社1996年版。
[11] 邹进文:《民国财政思想史研究》,武汉大学出版社2008年版。
[12] 李胜良:《大任斯人:中国税史人物评传》,中国税务出版社2009年版。

附 录

深切怀念崔敬伯前辈先生

周邠

秣陵的初次会面

1936年，我在国立武汉大学经济系毕业，获法学士学位。当时国民政府财政部正在筹办直接税(即所得税与遗产税)，提出"办新税、用新人"，要在全国招考大学与独立学院经济、财政、会计、统计等专业的毕业生为新税的高级税务人员。我即去南京参加这一从业考试，报名考生300余人，录取60余人，我幸运地被录取。经培训两个月后，被分配到财政部新设的所得税事务处研究室工作。

研究室的任务是朱偰教授带领我们几个人研究世界各国的所得税制度，在规定的期限内，撰成《英、美、德、法、日五国所得税制度》一书，供内部学习和新税实施后解答各种税收问题之用。

正是由于研究工作的需要，我对新出版的书、刊有极大的兴趣。约在1937年上半年，我在马路边的书摊上，见有天津出版的《国闻周报》，封面上赫然印有"从间接税到直接税——税制改革之批判与展望"文章的标题，署名为崔敬伯。心想这篇文章似乎是向新开征的所得税的献礼，当即购买一本，展卷拜读，不禁大喜过望，立即送给所得税事务处处长(财政部赋税司司长的兼职)高秉坊先生，并详做介绍，深表赞誉。高听后十分高兴，就率我去秘书室，将刊物交给秘书方东，同时对方东讲：

"我们现在已有三位特约研究员(中央大学教授朱偰、上海著名会计师潘序伦和徐永祚)，是否再增聘一位？你在北平多年，认识崔敬伯其人否？"

方点头答道："我认识，也有过来往。他是北平大学教授，颇受学生欢迎，同事之间人缘甚好。"

"你看,他会应我们的聘请吗?"

"近年来,日本人在平、津地区活动日益猖獗,狼子野心,路人皆知。颇闻平、津两地高校都在酝酿联合迁往大西南、大西北,崔先生未必漫无迁移之计。"

"那么,你能否给崔先生写封信探试一下?邀他来南京工作如何?"

"可以试试看。"

最后高还特别叮嘱了一句,"要充分表示出我们的诚意"。

过后不长的期间,约在 1937 年 8 月初的一天,有人告诉我:"北平的客人来了。"我这才与崔教授见了面,握过手,并做了一番交谈。初次的相识,他那睿智、风趣、谦逊的学者风度,给我留下了深刻的印象。

难忘的"四风"与"四训"

1937 年 11 月,我与崔教授等随财政部离开南京,途经武汉,于 1938 年初辗转来到战时陪都重庆。重庆是长江沿岸夏季最有名的炎热城市。我们到后不久,即进入夏季,生活与工作都感到不习惯。但有一座建立于小山之上的办公楼,十分难得,活动空间较大。一天,高、崔二公谈起办公楼所在地的四风会,越谈越起劲。当晚,邀集十来个人在三楼的平台上设些桌椅,烹茶消夜。高首先介绍"四风会"的由来:"这座楼四面空旷,八面临风,被重庆的居民称之为四风会,是纳凉胜地。我们也可以在此享受一点清凉,可以谈业务、谈问题、讲历史、讲地理。"讲完之后,环顾了一会儿对崔说:"我们今天就谈'四风'如何?"崔应之以大笑,说:"好、好。"高的兴致来了:"那就请教授开讲。"一阵掌声过后,崔开讲了。他一口洪亮的北平官话,抑扬顿挫,逻辑清晰,言简意赅。将四风会演绎成为:所得税系统人员的家庭之风重亲爱;学术之风重研究;军队之风重纪律;宗教之风重信仰的"四风"、"四训"。一席话赢得阵阵的掌声,彰显教授博见广闻的风采。如果说所得税系统有别于当年各系统、各衙门者,应当就在于有此"四风"、"四训",此实乃维系万千业务人员之要道。

政绩卓著,清白如水

抗战期间,崔公主川康税政多年,政绩卓著,而政声清白如水,实尽人皆知之事矣。我们相处时长,而我承教受益最多的,则是 1939 年至 1941 年,我在崔公领导下,在处一科和川康局一课工作期间。其时工作虽忙,警报虽不断惊扰,物质生活虽苦,精神压力虽重,而与崔公道义相投,趣味相投,融融如也。曾有好几个炎夏月夜,几个人在浓荫之下,饮酒畅谈,既是纳凉,又是纵情议论,上下古今,无所不及,亦不知其为醉为醒,何其尽欢也,我实难忘。

十年浩劫期间,有人外调来访,我于介绍崔公之立身行事大概之余,曾为之言曰:"其人之节操值得我学习,即如公家经费之支出,掷地可铮铮有声,非今世税人所能易见者。"

黄山的一席话

记起 1981 年夏天,我应友人之邀赴黄山,住在安徽黄山疗养院,适财政部原部长吴波亦早于数日前住在该院。有一天夜里谈及 1957 年"反右"之事,我放言说出我的遭遇。他说:"此是谁也顶不住的压力,真是无可奈何!"并以崔公为例说:"说崔某人反党反社会主义,谁信? 我是不信,但是谁又能奈之何? 所以到了 1959 年底,民建有人来商量,民建成员还有能为社会主义效力者否? 也就把他的问题解决了。"联想到崔公"一生惟谨慎",本来已是识者所能心证的。

畅通积素,读史学文

解放后,我居上海。自 1957 年以来,政治运动频仍,我与崔公的通信中断,直到 1979 年才恢复与崔公的通信往来,且频度甚高。记得中断后的第一封信是 1979 年 10 月份寄出的,很快得到崔公的复信,反复阅诵,为之欣喜不置。我最爱读崔公的惠书,因为不仅可以畅通积素,且亦可以获得文、史、诗、词的知识,从中还可领略不少的哲学启示。所以谓之为读信,倒不如谓为读文、读史、学诗、学词、学哲学更为允当。我实在佩服崔公的记性,差不多每次来信都有古人诗词摘录和史事史录的提示。这不是临时翻书得来的,而是素有积蓄,故能如此得心应手,何其富也! 大概这也就是学者之所以为学者的一个方面吧! 以己之所爱,故于偶逢略能吟咏或于此道有兴趣者来舍时,即出示之,以文会友,相与共赏。

"人生得一知己,死而无憾","可与言而不与之言,失人。君子不失人亦不失言"。诲我最多，益我最厚，知我最深，而皎然独立，有如松柏长青，老而益健者，唯崔公而已。故于读崔公来书时，总有压抑不住之汹涌情绪。每信均展诵再三，越是不忍释手，越是感到温暖亲切，也就越是感到有当面聆教之激情。

犹记自1986年9月间接崔公一信，而后未再见到崔公之珍贵手迹，为之念念不置。也怀疑到是否染有清恙，但又不敢作如是想。沪间有友人说，大小姐把崔公保护了起来，扣留他向外的发信，没收外面给他的来信。信不信呢？想到大小姐是医生，又纯孝异常，是大有可能的。不得已，正好世钜兄去京，就托其探询究竟，以释拳拳之情。正思念间，忽奉崔公手示，真有轻身欲跃之感，满怀忧郁为之一扫而清，其快如何！

文采焕然，温润感人

1987年夏季气温反常，深为所苦。惟先后得读崔公大著《财税存稿选》与《静泊诗词选》二书，真乃是冰室饮冰，舒畅无比。《存稿选》所收二十世纪三十年代及抗战期间诸文，客观环境我所共历，故读来倍觉亲切，犹有如当日我所欲吐为快者。观崔公立论行文，诚有如良医切脉处方，因能知其病之症结所在，故能对症下药。其行文也，脉络分明，议论风发。其思潮汹涌，若长江大河；其清丽爽洁，若晴空行云。而又古今兼包，中西合璧；韵散兼行，文又夹白。用笔之活，构思之巧，则又只此一家之风格，而非他人所可望其项背矣！《诗词选》所收诗词六十余首，皆崔公生平实事，寓感遇于诗词，有不少诗篇我能知其实事，故亲切感奋之情油然而生。我虽不谙于诗词，然崔公之诗词却极具感染力、吸引力，故置于案头，时加翻阅吟咏。

物换星移，崔公1988年5月驾鹤西去，匆匆已是十七年了。哲人远行，他的崇高风范，嘉言懿行，永驻人间。

二〇〇五年五月于上海

关山险阻　征途漫漫

——奔赴大后方纪实

崔君慧

父亲只身离开北平

1937年7月,"七七"事变爆发后,父亲应邀赴江西庐山,参加国民政府召开的庐山谈话会。19日会议结束,父亲返回北平。29日北平沦陷,由于父亲是北平文化界救国会的领导成员,遭到日寇的通缉,于是在7月底只身离开北平,行前都来不及告诉母亲。抵达天津后,在法租界暂住,才托人给母亲捎话。然后南下赴南京,参加国民政府所得税筹备委员会工作。旋即离开南京,途经武汉,再溯江而上,于1938年元旦抵达战时陪都重庆。父亲用他的名号"钦壁"与仍在北平的母亲通信。"烽火连三月,家书抵万金",父亲从远方寄来的这些信函,成了全家当时最大的安慰和快乐。

母亲肩负全家重担

父亲走后,家中留下祖母、母亲和我们姐弟五人,还有一位远房亲戚。母亲顿时成了全家的顶梁柱,带领我们过着艰辛的生活。在沦陷区受尽无数的欺凌与压迫,这种亡国奴的日子,我们是一天也不想过。无奈上有年迈的祖母需要照顾,两个弟弟年纪还小,我们姐弟也还需要上学,母亲只有苦苦地支撑着。这样的苦日子我们在北平整整呆了六年。1943年初,祖母因病逝世,我们姐弟也都长大了。当时北平城内正在闹饥荒,中国老百姓只配给"混合面"吃,那是一种比麸糠还难吃的东西。母亲认为,与其让日寇收拾死,还不如全家冒险出逃，奔赴大后方，与父亲团聚。于是，母亲开始盘算着出逃的问题。

行前，母亲做了周密的考虑与安排。首先要确定行走的路线，在那兵荒马乱的时候，拖家带口远行，还要穿过日寇的封锁线，安全和稳妥是第一位要考虑的。其次，是设法筹措长途远行所需的费用。再次，还要把北平家中的家具、衣物、书籍等妥善处置，除了可以变卖或送人的外，特别是父亲多年精心积存的书籍，都要存放在可靠的亲戚家。凡是我们途经中国军队控制区域内的主要城市，父亲均拜托朋友或同事予以关照和协助。

从北平至商丘

1943年4月12日，一个春雨霏霏的清晨，我们告别了西城屯绢胡同26号的家，赶赴前门火车站，开始了奔赴大后方的逃难之旅。母亲带领我们姐弟五人，和我们同行的还有北平大学学生岳强、辅仁大学学生罗旭、男四中学生佟诚存，还有一位聂太太，一行十人，终于离开了日寇统治下的北平。

车站上旅客真不少，多数和我们一样，是想逃离北平城求活命的。我们手执车票，依次通过检票口，接受日本宪兵的检查。日本兵一件件查看行李，问了话，才把我们放过去。我们急忙挤上车厢，寻找座位。列车在凄楚的汽笛声中开离北平，沿津浦线向南驶去。沿途从车窗望去，只见田园荒芜、满目疮痍。农舍的土墙上刷满"仁丹"、"中将汤"等广告，以及"强化治安"、"建立大东亚共荣圈"等标语口号。萧条、荒凉、恐怖与残暴笼罩着大地。"山河风景原无异，城廓人民半已非。"

火车开到半夜，人们纷纷进入梦乡。快到济南时，忽然日本宪兵进入车厢，强令乘客离开这个车厢，为日侨让出座位，要大家转移到其他车厢去。旅客们从睡梦中惊醒，纷纷拿起自己的行李往前挤，车厢内顿时乱起来。母亲一面收拾零碎物品，一面叫醒我们。这时火车到达济南车站，停下来后，有许多旅客跳下车去，往前面车厢奔跑。母亲冷静地对我们说："你们不要慌，要沉住气，不要下车，那样很容易走散。你们跟着我，一个车厢、一个车厢往前移动。"我们在母亲的指挥下，拿好自己携带的行李，跟着母亲向前走，不知走过了多少拥挤的车厢，总算在一个车厢内把大家安顿下来，这时已是深夜了。

次日上午，抵达徐州，转乘陇海路火车，下午抵达河南商丘。这是日寇占领区的最后一站，过了商丘，火车就不通了。

下车出站时,日本宪兵盘查相当厉害,凡是由北平到商丘的,得另排一行。轮到我们,母亲机智巧妙地作答,日本军官让打开一个皮箱,兜底查看,未见有违禁品,然后放行。同车的一位中年妇女,被查出带有几盒针剂,属违禁品,被日本兵大骂,经周围的中国同胞说情,针剂被没收,人才得放行。

走出车站,找了一个小客店住下。母亲把大家安顿好后,出外联系下一步的交通工具,回来时买了好几斤大馒头,作为路上的干粮。对于在北平没有白面吃的我们来说,这就是最好的饭食了。

穿越"两不管"地区

下一步的行进路线是由商丘南行,进入安徽省境淮河流域地区。在亳州一带越过"两不管"地区,再向西南行,约150公里,到达界首,就进入了国统区。这是一段最艰难的行程。当时可使用的唯一运输工具就是架子车,即两轮的人拉平板排子车,但轮胎是充气的,车夫在前面拽着拉。车上一头放一只箱子,另一头放一个铺盖卷,中间铺一条被子。人就坐在铺盖卷和箱子之间,仅有两尺多宽的夹空里。遇到河流或洪水,就将架子车推上船,不必卸行李。和车夫讲好价钱,一送到底,不管多少天。遇雨则住店,歇工。这样的车,母亲雇了十辆,组成了一个小小的车队。

第二天天刚亮,晨曦微露,我们的车队就向亳州出发了。亳州是由沦陷区出来到国统区的通道,是中日双方"两不管"的地方,只有少量伪军驻扎。因而伪币和法币都可以公开使用。到了这里,头一件事就是换钱。当时的行情是1:8.5,即华北储备银行的伪币1元可换法币8元5角。我们有好几年没有见到法币了,换到法币心里有说不出的喜悦!

由亳州到界首约100公里,路更加难行。因为全是国军在黄河花园口截堤后形成的"黄泛区",一天之内要经过大小十几条河。我们的架子车队见水则登船,见路则步行。路也并不平坦,国军为了阻止日军前进,又挖了许多大坑,一个连着一个,或左或右,曲曲折折,根本无法顺利通行,只能绕开大坑走。这种路一天只能走二十来公里,而且大人不能坐在车上,只能步行。

一路上,"未晚先投宿,鸡鸣早看天",住宿也就在路旁的大车店,极简陋,有顶棚,而无前脸。一觉醒来,可以望见天上的星星。车辆出入自由,有的地方连铺板也没有,还要睡在车上,车夫则露天席地而卧。

由于连年战乱,瘟疫、蝗灾肆虐。有时途经的村庄,十室九空,没有人烟,村民都背井离乡到外地逃荒去了。一路上寂静极了,空气好似凝固了一般。偶尔有几只乌鸦聒噪,划破了长空的沉寂。"千村万落如寒食,不见人烟空见花","白骨露于野,千里无鸡鸣"。一片极其荒芜、凄凉的景象!

母亲是整个车队的灵魂。一个大家闺秀、学校的老师,在国难和家难当头的时刻,毅然担起了长途跋涉的重担。因缺水而很少洗脸,真正的蓬头垢面,但她镇定自若,极其坚强。她拖着疲累的双腿,跑前跑后,联系住店、购买食物、保护孩子、探路、租船、应付盘查、总理大小事,难度极大,大家都为妈妈揪心。

终于回到祖国怀抱

在"两不管"地区走了十多天,我们终于到达了界首南关。时已黄昏,当我们的车队到城门口时,城门已关闭。我们仰头看到城门楼上,迎着晚风飘扬的青天白日满地红的国旗,兴奋不已,可见到祖国的国旗了!好几年没见到国旗了!我们禁不住热泪盈眶。祖国啊!我们亲爱的祖国、魂牵梦绕的祖国,今天终于投入了你的怀抱。我们奔上前去,深深地一鞠躬到地。大家情不自禁地高唱义勇军进行曲:"起来,不愿做奴隶的人们,把我们的血肉筑成我们新的长城,中华民族到了最危险的时候,……"歌声回荡在寂静的夜空。城墙上守卫的官兵都探出头来看我们这一帮人。过了一会,城门开了,出来一位军官,母亲把来意详细告诉他,他一看我们是从沦陷区逃出来的,深表同情,按规定打开两件行李看看,然后热情地招呼我们进城。我们感谢他对待同胞的同情和善意。

借着城里街道上的灯光,我们赶到旅店住下来,在自己的国土上美美地睡了一觉,以消除一路上的疲劳。

次日,我们漫步在界首街头,忽然见到万人空巷,手持国旗和条幅的市民,分列在道路两旁,迎接淞沪会战时的"八百壮士"归来。1937年8月13日,日寇进攻上海,我军与日军激战三个月,日军伤亡6万余众。10月下旬,日军突破大场防线,我军侧背受敌,奉命撤退。由88师524团断后,担任掩护。任务完成后,留一部分守闸北。谢晋元团长率领"八百壮士"坚守四行仓库,激战四昼夜,歼灭日军200余人。"八百壮士"孤军抗敌的消息迅速传遍上海和祖国各地,受到全国人民的景仰和支持。后来上海租界害怕炮火危及租界安全,要求中国政府下令撤退。谢团长率部撤退到租界后，全遭囚禁。谢团长在1941年遭日寇买通的汉奸杀害。太平洋战争爆发后，"八百壮士"落入日军之手，送往南京关押。后有一部分壮士逃出，历经千辛万苦，辗转来到安徽。是日恰好途经界首，准备赴缅甸参加远征军战斗。当壮士们列队到来时，我们周围的群众欢声雷动，高呼"抗日英雄万岁"、"打倒日本帝国主义"等口号。大家同声合唱《八百壮士之歌》：

中国不会亡，中国不会亡，你看那民族英雄谢团长。

中国一定强，中国一定强，你看那八百壮士孤军奋守东战场。

四面都是炮火，四面都是豺狼，宁愿死，不退让。

宁愿死，不投降，我们的国旗在炮火中飘荡！飘荡！

八百壮士一条心，十万强敌不敢挡，我们的行动有力，我们的志气豪壮。

同胞们起来！同胞们起来！快快赶上那战场，拿八百壮士做榜样。

中国不会亡！中国不会亡！中国不会亡！

嘹亮而又雄壮的歌声响彻界首上空，直冲霄汉。中华民族这种精诚团结、万众一心、同仇敌忾、众志成城的英雄气概，深深地感染着我们。

母亲找到了父亲的老朋友、时任河南省粮食局长的卢郁文伯伯派来迎接我们的人。由于小车座位有限，母亲就将十人的"队伍"分为两路：一路由母亲带领，包括我和两个弟弟，还有聂太太，乘小车前行；另一路有君定、君戒两个妹妹以及同行的三个年青人，投奔界首"沦陷区学生联络站"，从那里结伴向洛阳进发，然后转赴重庆。分手之际，母亲多方叮嘱两个妹妹，要互相帮助，互相照顾，注意安全，并告诉她们途经主要城市与之联系的伯伯们的姓名和地址。

由界首至洛阳

我们一行五人，在母亲带领和来人的陪同照顾下，途经项城、漯河、叶县、汝州等地，向洛阳开去。

这一带虽然已不是黄泛区，但因1943年河南省遭到大旱与蝗虫的严重灾难，加以汤恩伯部队的横征暴敛，老百姓苦不堪言，有"水、旱、蝗、汤"四大害的民谣在流传。一路上所见，也和"两不管"的黄泛区差不多。十室九空，百姓逃荒，空空荡荡，看不到人烟，路有饿死骨，一片凄惨的景象。

到达洛阳，已是初夏时节，卢郁文和张芥尘伯伯热情地接待我们。在洛阳期间，母亲还抽时间带我们去洛阳名胜——洛水、白马寺和龙门石窟游览，这是我们在奔赴大后方的长途跋涉中的头一次。

夜乘"闯关车"

告别洛阳，我们一行乘陇海路火车到达灵宝，已是深夜。在灵宝住了一天，联系乘车过潼关的问题。第二天在夜幕降临之后，我们换乘了装甲列车，继续西行，途经风陵渡。该地形势险要，既是黄河的一个渡口，又是陕西的东大门。风陵渡黄河北岸属山西省，那时已被日寇占领。日军看到黄河南岸有火车开过时，就用炮轰，所以白天不能走，只能夜间行车。车厢上用黑布和红布做成双层窗帘，把光线完全遮住。临近风陵渡，有个火车隧道，火车出了隧道，就以极快的速度闯过渡口，进入陕西境内。夜里黑暗无光，日军看不清有车无车，就不会受到炮击。车内旅客都小心翼翼，谁也不敢掀起窗帘。如有一丝光线，就会惊动对岸的日军，难免会遭到炮轰，以至车毁人亡。因此，当时人们都称这趟车为"闯关车"。闯过去就平安无事，闯不过去后果不堪设想。当然，火车开高速只需十几分钟就过去了，但这十几分钟却是生命攸关，人们都屏住气，捏把汗。万幸我们总算平安渡过，到达潼关。此事我至今记忆犹新。由潼关往西，火车直通西安古城。

由西安到重庆

由西安到重庆，却费尽了周折。抗战期间，交通极为不便，没有载客的大轿车，只有载货的大卡车，顺便搭客。老人、小孩或有钱者可以多花钱，坐在驾驶室内。但每车最多只能坐二人，其余只能坐在卡车所载货物上面。一路上尘土飞扬，乘客身上、脸上全是土，灰头土脸。有时汽车出了故障抛锚了，就得等待。有时零件坏了，要向过往车辆借用，一等就是多半天。汽车过宝鸡后，开始翻越秦岭，汽车蜿蜒地爬着不平坦的"之"字形山路，一边是悬崖峭壁，一边是万丈深谷，坐在车上，紧张的心都提到了嗓子眼。过了定军山，进入四川。过广元，经剑阁，到绵阳，进入了富饶的川西平原，抵达成都。父亲的学生、成都直接税局长陈仲谊伯伯为我们接风，带我们游览了武侯祠和杜甫草堂。

告别成都，乘车东南行，经简阳，迈内江，过璧山，在五月底终于到达了我们此次远行的目的地——重庆。君定、君戒也于6月上旬到达。此次大迁徙途经七省，行程约3000多公里，历时50多天，历经无数艰难险阻。母亲带着我们姐弟五人安全地到达了重庆，实现了和父亲的团聚。

父亲曾赋诗一首，表达他对母亲的深情与感激。全诗如下：

我来蜀中近五载，报国功微徒自慨。
山月西悬客影只，江帆东下无缘买。
翻转家书慰寂寥，登临徒自苦迢迢。
遥知沦陷区中隐，奉母携儿事畜劳。
嗣遭老母归天去，善后安排一身寄。
事毕料理率群儿，跋涉山川劳心力。
艰难辛苦到渝洲，相见应欢还成泣！
情深谊重怎能忘，且喜群儿能树立！

坦荡如砥　超然物外

——缅怀敬爱的父亲

俞棉

我童年心目中的崔伯伯

记得我六、七岁的时候，住在重庆市江北二十一兵工厂。在一个青草复苏，江南一片葱绿的四月的一天，爸爸说要带我和姐姐进城，去给崔伯伯祝寿。当时久病卧床的妈妈告诉我们："崔伯伯和咱家是世交也是亲戚、好友，你姥爷经常夸他是宁河县的大才子。"嘱我们代她向崔伯伯问好。到了崔伯伯家的小院，眼前看到的是一幢茅草顶、黄土墙的简陋房舍，不是我想像中的小洋房。崔伯伯和伯母热情地迎接我们，伯伯穿着一身洗得发白然而十分平整的中山装，给我留下很深的印象。伯伯洪钟般的声音、幽默的谈吐以及家里和谐的气氛很快让我们的心里放松了。中午，崔伯伯和伯母为客人们准备了香甜可口的丰富的寿宴。饭后，主人邀请宾客们和崔家全体成员合影留念。照像时，因为我个子太小，崔伯伯特别搬来一个方凳，放倒后上面垫块板，让我坐在上面。这一天，我感到特别愉快。后来爸爸告诉我，他平生最佩服的有两个人：一位是二十一兵工厂的老厂长李承干(当时爸爸是工厂的主任秘书)；另一位就是崔敬伯伯伯。爸爸说："崔伯伯治学严谨、为官清廉、对人宽厚、品德优秀，始终是他的楷模。"1930年爸爸去英国留学，是崔伯伯亲到伦敦码头迎接他，陪他游览市容，为他联系住处。当时崔伯伯在英国伦敦大学政治经济学院攻读财政学。

我荣幸地成为崔家的一员

1959年,爸爸因遭到政治上的诬陷,离开国防工业研究部门的领导岗位,调出北京,"发配"到东北的哈尔滨,在黑龙江省机械工业厅工作。我仍留在北京,在市立十中担任语文教师。1961年暑期,我回哈尔滨度假省亲,在此期间,与崔伯伯的长子崔君望邂逅相遇,当时君望在哈尔滨军事工程学院任教,是一位年轻的海军军官。由于家庭的亲情关系,两人又很投缘。1962年夏天,我们在哈尔滨结婚了。从此,我敬爱的崔伯伯成了我的公公,伯母成了我的婆婆,我也成了崔家的一员。婚后,我和君望两地分居,每周我都从长辛店进城回家,看望公婆。父亲和婆母总是想方设法做些好吃的,为我改善一下生活,周一返回学校时,婆母也总会用纸包上一些食品,悄悄地放在我的书包里。父亲对我的语文教学给予很大的帮助,记得我写《赤壁赋》《岳阳楼记》《滕王阁序》等中国古典文学名作的教案时,父亲给我详细介绍了作者的经历、时代背景,并对文中精彩或难懂的片段做出深刻的分析。这些远远超出了语文教学参考资料的内容,使我获益匪浅,大大提高了我的教学水平,至今难以忘怀。

父亲是1949年应华北人民政府邀请回到北京,参加新中国的建设工作。先后担任财政部税务总局副局长、财政干部学校副校长等高级职务,为新中国税制体系的奠立和财税人才的培养,做出了卓越的贡献。1957年整风运动期间,他为改善财经政策提出许多建议,并对存在的问题加以评述,却也因此引火烧身。犹记南宋诗人杨万里的《桂源铺》:"万山不许一溪奔,拦得溪声日夜喧。到得前头山脚尽,堂堂溪水出前村。"父亲那种大公无私、坦荡如砥、有心回天、无心保命的高尚情操;不跟随政治"风向标",充作变色龙;坚守自己独立人格和纯洁的灵魂;保持从政知识分子的学养和风骨,却也为此付出了巨大的代价,结果被打成资产阶级右派分子。他的领导职务全部解除,行政上连降三级,只保留个教授的头衔,丧失了在财经战线第一线工作的权利。家也从原来居住的小院搬出来,住进狭小的两居室单元房。昔日"座上客常满,杯中茶不空"的情景,变成"门可罗雀",走在路上往日熟悉的人们都成陌生的路人,信函来往,寥寥剩无几……,过着孤寂清冷的生活。可谓"冠盖满京华,斯人独憔悴"、"四环无知己,比邻若天涯"。这一切对于父亲在精神上构成重大打击,然而他却坦然、澹泊地面对突然降临的一切,"宠辱不惊,任庭前花开花落。去留无意,看天上云卷云舒"；"不以物喜，不以己悲。居庙堂之高，则忧其民；处江湖之远，则忧其君"。这当是父亲当时心境最好的写照。我看到他那超然物外、安贫乐道、无欲无求的一种单纯的心态。父亲常讲："不管可能见到突然蔽日的阴云，不管可能碰到无端拦阻的拦路石，也不管前行路上可能荆棘丛生、暗流涌动，都不要悲观。永远要相信党，相信人民，相信历史发展的规律。"

"百年已过四分三，浪迹平生我自欢。何日闭门读书好，松风浓雾故人谈。"父亲曾对我讲："过去工作繁忙，尽是批阅文件、开会、出差，没有时间读书，偶尔翻阅，也是浮光掠影。现在有时间了，可以静下心来，多看看书，这也是我梦寐以求的。"他也曾告诫我，一辈子应该不断地学习、不断地提高、不断地实现、不断地超越。他给我抄录了"四时读书乐"的诗篇，迄今我仍精心保存着。

春

春光照槛水绕廊，　舞雩归咏春风香。
好鸟枝头亦朋友，　落花水面皆文章。
蹉跎莫遣韶光老，　人生惟有读书好。
读书之乐乐何如？　绿满窗前草不除。

夏

新竹压檐桑四围，　小斋幽敞明朱曦。
昼长吟罢蝉鸣树，　夜深烬落萤入帏。
北窗高卧羲皇侣，　此中自有读书趣。
读书之乐乐无穷，　援琴一奏来薰风。

秋

昨夜庭前叶有声，　篱豆花开蟋蟀鸣。
不觉秋意满林薄，　依然万籁含虚清。
近牀赖有短檠在，　籍此读书功更倍。
读书之乐乐陶陶，　起弄明月霜天高。

冬

木落水尽千岩枯，　迥然吾亦见真吾。
坐对韦编灯动壁，　高歌夜半雪压庐。
地炉烹泉燃活火，　清真足称读书者。
读书之乐何处寻？　数点梅花天地心。

父亲在末尾写道："这四首诗，有的记载说是南宋时代朱熹写的，也有的记载说是南宋文及翁写的,不管是谁写的,总的看来是四首好诗,录之以供俞棉同志参考。"

1964年春天,我因产后大出血,孩子也未能保住,此时身体极度虚弱,情绪也比较低落。出院之后,回家疗养,婆母想方设法为我做些可口的饭菜,滋补身体。父亲开导我,让我摆脱心中痛苦的烦扰。朝夕相处中,父亲那种超然物外、淡泊宁静、达观乐观、听天由天的性格,时时感染着我,追求心灵的宁静。父亲、婆母都喜欢古典诗词,互相唱和,都是对方作品的第一个阅读者,他们往往为了一个字的音韵,切磋琢磨,其乐融融。父亲以自然之眼观物,以自然之舌言情,故其诗词如此真切!被其老友、诗人臧克家誉为"如鸟鸣春,发于天籁"。我每每看到父亲展卷案头,挥毫拨墨,那隽秀、潇洒的文字从笔下流淌出来,从内心深处感到无限地钦佩和宽慰。

往者不可谏,来者犹可追

1979年和1982年,我和君望先后从哈尔滨调回北京,婆母已于1978年去世,我们就与父亲朝夕相处,照顾父亲晚年的生活。中共十一届三中全会后,1979年1月财政部党组为父亲平反,恢复名誉,恢复原工资级别及司局级待遇,并任命他为中央财政金融学院顾问。父亲不计较个人恩怨,"往者不可谏,来者犹可追"。

我回北京时,正值民主党派恢复组织,被安排到九三学社北京市委工作,从此改行搞统战,进入一个全新的领域。出于工作需要,我准备加入九三学社,在征求父亲意见时,父亲很高兴,他说"九三"是高级知识分子集中的民主党派,其成员科技文化层次较高,这样便于交往、便于开展工作。于是1983年我加入了九三学社。

此时,我在九三北京市委担任科教处长,根据社中央的号召,组织"九三"的专家分批赴内蒙、宁夏、新疆等省、自治区进行智力支边,专家们将科学知识、技术带到各地,为西部地区的开发,做出了重要的贡献。我和药学专家陈兰英等去银川,归来时,正值中秋节,我向父亲汇报了此行的情况,他非常高兴,专门写了一首诗,名为"九三社友银川之行":

巾帼多英贤, 参队到银川。

不历关山险, 焉知天地宽。

> 大漠烽烟直， 长河映日圆。
> 昔贤有佳句， 今日重红专。
> 支援大西北， 富裕跻江南。
> 适值中秋节， 归来报九三。

我很珍惜父亲送给"九三"和我的这份礼物，请父亲挥毫泼墨，用他那隽秀、潇洒的书法抄录下来。我将它装裱之后，挂在书房，至今这幅字已成为永久的纪念。

那年的秋天，父亲曾向我谈到许楚生(即许德珩)是他30年代在北平教书时的好朋友，君展大姐(许之夫人)50年代初曾对他讲："你是大学的教授为什么不参加九三学社而参加了民主建国会"。父亲解释说："当时，我担任税务总局副局长，是财政部戎子和副部长，劝我参加民建，籍以了解民族工商业的情况，以利于在工商界中开展工作。那时黄任之(炎培)前辈、李烛尘老友、还有孙晓村和孙起孟各位同志也都在民建，至今还给我以中央委员的名义。但是我对九三学社，尤其是楚生老友对我的关心和厚爱，总是念念不忘，永为师楷！"父亲表示此时有意参加九三学社，以了却多年的宿愿，经征得民建中央同意后，郑重地给许老写了一封信，父亲要我把这封信转交给许老，许老阅信后十分高兴，表示要当父亲的介绍人。父亲于1983年底加入了九三学社。

更使我感到敬佩不已的是这位历经风霜劫难的老人，进入耄耋之年，尽管耳重失聪，仍然保持着几十年如一日的战斗风格，他那清晰敏捷的思维、深刻睿智的见解、忧国忧民的情怀，并未因年龄而稍减，而是有增无已。特别是他生命最后的十年间，还常看到、听到他那些闪烁着思想光芒的言辞和实践。

使我感受最深的是他对教育问题的关切和重视。"十年树木，百年树人"是他经常提到的一句话。他多次对我说："至今还有差不多四分之一的人口仍属于文盲、半文盲，而且还有逐渐增加的趋势，国家应该加大对教育的投入，还应提高重视程度。"他曾为此写过一首诗：

> 科技先行百业新，加强教育涌新人。
> 红、专并重资兴建，富、教兼施迈古今。
> 石田千顷犹无地，愚民百万是无民。
> 要求严格从中小，培植师资教导殷。

十年浩劫中，中央财政金融学院校舍被北京卷烟厂侵占。中财院复校后，北京卷烟厂还迟迟不腾退,致使新生无法入学;在校师生由于校舍场地匮乏,难于开展正常的教学活动。父亲忧心忡忡,曾写有"呼请速还校舍"的诗作。

连朝阴雪海天寒, 老眼苍苍不忍看。
领导频呼还校舍, 新生仍叹入学难。
是谁作梗年年误? 相对枯棋步步艰。
见义勇为须立断, 忍看英健付轻烟。

父亲不顾年事已高,频频给当时的国家主席李先念(曾任财政部长兼中央财政金融学院院长)、中共北京市委、市人民政府以及《北京日报》等相关部门写信。多方奔走呼吁,强烈要求北京卷烟厂尽快迁出,他为收回校舍付出了极大的精力,赢得了中财院广大师生的尊敬和爱戴。

父亲虽已告别讲坛多年,但仍坚持履行传道、授业、解惑之责,把对于青壮年教师的培养作为己任,从不懈怠。如他在中财院讲授"中国财政史"时的助教孙翊刚,调到河北大学工作后,短短八个月的时间,曾八次给父亲写信,求教的问题有 34 个,老人家都耐心细致地一一作答。每次寄给孙翊刚的信都是沉甸甸的,为避免丢失总是以挂号信的方式寄出。父亲受中财院汉语教研室之邀,经常与他们切磋汉语教学中的问题,他曾作诗赞扬他们:"接班蔚起,后胜于今"。他还为汉语教研室编辑出版的《财经古文选》专门写了序言。真是有求必应,满腔热情地帮助他们。1982 年为学生王国生所著《经济应用教学》作序,1987 年又为另一位学生所著的《隋唐五代财政史》作序;1984 年对学生匡球所著《中国抗战时期税制概要》一书进行通篇审阅,并亲赴许德珩住处,请许老题写书名。学生王国生在湖南召开的一次中央大学校友集会上说:"崔敬伯先生永远是我的老师,我永远是他的学生,有像他这样的老师值得骄傲。"

父亲 1988 年 5 月驾鹤西归,岁月不居,匆匆已十七年了。每当我在书房驻足于父亲留下的墨宝《九三社友银川之行》诗作时,仿佛又一次次地看到老人家温文儒雅、坦诚亲切的音容笑貌,又一次次地感受老人家真诚坦率、忧国忧民、关注国家和民族前途的大海般的情怀。正是"哲人日以远,典型在夙昔,风檐展书读,古道照颜色"。

一阕《沁园春》 为民鼓与呼

——记中国词坛上的一场政治较量

崔君望

1945年8月,毛泽东在蒋介石的三次电邀下,来到重庆,与国民党进行谈判。毛泽东在重庆期间,同老友柳亚子多次会见,恳切交谈,并把1936年2月7日东征途中,在陕北清涧地带,面临大雪纷飞的黄河奇景,有感而发的《沁园春·雪》一词,重新抄录后赠送给柳亚子。

北国风光,千里冰封,万里雪飘。
望长城内外,惟余莽莽;大河上下,顿失滔滔。
山舞银蛇,原驰蜡象,欲与天公试比高。
须晴日,看红装素裹,分外妖娆。

江山如此多娇,
引无数英雄竞折腰。
惜秦皇汉武,略输文采;唐宗宋祖,稍逊风骚。
一代天骄,成吉思汗,只识弯弓射大雕。
俱往矣,数风流人物,还看今朝。

柳亚子在拜读了毛泽东这首词后,邀来亲朋好友一齐鉴赏,于是这首词不胫而走,被人们竞相传抄诵颂。后来,重庆《新民报晚刊》副刊"西方夜谭"的编者吴祖光从王昆仑等人处抄得原词,于1945年11月14日在《新民报晚刊》的副刊上全文照登出来,吴祖光还在词后写了段赞语"毛润之氏能诗词似鲜为人知。客有抄得其《沁园春·雪》一词者,风调独绝,文情并茂,而气魄之大乃不可及"。毛泽东这首词公开刊登后,轰动了山城朝野。

一日，蒋介石找来国民党中央执委、专门为他起草文件、被称为"文胆"的陈布雷。

蒋问："布雷先生，你看毛泽东这首《沁园春》词，可是他作的？"

陈点头答道："是的。"

"你觉得此词写得如何？"

"气度不凡，真有气吞山河之感，应该说是当今诗词中难得的精品。"

"难道就没有不尽如人意之处？譬如在音韵方面，对历史人物评价等方面。"

"嗯，我细细看了看，没有什么毛病。至于对历史人物评价，因为是诗词，也只好这样说了。据我所知，毛泽东对中国古代文学和古代历史是非常精通的，填词作诗，算不得什么难事。"

"我看他的词有帝王思想，他想复古，想效法唐宗宋祖，称王称霸。"

"这个嘛，倒是有的。"

"那好，你赶紧组织一批人，写文章以评论毛泽东诗词的名义，批判他的帝王思想。要让全国人民都知道，毛泽东来重庆，不是为和谈而来，而是为称帝而来的。"

根据国民党中央宣传部的布置，围剿毛泽东《沁园春》咏雪词的任务交给《中央日报》的"中央副刊"以及《和平日报》的"和平副刊"、《益世报》的"益世副刊"。以号称"三湘词人"易君左为首的一批国民党御用文人群起发难，以"和词"为借口，对毛泽东的词进行"带韵而行"的挞伐和毁谤。从1945年12月4日开始，到1946年1月25日收场，总共刊出反动的词和文章近30首(篇)，他们抓住"数风流人物，还看今朝"这句词大做文章，硬说毛泽东想做比秦皇汉武们还要专制的独裁者。其弦外之音当然是：既然要做"皇帝"，就得用武力夺取天下，就要打内战。企图欺骗世人，把国民党自己要打内战的责任嫁祸于共产党。

革命者和进步人士对于易君左们的诋毁辱骂和嫁祸阴谋，奋起反击。当时在重庆的郭沫若、柳亚子；在延安的黄齐生；在山东解放区的陈毅；在晋察冀解放区的邓拓等人，填词作文章，热情赞颂毛泽东这首词"诵之意飘"、"豪情盖世"、"雄风浩浩"，深刻地揭露了易君左们的险恶用心，指斥他们根本不懂毛泽东这首词的主要内容是反对封建独裁，指出"数风流人物，还看今朝"这句词并非毛泽东个人自况，而是指广大革命人民群众。

一阕《沁园春》 为民鼓与呼

八年抗战，国步维艰，胜利之后，人民需要和平。毛泽东赴重庆同国民党举行和平谈判，举世瞩目，期望甚殷。后来签订了《双十协定》，但关于军队和解放区的问题，并未达成协议；蒋介石假谈真打的骗局也日渐为人们所识破，眼看战云密布，内战在即；哀鸿遍野，民不聊生。易君左之流丑诋之作，令人厌恶。父亲当时正在重庆，目睹这一切，忧心忡忡，他虽身为国民党政府财政部川康直接税局局长，但却站在坚持真理，拥护正义的爱国立场，不畏强权，不避风险，沿用《沁园春》这首词的原韵，表达一个顶天立地之老百姓，亦当有其自己的观点。他写的这首词原稿标题为《蒋管区所谓的大后方》——调寄《沁园春》，全文是：

一夕风横，八年抗战，万里萍飘。恨铁蹄到处，惟余榛莽；衣冠重覩，仍是滔滔。米共珠殊，薪同桂贵，欲与蟾宫试比高。抬望眼，盼山河收复，忍见妖娆。

名城依旧多娇，引多少"接收"竟折腰。惜蒿里鹑衣，无情点缀；泥犁沟壑，未解兵骚。天予良时，稍纵即逝，苦恨颓梁不可雕！沧桑改，念今朝如此，还看明朝。

这首词揭露了国民党统治区的黑暗腐败，提示了蒋介石统治必定垮台的社会发展规律。显然这首词在国民党统治区内是不可能刊出的，《新民报晚刊》的编者，就原词作了一些修改，标题也改为《一阕<沁园春>，词人寄感慨》，以"社会新闻"的方式，于1945年11月29日刊登出来。全文如下：

〔本报讯〕崔敬伯氏为国内有数之财政专家，公余之暇，颇寄其情兴于诗词。近以《沁园春》一阕见寄本报，道出老百姓衷怀，不愧为仁人之词，特录享读者。

一夕风横，八年血浴，万里萍飘。看旌旗到处，惟余榛莽；衣冠重覩，仍是滔滔。米共珠殊，薪同桂贵，早与天公试比高。抬望眼，盼山河收复，忍见妖娆。

名城依旧多娇，引无数雄儿尽折腰。惜蒿里鹑衣，无情点缀；泥犁沟壑，不解风骚。千载良时，稍纵即逝，岂是颓梁不可雕？天醉也，看今朝如此，还看明朝。

接着，第二天(1945年11月30日)重庆《大公晚报》副刊"小公园"改题为《沁园春》重新发表。父亲加了一段"小序"：

"顷者读报,见近人多作《沁园春》体,怅触衷怀,辄成短句,顶天立地之老百姓,亦当自有其立场也。"

父亲的《沁园春》词作,接连两天相继在两种影响较大的报刊上披露后,引起人们密切的关注和重视。在那黑云压城的日子里,父亲以其所持的身份和所处的地位,面临凶险而不惧,保持独立的人格,敢于站在"顶天立地老百姓"的立场,伸张正义,为民鼓呼,有人为他的行为捏把冷汗,也有人为他的词作所折服。

1979年12月,父亲的老友周永林从重庆到北京,去寓所看望他时,曾问起他为什么这首词只标《沁园春》,而不用"步韵奉和"之类的字眼。父亲说,毛主席的《沁园春》咏雪词,堪称绝唱,"绝唱不应和也",并引出了一段典故。他说,"绝唱不应和也"这句话,出自《许彦周诗话》。唐朝诗人韦应物有一首诗《寄全椒山中道士》结尾一联是:"落叶满空山,何处寻行迹?"以后苏东坡写了一首"和诗",末尾一联是:"寄语山中人,飞空本无迹。"许说,东坡此联,较之韦苏州,就显得板滞些,不及韦诗之灵动,韦诗是"绝唱","绝唱不应和也"。毛主席的《沁园春·雪》,写的是解放区西北高原的壮丽景色,从而上下古今,畅所欲言,雄伟酣畅,确可称为"绝唱"。至于我当时填写的《沁园春》,不敢说"和",仅是用韵偶同。词的韵脚,别人可用,我亦可用。不过我是描写蒋管区的所谓大后方,是待解放地方的情况。父亲讲他的词后来发表时,编辑先生出于种种考虑把标题删去,并对原稿作了修改。这段公案已经过去三十多年了,但却反映了当时斗争的复杂情况。

1982年4月,周永林在致父亲的信中,忆及1945年词坛上的这场斗争,写道:"鄙意以为,在当年那种黑云压城的日子里,吾兄敢于站在'顶天立地老百姓'的立场,发表《沁园春》词作,主持公道,可敬可佩,追溯往事,应大书特书。"

如今,人们对于发生在1945年中国词坛上的这场政治较量,依然记忆犹新,不少同志撰文做出回忆追述,如1983年4月,《重庆地方文史资料丛刊》《沁园春·雪》考证";1996年6月,山西《党史文汇》"欲与天公试比高——毛泽东《沁园春·雪》发表后引发的故事";2000年12月,《人民日报·海外版》"毛泽东发表《沁园春·雪》引发中国词坛上的一场政治较量"等文章,均提到父亲的词作《沁园春》,并全文作了介绍,给予了很高的评价。

参考文献

一、外文图书

[1] Georg Wilhelm Fredrich Hegel, *Elements of the Philosophy of Right*, 1921.（黑格尔:《法律哲学》）

[2] Eden and Cedar Paul's Translation of *Capital*, 1928.（《资本论》英译本）

[3] Tacitus, *Agricola*.

[4] Percy Bysshe Shelley, *Song——To the Men of England*.

[5] Alexander Bogdanoff, *A Short Course of Economic Science*, 1925.

[6] Pierre Paul Leroy-Beaulieu, *Traité da la Science des Finances*, 1877.

[7] William Cobbett, *Rural Rides*, 1830.

[8] Adolph Wagner, *Grundlegung der Politischen Ökonomie*, 1892.

[9] Samuel Dill, *Roman Society。 in the Last Century of the Western Empire*, 1899.

[10] James Henry Breasted, *Ancient Times — A History of the Early World*, 1916.

[11] Joseph Alois Schumpeter, *Die Krise des Steuer Staat*, 1918.

[12] E. L. Bogart, *War Costs and Their Financing*, 1921.

[13] Grady, *British War Finance*, 1927.

[14] Paul-Louis, *Ancient Rome。 at Work*, 1927.

[15] Scott Nearing, *The Twilight of Empire*, 1930.

[16] *Armaments Year Book*, 1934.

[17] League of Nations, *World Economic Survey*, 1927.

[18] League of Nations, *World Economic Survey*, 1932-1933.

[19] Paul Sudenski, Taxation in the New Social State Ⅰ. Public Finance in the World Crisis, *The Nation*, No.3615, Oct.17, 1934.

[20] A.E.Buck, *On American Taxation*, 1775.

[21] A.E.Buck, *The Budget in Governments of Today*, 1935.

[22] R.T.Ely, *Taxation in American States and Cities*, 1888.

[23] R.T.Ely, *Public Finance of American Cities*, 1890.

[24] Joseph Stamp, *British Incomes and Property*, 1916.

[25] Joseph Stamp, *Current Problems in Government and Finance*, 1924.

[26] Joseph Stamp, *Taxation during the War*, 1932.

一、外文图书

[27] Joseph Stamp, *Fundemental Principles of Taxation*, 1921.

[28] Joseph Stamp, *Fundmental Principles of Taxation*, new and revised edition 1936.

[29] H.Dalton, *The Capital Levy Explained,1923*.

[30] H.Dalton, *Public Financ,* 1st edition, 1922.

[31] Hugh Dalton, *Principles of Public Finance*, 5th edition, 1929.

[32] Hugh Dalton and Others, *Unbalanced Budgets, A Study of the Financial Crisis in Fifteen Countries*, 1934.

[33] Hugh Dalton, *Principles of Public Finance*, 9th edition, 1936.

[34] Edwin R. A.Seligman, *The Shifting and Incidence of Taxation*, 1st edition, 1892.

[35] Edwin R. A. Seligman, *Progressive Taxation in Theory and Practice*,1894.

[36] Edwin R. A. Seligman, *Essays in Taxation,1895*.

[37] Edwin R. A. Seligman, *The Income Tax*, 1911.

[38] Edwin R. A. Seligman and Haig, *How to Finance the War*, 1917.

[39] Edwin R. A. Seligman, *Currency Inflation and Public Debts*, 1921.

[40] E. R. A.Seligman, *Essays in Taxation*, 10th edition.1925.

[41] Edwin R. A.Seligman, *Studies in Public Finance*, 1925.

[42] E.R.A. Seligman, *The Shifting and Incidence of Taxation*, 5th edition, 1927.

[43] Edwin R. A. Seligman, *Double Taxation and International Fiscal Co-opera¬tion*, 1928.

[44] Edwin R. A. Seligman, *Report on the Revenue System of Cuba*, 1932.

[45] Edwin R. A. Seligman, *Encyclopaedia of the Social Science 1930-1935*.

[46] G.F.Shirras, *Science of Public Finance*, 3rd ed., 1936.

[47] G. F. Shirras, *Federal Finance in Peace and War,* 1944.

[48] U.K.Hicks, *The Finance of British Government* 1920—1936, 1938.

[49] Paul F.Anzig, *World Finance* 1938—1939.

[50] Paul F.Anzig, *Economic Problems of the Next War*, 1939.

[51] *Soviet Policy in Public Finance*, Editor's Preface by C.C.Plehn, 1931.

[52] C.C.Plehn, *Introduction to Public Finance*,1969.

[53] David. A. Wells, *Cobden Club Essays*, 1871-1872.

[54] David A. Wells, *The Theory and Practice of Taxation* , 1900.

[55] H. L. Lutz, *Public Finance*, 2nd edition, 1929

[56] H. L. Lutz, *Guide-posts to A Free Economy,1945*.

[57] Abba P.Lerner, *The Economics of Control*, 1944.

[58] H. M. Groves, *Financing Government*, 1945.

[59] H. M. Groves, *Viewpoints on Public Finance*, 1947.

[60] Antonio De Viti De Marco, *First Principles of Public Finance*, translated from the Italian by E. P. Marget. 1936.

[61] Alvin H. Hansen, *Fiscal Policy and Business Cycle*, 1941.

[62] A.Rosenborg, *The Course and Control of Inflation*, 1946.

[63] William Beveridge, *Tariff: The Case Examined*, 1731.

[64] Adam Smith, *The Wealth of Nations*, 1776.

[65] Henry C. Adams, *The Science of Finance*. 1898.

[66] David Ricardo, *Principles of Political Economy and Taxation*, 1817.

[67] J.R. McCulloch, *The Literature of Political Economy*, 1845.

[68] Benjamin Disraeli, *Sybil*, 1845.

[69] John Stuart Mill, *Principles of Political Economy*, 1848.

[70] Ferdinand Lassalle, *Die indirekte steuer und die Lage der arbeitenden Klassen*, 1863.

[71] S. Bunton, *Finance and Politics*, 1883.

[72] Stephen Dowell, *History of Taxation and Taxes in England*. 1888.

[73] Robert Giffen, *Essays in Finance*, 1880, 1886.

[74] T.G.Shearman, *Natural Taxation*, 1895.

[75] C.F.Bastable, *Public Finance*, 1903.

[76] Norman Angell, *The Great Illusion,* 1909.

[77] J.W.Grice, *National and Local Finance*, 1910,.

[78] E.Cannan, *History of Local Rates in England*, 1912.

[79] H. G. Moulton, *New Philosophy of Public Debt*, 1913.

[80] Rene Stourm, *The Budget: A Translation*, 1917.

[81] J.A.Hobson, *Taxation in the New State*, 1919.

[82] N.Bukharin and E.Preobrazhensky, "The Budget of the Proletarian Stat," *The A B C of Communism*, 1919

[83] S.Webb, *Grants in Aid*, 1920.

[84] G. Sokolnikov, *Manchester Guardian Supplement*, July 6, 1922.

[85] Henry Higgs, in *Economic Journal*, 1923.

[86] C.J.Bullock, *Selected Readings in Public Finance*, 3rd edition, 1924.

[87] W.A.Robson, *The Relation of Wealth to Walfare*, 1924.

[88] L.V.Birck, *Public Debt*, 1926.

[89] M. H.Hunter, *Outlines of Public Finance*, revised edition, 1926.

[90] Mikhail Rostovtzev, *The Economic and Socia History of the Roman Empire*, 1926.

[91] J. H.Clapham, *An Economic History of Modern Britain: the Early Railway Age 1820-1850*, 1926.

[92] Colwyn, *Report of the Committee on National Debt and Taxation*, 1927.

[93] Maurice Dobb, *Russian Economic Development since the Revolution*, 1928.

[94] A. C. Pigou, *A Study in Public Finance*, 1928.

[95] G.W.B.Macleod, *Local Taxation in England and Wales Ency*, 1929.

[96] R.H.Hawtry, Article "Finance," *Encyclopaedia Britannica*, 14th Edition, 1929.

一、外文图书

[97] Oswald Spengler, *Der Untergang des Abendlandes, 1929.*

[98] A.Comstock, *Taxation in the Modern State*, 1929.

[99] E.L.Hargreaves, *The National Debt*, 1930.

[100] A.Andreades, *Philip Snowden, the Man and His Financial Policy*, 1930.

[101] Joseph Sykes, *British Public Expenditure*, 1921-1931.

[102] Arther Woodburn, *An Outline of Finance*, 1931.

[103] G. Y. Sokolnikov, *Soviet Policy in Public Finance*, 1931.

[104] William.Beveridge, *Tariffs, the Case Examined*, 1931.

[105] G.Bernard Shaw, *New Preface to Fabian Essays in Socialism*, 1931.

[106] G.D.H.Cole, *The Old Labour Party and the New, New Statesman and Nation*, Nov.14, 1931.

[107] Leonard Woolf, *After the Deluge*, 1931.

[108] M.C.Mills and G.W.Starr, *Readings in Public Finance and Taxation*, 1932.

[109] W. J. Shultz, *American Public Finance and Taxation*, 1932.

[110] *Economic Handbook of The Pacific Area*，Edited by Frederick V. Field for the Institute Pacific Relations，N. Y. 1934.

[111] Thorstein Veblen, *The Theory of Leisure Class,* 1934.

[112] Robert M. Haig, Carl Shoup and Others, *The Sales Tax in the American States*, 1934.

[113] *Encyclopedia of the Social Sciences*, Vol. XIV, article "Taxation"， by R. M. Haig, 1934.

[114] L.E Hubband, *Soviet Money and Finance*, 1936.

[115] *Arthashastra or the Science of Wealrhy Kautilya*，参照G.F. Shirras, *Science of Public Finance*，1937.（纪元前三百年印度最古的涉及财政的著作）

[116] Erik Lindahl, *Studies in the Theory of Money and Capital*, 1939.

[117] Kuczynski, *Der Staathaushaltlenre*,1947.

[118] *Encyclopedia of the Social Sciences*. Vol. XIII,, Article "Sales Tax"，A.G. Buehler.

[119] A. A.Santalov and L.Segal, *Soviet Union Year-book*.

[120] Mallet and George, *British Budget*, 3rd series.

[121] H.Finer, Local Authorities'Finance, *Encyclopaedia of the Labour Movement*, Volume Ⅱ.

[122]《国际经济问题的解说》（日文版）。

[123]《政治家年鉴》英文版，1934年。

[124]《苏联财政政策》英文版，1931年。

[125] 苏柯尔尼科夫等:《苏维埃的财政政策》，英译本。

[126] 帕奈尔（Parnel）:《财政改革论》。

[127] 高木寿一:《战时财政论》。

[128] 阿部贤一:《日本财政论》。

[129] 井藤牛弥,《统制经济财政论》。

[130] 大畑文七:《社会的财政学》，东京丁西社出版。

[131] 日本改造社《经济学全集》第十九卷及第二十卷内载《苏维埃联邦之财政》及《劳农露国

之财政政策》。

[132] 阿部贤一:《财政学》,"苏维埃联邦之财政"第579页以下,改造社版。

[133] 阿部贤一:《财政政策论》,王长公译。

[134] 瓦尔加编:《世界经济年报》第三辑。

[135] 萨尔特(Sir. Arther Salter):《联合海运管理》。

[136] 路得(E. M. H. Lloyd):《国家管理中的试验》,1909.

二、中文图书

[1] 《诗经》。

[2] 《书经》。

[3] 《周书》。

[4] 《周礼》。

[5] 《礼记》。

[6] 《大学》。

[7] 《中庸》。

[8] 《论语》。

[9] 《孟子》。

[10] 《荀子》。

[11] 《管子》。

[12] 《墨子》。

[13] 《庄子》。

[14] 《尸子》。

[15] 《春秋传》。

[16] 《左传》。

[17] 《司马法》。

[18] 司马迁:《史记》。

[19] 贾谊:《论积贮疏》。

[20] 晁错:《论贵粟疏》。

[21] 王夫子:《读通鉴论》。

[22] 班固:《汉书》。

二、中文图书

[23] 桓宽:《盐铁论》

[24] 史迁:《八书》。

[25] 孟坚:《十志》。

[26] 杜佑:《通典》。

[27] 马贵:《文献通考》。

[28] 陈寿:《三国志》。

[29] 裴松:《三国志》(注)。

[30] 刘因:《燕歌行》。

[31] 《十五贯》。

[32] 施耐庵:《水浒》。

[33] 顾炎武:《日知录》。

[34] 魏源:《元史新编》。

[35] (清)李塨(李恕谷):《习斋先生年谱》。

[36] 孟德斯鸠Charles Louis de Secondat Montesquieu:《法意》,严复译,商务印书馆1909年版。

[37] 贾士毅:《民国财政史》,商务印书馆1917年版。

[38] 晏才杰:《公债论》,新华学社1921年版。

[39] 塞利格曼(E.R.A.Seligman,1861-1939):《所得税论》,王官彦、王官鼎译,上海中华经济学社1921年版。

[40] 徐沧水:《内国公债史》,商务印书馆1923年版。

[41] 小川乡太郎:《租税总论》,萨孟武译,商务印书馆1926年版。

[42] 阿部贤一,《财政学史》,邹敬芳译本,商务印书馆1930年版。

[43] 拉斯基:《政治典范》(全六册),张君劢译,商务印书馆1930年版。

[44] 贾士毅:《国债与金融》,商务印书馆1930年版。

[45] 任敏中编:《元曲三百首》,上海民智书局1931年版。

[46] 阿部贤一等:《新财政》,施复亮译,大江书铺1931年版。

[47] 皮固(A.C.Pigou,1877-1959,今多译作"庇古"),《财政学研究》,陈汉平译,上海神州国光社1932年版。

[48] 贾士毅:《民国续财政史》,商务印书馆1932—1934年版。

[49] 郭沫若:《中国古代社会研究》,现代书局1932年第五版。

[50] 拉迭克著:《中国历史之理论的分析》,克仁译,上海辛垦书店1932年再版。

[51] 王宗培:《中国之内国公债》,长城书局1933年版。

[52] 千家驹:《中国的内债》,北平社会调查所1933年版。

[53] 道尔顿(H.Dalton,1887-1962),《财政学原理》,杜俊东译,上海黎明书局1933年版。

[54] 大内兵卫,《财政学大纲》,施复亮译,大江书铺1933年版。

[55] 井藤半弥:《财政学原理》,东京岩松堂1933年版。

[56] 猪侯津南雄著:《军备公债增税》,东京改造社1934年版。

[57] 大畑文七:《租税国家论》,东京有斐阁1934年版。

[58] 汐见三郎等四人合著:《各国所得税制论》(原著 1934 年版),宁柏青译,商务印书馆 1936 年版。

[59] 薛赉时(G.F.Shirras):《财政学新论》,许炳汉译,商务印书馆 1934 年版。

[60] 尹文敬:《财政学》,商务印书馆 1935 年版。

[61] 何廉、李锐:《财政学》,国立编译馆 1935 年版。

[62] 李权时:《财政学原理》,商务印书馆 1935 年版。

[63] 永田清:《现代财政学之理论》,东京岩波书店 1937 年版。

[64] 孙怀仁:《中国财政之病态及其批判》,生活书店 1937 年版。

[65] 中国经济学社编:《战时经济问题》,商务印书馆 1940 年版,发表崔敬伯与杜岩双共同署名的长文《遗产税实施之商榷》。

[66] 戴维斯(J.E.Davies)等:《出使莫斯科记》(*Mission to Moscow*),梁纯夫译,商务印书馆 1946 年版。

[67] 蒲榛等:《社会主义经济节约的方法》,三联书店 1950 年版。

[68] 质费列夫:《三十年来之苏联财政》,国际文化服务社 1950 年版。

[69] 千家驹:《新中国租税制度》,展望周刊 1951 年版。

[70] 亚历山大洛夫(А.М.Александров)等:《苏联财政》(上下册),中国人民大学财政教研室译,中国人民大学 1954 年版。

[71] 巴丘林(А.В.Бачурин)等:《苏联财政与信用》(上下册),苗为振、区维译,中国人民大学出版社 1955 年版。

[72] 苏池科夫(А.Сучков):《苏联国家收入》,中国人民大学编译室译,中国人民大学出版社 1955 年版。

[73] 格·勒·马利雅亨(Г.Л.Марьяхин)等:《苏联税制》,姜厚义等合译,财政经济出版社 1955 年版。

[74] 当科夫(В.С.Данков)等:《苏联税务工作人员手册》,沈桂高译,财政经济出版社 1955 年版。

[75] 南冰、索真:《苏联税制研究》,上海人民出版社 1956 年版。

[76] 崔敬伯编:《有关人民公社资料索引》(第一辑),1958 年 12 月 25 日。

[77] 崔敬伯、王子英:《中国财政简史》,中国财政经济出版社 1980 年版。

[78] 中央财政金融学院财政教研室编:《中国财政简史》,中国财政经济出版社,1980 年版。

[79] 胡均:《中国财政史讲义》,1912 年版。

[80] 柯尔:《今后十年英国的经济政策》,1930 年中文版。

[81] 甘末尔:《税收政策意见书》,1930 年中文版。

[82] 崔敬伯:《财税存稿选》,中国财政经济出版社 1987 年版。

[83] 崔敬伯:《静泊诗词选》,中国财政经济出版社 1987 年版。

[84] 陈如龙主编:《中华人民共和国财政大事记(1949~1985)》,中国财政经济出版社 1989 年版。

[85] 田一农主编:《中华人民共和国财政大事记(1986~1990)》,中国财政经济出版社 1993

年版。

[86] 国家税务总局主编：《中华民国工商税收史——直接税卷》，中国财政经济出版社 1996 年版。

[87] 邹进文：《民国财政思想史研究》，武汉大学出版社 2008 年版。

[88] 李胜良：《大任斯人：中国税史人物评传》，中国税务出版社 2009 年版。

[89] 伊沛霞等：《早期中华帝国的贵族家庭（博陵崔氏个案研究）》（*The aristocratic families of early imperial China，A Case Study of the Po-ling Ts'ui Family*），范兆飞译，上海古籍出版社 2011 年版。

[90] 崔敬伯手稿：《静泊诗词稿》。

[91] 刘景苏手稿：《景苏诗词稿》。

[92] 慧定戒主编：《静泊——崔敬伯纪念文集》。

三、报刊杂志

（一）文章

[1] G. Sokolnikoff, *Manchester Guardian Supplement*, July 6, 1922.

[2] Report of the Committee （Colwyn as the Chairman） on National Debt and Taxation, 1927.

[3] Charles Harris, Army Finance, Two Lectures Given to the Army Class, *London School of Ecnomics*, March, 1925.

[4] J.M.Keynes, "The Dilemma of Modern Socialism," *The Political Quarterly*, April 1932.

[5] T.S.Adams, "Ideals and Idealism in Taxation," *American Economic Review*, March 1928.

[6] Paul Hansel, *Reviewed in Economic Journal*, December 1928.

[7] H.J.Laski, "The Prospects of Constitutional Government," *The Political Quarterly*.July 1930.

[8] Montagu Norman, quoted in the *Financial News*, Silver Supplement, Dec. 14th, 193.

[9] "How Rassia Raises Capital," *Economist*, March 27, 1937.

[10] H.O.Meredith, "Rates and Taxes," *Economic Journal*，Sept.1939.

[11] 高木寿一：《苏俄之租税政策》，载日本庆应义塾大学：《三田学会杂志》，1933 年 10 月号。

[12] Nathaniel Peffer：《奠立远东永久和平的基本条件》，载《大公报》1941 年 1 月 5 日。

[13] A.P. Lerner, "Functional Finance and the Federal Debt", *Social Research*, Feb., 1943.

[14] 阿拉赫维尔江:《苏联财政体系在国民收入分配中的作用》,载《经济译丛》1954年第4期。
[15] 毕尔曼:《论财政科学及其各学科的对象》,载《教学与研究》1955年第10期。
[16] 张长山:《天津汉沽区汉沽庄史说》,载《人民网·天津视窗》2008年3月16日。

（二）报纸期刊

[17] Economic Life（俄国《经济生活》）
[18] Daily Herald
[19] Economica
[20] Financial News（《金融新闻》）
[21] Manchester Guardian（《曼彻斯特卫报》）
[22] Manchester Guardian Supplement(《曼彻斯特卫报》增刊)
[23] Slavonic Review（《斯拉夫评论》）
[24] Spectator（《旷观周报》）
[25] Statist（《统计周报》）
[26] The Economist（英国《经济周刊》）
[27] The New Leader（《新向导周刊》）
[28] The New Statesman and Nation（《新政治家与国民周刊》）
[29] The Times（《泰晤士报》）
[30] World's Work
[31]《维也纳工人报》
[32]《北平晨报》
[33]《北平新报》
[34]《大公报》
[35]《大公晚报》
[36]《大美晚报》
[37]《德意志公报》
[38]《法兰克福报》
[39]《光明日报》
[40]《国闻周报》
[41]《湖南日报》
[42]《金融商业报》（Finance Commerce）（上海）
[43]《进步日报》
[44]《密勒氏评论报》（上海）
[45]《民主报》
[46]《人民日报》
[47]《申报》

三、报刊杂志

[48]《时事新报》
[49]《实报》
[50]《世界日报》
[51]《泰晤士报》
[52]《天津日报》
[53]《外交时报》
[54]《维也纳工人报》
[55]《新民报》
[56]《新民报晚报》
[57]《新民报晚刊》
[58]《新民晚报》
[59]《益世报》
[60]《重庆各报联合版》
[61]《新民族周刊》杂志
[62]《经济科学》杂志
[63]《经济动员》杂志
[64]《世界论坛》杂志
[65]《国立北平研究院院务汇报》杂志
[66]《经济汇刊》(天津法商学院院刊)
[67]《中行月刊》杂志
[68]《税工研究》杂志
[69]《东方杂志》
[70]《国际知识》杂志。
[71]《新经济》半月刊
[72]《经济往来》十一月号阿部贤一著《国防费之膨胀》
[73]《贸易月刊》杂志
[74]《财政评论》杂志
[75]《时代精神》杂志
[76]《中央银行经济汇报》
[77]《政治建设》杂志
[78]《直接税月报》杂志
[79]《财政评论》杂志
[80]《新经济半月刊》杂志
[81]《财政知识》杂志
[82]《财政学报》杂志
[83]《税人》杂志
[84]《四川经济季刊》杂志

[85]《新运报导》杂志
[86]《经济评论》杂志
[87]《经济论坛》杂志
[88]《世纪评论》杂志
[89]《直接税通讯》杂志
[90]《学识》杂志
[91]《中国论坛》杂志
[92]《中流》杂志
[93]《国际经济》杂志
[94]《北京民建会员通讯》杂志
[95]《工商界》杂志
[96]《中央税务公报》杂志
[97]《税务工作通报》杂志
[98]《人民税务》杂志
[99]《中国税务》杂志
[100]《经济问题》（苏联刊物）
[101]《财政研究》杂志
[102]《税务研究》杂志
[103]《财政》杂志

索 引

中国人名

三画

万国鼎, 795
千家驹, 125, 795, 1276, 1310, 1452, 1460, 1467, 1499, 1500
大援, 1465
子产, 208, 375, 486, 580, 796, 818, 991, 1042, 1264
子贡, 796, 1234
子路, 538, 796, 878, 889, 1011, 1019
子舆, 448
马君武, 738
马叙伦, 1453
马洗繁, 1451
马寅初, 1454
马谡, 532, 1435
马超, 1142

四画

元世祖, 1227
公孙瓒, 1142
太史慈, 1142
孔子, 51, 172, 173, 311, 341, 370, 513, 787, 796, 818, 874, 889, 901, 914, 915, 944, 972, 982, 983, 1014, 1015, 1035, 1041, 1050, 1140, 1211, 1234

孔明 即 诸葛亮
孔祥熙, 1070
尹文敬, 1467, 1500
文天祥, 229
文泽宏, 12, 1456, 1468
文聘, 1141
毛龙章, 794
毛泽东, 1457, 1461, 1465, 1489-1492
王子英, 1463, 1467, 1500
王夫之 即 王船山
王右军, 1187
王右铭, 1453
王平, 794
王夷甫, 914
王邦屏, 1468
王抚洲, 1160
王芸生, 1140, 1466
王国生, 1467, 1488
王宗培, 125, 1499
王茂荫, 1452
王船山, 246, 1434
王慎明, 1452
王蠋, 914, 919, 1152
邓小平, 1417
邓艾, 1135, 1141, 1146

中国人名

五画

丙吉, 944
乐毅, 793, 918, 919
冉有, 50, 513
冯天柱, 794
冯玉祥, 1000
包超时, 1004
卢郁文, 794, 1451, 1480
叶子奇, 1228
司马子长 即 司马迁
司马仲达 即 司马懿
司马迁, 1156, 1437, 1498
司马朗, 1136
司马懿, 1141, 1146
宁柏青, 443, 1500
左治生, 1468
平原君, 244
甘宁, 811, 820, 1142
田一农, 1470, 1500
田单, 793, 917-919
田畴, 173, 486, 1141
石季龙 即 石虎
石虎, 918
石崇, 1078
龙家略, 6, 1469

六画

任敏中, 1227, 1499
伍廷芳, 1252, 1448
关羽, 1141, 1142
刘一山, 1326
刘大钧, 795
刘少奇, 1305, 1310, 1415
刘因, 130, 315, 1499
刘邦, 245, 1141
刘宏, 1137
刘志城, 1466, 1467
刘备, 1135, 1249
刘明霞, 1466
刘表, 1141
刘宣, 1226, 1227
刘晏, 244-246, 471, 806, 821, 915, 941, 983, 984, 1018, 1139, 1468
刘梦吉, 87, 97, 130, 315, 317, 344
刘景苏, 1455, 1457, 1458, 1469, 1501
刘琮, 1142
刘静修 即 刘梦吉
刘璋, 1142
刘磐, 1142
刘馥, 1136, 1146
匡球, 1468, 1488
华佗, 1263
吉鸿昌, 1452
吕布, 1141
吕蒙, 1141
夷齐, 914, 1034, 1152, 1153
孙中山, 52, 299, 578, 581, 700, 1061
孙文学, 1467
孙怀仁, 444, 1500
孙起孟, 1455, 1487
尧, 173, 982, 1245
庄金林, 1468
戎子和, 1460, 1462, 1466, 1487
成吉思汗, 28, 1489
朱纪章, 1468
朱偰, 1453, 1467, 1472
江之泳, 1458
祁奚, 531, 1041, 1261
羊叔子 即 羊祜
羊祜, 86, 1133, 1135, 1136
许行, 115, 1174, 1245, 1366

许攸, 1141
许靖, 1142
许德珩, 1452, 1454, 1468, 1487, 1488
许毅, 1453
邢西萍, 1453
齐桓公, 1438
齐鸿迈, 1451
齐景公, 1164
齐燕铭, 1452
齐燮元, 1451

七画

严庄, 795
何廉, 794, 1500
吴有训, 1457
吴波, 1468, 1474
吴贻芳, 1457
吴家俊, 1462, 1468, 1469
吴惟诚, 1468
吴晨, 256
吴壹, 1142
吴敬琏, 序, 1560
宋乃德, 1285
宋寿昌, 1468
宋哲元, 1454
张飞, 1142
张之洞, 319, 566, 806
张友渔, 1452, 1453, 1455
张辽, 1141
张良, 1126, 1249
张居正, 1250
张郃, 1141
张既, 1136
张振鹭, 794
张绣, 1141
张鲁, 1141, 1142

张新周, 1460
李书华, 1453
李予昂, 1460, 1467
李世民, 1436
李先念, 1467, 1488
李冰, 1144, 1145
李华栋, 1456
李权时, 1457, 1500
李达, 1452, 1454, 1458, 1459
李严, 581, 989, 1142, 1262
李寿雍, 795
李祖荫, 1458
李胜良, 16, 1445, 1470, 1501, 1560
李恕谷, 941, 945, 1499
李维汉, 1394, 1395, 1397, 1413, 1424
李斯, 943, 1211
李锐, 794, 1457, 1467, 1500
李德裕, 1250
李鹤鸣 即 李达
杜少陵 即 杜甫
杜甫, 1155, 1438, 1481
杜岩双, 652, 1455, 1467, 1500
杜预, 774
杨兆熊, 794
杨行密, 1136
杨秀峰, 1452, 1453, 1459, 1466
杨奉, 1141
杨荣国, 1459
杨粲, 794
汪松年, 1296
汪精卫, 651, 1454
沛公 即 刘备
苏秦, 1034, 1152
辛弃疾, 1437
辛毗, 1141
邹进文, 1470, 1501

邹敬芳, 227, 1499
闵庚尧, 1469
陆抗, 1135, 1141
陆定一, 1428
陆树, 1468
陆逊, 1141
陆崇仁, 794
陈云, 1305, 1313, 1321, 1355, 1395
陈长蘅, 1037
陈布雷, 1196, 1490
陈如龙, 1468, 1469, 1500
陈寿, 532, 787, 1136, 1142, 1261, 1499
陈叔通, 1394, 1395, 1397
陈国梁, 794
陈宝泉, 1452
陈实, 916, 1153
陈炳章, 794
陈豹隐, 794, 1452
陈琳, 1141
陈璧, 1252, 1448

八画

叔向, 531, 1041
周永林, 1466, 1492
周邠, 12, 1454, 1468, 1469, 1472
周佛海, 310
周学熙, 1449
周勃, 944
周炳琳, 1454
周恩来, 1411
周瑜, 402, 1141
孟子, 114, 115, 173, 174, 309, 407, 426, 488, 550, 551, 577, 874, 982, 984, 1035, 1041, 1042, 1139, 1186, 1245, 1437, 1448, 1498

季子, 489, 987, 1034, 1152, 1467
庞松舟, 795
庞统, 1142
庞德, 1141
弦高, 650
法正, 532, 906, 960, 1142
罗霞天, 794
范文子, 467
范尧峰, 1460
范振鹏, 326

九画

亭林 *即* 顾炎武
侯外庐, 1452
俞鸿钧, 1070, 1457
俞棪, 1467, 1483, 1486, 1560
南冰, 1429, 1500
姚依林, 1437
姜维, 1141, 1146
扁鹊, 1263
施存统, 310
施复亮, 199, 227, 292, 295, 1499
段龛, 1136
洪誉, 1138
相菊潭, 795
禹, 365, 538, 768, 794, 796, 986, 1024, 1041, 1144, 1145, 1186, 1245, 1436, 1440
胡子清, 1448
胡迈, 794
胡均, 318, 1500
胡林翼, 1011, 1034, 1153
胡政之, 1459
荀子, 173, 311, 876, 986, 1498
荀彧, 1141
荣禄, 319
费观, 1142

赵广汉, 1014, 1078
赵云, 1142
赵志垚, 794
赵孟, 122, 531, 733, 1140
赵括, 917
赵奢, 244
赵蓝坪, 795
郝昭, 1141
首第模, 1468

十画

倪镇, 1468
凌操, 1142
徐永祚, 1453, 1472
徐沧水, 125, 1499
徐知诰, 1136
徐柏园, 795
徐晃, 1141
徐温, 1136
晁错, 114, 355, 1498
晏子, 114, 135, 550, 577, 794, 874, 987, 1042, 1151, 1164, 1421
晏才杰, 125, 1499
晓君, 377, 381
桂永清, 1037
桑孔, 806
桓宽, 939, 1499
索真, 1429, 1500
袁世凯, 258, 319
袁绍, 877, 1141
袁涣, 1141
袁谭, 1141
袁穆如, 1460
诸葛武侯 即 诸葛亮
诸葛亮, 797, 874, 879, 909, 989, 991, 1041, 1142, 1146, 1261, 1262, 1264

诸葛瑾, 1142
贾士毅, 125, 1450, 1499
贾诩, 1141
贾谊, 50, 111, 114, 1498
贾逵, 1136, 1146
载振, 1448
载漪, 319
郭子仪, 115, 877
郭汾阳 即 郭子仪
郭林宗, 818, 876
郭沫若, 303, 1490, 1499
郭荣, 326
郭嘉, 1141
钱荔浦, 795
钱镠, 1136
陶侃, 887, 991, 1137, 1186, 1262
顾炎武, 877, 879, 914, 1152, 1209, 1434, 1499
顾毓琇, 1458
高秉坊, 1453, 1454, 1456, 1472

十一画

商震, 1451
崔君壮, 1453, 1465
崔君定, 1451, 1459, 1480, 1482, 1559
崔君望, 1453, 1455, 1464, 1467, 1484, 1486, 1489, 1559, 1560
崔君慧, 1450, 1458, 1476, 1559
崔彤, 1464
崔绍清, 1447, 1448
崔援, 1465, 1560
崔敬伯, 7, 8, 11-13, 16, 37, 115, 326, 381, 1168, 1209, 1445-1447, 1456, 1469, 1472, 1483, 1488, 1491, 1500, 1501, 1559, 1560

曹孟德 即 曹操
曹操, 797, 944, 1135, 1136, 1141, 1146, 1469
梁习, 1136
梁启超, 1448
梁鸿, 1203
盛宣怀, 806
章宗元, 1449
脱脱, 1227
萧埙, 1468
萨孟武, 68, 135, 178, 293, 1499
阎百川 即 阎锡山
阎锡山, 414, 417, 448
黄权, 1142
黄其杰, 12, 1468
黄宗羲, 1434
黄忠, 1142
黄松龄, 1452, 1453
黄炎培, 1395

蒋介石, 1454, 1489-1491
鲁迅, 1438
鲁肃, 1141
鲁褒, 1234

十三画以上

简雍, 1142
蓝公武, 1459
雷震, 795
慕容恪, 1133, 1136
熊仲韬, 795
管宁, 1141
管仲, 232, 746, 806, 1438
蔡次薛, 1469
谭业伟, 1468
墨子, 172, 173, 311, 472, 874, 1498
樊哙, 1249
潘序伦, 1453, 1472
稷, 114
颜子, 1234
嬴政, 1211
薄一波, 1305, 1313, 1314, 1368, 1462
薛暮桥, 1264
戴铭礼, 794
糜竺, 1142
魏延, 1142

十二画

彭漾, 1142
敬伯 即 崔敬伯
程代, 1404
董必武, 1416
董仲舒, 370
董和, 1142

外国人名

A.Andreades, 293, 1497
A.G. Buehler, 442, 1497
A.Rosenborg, 1218, 1496

Arther Woodburn, 226, 1497
Bendikoe, 852
C.C. Plehn, 437

Carl Shoup, 442, 1497
Cedar Paul, 121, 1247, 1494
D.Knoop, 93
E.Cannan, 5, 92, 1496
Eden, 121, 1247, 1494
G.D.H.Cole, 293, 1497
G.W.B.Macleod, 89, 1496
G.W.Starr, 150, 1497
G.Y.Sokolnikov, 296
Grey, 828
J.W.Grice, 92, 1496
John Ablorn, 569
L.E.Hubband, 412
L.V.Birck, 82, 1496
M.C.Mills, 150, 1497
M.Young, 869
McVickar, 672
Mr.Kurt Bloch, 650
N.Bukharin, 65, 223, 1496
Nuemazk, 852
Physiocrats, 114, 327
R.H.Hawtry, 66, 1496
Robert M. Haig, 442, 1497
Rostovtzev, 59, 61, 108, 355, 1245, 1496
S.S.Nichoison, 852
S.Webb, 88, 1496
Saharoff, 788
T.G.Shearman, 290, 1496

三画

卫立 Verri, 174
大内兵卫, 194, 199, 227, 240, 292, 1206, 1451, 1499
大畑文七, 67, 178, 199, 223, 390, 411, 1497, 1499
小川乡太, 68, 135, 174, 176, 178, 293, 1499
山崎靖纯, 548
马加洛克 McColloch, 719, 728
马可 Antonio De Viti De Marco, 1215-1217, 1219, 1230, 1236, 1247
马场瑛一, 247
马利雅亨, 1426, 1500

四画

乌而夫 Leonard Woolf, 1121
井藤牛弥, 288, 1497
巴什帖布 C.F.Bastable,, 82, 177, 222, 287, 373, 374, 452, 503, 549, 624, 640, 694, 823, 1188
巴丘林, 1426, 1500
巴尔福, 27
开勒基 Count Condenhove Kalergi, 25
木村氏 即 木村增太郎
木村增太郎, 521, 522
比沃瑞治 William Beveridge, 400, 461, 1119
瓦尔加, 60, 306, 507, 1498
瓦格纳 Adolph Wagner, 32, 33, 176, 280, 396, 409, 672, 810, 1207
贝文, 1119
韦布仑 Veblen, 551, 577, 710
韦伯 Max Weber, 339
丘吉尔 Winston Leonard Spencer Churchill, 1112, 1119, 1179

五画

包雷 Arther Bowley, 10, 643, 823
卡尔·马克思 Karl Marx, 227, 1346, 1364, 1421, 1426, 1451, 1452

卡西莫夫斯基 Касимовский, 1264, 1412

卢梭, 25

古诺 Cuno Government, 1229

布哈林 Николай Иванович Бухарин 或 N.Bukharin, 65

布洛克 Kurt Bloch, 64, 1183

布鲁音 Bruins, 420

弗拉基米尔·伊里奇·列宁 Владимир Ильич Ленин, 511, 1310, 1349, 1411, 1426

本罕 Frederic Benham, 1216

永田清, 407, 1500

汉尼拔 Hannibal, 483

汉密尔顿 Alexander Hamilton, 1140, 1198

汉森 Alvin H. Hansen, 1178, 1182, 1184, 1207, 1211, 1222, 1225, 1241, 1242

甘末尔, 207, 289, 291, 434, 447, 454, 475, 638, 668, 713, 717, 727, 755, 783, 819, 910, 1013, 1015, 1028, 1451, 1500

田尻, 640

皮固 Arthur Cecil Pigou, 5, 227, 296, 329, 439, 730, 831, 848, 1499

皮特 William Pitt, 71, 161, 266, 368, 438

让·布丹 Jean Bodin, 136, 156, 640

边沁, 1049

六画

乔治, 159, 264, 279, 312, 420, 770, 1112, 1119, 1167, 1179

亚历山大, 1172

亚历山大洛夫 Александров, 1426, 1500

亚当士 H.C.Adams, 64, 136, 177, 292, 339, 351, 363, 420, 462, 484, 698, 781, 1183

亚当·斯密 Adam Smith, 174, 175, 238, 327, 348, 435, 640, 745, 991, 1060, 1101, 1182, 1264, 1429

亚里士多德 Aristoteles, 50

伊立 R.T.Ely, 132, 141, 550, 576, 823

伊纳士 D.J.Evans, 682

休谟, 123

吉本, 58

吉芬 Sir. Robert Giffen, 640

安其格 Paul F.Anzig, 556, 564, 581, 583, 584, 590, 591, 610, 633, 642, 742

安劫尔 J.W.Angell, 116, 1121, 1124, 1229

安诺第 Einaudi, 420, 1215

托马斯 Thomas, 761

托玛·柯克 Thomas Cook, 1060, 1166

托洛 Thoreau, 22

托洛茨基, Лев Давидович Троцкий 26

毕尔曼, 1426, 1429, 1430, 1502

汐见三郎, 156, 191, 218, 261, 267, 412, 443, 1500

米勒 S.Miller Margaret, 148, 413

约翰·米尔 Gohn S.Mill, 6, 89

约翰·阿勒斯 John Ahlors, 599, 610, 626, 633, 642, 742

约翰·穆勒 John Stuart Mill, 327, 435, 715, 719, 727, 728, 1252

色诺芬, 3
芒果尔德 Mangoldt, 769
芒泰古·诺曼 Montagu Norman, 80
西门, 519, 669, 682, 688, 726
西斯蒙第 Sismondi, 175
达尔顿 Hugh Dalton, 15, 63, 65, 101, 103, 184, 193, 222, 224, 283, 291, 313, 314, 343, 366, 404, 484, 512, 549, 575, 781, 892, 893, 912, 1049, 1118-1120, 1157, 1178, 1179, 1198, 1206, 1207, 1219, 1231, 1237, 1451, 1458

七画

亨利, 224, 480
亨利·福特 Henry Ford, 480
克劳塞维支 Clausewitz, 318
克拉克 Colin Clark, 643, 823
克脑斯 Knauss, 170
克莱滂 Clapham, 786
劳合·乔治, 770, 1112, 1119, 1167, 1179
坎南 E.Cannan, 5
希尔佛丁 Rudolf Hilferding, 352
希尔曼 T. G. Shearman, 58, 290
希尔敦, 893
希克斯 U.K.Hicks, 517, 557, 642, 1182, 1184
希特勒, 247, 584, 585, 801, 1050
库成斯基 Kuczynski 或 Кувиский, 240
张伯伦 Neville Chamberlain, 142-144, 147, 182, 392, 570, 1050, 1179
攸士蒂 Von Justi, 174, 1039

杉穆尔·狄耳 Samuel Dill, 61
李斯特 List, 113, 1063
李滋罗斯, 341
李塞 Riesser, 549, 640
李嘉图 David Ricardo, 6, 10, 327, 435, 748, 1182, 1429
杜希德, 1447
杜勃 Maurice Dobb, 226
杨格, 601, 675
沃兹涅先斯基 Вознесенский, 1275
狄斯累利 Benjamin Disraeli, 48, 370, 1140
狄德罗 Denis Diderot, 25
玛志尼 Giuseppe Mazzini, 535
玛斯特曼 Masterman, 67
苏池科夫 Сучков, 1426, 1500
苏柯尔尼科夫 G.Y.Sokolnikov 或 Д.У.С.уколников, 296, 1497
苏格拉底 Socrates, 23, 883
阿拉赫维尔江, 1431, 1502
阿部贤一, 182, 187, 188, 227, 292, 294, 1497-1499, 1503
麦克唐纳 James Ramsay MacDonald, 339, 1112

八画

凯恩斯 J.M.Keynes, 7, 55, 294, 691, 1182, 1207, 1225
孟德斯鸠, 1039, 1499
帕奈尔 Henry Parnell, 63, 483, 940, 1039, 1040, 1497
拉乌洛夫 Лаулов, 1275, 1306
拉迭克 Radek, 304, 1499
拉茨 H. L. Lutz, 172, 224, 287, 401
拉斯基 Harold Joseph Laski, 5, 13,

外国人名

20, 48-50, 141, 1118, 1451, 1499
拉蒂摩 Owen Lattimore, 554
拉塞尔 Lord John Russell, 371, 1060, 1166
服榜 Vauban, 174
杰佛逊 Thomas Jefferson, 1140
松方正义, 670
松冈忠美, 1448
林达尔 Erik Lindahl, 1178, 1222
波乌尔 Power, 1118
波戈特 E. L. Bogart, 34
波格达诺夫 Александр Александрович Богданов (A.A.Bogdanoff), 59, 107, 310
波辟茨 Johannes Popitz, 157, 262, 263
罗布逊 William Robson, 65, 504, 619, 1118, 1451
罗布森 W.A.Robson, 64, 940
罗宾士 Lionee Robbins, 5, 14
罗素 Bertrand Arthar William Russell, 20-23, 584
罗斯福 Franklin Delano Roosevel, 78, 80, 150, 199, 248, 314, 365, 410, 746, 937, 950, 951, 980, 998, 1128, 1208, 1225
范诺 H. Finer, 95
质费列夫 Джифелев, 1275, 1500
青山和夫, 671

---九画---

勃尔克 Edmund Burke, 487
勃莱特 Bright, 438, 1060, 1165
南森 Nansen, 28
哈里斯 Charles Harris, 313
哈科特, 239, 447, 648, 728, 1119, 1207
威尔逊 James Wilson, 321, 549, 550, 624, 900, 1049, 1112, 1188, 1284
威克塞尔 Wicksell, 8
威塞 F.Wieser, 1157
威廉·柯伯特 William Cobbett, 68, 71, 140, 224, 438
施图尔姆, 1429
施宾格勒 Oswald Spengler, 61, 62, 105
施泰因 Lorenz von Stein, 175, 197, 742
柏克 A.E.Buck, 285, 456, 471, 695, 755, 773, 942
查礼士一世, 1165
查清柯, 1306
柯尔 G. D. H. Cole, 54, 199, 217, 293, 296, 1451, 1500
洛克菲勒 John Davison Rockefeller, 480
洛萨 Joseph Rosa, 1206
科尔文 Colwyn, 65, 154, 239, 440, 441, 716, 728, 1254
科尔伯 Colbert, 312, 534, 582, 900, 938, 1017, 1272
科布登 Cobden, 438, 1060, 1165
胡佛, 78, 80, 186, 1112
费比亚斯 Fabius, 483
俾斯麦 Prince Otto Eduard Leopold Bismarck, 64, 521

---十画---

哲美森, 1448
拿破仑, 465, 619, 635
拿翁 即 拿破仑
柴霍甫 Антон Павлович Чехов,

226
格林科, 365
格迭斯 Geddes, 73, 343
格莱斯顿 William Ewart Gladstone, 81, 239, 641, 669, 719, 729, 745, 760, 887, 1140, 1178, 1179, 1182, 1198, 1254
格鲁, 600, 759, 1060
海格 Henry Higgs, 29
海涅 Heinrich Heine, 75, 366
爱次博格 M.Erzberger, 158
爱斯葵斯, 279, 760
耿爱德 Edward Kann, 352, 374, 380, 590, 592, 633, 640, 642, 742, 1026
莫尔敦 Harold Moulton, 1182, 1208
诺可斯 R.Nurkse, 1229
诺伊曼 Neumann, 175
诺曼·安劼尔 Norman Angell, 80, 116, 299, 361, 1121, 1124
诺斯科特 Stafford Northcote, 942
陶内 Tawney, 1118
高木寿一, 152, 168, 218, 1497, 1501
高桥, 247, 250

十一画

勒纳 Abba P.Lerner, 1225
勒拉波列 Paul Leroy Beaulieu, 74, 123
勒茨 H. L. Lutz, 2, 4, 58, 177, 285, 401, 893, 1172, 1182, 1225, 1246
培根 Francis Bacon, 404
屠尔果 Turgot, 1217, 1250
康斯脱 Alzada Comstock, 29, 278,

281, 420, 457, 537, 726, 781, 1214
捷斯 Stuart Chase, 802, 831, 849
梅伦 Mellon, 36
梅里狄斯 H.O.Meredith, 698
梭洛伟 G. Solovei, 217
猪侯津南雄, 411, 1499
维尔斯 D.Awells, 21, 388, 673, 901
菲力波维治, 738
菲尔德 F.V.Field, 149
萧伯纳 George Bernard Shaw, 21, 49, 54, 55, 226, 293, 641, 1451
萨尔特 Sir. Arther Salter, 42, 1498
雪莱 Percy Bysshe Shelley, 320, 342, 420, 465, 466

十二画

博高列波夫 Боголепов, 1275
塔西佗 Publius Corenlius Tacitus, 133, 1133
塔塔连阔 Таталенк, 1386
奥保林斯基 Оьолинский, 1463
弼尔 Robert Peel, 79, 371, 1060, 1166, 1179
约瑟夫·维萨里奥诺维奇·斯大林 Иосиф Виссарионович Сталин, 585, 803, 995, 1313
斯丹利·詹翁士 Stanley Zevons, 10
斯丹浦 Joseph Stamp, 118, 177, 225, 330, 420, 471, 475, 588, 643, 753, 823, 902, 942, 1033, 1118
斯托姆 Rene Stourm, 68
斯托拉波奇 Стралоч, 519
斯拉发 Sralfa, 9

斯格德·尼林 Scott Nearin, 58, 107

斯诺丹 Philip Snowden, 760, 770, 1119

普洛特尼柯夫 Плолинский, 1401

舒尔茨 J. W. Schultz, 11, 149, 222

葛罗夫 H. M. Groves, 1205, 1208, 1221

葛洛夫 Gerloff, 177

道威尔 Stephen Dowell, 173, 225

铿氏 King, 643

韩德孙 即 韩德森

韩德森, 1119

鲁敦道夫 Erich Ludendorff, 866

十三画以上

塞利格曼 Elwin R.A.Seligman, 150, 159, 175, 180, 201, 202, 264, 284, 290, 300, 313, 328, 352, 408, 420, 436, 440, 442, 640, 672, 674, 715, 728, 1028, 1118, 1207, 1429, 1499

塞逸 J.B.Say, 63, 939, 1182

歌德 Johann Wolfgang Von Goethe, 27

福路特尔, 23, 25

蒲徕恩 C.C.Plehn, 67, 118, 200, 240, 249, 276, 296, 411, 437, 616, 688, 938, 1132, 1155, 1182, 1208, 1213

路易十六, 1217, 1250

路易十四, 21, 794, 1165

路得·乔治 Lloyd George, 7, 159, 264, 279, 312, 1498

鲍尔温 Stanley Baldwin, 1112

嘉塞尔 Cassel, 12

熊彼特, 194, 485, 1237, 1450

裴因 Tom Paine, 223

裴斐 Nathaniel Peffer, 790, 1063

赛可斯 Joseph Sykes, 131

赫尔德 Held, 175, 1448

德贝尔, 1451

樱内, 670

薛赛时 G.Findlay Shirras, 178, 549, 674, 781, 820, 939, 1221, 1243, 1252, 1254, 1500

霍布孙 J.A.Hobson, 37, 291, 480

霍布斯 Thomas Hobbes, 878

戴维斯, 995, 1500

专有名词

一至三画

一般募集, 397, 403

入超, 79, 102, 110, 128, 203, 205-209, 231, 298, 299, 338, 339, 358-360, 364, 571, 593, 600, 601, 613, 635, 677, 680, 699-701, 839, 910, 1108-1110, 1113, 1114, 1116, 1269

三民主义, 823, 905, 954, 955, 967,

971, 981, 987, 998, 1072
个人本位, 112, 486
个体经济, 1344
个别支出, 695
土地
 土地评价, 664
 土地兼并, 1247
大出纳, 1179, 1188
大宗物资, 1174
工业化, 112, 147, 289, 354, 449, 452, 598, 635, 768, 789, 947, 966, 967, 973, 974, 980, 985, 987, 1011, 1022, 1047, 1061-1063, 1072, 1092-1097, 1122, 1127, 1128, 1131, 1132, 1135, 1145, 1152, 1156, 1166, 1247, 1248, 1251, 1346, 1395, 1396, 1399, 1401, 1413, 1426
工业资本, 163, 196, 205, 257, 353, 356, 826, 1169, 1348
工资 即 薪酬
工资率, 9, 10
门罗主义, 206, 360

四画

不动产, 157, 160, 262, 265, 323, 653, 655, 661, 720, 772, 1016
专制国家, 1215, 1216, 1225
专卖, 245, 399, 766, 767, 804-806, 1028, 1030, 1239, 1345
 专卖制度, 391, 399, 766, 767, 804, 806
  全部专卖制, 805
  局部专卖制, 805
  委托专卖制, 805
  混合专卖制, 805
专责管理, 1326, 1331, 1332

中央银行, 43, 79, 128, 189, 190, 205, 206, 357, 359, 363, 374, 375, 380, 383-385, 387, 388, 403, 453, 455, 456, 494, 579, 602, 661, 670, 675, 680, 811, 815, 821, 857, 901, 1070, 1071, 1096, 1097, 1116, 1170, 1177, 1231, 1503
中央集权, 30, 158, 263
中产阶级, 27, 280, 947, 948, 1126
中间阶层 即 中产阶级
互助, 112, 220, 754, 955, 998, 1333, 1406, 1409
互查互评, 1331
仁政, 140, 311, 368-371, 414, 1210, 1249, 1270, 1272, 1273, 1275
公开市场, 385, 596, 641, 662, 681, 700, 704
公开考试, 811, 902, 942, 1138, 1261
公民, 22, 32, 82, 89, 126, 139, 146, 292, 374, 1045, 1211, 1242, 1400, 1414, 1415, 1417, 1420, 1422
公共
 公共支出, 65, 240, 294, 1178, 1239, 1240, 1246, 1268, 1269
 公共收入, 3, 17, 164, 440, 1178, 1237, 1256, 1268, 1269
 公共信用, 127, 194, 352, 1172, 1177, 1181, 1182
 公共福利, 102, 1240
公安, 67, 1325, 1331, 1333, 1338, 1339, 1359, 1360
公库, 59, 106, 132, 552, 578, 579,

611, 822, 894, 902, 915, 932, 1175, 1192

公库制度, 552, 578, 579, 611, 642, 685, 718, 811, 821, 893, 901, 915, 928, 929, 931

公库法, 593, 608, 718, 1175, 1180, 1192

公证, 1371

公经济, 209, 251, 256, 257, 352, 427, 645, 1216

公债, 15, 16, 34, 36, 61, 68, 69, 75, 76, 81, 82, 84, 90, 94, 95, 99, 102, 110, 120, 121, 123, 125, 126, 128, 147, 148, 152, 153, 155, 159, 169, 170, 188, 189, 194, 198, 202, **204-206**, 208, 247, 251, 255, 259, 264, 274, 275, 282, 284, 335, 336, 343, 352, **355-359**, 361, 362, 374, 375, **378-380**, 388, 389, 395, 397, **401-405**, 411, 418, **461, 462**, 494, 495, 517, **535, 536, 538**, 555, 557, 589, 593, **602**, 606, 611, 626, 633, 635, 637, 641, 647, 652, 662, 665, 673, 740, **761-763**, 767, 840, 846, 868, 869, 880, 881, 890, 891, 901, 903, 923, 950, 1005, 1008, 1047, 1090, 1156, 1157, 1179, **1181-1185**, 1191, 1193, 1198, 1206, 1214, 1231, 1240, 1241, 1246, 1256, 1274, 1287, 1296, 1316, 1402, 1499

公债利息, 160, 265, 274, 462, 463, 477, 609, 820, 1316

公债政策, 120, 121, 123, 128, 194, 198, 204, 243, 251,

290, 338, 356, 460, 485, 535, 536, 589, 611, 641, 647, 1021, 1176, 1179, **1181-1185**, 1191, 1193, 1207, 1240, 1241, 1269, 1287

军需公债, 535, 589, 633, 762

呆重债, 1184, 1240

赤字公债, 183, 189, 240, 401, 402

国防公债, 374, 375, 380, 460, 461, 482, 555, 589, 602, 609, 633, 636, 1455

建设公债, 535, 589, 593, 633, 646

金公债, 496, 589, 593, 762, 868, 880, 881, 891, 904, 923, 1157

受动债, 1184, 1240

胜利公债, 923, 1008, 1316

能动债, 1184, 1240, 1241

募债, 17, 123, 168, 253, 383, 389, 402, 403, 412, 455, **460-462**, 485, 496, 554, 555, 575, **588-590**, 593, 627, 630, 633, 642, 646, 650, 693, 740, 767, 871, 888, 909, 910, 950, **1008**, 1009, 1179, 1182, 1184, 1197, 1240, 1274

强制公债, 388, 1185, 1191, 1231, 1240, 1241, 1247

公益, 67, 237, 561, 650, 656, 661, 734, 767, 781, 888, 905, 930, 1024, 1053, 1059, 1345

公积金, 39, 1337, 1395

公营, 16, 17, 35, 90, **93-95**, 191,

412、430、589、646、749、953、1223、1243、1276、**1282**、**1285**、1299、1312、**1325**、**1337**、**1339**、1344、1345

公道，22、25、27、67、532、1069、1184、1185、1193、1474、1492

公粮，963、1277、1279、1315

内债，34、72、76、77、102、123、125、126、128、155、169、191、207、259、335、337、379、460、461、496、536、589、646、706、707、1240、1247、1499

分工，574、672、776、931、970、988、1082、1088、1301-1303、1307、1333、1357、1397、1404

分配，2、4、32、35、**38-40**、**53-55**、60、79、81、82、**90-92**、102、128、141、145、146、**148-150**、**152-155**、164、170、191、193、194、198、200、210、217、224、226、**236-239**、248、**267**、**273**、**274**、**280**、**282**、**283**、292、293、295、**328-330**、353、382、395、396、401、406、411、413、436、439、444、447、481、535、574、633、661、691、694、716、718、728、729、744、766、767、770、780、782、803、805、**808**、**810**、823、826、840、842、846、865、874、891、897、899、910、911、921、932、933、939、951、959、961、969、973、979、1027、1028、1048、1050、1059、1120、1128、1132、1142、1155、1157、1174、1178、1207、**1219-1221**、1223、**1236**、**1237**、**1243**、**1244**、**1246**、1255、1269、1271、1283、1287、

1294、1298、1395、1413、1428、1431、1439、1453、1462、1472、1502

劝储，740、741

劝募，740、741、762、763、868、923、1008、1274

币制，79、207、208、242、299、**337-339**、**359-364**、374、378、380、384、494、519、542、547、557、596、641、646、647、692、835、891、1026、1070、**1169-1185**、1189、1191、1193、1198、1229、1234、1287

币制政策，545、557、765

币值，338、362、363、494、634、647、705、871、894、1010、1011、1101、1106、1113、1115、1156、1157、1161、1169、**1172**、**1173**、**1177**、**1179**、**1181-1183**、1190、1191、1193、1199、1201、1218、1228、1229、1231、1238、1240、1247、1287、1296、1351、1354

开元，1249

开放，206、360、705、788、857、1042、1051、1061、1083、1096、1097、1122、1442

开源，391、395、455、483、1008、1180、1188、1189、1191、1192、1199

户名划一，481、729

支付，31、32、38、39、44、72、81、93、131、153、155、213、237、269、290、307、317、**336**、**339**、**354**、**357**、**359**、404、462、557、589、611、649、669、**690-692**、743、776、778、890、951、1021、1232、1360

专有名词

支票化, 611

文官服务制度, 285, 552, 578, 580, 695, 714, 718, 821, 902, 942, 1033, 1139

方法论, 222

日圆本位制, 521

比价, 379, 383, 839

牙行, 1299, 1361

计划生产, 856

计划经济, 146, 148, 192, 217, 226, 294, 412, 645, 679, 682, 804, 808, 810, 826, 831, 833, 837, 842, 910, 939, 954, 955, 1208, 1219, 1221, 1223, 1224, 1236, 1241, 1287, 1305

世产, 91

主币, 494

以法制人, 1056

以战养战, 607

五画

出口, 44, 144, 289, 298, 305, 337, 338, 353, 358, 360, 364, 378, 383, 454, 485, 495, 519, 561, 574, 591, 592, 598, 599, 601, 605, 606, 613, 631, 680, 700-703, 705, 733, 816, 856, 1012, 1045, 1066, 1067, 1070, 1072, 1073, 1082, 1095-1097, 1109, 1110, 1115, 1116, 1148, 1202, 1275, 1313, 1341, 1346

出超, 147, 151, 181, 203, 207, 209, 298, 571, 600, 1269

加赋, 429, 769

占有, 91, 604, 620, 744, 777, 874, 947, 1397, 1402

占有人, 91, 489

发达国家, 1072

发钞, 171, 208, 251, 351, 375, 379, 380, 383, 385, 403, 453, 455, 495, 536, 554-556, 575, 590, 626, 627, 630, 633, 635, 641, 650, 669, 693, 871, 888, 890, 909, 910, 1106, 1115, 1132, 1148, 1170, 1176, 1179, 1181, 1182, 1185, 1197, 1198, 1231, 1274

处罚, 681, 1023, 1161, 1330, 1332, 1353, 1361

外汇, 299, 337, 338, 359, 360, 362-365, 380, 468, 493, 496, 506, 516, 521, 525, 526, 529, 542, 561, 563, 564, 567-571, 573, 590, 592, 593, 599-601, 610, 612, 613, 634, 642, 645, 647, 672, 680, 711, 732, 733, 757, 764, 815, 816, 829, 834, 839, 844, 868-870, 910, 1062, 1070, 1073, 1082, 1083, 1096, 1097, 1109, 1110, 1114-1116, 1148, 1158, 1169, 1173, 1199, 1201, 1228, 1232, 1247

外汇市场, 361, 362, 606, 732, 747, 765, 1096, 1097

外债, 75, 77, 102, 103, 152, 170, 207, 257, 290, 354, 379, 403, 454, 470, 530, 536, 589, 592, 631, 699, 705-707, 868, 869, 978, 979, 1026, 1029, 1240, 1247, 1463

外资, 44, 496, 600, 955, 966, 967, 976, 978, 979, 1006, 1021, 1022, 1029, 1032, 1201, 1439, 1442

失业, 37-40, 43, 54, 132, 141-143, 163, 283, 293, 306, **316**, **320**, 324, 396, 1076, 1093, 1103, 1175, 1189, 1225, 1311

头寸, 1074, 1177, 1202

对内价值, 1012, 1201

对外价值, 563, 571, 595, 596, 634, 711, 733, 1012, 1158, 1201

对外贸易, 485, 486, 599-601, 613, 700, 701, 704, 885, 976, 1066, 1067, 1072, 1073, 1082, 1083, 1094-1097, 1109, 1113

平民国家, 1215, 1216, 1219, 1225, 1236

平民政治, 1216, 1241

平价, 663, 681, 718, 828-834, 836, 840, 844-846, 848, 849, 862, 865, 869, 899, 907, 908, 921, 936, 937, 957, 961, 1010

  平价政策, 828, 832, 833, 840, 845, 847, 907, 937

  全面平价, 834, 845, 848, 854, 907, 908

平均负担, 237, 1008

平准, 7, 11, 35, 36, 43, 299, 337, 338, 359, 360, 529, 569, 570, 573, 766, 815, 950, 1097

平准计划, 950

归纳法, 10, 11

必需物品　同　必需物资

必需物资, 328, 736, 856, 968, 1064, 1068, 1110

本票, 1170, 1177, 1231

正赋, 175

民主评议, 1277, 1298, 1313, 1325, 1329, 1331, 1333, 1345, 1346, 1351, 1352, 1405

民生, 4, 54, 60, 71, 85, 111, 113, 134, 275, 305, 325, 346, 406, 417, 421, 444, 446, 461, 495, 500, 505, 506, 543, 573, 582, 591, 656, 736, 737, 749, 766, **776-778**, 784, 793, 813, 818, 835, 872, 891, 951, 954, 955, 960, 964, 965, 974, 976, 980, 981, 995, **998**, **999**, 1047, 1058, 1078, 1090, 1094, **1098**, **1099**, 1108, **1133**, **1135**, 1137, 1145, 1186, 1223, 1271, 1275, 1310, 1365, 1394, 1412, 1440

民生主义, 53, 54, 766, 767, 831, 901, 913, 954, 955, 980, 981, 991, 998, 999, 1072, 1108, 1457

民权主义, 913, 980, 981, 998, 999

民族工业, 449, 450, 452, 453, 456, 457, 463, 477, 566, 609, 789, 1061, 1144

民族主义, 981, 998

民族货物市场, 834

民营, 826, 970, 971, 1046, 1067, 1083-1085, 1092, 1108, 1224, 1247

汇兑, 206-208, 298, 299, 338, 360, 361, 363, 519, 521, 561, 601, 604, 605, 634, 765, 790, 1116, 1201, 1369

汇兑贸易, 379

汇总, 768, 928, 1342, 1383, 1384, 1389

汇算, 1336, 1352, 1365, 1389, 1408

生产

  生产力, 39, 61, 105, 115, 211, 229, 230, 233, 268, 279,

302, 303, 310, 322, 457, 483, 828, 954, 1093, 1172, 1174, 1184, 1212, 1220, 1223, 1239, 1240, 1257, 1270, 1278, 1286

生产方式，301, 303, 304, 452

生产合作，112, 212, 268, 1405, 1406, 1409

生产过剩，75, 79, 1093

生产能力，37, 40, 808

节约制度，1411-1413

节流，188, 380, 391, 395, 397, 455, 893, 1106, 1180, 1189-1192, 1199

训政，139, 1084, 1099, 1458

议价，960, 1076

边际效用，102, 103, 646, 649, 828, 911, 1011, 1224

六画

买卖外汇，359, 362, 363, 489, 868

交易，30, 40, 79-81, 114, 148, 154, 200-202, 302, 315, 329, 330, 353, 355, 359, 362, 405, 428, 441, 442, 493, 494, 527, 547, 611, 647, 665, 666, 671, 730, 746, 761, 846, 903, 904, 937, 946, 957, 964, 1045, 1051, 1052, 1064, 1156, 1208, 1221, 1247, 1253, 1254, 1298, 1299, 1312, 1338, 1339, 1351, 1360, 1361, 1373, 1375, 1409

交易员，1299, 1312, 1360

交易媒介，359, 494, 527, 542, 557, 733, 1228, 1229, 1231

交换，30, 43, 53, 190, 207, 245, 294, 322, 408, 611, 622, 769, 872, 913, 1093, 1095, 1156, 1228, 1230, 1232, 1322, 1328, 1333, 1404

交换价值，769, 823, 1010, 1092, 1173

交换经济，352

产业

产业改组，12

产业国家，30, 32

产业革命，111, 140, 159, 264, 290, 347, 353, 355, 769, 1165, 1169

产业资本，188, 903

产业循环，1178, 1207, 1219, 1248, 1249

价值，6, 9-11, 13, 14, 17, 19, 22, 33, 43-45, 53, 91, 114, 128, 134, 153, 162-164, 185, 195, 197, 208, 225, 342, 359, 380, 382, 384, 388, 406, 465, 467, 474, 475, 488, 493, 508, 527, 528, 541, 546-548, 557, 560, 561, 563, 568, 571, 581, 593, 596, 611, 620, 634, 642, 646, 647, 649, 653, 655, 661, 663, 665-667, 676, 680, 682, 700, 711, 718, 721, 732, 745, 760, 761, 765, 768-772, 815, 817, 833, 836, 847, 869, 960, 990, 1012, 1016, 1029, 1051, 1082, 1084, 1092, 1118, 1140, 1156, 1160, 1172-1175, 1177, 1179, 1181, 1183, 1185, 1201, 1207, 1221, 1229, 1230, 1234, 1296, 1301, 1346, 1375, 1378, 1399, 1426, 1428

价值论, 9
价格, 9, 102, 132, 144, 169, 215, 271, 362, 487, 519, 541, 545, 559, 560, 563, 564, 570, 612, 613, 633, **663, 665, 666**, 681, 722, 737, 764, 769, 815, 828, 829, 831, **834, 835, 839**, 857, 880, 896, 899, 904, 920, 936, 937, 952, 953, **956-961**, 964, 965, 969, 992, 994, 1044, 1051, 1052, 1058, 1059, **1064, 1065, 1068, 1069**, 1074, 1075, 1088, 1101, 1174, **1215, 1216, 1219, 1220**, 1224, 1266, 1277, 1285, 1286, 1313, 1328, 1337, 1347, 1357, 1374, 1375, 1426

市价, 61, 356, 362, 438, 545, 559, 612, 663, 665, 666, 681, 771, 831, 910, 964, 1074, 1075, 1224, 1234, 1280, 1297, 1337

市场价格 即 市价
交易价格, 665
价格学说, 7
垄断价格, 1236
官价, 596, 681, 865, 920, 1051, 1053, 1096
法定价格, 964
黑市价, 559, 831, 920, 1051-1053

企业改造, 1412, 1413
会计, 33, 136, 149-151, 213, 226, 243, 269, 270, 337, 346, 427, 500, 538, 579, 611, 661, 667, 685, 758, 806, 809, 811, 821, 872, 894, 913, 915, 925, 927, 931-933, 944-946, 983, 990,

992, 1004, 1006, **1013, 1014, 1018**, 1030, 1037, 1138, 1180, 1242, 1254, 1265, **1288-1295**, 1330, **1333-1335**, 1337, 1342, **1380-1383, 1385-1390**, 1410, 1427, 1435, 1450, 1451, 1472

会计年度, 17, 34, 35, 334, 336, 346, 405, 447, 500, 758, 759, 1178

会计制度, 181, 408, 893, 915, 945, 1254, **1291-1293**, 1298, 1334, 1351, 1380, 1381, **1385-1389**, 1461

会计核算, 1427
会计检查, 98, 1290, 1293
会计票证, 1380

伪币, 521, 527, 541, 542, 545, 546, 548, 557, **560-562**, 569, 764, 765, 1100, 1108, 1478

关税, 10, 44, 71, 72, 78, 87, 98, 121, 122, 125, 128, 144, 145, 155, 164, 165, **167-170**, 182, 185, 186, 191, 196, 197, 201, 204, 209, 226, 231, 255, 256, 281, 284, 289, 290, 305, 326, 335, 337, 347, 353, 357, 358, 367, 378, 383, 398, 400, 402, 417, 428, 436, 438, 440, 444, 445, 447, 457, 461, 477, 500, **505, 506**, 529, 589, 593, 608, 631, 677, 679, **699, 705, 706, 708**, 715, 728, 753, 777, 781, 796, 807, 811, 822, 837, 924, 954, 994, 1027, 1049, 1072, 1189, 1217, 1232, 1233, 1247, 1277, 1279, 1300, 1328, 1333, 1341, 1380, 1383, 1386, 1387, 1389,

1402, 1410, 1461
关税同盟, 521
关税自主, 281, 290, 335, 400, 444, 461, 501, 837, 1027
关税保护, 955, 1073
关税政策, 208, 417, 505, 506, 593, 677, 1049
关税壁垒, 444, 506, 954, 1089, 1116
再分配, 142, 147, 148, 210, 217, 267, 280, 291, 488, 691, 940, 1120
再生产, 410, 826, 1156, 1223, 1250, 1346, 1426
再生产说, 197
再贴现, 385
军门资本, 1175, 1180
军用票, 527, 670, 1026
军事负担, 106, 130-133, 306, 316, 317, 319, 432, 466, 676
军政, 77, 968, 1357
农业
　农业生产, 44, 111, 289, 302, 306, 307, 311, 769, 789, 1061, 1122, 1152, 1166, 1247, 1248, 1250, 1406, 1409
　农业时代, 113, 1078
　农业周期律, 303, 304, 306, 307, 1244, 1248-1251
　农业国家, 301, 976, 1000
　农业组织, 112
　农业经济, 61, 137, 231, 289, 305, 318, 337, 524, 531, 550, 577, 793, 796, 874, 972, 973, 987, 1144, 1145

农业信用, 44
农业循环 即 农业周期律
重农学派, 327, 435
原始农业, 130, 203, 204, 230, 231, 288, 290, 301, 303-305, 307, 316, 317, 449, 452, 987, 1122, 1135, 1202, 1244, 1249, 1251
决算, 131, 136, 182, 287, 301, 369, 371, 1268, 1293, 1294, 1385-1390, 1435
动产, 160, 265, 323, 653, 655, 661, 720, 906
协款, 89, 90, 92-94, 98, 99, 131, 150, 317
印花, 71, 87, 98, 123, 289, 461, 589, 632, 744, 745, 756, 757, 781, 812, 901, 995, 1015, 1252-1254, 1277, 1298, 1299, 1311, 1325, 1332, 1339, 1368-1371, 1374, 1455
　计贴印花, 1369
　免贴印花, 1369, 1370
合作社, 213, 270, 492, 498, 865, 896, 937, 957, 1299, 1312, 1344, 1361, 1376, 1395, 1404-1409
合作社经济, 1344, 1402, 1409
合资经营, 979
合理负担, 414, 417, 445, 448, 474, 501, 731, 778, 911, 1270, 1274, 1276-1278, 1313, 1327, 1347, 1350, 1441
合理利润, 956
团体主义, 10
地方自治, 88, 89, 95, 512, 757, 797, 1143

地方政府, 15-17, 29, 30, 32, 35, 64, 88, 92, 93, 131, 150, 162, 189, 317, 396, 466, 624, 665, 739, 1142, 1145, 1210

地方债, 15, 93-95

地价, 71, 664, 769-772, 1356
 申报地价, 771
 估定地价, 771
 标准地价, 771

岁入, 60, 77, 102, 140, 141, 146, 147, 162, 163, 169, 182-187, 196, 198, 204, 246, 253, 255, 281, 287, 290, 291, 305, 307, 337, 343, 367, 369, 382, 383, 388, 390, 393, 395, 397, 398, 400-402, 404, 405, 411, 412, 416, 426, 433, 443-445, 456, 461, 462, 479, 480, 482, 485, 501, 554, 631, 632, 677, 768, 807, 809-811, 820, 902, 926, 927, 933, 1030, 1155, 1181

岁出, 60, 63-68, 73, 77, 102, 131, 140, 141, 162-164, 181-185, 187, 188, 190, 191, 196, 198, 248, 281, 306, 307, 309, 316, 318, 321, 335, 343, 369, 375, 382, 383, 389, 393, 395-398, 401, 402, 404-406, 409, 410, 416-418, 433, 442, 466, 479, 480, 484, 550, 591, 611, 676, 811, 822, 902, 940, 962, 963, 1030, 1040, 1120, 1155, 1176, 1181, 1220, 1240, 1287, 1453

岁收, 185, 204, 209, 253, 291, 294, 589, 785, 1190, 1442

年金, 33, 35, 95, 211, 268, 274, 633, 664, 667, 680

年金评价, 667

成本, 54, 122, 245, 249, 279, 409, 410, 612, 646, 687, 757, 767, 805, 806, 822, 828, 839, 911, 933, 956, 992, 1004, 1006, 1045, 1088, 1116, 1165, 1184, 1189, 1215, 1219, 1221, 1224, 1236, 1242, 1243, 1266, 1276, 1285, 1286, 1337, 1342, 1378, 1402, 1411-1413, 1426

扣除额, 164, 185, 197

扣缴, 1161

扩大再生产, 229, 277, 449, 452

收入额, 34, 157, 174, 214, 216, 262, 270-272, 392, 926, 934, 1006, 1007, 1275, 1342, 1345, 1351, 1379

收支平衡, 31, 456, 1098, 1156

收购物资, 856

收益率, 213-215, 270-272, 1005, 1006

收益额, 211, 213, 267, 1005-1007, 1275, 1342, 1345, 1351, 1370

有产, 64, 65, 117, 141, 155, 284, 292, 293, 295, 738, 959, 1016, 1022, 1127, 1132, 1180, 1191, 1197, 1214

有闲阶级, 551, 577, 606, 710

机械化, 181, 277, 288, 301, 304, 307, 341, 449, 452, 466, 1061, 1131, 1249

权力, 2, 23, 27, 88, 130, 146, 193, 197, 233, 239, 292, 317, 337, 385, 411, 527, 551, 577, 584, 721, 844, 848, 950, 1093, 1142, 1215, 1246, 1285

权利, 27, 49, 53, 68, 89, 135, 140,

144, 226, 227, 237, 285, 310, 368, 504, 653, 655, 661, 666, 865, 905, 906, 977, 1254, 1400, 1415, 1422, 1463, 1484

次殖民地, 181, 243, 250, 317, 491, 500, 505, 506, 551, 700, 788, 789, 819, 820, 875, 1028, 1061, 1108, 1113, 1121-1124, 1158

牟利, 94, 117, 240, 589, 686, 748, 953, 969, 1052, 1076, 1229, 1359

百花齐放, 1420, 1428

百家争鸣, 1420-1422, 1428-1431, 1462

红利, 38, 39, 353, 1395, 1413

自主经济, 790, 791, 1062, 1124, 1158

自由贸易, 648, 700, 1060, 1066, 1072, 1082

自报公议, 1349, 1351

自给, 3, 101, 111, 115, 842, 844, 1047, 1094

自然人, 160, 210, 211, 237, 265, 267, 268, 299

贞观, 1249, 1250

负差, 299, 338, 353, 360

过分利得, 477, 487, 555, 588, 609, 646, 649, 666, 727, 731, 783, 901, 996, 1161

过度储蓄, 39

过剩货币, 852

过剩资本, 353, 1247

过剩商品, 80, 500, 789, 1061, 1062, 1122, 1158, 1247

七画

估价, 18, 22, 23, 91, 126, 252, 601, 663-666, 770, 771, 1015, 1160, 1328

估征, 1326, 1336, 1352

低息, 606

佣金, 356, 1299, 1316, 1342, 1345, 1351, 1369

兑价, 561

兑换, 359, 374, 380, 494, 545, 559, 596, 642, 670, 776, 857, 869, 1026, 1116, 1173, 1229, 1232

冻结资金, 815

初级市场, 1404, 1406, 1410

利用外资, 496, 955, 966, 976-979, 1012, 1032, 1224

利息, 8, 17, 33, 38, 72, 76, 78, 95, 144, 212, 250, 268, 274, 275, 329, 334, 339, 347, 353, 356, 397, 411, 481, 609, 620, 666, 667, 729, 820, 846, 847, 857, 903, 923, 951, 1006, 1053, 1174, 1182, 1248, 1316, 1336, 1339, 1341

利润, 80, 148, 213, 240, 248, 249, 269, 330, 353, 410, 442, 481, 620, 649, 666, 719, 727, 729, 730, 734, 735, 740, 745, 766, 767, 778, 789, 828, 856, 857, 880, 881, 896, 899, 903, 904, 912, 956, 964, 976, 979, 987, 1044, 1045, 1051, 1089, 1223, 1248, 1256, 1257, 1326, 1344, 1345, 1347, 1349, 1354, 1395, 1402, 1413, 1442

利润提成, 1402, 1413

利益

个人利益, 888, 897, 1413

公共利益, 94, 905

社会利益, 65, 82, 89, 101-103, 224, 291, 378, 893, 1206, 1220, 1286

国家利益, 645, 1072, 1073, 1353, 1413

既得利益, 1076, 1122, 1132, 1166, 1203, 1225, 1236, 1264

利率, 44, 144, 353, 663, 665-667, 835, 846, 847, 868, 1005, 1059, 1183, 1232

毛利率, 1005, 1007, 1238, 1352

官定利率, 1183

黑市利率, 1183, 1230

劳力 即 劳动力

劳动力, 37-40, 59, 132, 215, 271, 310, 317, 388, 432, 493, 543, 544, 614, 735, 736, 905, 922, 952, 1000, 1079, 1101, 1127, 1202, 1231, 1245, 1249, 1256

均权政治, 1140, 1143

应能负担, 202, 280, 414, 415, 424, 445, 488, 582, 811, 823, 901, 910, 1132, 1346

投机, 59, 107, 200-202, 362, 564, 594, 595, 606, 634, 664, 718, 725, 740, 748, 784, 799, 826, 857, 862, 903, 904, 922, 945, 952, 1029, 1032, 1053, 1064, 1074, 1075, 1100, 1101, 1103, 1105, 1170, 1174, 1175, 1177, 1180, 1181, 1228, 1229, 1247, 1296, 1338, 1344

折算, 663, 666, 680, 1374

折算法, 663, 664, 666

求现值法, 664, 667

求终值法, 663

资本还原法, 663-665

杠杆作用, 1271, 1442, 1443

极权国家, 1236

没收, 2, 34, 175, 475, 510, 524, 656, 888, 905, 1091, 1191, 1239, 1269, 1294, 1475, 1478

没收品, 1294, 1388

社会

社会分配, 64, 646, 647, 691, 716, 728, 1049, 1050

社会生产力, 1131, 1172, 1229, 1230, 1268, 1286

社会利益, 65, 82, 89, 101-103, 224, 291, 378, 893, 1206, 1220, 1286

社会事业, 64, 65, 93, 141, 144, 188, 191, 396, 809, 1171

社会制度, 61, 82, 105, 106, 109, 158, 232, 263, 280, 994

社会经济, 9, 59, 66, 118, 148, 192, 203, 209, 213, 217, 230, 269, 273, 277, 325, 330, 384, 413, 429, 453, 462, 463, 479, 483, 577, 626, 641, 645, 647, 649, 656, 660, 677, 766, 769, 831, 832, 900, 936, 1047, 1060, 1075, 1131, 1170, 1190, 1197, 1198, 1237, 1255, 1344

社会信用, 945, 1181

社会福利, 648, 649, 998, 1049, 1050, 1120, 1217, 1242, 1401

专有名词

社会主义改造, 1394, 1399, 1411-1413, 1417, 1422
私人利益, 645, 959, 1403
私经济, 197, 203, 209, 251, 256, 378, 411, 427, 645-647, 747, 912, 913, 1216
私营, 181, 190, 191, 213, 250, 269, 273, 294, 295, 390, 391, 408, 410, 412, 609, 680, 681, 719, 749, 1156, 1157, 1170, 1171, 1214, 1215, 1237, 1256, 1257, 1276, 1278, 1279, 1285, 1339, 1344, 1349, 1359, 1365, 1394-1397, 1402, 1403, 1411-1413
纯益, 211, 213, 267, 269, 666, 810, 872, 910-912, 1004, 1007, 1238, 1328, 1342, 1348
纯殖民地, 230, 299, 304, 308, 788, 790, 791, 1062, 1123, 1124
纳贡, 3, 59, 324
补助, 44, 54, 71, 72, 87, 89, 90, 92-94, 98, 99, 131, 190, 191, 240, 291, 293, 317, 466, 503, 510, 564, 749, 913, 921, 963, 969, 1014, 1076, 1182, 1243, 1290
补贴, 1044, 1058, 1079, 1115, 1116
补税, 1332, 1359, 1361, 1389
证券评价, 665
财务行政, 285, 400, 576, 579, 580, 802, 807, 808, 821, 896, 1030
财产
    财产权, 139, 772, 905, 906, 1253
    财产制度, 67, 139, 295, 905
    财产所得, 153, 169, 237, 274, 279, 283, 292, 415
    财产继承, 169

财产调查, 284, 474, 481, 643, 729, 772, 1254
财产登记, 481, 643, 655, 729, 1161, 1171
财产税, 153, 167, 191, 328, 436, 769, 781, 1108, 1191, 1357
财政
    人民财政, 1284-1287, 1460
    外国财政, 224, 1139
    本国财政, 224
    军事财政, 250, 314, 1131, 1180, 1196, 1210, 1460
    地方财政, 15, 70, 82, 88, 89, 93, 95, 220, 353, 511, 512, 514, 653, 679, 775, 776, 793, 795, 807, 1268, 1287, 1355-1357
    机能财政, 1205, 1207, 1208, 1219, 1225, 1236, 1286
    自治财政, 776, 780, 808
    改革财政, 400, 773, 915, 941, 986, 1036, 1139, 1175, 1198, 1448
    财政公开, 137, 345, 373
    财政计划, 63, 103, 146-148, 183, 192, 312, 346, 383, 395, 413, 679, 760, 773, 939, 1022, 1029, 1032, 1050, 1221, 1242, 1300, 1305, 1376
    财政失败, 1240
    财政关系, 1039, 1220, 1243
    财政动员, 887, 888
    财政协作, 340, 341, 348, 350, 420
    财政协助, 469, 489, 490, 529,

884
财政危机, 181
财政收入, 377, 378, 447, 677-679, 1091, 1214, 1268, 1269, 1280, 1354
财政纪律, 496, 520, 580, 696, 986, 1221, 1241, 1264, 1265, 1268, 1287, 1403
财政设施, 344, 624, 630, 679, 818, 1029, 1213, 1216, 1285
财政负担, 70, 99, 116, 117, 309, 510
财政体系, 305, 512, 768, 1255, 1426, 1431, 1502
财政改革, 31, 63, 68, 148, 175, 279, 305, 425, 940, 1027, 1039, 1166, 1448, 1497
财政改造, 43, 77-79, 478, 496, 506, 578, 696, 902, 986
财政补助, 147
财政赤字 或 赤字财政
财政供应, 591, 1027, 1131
财政供给, 591
财政学, 2, 4, 58, 64-67, 74, 87, 101, 118, 123, 135, 136, 149, 152, 159, 172, 173, 177, 178, 193, 197, 199, 201, 220, 222, 223, 225, 227, 256, 257, 264, 283, 287, 292, 294-296, 300, 312, 326, 328, 329, 351, 352, 366, 377, 392, 407, 409, 414, 420, 422, 427, 439, 457, 471, 488, 503, 537, 549, 608, 616, 624, 640, 647, 648, 672-674, 811, 823, 902, 938-940, 942, 988, 1017-1019, 1049, 1118, 1119, 1165, 1178, 1182, 1188, 1205-1208, 1215, 1219, 1221, 1225, 1230, 1231, 1236, 1240, 1246, 1252, 1254, 1255, 1267, 1285, 1286, 1428, 1429, 1448, 1450-1458, 1460, 1466-1469, 1483, 1497-1500, 1503, 1559
财政建设, 340, 474, 549, 550, 552, 553, 609, 1455
财政复员, 1090
财政政策, 44, 101-103, 146, 164, 170, 190, 194, 198, 201, 209, 218, 239, 247, 250, 280-282, 292, 295, 296, 337, 389, 406, 445, 446, 454-456, 467, 485, 488, 501, 502, 535, 611, 641, 642, 645, 652, 669, 679, 743, 802, 803, 807, 808, 834, 837, 884, 910, 938, 995, 1025, 1030, 1050, 1178, 1179, 1184, 1188, 1189, 1199, 1208, 1212, 1225, 1226, 1228, 1237, 1241, 1243, 1255, 1257, 1264, 1267-1269, 1273, 1275, 1287, 1310, 1378, 1431, 1497, 1498
财政统一, 807, 808
财政剥削, 59, 61, 134, 303, 312, 524, 1165, 1214,

1244-1246, 1248-1251

财政原则, 63, 1270

财政恐慌, 31, 188, 193

财政损失, 70

财政监督, 68, 134, 138, 140, 141, 1306, 1453

财政教育, 755, 1265

财政援助, 206, 469, 490, 501, 529, 530, 536, 568, 570, 592, 634, 890, 891

财政游击 或 游击财政

财政整理, 73, 287, 339, 470, 501, 652

国家财政, 29, 30, 44, 76, 92, 120, 144, 152, 155, 182, 206, 220, 254, 281, 290, 325, 346, 358, 367, 368, 370, 371, 373, 381, 396, 397, 402, 406, 414, 416, 418, 429, 430, 448, 451, 455, 457, 479, 481, 483, 485, 500, 512, 515, 556, 575, 591, 608, 618, 619, 639, 641, 642, 647, 674, 678, 724, 773, 775, 776, 780, 798, 808, 871, 886, 900, 924, 941, 1021, 1025, 1029, 1032, 1033, 1048, 1070, 1118, 1131, 1132, 1157, 1162, 1182, 1190, 1221, 1257, 1262, 1288, 1289, 1298, 1301, 1317, 1320, 1352, 1354, 1375, 1378, 1387, 1395, 1413, 1425, 1428, 1429, 1431

转型期财政, 307, 315, 1213,
1459, 1460

非常财政, 121

战时财政, 76, 116-118, 120, 123, 130, 152, 168-170, 200, 240, 243, 253, 282, 283, 313-315, 317-319, 321, 339, 344, 388, 445, 454, 458, 460, 464-466, 468-470, 478, 485, 487, 495, 496, 501, 507, 509, 511, 515, 519, 529, 535, 538, 554-556, 564, 570, 575, 582, 586-588, 590-594, 608, 610, 622, 626, 627, 630-639, 642, 645, 650, 652, 676, 682, 693, 694, 724, 742, 744, 777, 802, 808, 809, 871, 884, 885, 888, 890, 901, 909-911, 950, 951, 968, 984, 1008, 1021, 1030, 1031, 1050, 1071, 1090, 1130-1132, 1181, 1182, 1190, 1196-1199, 1201, 1202, 1269, 1270, 1274, 1455, 1456, 1458, 1497

健全财政, 250, 253, 255, 345, 351, 373, 460, 477, 575, 576, 602, 642, 675-679, 698, 807, 990, 1029, 1178, 1179, 1208, 1229, 1263

格莱斯顿财政, 123, 575

格莱斯顿的财政 即 格莱斯顿财政

特权财政, 1284, 1285, 1460

常态财政 或 常态的财政

膨胀财政, 1226, 1235
财源, 2, 3, 146, 148, 159, 249, 251, 264, 282, 410, 458, 464, 503, 507, 523, 539, 650, 652, 653, 691, 757, **777**, **778**, 886, 951, 976, 1035, 1107, 1111, 1130, 1147, 1229
走私, 77, 252, 255, 282, 284, 378, 417, 1044, 1202
运用外资, 955
还本, 357, 397, 404, 602, 665, 763, 1185, 1191, 1247
还本付息, 76, 290, 482, 589, 602, 609, 637, 706, 748, 979, 1184, 1274
进口, 121, 164, 165, 231, 289, 290, 305, 353, 355, 356, 383, 400, 485, 492, 505, 564, 592, 598, 599, 601, 634, 677, 680, **700-704**, 707, 733, 789, 805, 839, 856, 875, 1007, 1062, 1072, 1082, 1083, 1089, **1093-1095**, 1097, 1109, 1110, 1113, 1116, 1165, 1232, 1247

八画

事务官, 1104
享用人, 1254
供求关系, 864, 865, 880, 881, 1047, 1058, 1064
供给, 3, 10, 11, 26, 27, 30, 35, 40, 43, 71, 79, 90, 91, 123, 126, 128, 147, 150, 166, 207, 220, 242, 250, 285, 295, 306, 309, 315, 316, 363, 380, 411, 436, 469, 485, 487, 493, 500, 508, 510, 511, 523, 557, 561, 566,

568, 570, 571, 591, 592, **598-600**, 604, 611, 619, 634, 651, 680, 691, 715, **725**, **728**, **731**, 737, **752**, 766, 767, 772, 789, 805, 806, 816, 821, 853, **856**, **857**, 864, 869, 891, 959, 961, 1013, 1016, 1032, 1059, 1093, 1096, **1097**, 1183, 1211, 1262, 1270, 1274, 1275, 1294, 1327, 1333, 1345, **1355**, **1357**, 1376, 1415
依法办事, 244, 1326, 1349, 1384, 1387, 1389, 1415-1418
侨汇, 206, 358, 454, 564, 611, 634, 650, 651, 885, 910, 1116, 1158
净利, 1342
凭证, 756, 1253, 1254, 1320, 1339, 1341, 1349, 1368-1371, 1383, 1384, 1387, 1389
  完税凭证, 1292, 1358, 1359, 1383, 1385, 1389
  凭证购买, 857, 865
  原始凭证, 1254
  商事凭证, 1253, 1254, 1312, 1339, 1368, 1369
单纯再生产, 231, 277, 302, 449, 452
国内市场, 45, 359, 501
国计, 100, 309, 334, 416, 417, 444, 471, 485, 488, 495, 501, 582, 761, 799, 818, 863, 914, 969, 980, 1090, **1098**, **1099**, 1115, 1156, 1275, 1326, 1346, 1348, 1365, 1394, 1395, 1412
国民
  国民义务, 533, 534, 581, 582
  国民收支, 1151, 1154-1157,

1221

国民财产, 475, 560, 631, 643, 644, 678, 679, 717, 721, 781, 905, 1131

国民所得, 142, 162-164, 166, 185, 188, **194-199**, 226, 277, 279, 281, 284, 291, 329, 350, 411, 437, 439, 442, 443, 575, 631, 643, 678, 679, 717, 755, 781, 823, 837, 940, 1022, 1050, 1120, 1131, **1155-1157**, 1229, 1230, 1248, 1255

国民经济, 176, 177, 229, 248, 324, 338, 351, 352, 354, 409, 429, 439, 449, **451-453**, 457, 501, 566, 584, 593, 613, 677, 776, 795, 823, 867, 938, 952, 958, 1124, 1131, 1145, 1229, 1230, 1395, 1398, 1399, 1401, 1411, 1417, 1430, 1435, 1461

国民资本, 194, 284, 575, 643

国民意志, 346, 367, 368, 370, 371, 373, 457, 713, 1124

国防费, 131, 148, 187, 248, 343, 417, 1175, 1220, 1239, 1503

国库, 31, 61, 68, 72, 89, 97, 108, 136, 174, 175, 189, 205, 213, 255, 269, 324, 325, 335, 351, 356, 357, 359, 379, 397, 404, 410, 429, 441, **496-498**, 540, 552, 575, 579, 581, 588, 602, 611, 662, 723, 757, **766, 767**, 784, 811, 821, 901, 912, 915,

927-929, 934, 984, 990, 1051, 1071, 1105, 1114, 1115, 1175, 1183, 1189, 1192, 1238, 1246, 1262, 1264, 1276, 1352, 1353

国际

国际市场, 834, 1094, 1108

国际收支, 454, 456, 564, 571, 647, 651, 680, 836, 1012, 1082, 1154-1157, 1221, 1229, 1241, 1287

国际贷款, 207, 360, 364

国际贸易, 10, 44, 164, 185, 196, 204, 207, 282, 298, 337, 353, 378, 445, 527, 528, 547, 548, 562, 601, 647, 699, 768, 954, 1072, 1082, 1089, 1094, 1095, 1107, 1113, 1114, 1165

国家

企业国家, 191, 199, 390, 391, 411, 413, 485, 486, 647, 804, 1156, 1167, 1237, 1274

国家本位, 486

国家信用, 171, 833, 1011

国家活动的增进率, 32, 64, 396, 409

国家活动增进律 即 国家活动的增进率

国家资本主义, 1344, 1412

租税国家, 178, 193, 194, 198, 199, 287, 390, 411, 413, 485, 647, 1156, 1157, 1167, 1237, 1274, 1499

国营

国营企业, 213, 269, 391, 566, 608, 1156, 1157, 1237,

1242, 1280, 1286, **1315**, 1354, 1395, 1402, 1406, 1411, 1413, 1437, 1461

国营贸易, 486

垄断价格, 1236

官房学派, 312, 377, 647, 1205

官僚资本, 258, 1105, 1170, 1246, 1248

定货, 574, 1075, 1338

定期定额, 1298, 1313, 1329, 1332, 1345, 1348, 1349, 1351, 1352, 1405

审计, 81, 136, 149, 151, 369, 427, 685, 945, 962, 1175, 1180, 1290, 1435

建账建票, 1325, 1331, 1332

征发, 71, 131, 317, 510, 598, 676, 888

征用, 905, 1040, 1132, 1171, 1176, 1179, 1184, 1196, 1202, 1245

征购, 921, 1065, 1069

所有人, 510, 578, 643, 645, 928, 1185, 1254

所得税, 13, 29-31, 54, 65, 92, 117, 142-144, 155-161, 164-169, 182, 185, 186, 191, 194, 197, 203, 210-213, 216-218, 237, 260-269, 272-283, 285, 289-291, 293, 301, 322, 324-326, 328-331, 334, 339, 341-343, 347, 349, 350, 367, 370, 392, 393, 400, 412, 414, 415, 417, 419-422, 424, 430, 434, 436-438, 440, 442, 443, 445-448, 454, 457, 460-463, 474, 477, 478, 481, 482, 487, 537-540, 575, 579, 580, 582, 583, 588,

589, 593, 602, 603, 608, 632, 636-638, 652-654, 668, 669, 673, 691, 713-718, 720, 726-730, 738, 744, 745, 755, 769, 778, 780, 781, 783, 810, 811, 819, 820, 822, 823, 872, 901, 912, 942, 988, 994, 995, 1004, 1006, 1013, 1015, 1027, 1028, 1036, 1160-1162, 1214, 1233, 1237, 1238, 1254, 1277, 1297, 1311-1313, 1325, 1332, 1334-1336, 1341-1347, 1352, 1353, 1365, 1389, 1395, 1405, 1408, 1413, 1448-1451, 1453-1455, 1459, 1462, 1472, 1473, 1476, 1499, 1500

一般所得税, 160, 161, 265, 266, 283, 668

一般所得税中心主义, 159, 161, 264, 266

个人所得税, 156, 160, 161, 261, 264-266

个别所得税中心主义, 159, 161, 264, 266

不动产所得税, 156, 160, 261, 265

分类所得税, 159, 160, 264-266, 1160, 1161

动产所得税, 160, 265

补完所得税, 160

附加所得税, 156, 159, 160, 261, 264, 265

法人所得税, 156, 160, 161, 261, 264-266

普通所得税, 156, 160, 261, 265

超过所得税, 155, 159, 161,

264, 266, 279

抵补, 38, 93, 102, 401, 402, 454, 706, 757, 1127, 1161, 1189, 1253

抵押, 44, 95, 108, 121, 123, 128, 281, 388, 397, 402, 403, 589

担保, 76, 78, 84, 95, 121, 123, 255, 258, 282, 290, 354, 379, 388, 389, 402, 460-462, 467, 482, 529, 536, 589, 602, 609, 641, 699, 705, 706, 831, 868, 869, 880, 923, 1247, 1343, 1359

拨货, 1297, 1337, 1338, 1342, 1370

放任, 114, 414, 560, 690, 1068, 1076, 1109, 1110, 1170, 1180, 1342, 1353

治人, 471, 472, 532, 533, 543, 578, 624, 902, 915, 984, 991, 993, 1034, 1102, 1139, 1238, 1245

治外法权, 869

治法, 471, 532, 578, 902, 915, 984, 986, 1034, 1139, 1238

治法化的治人, 902, 984, 1034, 1139

法人, 158-160, 210-212, 237, 263-265, 267-269, 274-276, 324, 325

法币, 298, 337, 338, 359, 361-364, 374-376, 379, 383, 385, 416, 455, 468, 475, 494, 517, 519, 521, 522, 525, 527-529, 541, 542, 545-548, 554-557, 559-565, 568-571, 590, 592, 593, 595, 596, 601, 610-613, 618, 631, 633, 642, 646, 648, 649, 651, 692, 711, 732, 733, 736, 746, 764, 765, 797, 815, 834, 842, 856, 857, 869-871, 880, 891, 899, 901, 903, 904, 978, 1010, 1011, 1023, 1026, 1031, 1051-1053, 1059, 1070, 1074, 1097, 1098, 1100, 1115, 1116, 1169-1173, 1176, 1177, 1179, 1181, 1182, 1184, 1190, 1198, 1228, 1233, 1234, 1253, 1478

法币回笼, 857, 868-870, 881, 903, 971, 1059

法币制度, 359, 375, 416, 521, 545, 556, 642, 1026, 1173, 1176, 1197, 1228

法币信用, 362, 363, 455, 456, 521, 557, 593, 869

物价

平抑物价, 493, 613, 615, 691, 736, 784, 804, 836, 840, 1101, 1105

平定物价, 767, 856-858, 864, 865, 952

物价上涨, 494, 612, 613, 828, 829, 836, 838, 840, 844, 870, 891, 964, 1047, 1058, 1059, 1064, 1068, 1098, 1116, 1231

物价水准, 691, 1173

物价指数, 1007, 1014, 1048, 1053, 1100, 1160, 1161

物价暴落, 1074

稳定物价, 202, 836, 891, 964, 965, 1043, 1064, 1075, 1189, 1198, 1296

管制物价, 907, 950, 953, 961, 1058, 1069, 1111, 1112

操纵物价, 767, 778, 959, 964

物资分配, 1059

物资主权, 864

物资管制, 848, 849, 854, 855, 869, 882, 883, 896, 897, 920, 921, 1045

现代化, 31, 203, 209, 249, 250, 254, 277, 279, 281, 285, 341, 393, 400, 410, 432, 449, 452, 455, 471, 472, 566, 580, 588, 589, 643, 644, 675, 678, 680, 695, 721, 774, 790, 823, 892, 955, 967, 1018, 1062, 1105, 1106, 1146, 1148, 1151, 1190, 1214, 1218, 1243, 1244, 1248

现代国家, 33, 120, 121, 130, 153, 194, 203, 210, 267, 284, 317, 330, 373, 396, 397, 432, 441, 442, 456, 475, 485, 488, 537, 566, 593, 617, 619, 637, 647, 679, 691, 694, 714, 716, 721, 726, 754, 962, 1039, 1049, 1082, 1230

现值, 132, 317, 432, 661, 664, 667, 734

直接投资, 746, 1248

经纪, 201, 362, 686, 926

经纪人, 79, 201, 202, 362, 1299

经济

经济平准, 950

经济立场, 913

经济关系, 161, 170, 180, 266, 287, 300, 313, 341, 378, 408, 568, 699, 891, 1088

经济动员, 559, 866, 867, 1503

经济自由, 980, 998

经济体系, 506, 513, 671, 1099, 1208, 1223, 1257

经济体制, 204, 210, 267, 391, 409, 413, 439, 789, 819, 826, 1028, 1050, 1124, 1216, 1225, 1251, 1285

经济改造, 52, 55, 496, 501, 506, 1182, 1211, 1224, 1242, 1452

经济国防, 111, 400, 444, 450

经济建设, 294, 295, 298, 340, 418, 449, 450, 452-454, 460, 496, 505, 506, 566, 567, 597, 599, 609, 631, 677, 679, 746, 747, 808, 813, 837, 839, 966, 976-981, 1022, 1030, 1032, 1040, 1066, 1067, 1082, 1084, 1092, 1094, 1146, 1178, 1256, 1264, 1268, 1269, 1273, 1276, 1278, 1280, 1287, 1289, 1310, 1335, 1354, 1375, 1378, 1398, 1399, 1402, 1417

经济政策, 44, 52, 79, 191, 216, 217, 273, 295, 389, 412, 417, 449, 452-456, 488, 585, 723, 738, 831, 833, 853-855, 857, 863, 901, 1092-1094, 1189, 1268, 1275, 1286, 1287, 1320, 1348, 1395, 1451, 1500

经济原则, 646, 890, 969, 1270, 1376

经济秩序, 3, 236, 586

经济调查, 189, 193, 195, 357, 444, 810, 992, 1014, 1266

经济预测, 992, 1265

经济基点, 491, 492, 514

经济萧条, 162, 163, 166, 195, 196, 202, 209, 250, 285, 399, 1298

经济剩余, 277, 1183

经费, 15, 16, 29, 30, 32-36, 63, 67, 70, 73, 77, 81, 90, 93, 94, 97, 102, 130, 147, 149, 155, 164, 170, 192, 198, 200, 211, 213, 214, 219, 220, 248, 268, 269, 271, 274, 276, 295, 318, 365, 409, 412, 413, 429, 433, 463, 470, 478, 495, 497, 515, 516, 678, 714, 745, 777, 784, 808, 809, 811, 821, 822, 887, 894, 925-928, 930, 932, 933, 966, 990, 992, 1013, 1022, 1031, 1032, 1039, 1040, 1069, 1131, 1165, 1175, 1192, 1202, 1207, 1211, 1220, 1226, 1232, 1240, 1242, 1246, 1256, 1262, 1287, 1307, 1410, 1454, 1456, 1474

股东, 39, 353, 518, 1084, 1413

股息, 39, 463, 609, 1346, 1395, 1413

股票, 95, 143, 148, 323, 334, 347, 356, 666, 761, 846, 857, 868, 869, 903, 994, 1084, 1202

股票利息 即 股息

朒恩, 583

货币, 7, 8, 11, 31, 32, 38, 42, 79, 102, 136, 148, 153, 163, 171, 190, 192, 195, 207, 242, 257, 298, 299, 337, 339, 359, 360, 362-364, 374, 379, 388, 413, 493, 494, 527, 528, 545, 548, 554, 556, 557, 560, 561, 563, 569, 582, 594, 596, 611, 627, 630, 641, 642, 646, 647, 649, 691, 694, 742, 743, 764, 765, 797, 823, 826, 833-836, 842, 852, 869, 872, 891, 894, 901, 960, 968, 1011, 1026, 1076, 1088, 1089, 1097, 1111, 1116, 1156, 1169, 1170, 1172, 1176, 1179, 1181, 1183, 1229, 1230, 1232, 1234, 1301, 1351, 1354, 1378, 1430

货币分配, 691

货币主权, 1026, 1177, 1232

货币经济, 102, 159, 264, 352

货币贬值, 248, 1179, 1183

货币信用, 670, 1011

货币战, 545, 547, 554, 557, 559-563, 568, 764, 765, 1026

货币流通, 493, 563, 1426, 1428, 1430

货币数量, 7, 815, 833, 834, 904

货币数量说, 11, 833, 869

贪污, 61, 67, 69, 77, 105, 108, 122, 175, 231, 252-255, 285, 322, 354, 472, 550-552, 576-579, 593, 617, 685, 686, 803, 895, 900, 905, 906, 914-916, 927, 945, 972-974, 983-985, 987, 1023, 1024, 1033, 1034, 1056, 1057, 1078, 1079, 1111, 1144, 1150-1153, 1173, 1175, 1246, 1298, 1305, 1325, 1382, 1455, 1457, 1461, 1463, 1466

贬值, 521, 560, 649, 662, 681, 733,

871, 904, 1054, 1098, 1116, 1127, 1140, 1152, 1176, 1179, 1181, 1184, 1199, 1202, 1218, 1230, 1231, 1233, 1238

购买力, 35, 78, 98, 185, 208, 276, 282, 382, 437, 493, 542, 543, 582, 630, 633, 645, 646, 649, 691, 742, 743, 789, 823, 834, 864, 888, 950, 952, 990, 1062, 1064, 1093, 1111, 1113, 1116, 1120, 1156, 1172, 1173, 1233, 1235, 1263, 1280

转型期, 874, 886, 932, 1215, 1236, 1268

转移财产, 643

转嫁, 67, 71, 122, 132, 144, 182, 201, 322, 327, 328, 368, 392, 433, 435-437, 461, 462, 673, 678, 715, 716, 727, 728, 778, 910, 911, 994, 1028, 1116, 1175, 1189, 1199, 1240, 1246, 1254, 1256, 1270, 1277, 1298, 1314, 1343, 1375, 1377, 1429

金本位, 43, 338, 360, 869, 1011

金条, 206, 606, 904, 1100

金圆券, 1173, 1175, 1177, 1184, 1228, 1232-1235

金融, 13, 31, 44, 49, 76, 79, 80, 115, 125, 128, 144, 156, 161, 200, 203-208, 220, 230, 243, 256-258, 265, 289, 299, 305, 336-339, 351-353, 355-364, 374, 375, 378-381, 384, 391, 468, 470, 493-495, 514, 517-519, 521, 522, 525, 527, 528, 539, 541, 547, 548, 555-557, 559-562, 569, 584, 589, 590, 595,

596, 608, 610, 611, 613, 622, 633, 634, 640-642, 645-647, 649, 651, 664, 665, 669-672, 674, 677, 682, 693, 708, 733, 745-747, 752, 753, 764, 765, 776, 794, 797, 801, 804, 809, 815-817, 829, 833, 835, 840, 842, 846, 853, 867-871, 873, 882, 885, 887, 896, 929, 1005-1007, 1026, 1028, 1032, 1051, 1054, 1059, 1070, 1071, 1088, 1089, 1098, 1099, 1115, 1156, 1169, 1170, 1172, 1173, 1176, 1181, 1183, 1197, 1201, 1224-1228, 1230-1233, 1434, 1436, 1437, 1453, 1455, 1459, 1463, 1464, 1466-1469, 1486-1488, 1499, 1500, 1502

金融外交, 815

金融国防, 571

金融侵略, 545, 560

金融政策, 337, 517, 557, 641, 642, 645, 646, 815, 816, 834, 870, 901, 1237

金融统制, 208, 351, 361, 363

金融恐慌, 144, 361

金融流通, 611, 764

限价, 950, 952, 953, 956, 958-961, 964, 965, 969, 1065, 1076, 1337

限价令, 950

非法收入, 107

非竞争, 9

非常利得, 687

饱以养廉, 855

九画

举债, 15, 33, 76, 78, 82, 90, 94, 95, 102, 120, 123, 127, 205, 253, 318, 338, 357, 387-389, 402-405, 418, 462, 517, 557, 777, 979, 1182, 1240

保护贸易, 1063, 1072

保险基金, 142, 144

信用, 35, 40, 44, 76, 148, 170, 189, 198, 298, 338, 352, 359, 363, 364, 427, 455, 470, 485, 495, 496, 501, 508, 519, 527, 529, 530, 541, 545, 546, 557, 560, 562-564, 570, 571, 595, 634, 641, 692, 732, 733, 743, 765, 767, 834, 835, 838, 907, 1011, 1026, 1031, 1052, 1074, 1172, 1181, 1228, 1233, 1342, 1426, 1430, 1500

 信用合作, 112, 498

 信用担保, 519

 信用经济, 8, 352

 信用贷款, 525, 526, 529, 564

 信用借款, 298, 299, 337, 360, 361, 495, 496, 507, 568, 634

 信用紧缩, 1074

 信用膨胀, 835, 836

俭以养廉, 855

养民, 245, 793, 1026, 1092, 1093

垫款, 126, 131, 189, 190, 205, 317, 357

复议, 1353

复查, 1218, 1238, 1331, 1332, 1353

复税, 659, 673, 1398

契约, 76, 103, 1336, 1337, 1369, 1371

奖励外资, 976-978

宪法, 25, 30, 68, 134-141, 146, 147, 150, 158, 159, 224, 261, 263, 264, 278, 282, 291, 328, 368, 369, 371, 426, 436, 440, 533, 581, 673, 780, 1165, 1210, 1213, 1256, 1399, 1400, 1403, 1414-1418, 1420-1422, 1461

宪政, 49, 50, 53, 136, 137, 237, 250, 280, 316, 318, 324, 367, 370, 373, 374, 396, 406, 426, 427, 464, 759, 980, 981, 1041, 1042, 1099, 1128, 1133, 1140, 1142, 1164-1167, 1209, 1218, 1223, 1458, 1459

度支, 68, 200, 554, 759, 760, 974, 1070, 1105, 1118, 1119, 1188, 1252, 1448, 1449

总概算, 77, 87, 98, 416-418, 426, 963

挤兑, 1070

政务官, 1104

政府收支, 1154-1157, 1219

政府经济, 65, 203, 209, 390, 451, 647, 679, 698

政治自由, 980, 998

政治借款, 978

查账, 279, 350, 538, 714, 810, 811, 992, 1004, 1013, 1018, 1162, 1254, 1265, 1298, 1325, 1327, 1329, 1330, 1339, 1346, 1348-1350, 1352, 1353, 1394

 自报查账, 1298, 1349, 1351

 粗放查账法, 810

 集约查账法, 810

查封, 862, 898, 905

洛桑学派, 9

独占国家, 1216, 1217
狮子份, 67, 302, 316, 433, 1131, 1175, 1179, 1192, 1210, 1212, 1220, 1232, 1239, 1244
统制, 40, 50, 61, 66-68, 78, 79, 81, 89, 122, 130, 134-137, 147, 148, 151, 163, 170, 192, 229, 233, 243, 254, 259, 282, 296, 316, 339, 348, 363, 375, 381, 391, 413, 426, 427, 433, 455, 456, 485, 501, 526, 529, 542, 565, 570, 600, 601, 605, 607, 611-613, 678, 681-683, 688, 719, 733, 743, 746-749, 767, 805, 826, 829, 831, 836, 837, 842, 845, 847-849, 853-855, 859-861, 865, 866, 882, 892, 898, 903, 904, 913, 937, 938, 940, 950, 954-956, 1045, 1058, 1070, 1072, 1221
统制外汇, 485, 570, 612
统制经济, 79, 220, 229, 288, 381, 642, 826, 831, 833, 842, 848, 849, 854, 859, 860, 862, 868, 869, 882, 936, 1497
统购统销, 1045, 1046, 1066, 1073, 1406, 1407
罚则, 1163, 1265, 1353
罚款, 3, 862
贴现, 8, 80, 641, 746
贷款, 206-208, 360, 361, 380, 519, 526, 570, 840, 842, 853, 880, 881, 897, 899, 1074, 1075, 1341
贸易
贸易政策, 954, 1012, 1073, 1083, 1094, 1109, 1459

贸易循环, 45
逃资, 475, 1191, 1201, 1202, 1204, 1459
逆进, 144, 145, 154, 155, 170, 182, 239, 439-441, 679, 1157
逆差, 1012, 1158
重用士人, 821, 942, 1018, 1034, 1139, 1238
重农, 113, 114, 231, 327, 435
重课, 155, 158, 161, 194, 237, 266, 293, 438, 913, 1166, 1202
重商, 44, 113
钞荒, 1231

十画

借款, 33-35, 60, 68, 75, 77, 78, 80-82, 95, 97, 99, 111, 121-123, 127, 189, 206-208, 257-259, 289, 290, 298, 305, 360, 401-403, 469, 495, 496, 501, 511, 519, 520, 529, 541, 569, 593, 634, 706, 765, 866, 868, 870, 891, 923, 950, 977, 1106, 1107, 1109
债
债主, 28, 75, 78, 1247
债务, 34, 36, 66, 78, 95, 131, 155, 188-191, 205, 317, 318, 336, 352, 357, 397, 417, 466, 496, 508, 529, 589, 592, 656, 978, 979, 1158, 1183, 1240, 1246, 1248, 1370
债权, 76, 82, 128, 206, 299, 353, 356, 358, 496, 530, 592, 705, 1016, 1183, 1247

专有名词

债券, 43, 95, 126, 198, 334, 495, 496, 904, 964, 1184
倾销, 78, 79, 231, 1158
准备金, 94, 190, 274, 360, 379, 380, 765, 778, 833, 1172, 1173
准契约, 103
剥削, 52, 55, 58, 61, 71, 73, 96, 105-108, 117, 226, 302, 303, 310, 312, 323, 325, 354, 369, 488, 509, 550, 576, 641, 644, 678, 685, 697, 710, 767, 873, 922, 938, 973, 974, 982, 1026, 1036, 1045, 1056, 1072, 1151, 1167, 1216, 1219, 1228, 1236, 1244-1246, 1248-1250, 1255, 1256, 1264, 1268, 1272, 1274, 1284-1286, 1299, 1366, 1429
原价曲线, 8, 9
原价论, 8, 9
套取, 522, 560, 563, 594, 764, 815, 868, 1174, 1177, 1199, 1202, 1228, 1246
家计, 32, 309, 334, 1280, 1300, 1376, 1461
宽容, 22, 23
息票, 602
恶性膨胀, 251, 375, 383, 455, 495, 641, 642, 646, 649, 670, 671, 691, 823, 842, 1132, 1179, 1181, 1196, 1197, 1199, 1201, 1218, 1226, 1228-1231, 1234, 1235, 1237, 1239, 1287, 1310
捐款, 3, 99, 342, 343, 347, 422, 620, 1000
捐输, 71, 498, 564, 592, 634, 650
捐赠, 656, 660
损耗率, 1005, 1006

效用学派, 6
流动性, 746, 1344, 1353
流动资金, 470, 743, 1183, 1193
流通, 7, 128, 148, 189, 192, 205, 208, 245, 251, 289, 305, 352, 353, 357-359, 368, 374, 375, 384, 413, 453, 456, 493, 522, 525, 527, 541, 560, 562, 582, 590, 592, 593, 610, 611, 642, 649, 680, 683, 694, 732, 734, 764, 815, 835, 868, 869, 874, 904, 968, 995, 1032, 1156, 1173, 1177, 1183, 1197, 1221, 1228, 1230-1233, 1247, 1294, 1346, 1373, 1379
流通速度, 815, 903, 1156, 1173, 1176
海外市场, 319, 338, 586
海外投资, 205, 358, 643
海外贸易, 111, 1166
海外原料, 586
消费
    二重消费, 229-232, 305, 472, 479, 551, 577, 875, 876, 973, 1151, 1155
    消费不足, 37
    消费过度, 857
    病态消费, 874
特权, 30, 49, 68, 102, 135, 140, 149, 237, 279, 292, 312, 341, 353, 369, 426, 605, 630, 731, 790, 791, 938, 940, 982, 1010, 1062, 1063, 1165, 1170, 1171, 1215, 1219, 1223, 1246, 1272, 1273, 1284-1286, 1349, 1460
特许经营, 979
牺牲均等, 682

租界, 65, 132, 255, 279, 280, 284, 323, 341, 348, 350, 419, 421, 422, 424, 522, 525, 562, 564, 606, 607, 654, 869, 1031, 1476, 1479

租税, 3, 29-32, 34, 54, 58-60, 63, 65, 67, 68, 81, 90, 93, 102, 106, 117, 118, 121, 122, 132, 135, 140, 141, 144, 146-148, 150, 152-156, 159-162, 164, 167-178, 180, 182, 185, 186, 189, 191, 193, 194, 196, 197, 199-201, 210, 212, 216, 224-226, 236-240, 244, 261, 264-267, 269, 272, 279, 280, 287, 288, 290-296, 300, 310, 327, 328, 330, 340, 377, 390-393, 401, 408, 411-413, 426, 428, 433, 435-437, 439, 440, 485, 509, 536, 537, 539, 589, 608, 609, 638, 646-648, 673, 679, 697, 715, 716, 719, 723, 726, 728, 753, 759, 768, 780-782, 796, 810, 890, 939, 950, 968, 991, 994, 1008, 1015, 1016, 1120, 1156, 1157, 1165, 1175, 1189, 1197-1199, 1206-1208, 1213, 1214, 1218-1220, 1233, 1234, 1237, 1238, 1240, 1243, 1246, 1253, 1255, 1256, 1258, 1269, 1284, 1286, 1310, 1452, 1454, 1460, 1499, 1500

  租税主体, 237, 238
  租税平等, 238
  租税负担, 2, 67, 71, 81, 122, 154, 155, 169, 170, 177, 194, 236, 292, 404, 428, 729, 730, 823, 939, 1453
  租税负担人, 122
  租税系统 即 赋税系统
  租税国家, 178, 193, 194, 198, 199, 287, 390, 411, 413, 485, 647, 1156, 1157, 1167, 1237, 1274, 1499
  租税经济, 197, 392
  租税转嫁, 462
  租税客体, 194, 237, 238
  租税政策, 168-172, 194, 200, 202, 215, 218, 272, 291, 823, 1021, 1028, 1189, 1191, 1207, 1237, 1257, 1501
  租税原则, 172, 177, 236, 290, 292, 1246
  赋税系统, 780, 781

租税理论, 292, 648, 719, 1257
  边际不利, 102
  纯收入说, 648
  限界效用说, 719
  牺牲说, 392, 648
  能力说, 719

竞争, 45, 61, 78, 370, 506, 596, 789, 805, 885, 954, 955, 971, 977, 1062, 1108, 1122, 1247, 1248

紧缩, 73, 144, 196, 383, 389, 395, 397, 416, 417, 463, 470, 478, 522, 564, 590, 601, 610, 633, 829, 834-839, 845, 852, 867, 884-889, 936, 968, 1011, 1013, 1031, 1040, 1074, 1090, 1216, 1285, 1296, 1455

课税, 17, 18, 34, 45, 68, 71, 91, 92, 117, 118, 122, 140, 144, 145, 153-155, 158-160, 164, 165,

167, 169, 170, 172, **174-177**, 180, 182, 185, 187, 191, 194, 196, 197, 201, 202, **211-215**, 217, **236-240**, 248, **263-265**, **267-270**, **272-277**, **279-282**, 284, 287, 291, 293, 295, 300, 323, 324, 327, 328, 340, 343, 348, 349, 358, 368, **388-392**, 399, 400, 408, 411, 412, 415, 420, 424, 430, **435-438**, 441, 442, 447, 462, 475, 481, 487, 497, 505, 524, 533, 539, 575, 576, 581, 582, 609, 611, 630, 643, 646, 648, 649, **653-657**, 659, 660, 662, 665, 666, 673, 678, 683, **690-695**, 697, **715-719**, 727-730, 735, 753, 755, **768-770**, 773, 780, 781, 785, 804, 810, 823, 871, 872, 888, 901, **910-912**, 939, 940, 950, 968, 982, 994, 1004, 1005, 1011, 1017, 1132, 1157, 1165, 1167, 1176, 1207, 1220, 1233, 1237, 1238, 1246, **1252-1254**, 1256, 1257, **1272-1274**, 1276, 1280, 1284, 1286, 1336, 1337, 1339, **1341-1343**, 1345, **1374-1376**, 1378, 1439, 1442, 1443

分类课税, 481, 729

区别课税, 293

支出课税, 153

所有课税, 153

所得课税, 276, 781

直接课税法, 160, 161, 212, 265, 269

课税主权, 1443

课税价值, 91

课税机关, 91, 582

课税权, 91, 277, 488, 497, 695, 1202, 1343

课税权限 即 课税权

课税级距, 1160, 1161

课税所得, 163, 195, 212-215, 268-272, 356

课税范围, 211, 267, 274-276, 482, 539, 654, 729, 995

课税特权, 140, 201, 735

综合课税, 160, 210, 211, 264, 267, 268, 481, 729

税源课税法 即 溯源课税法

溯源课税法, 160, 212, 265, 269

调节供求, 864, 865

调剂供需, 968

贿赂, 61, 107, 576, 685, 686, 1023

资本

    工业资本, 163, 196, 205, 257, 353, 356, 826, 1169, 1348

    外商资本, 205, 358

    民族资本, 463, 477, 789, 976, 1122

    节制资本, 331, 404, 448, 462, 593, 657, 658, 660, 766, 767, 811, 823, 901, 971, 999, 1106, 1354

    买办资本, 258, 606, 789, 1122, 1170, 1246, 1248

    过剩资本, 353, 1247

    私人资本, 53, 54, 268, 273, 322, 766, 847, 857, 901, 955, 1072, 1344

    国民资本, 194, 284, 575, 643

    国际资本, 699

官僚资本, 258, 1105, 1170, 1246, 1248

金融资本, 125, 128, 205, 256, 257, 339, **352-354**, 360, 385, 404, 641, 746, 1158, 1169-1171, 1246

前资本主义, 181, 191, 249, 250, 288, 290, 295, 310, 317, 354, 410, 1213, 1216, 1219, 1220

资本利息, 156, 160, 262, 265, 666

资本投资, 148, 192, 413

资本还原, 664, 665

资本还原法, 663-665

资本制, 54, 142, 148, 227, 240, 291, 292, 295

资本征收 即 资本课征

资本家, 53-55, 80, 146, 210, 231, 236, 240, 267, 275, 290, 293, 305, 880, 947, 1183, 1229, 1244, 1280, 1283, 1365, 1396, 1411

资本捐, 1022, 1031

资本积累, 355, 1183, 1244

资本课征, 437, 487, 692

资本集中, 355, 389, 971

资本蓄集, 354, 355

资本输出, 10, 353

商业资本, 302, 304, 355, 740, 826, 896, 996, 1246, 1348

资金, 3, 147, 148, 155, 163, 182, 188, 192, 196, 204, 206, 208, 250, 355, 356, 358, 380, 403, 411, 413, 454, 498, 506, 518, 568, 570, 593, 594, 600, 604, 611, 620, 645, 646, 722, 740, **746-748**, 815, 816, 826, 827, 839, 842, 846, 852, 853, 856, 857, 868, 880, 882, 888, 891, 897, 904, 913, 923, 950, 955, 978, 979, 1022, 1029, 1032, 1045, 1067, 1069, 1158, **1183-1185**, 1201, 1240, 1246, **1268-1270**, 1276, 1280, 1298, 1335, 1346, 1348, 1364, 1375, 1395, 1396, 1399, 1401, 1410, 1411, 1413

资金外流, 869

资金总汇制 capital pool system, 846, 853

资金逃避, 481, 729, 1185, 1201-1203

资金输出 即 资本输出

起征点, 488, 1160, 1312, 1339, 1345, 1368, 1370, 1405

透支, 77, 127, 198, 205, 289, 305, 357, 403

通货, 33, 34, 43, 68, 164, 185, 196, 208, 243, 251, 253, 259, 341, 359, 364, 375, 388, 453, 460, 542, 546, 557, 564, 590, 596, 600, 601, 641, 646, 647, 649, 652, 680, 691, 797, 828, 829, 833-836, 838-840, 844, 852, 853, 857, 890, 901, 910, 936, 950, 968, 970, 1008, 1010, 1021, 1029, 1031, 1047, 1052, 1053, 1074, 1090, 1099, 1101, 1111, **1113-1115**, 1157, 1158, 1176, 1183, 1184, 1198, 1199, 1201, 1218, 1226, 1228, 1229, 1232, 1234, 1237, 1240, 1269,

1287, 1296, 1310
通货回笼, 842, 1310, 1311
通货收缩, 163, 838, 840, 853, 1298
通货膨胀, 7, 162, 169, 171, 190, 195, 208, 251, 253, 341, 364, 383, 388, 391, 403, 453, 469, 470, 556, 560, 564, 590, 611, 632, 633, 642, 646, 647, 652, 670, 673, 680, 691, 692, 833, 835, 836, 838, 840, 844, 847, 852, 891, 899, 910, 950, 1008, 1021, 1031, 1074, 1098, 1100, 1111, 1115, 1151, 1152, **1156-1158**, 1169, 1176, **1182-1184**, 1191, 1198, 1199, 1201, 1214, 1218, **1226-1230**, 1233, 1234, 1237, **1239-1241**, 1247, 1253, 1296, 1310, 1315, 1351, 1458
造币, 351, 1070
钱庄, 206, 257, 358, 664, 857, 1070, 1177
预征, 353, 1352
预算, 29, 31, 34, 60, 65, 68, 70, 73, 130-132, 134-136, 140, 142-144, 146-151, 162, 164, 165, 167, 181-185, 187-191, 193, 195-199, 205, 216, 217, 219, 226, 239, **247-250**, 272, 273, 281, 285, 312, 314, 316, 317, 343, 346, 349, 357, 365, 369, 371, 379, 390, 392, 395, 396, 398, 405, 406, **409-411**, 413, **416-418**, 426, 427, 432, 443, 447, 455, 456, 462, 466, 471, 475, 477, 501, 608, 609, 632, 636, 647, 651, 669, 676, 685, 726, 727, 729, 730, 744, **758-**761, 776, 805, **807-811**, 813, 820-822, 833, 840, 842, 845, 871, 878, 893, 894, 926, 927, 932, 933, 942, 945, 950, 962, 963, 992, 1011, 1047, 1090, 1099, 1105, **1118-1120**, 1131, 1151, 1161, 1167, 1175, 1176, **1178-1181**, 1192, 1198, 1207, 1221, 1229, 1230, 1240, 1241, 1243, 1265, 1268, 1287, 1294, **1300-1302**, 1307, 1314, 1358, 1375, 1387, 1390, 1395, 1396, 1399, 1401, 1402, 1413, 1442, 1452
平衡预算, 190, 343, 381, 456, 651, 1175, 1178, 1180, 1226
地方预算, 87, 653
年度预算, 151, 247, 248, 287, 405, 412, 447, 477, 609, 631, 632, 730, 760, 807, 951, 962, 1179
收支预算, 1241, 1287
社会化预算, 146
财政预算, 171, 360, 456, 745, 1131, 1274, 1288, 1401
赤字预算, 151, 181, 184, 193, 198
国家预算, 30, 146-149, 287, 324, 339, 376, 390, 416, 432, 456, 463, 466, 676, 842, 886, 1012, 1090, 1178, 1268, 1279, 1375, 1378, 1387, 1390, **1394-1396, 1401-1403**, 1413, 1417, 1426, 1427, 1430, 1435

物品预算, 894
物资预算, 501, 647, 969
金钱预算, 501, 647, 894
非常预算, 149
总预算, 147, 275, 405, 406, 417, 418, 426, 477, 807, 962, 963, 1115, 1175, 1387
追加预算, 130, 189, 316, 1294
特别预算 即 资本预算
资本制预算, 146, 192, 413
资本预算, 1178
通常预算, 418, 1178, 1179
预算内, 1402
预算日, 334, 335, 346, 405, 406, 758-761
预算会计, 1387, 1430
预算收入, 1387, 1402, 1403
预算纪律, 580
预算法, 150
预算科目, 411, 1381, 1387
预算类型, 426, 427
假预算, 135, 183, 807
编审预算, 962, 963
高利贷, 355, 1127, 1230, 1247

十一画

假账, 944-946, 992, 1013, 1014, 1265, 1326, 1327, 1329, 1330, 1349, 1364-1366, 1396, 1397, 1461
减价, 38, 213, 245, 815, 1051
减免标准, 656
减征, 1275, 1326, 1335, 1346, 1348
减息, 76, 77, 760
商业国家, 31, 441

商业基础, 646, 806
商业银行, 379, 456, 547, 560, 846, 853, 1170, 1177
商业循环, 1248, 1249
商品, 9, 38, 79, 191, 203, 204, 206, 231, 289, 290, 305, 319, 353, 362, 382, 400, 479, 551, 571, 577, 586, 684, 687, 699, 700, 722, 789, 790, **828, 829, 849,** 852, 875, 903, 904, 920, 922, 952, 968, 969, 1061, 1062, 1073, 1105, **1122, 1123,** 1247, 1248, 1334, 1337, 1342, 1361, 1373, 1374, 1376, 1379, 1390
商品流通税, 1369, 1373-1377, 1379, 1390, 1398, 1407, 1461
商品输出, 353
商情报告, 810
商誉, 666
基金, 35, 95, 110, 143, 175, 188, 298, 299, 338, 359, 360, 364, 417, 498, 519, 563, 567, **569-571,** 594, 602, 620, 634, 636, 815, 890, 891, 923, 1097
庶政, 253, 302, 773, 797, 941, 983, 990, 1021, 1090, 1098, 1099, 1262, 1263
控制滞纳, 1381, 1382, 1388
救济, 16, 42, 43, 50, 54, 70, 72, 73, 75, **84-87,** 90, 97, 99, **110-112,** 115, 123, 142, 143, 163, 182, 280, 293, 307, 310, 322, 329, 351, 396, 453, 490, 497, 498, 650, 666, 986, 999, 1004, 1021, 1023, 1030, 1032, **1075-1077,** 1100, 1101, 1105, 1108, 1113,

1115, 1145, 1147, 1202, 1228, 1237, 1239, 1345, 1358

教育经费, 515, 739, 1210-1212, 1243

曼彻斯特学派, 1165

清议, 818, 972, 987

票证印制, 1381, 1390

票据, 95, 835, 1177, 1232

票据清算, 746

累进, 54, 64, 117, 141, 144, 154, 155, 160, 164, 185, 197, **210-212**, 215, 237, 239, **264-269**, 272, 274, 275, 277, 280, 282, 283, 290, 292, 293, 295, 323, 350, 393, 415, 438, 481, 482, 539, 632, 653, 657, 660, 673, 719, 728, 729, 770, 771, 881, 912, 971, 1011, 1022, 1031, 1101, 1345, 1346, 1348, 1429

全额累进制, 276, 657

累进等级, 164, 185, 197

超过累进制 即 超额累进制

超额累进, 657, 912, 1346

超额累进制, 276, 657

营业权, 661, 666, 667

营业权评价, 666

营业额, 1275, 1277, 1297, 1325, 1326, 1329-1332, 1334, 1339, 1342-1344, 1349, 1351, 1352, 1413

营利经济, 566, 1092

辅币, 494

银号, 257, 1177

银本位, 80, 299, 1011, 1070

银行业同业公会, 602

银行借款, 126, 198, 281, 1026

十二画

储蓄手段, 1176, 1179, 1229, 1230

剩余价值, 291, 293

善后救济, 999, 1021

属人主义, 654, 659

属地主义, 654, 659, 1343

强迫储蓄, 691, 1032

期货买卖, 746

游资, 128, 355, 356, 589, 740, 746-749, 826, 840, 846, 847, 857, 868, 880, 881, 891, 896, 903, 904, 970, 1000, 1043, 1044, 1053, 1054, 1058, 1059, 1064, 1101, 1144, 1156, 1170, 1175, 1177, 1180, 1181, 1191, 1193, 1197, 1228, 1240

不法游资, 748

反常游资, 748

正常游资, 748

合法游资, 748

轨内游资, 748

轨外游资, 748

滞纳, 1004, 1163, 1312, 1327, 1353, 1380-1382, 1387, 1388, 1443

登记制度, 755, 784, 812, 823, 901

登记物资, 857, 865

税

人民税政, 1343, 1349, 1355, 1364-1366, 1399, 1461

包税, 312, 679

正税, 70, 428, 429, 1107, 1161, 1305, 1356, 1372, 1379-1381, 1461

收税, 4, 18, 58, 61, 77, 150, 166, 345, 447, 478, 497, 498, 500, 534, 552, 579, 582, 631, 694, 705, 718,

728, 811, 872, **900, 901,** 925, 928, 929, 982, 1161, 1218, 1226, 1238, 1266, 1290, 1305, 1306, 1314

收税人, 1297, 1305, 1314

负税能力, 722, 724, 780, 910, 994

免税范围, 276, 481

免税点, 154, 211, 212, 267-269, 276, 280, 349, 481, 730, 912

免税额, 164, 185, 197, 274-276, 656, 778

利改税, 1442

抗税, 310, 524, 778

护税, 1327, 1366, 1396, 1403

纳税人, 16, 71, 91, 95, **142-144,** 153, 175, 194, 280, 293, 327, 328, 349, 368, 420, 424, 428, 430, 435, 436, 440, 478, 538, 540, 552, 579, **581-583,** 603, 637, 638, 678, 696, 697, 714, 754, 757, 811, 821, 871, 992, 994, 1014, 1161, 1179, 1189, 1218, 1233, 1238, 1254, 1262, 1265, 1270, 1276, 1281, 1297, 1305, 1310, 1313, 1314, 1316, 1326, 1327, 1332, 1333, 1343, **1348-1350,** 1352, 1353, 1357, 1358, 1370, **1415-1417**

纳税义务, 212, 215, 268, 271, 274, 315, 349, 353, 368, 533, 602, 649, **658-660, 662-664,** 666, 667, 738,

756, 757, 928, 1253, 1305, 1306, 1320, 1343, 1344, 1349, 1353, 1403, 1417

纳税方法, 238, 1374

纳税地点, 238

纳税时期, 238

纳税的荣誉, 533, 534, 712

良税, 281, 283, 323, 329, 347, 422, 424, 430, 437, 537, 539, 603, 632, 715, 719, 728, 754, 778, 809, 996, 1019, 1214, 1255, 1311

补税, 1332, 1359, 1361, 1389

依率计征, 1313, 1326, 1329, 1331, 1346, 1349, 1351, 1352, 1384, 1387, 1389, 1408, 1415

国税, 7, 16, 70, 71, 87, 92, 98, 154, **156-160,** 162, 175, 197, 202, 210, 212, 213, **260-264,** 267, 269, 270, 277, 279, 282, 288, 289, 326, 349, 367, 383, 415, 428, 441, 443, 444, 461, 475, 481, 632, 652, 654, 659, 667, 668, 678, 693, 706, 716, 726, 727, 744, 745, 756, 757, 811, **820-823,** 988, 994, 1013, 1027, 1071, 1160, 1189, 1275, 1288, 1289, 1291, 1292, 1296, 1300, 1302, 1304, 1305, 1311, **1313-1315, 1317-1319, 1321-1323,** 1325, 1329, 1332, 1337, 1339, 1341, 1343,

1344, 1351, 1354, 1355, 1360, 1364, 1368, 1372, 1378, 1380, 1383, 1386, 1390, 1403, **1415-1417**, 1423, 1425, 1426, 1439, 1440, 1442, 1443, 1449, 1455, 1460, **1468-1470**, 1484, 1501, 1504

征税, 84, 122, 167, 174, 176, 177, 212, 269, 275, 281, 341, 391, 400, 440, 447, 497, 498, 539, 579, 632, **654-656**, 659, 660, 663, 811, 871, 939, 1026, 1071, 1233, 1275, 1298, 1311, 1312, **1325-1327**, 1337, 1339, 1348, 1351, 1353, **1356-1359**, 1361, 1375, **1406-1408**

统税, 71, 78, 81, 87, **121-123**, 202, 276, 281, 289, 305, 326, 347, 354, 368, 389, **398-400**, 417, 421, 428, 430, 438, 444, 445, 461, 477, 589, 608, 632, 659, 677, 715, 728, 753, 777, 781, 807, 968, 988, 994, 1027

轻税, 144, 173, 215, 271, 441, 462, 911, 1253, 1272, 1276

退税, 659, 660, 1388, 1389

逃税, 175, 282, 284, 291, 324, 329, 420, 422, 423, 582, 655, 754, 778, 784, 911, 912, 991, 1004, 1163, 1265, 1327, **1328, 1332**,
1334, 1336, 1338, 1339, 1349, 1458

重税, 61, 71, 169, 173, 175, 284, 350, 368, 438, 488, 539, 809, 911, 996, 1050, 1165, 1256, 1272

恶税, 58, 227, 290, 295, 347, 437, 438, 441, 715, 728, 753, 754, 1237, 1255

偷税, 1318, 1342, 1364, 1394-1397, 1403, 1443

税人, 7, 67, 142-144, 175, 182, 217, 327, 420, 433, 435, 455, 470, **575-577**, **581-583**, 678, 695, 696, 714, 755, 822, 824, 902, 926, 927, **982-987**, 990, **1002-1004**, 1014, 1017, 1018, 1033, 1036, 1163, 1233, 1238, 1263, 1281, 1297, 1306, 1314, 1327, 1333, **1348-1350**, 1352, 1353, **1454-1456**, 1458, 1474, 1484, 1503, 1559

税元单位制, 1232, 1233

税风, 696, 943, 995, 1017, 1018

税务行政, 176, 324, 580, 581, 588, 693, 694, 780, 784, 901, **991-993**, 995, 1238, 1261, **1264-1266**, 1276

税务员, 538, 580, 785, 811, 821, 1018, 1036, 1037

税本, 294, 389, 399, 437, 713, 1318, 1379

税训, 825, 942, 1017, 1018, 1138

税吏, 175, 238, 471, 582, 624, 695-697, 718, 774, 821, 901, 915, 941, 982, 983, 985-987, 1018, 1035-1037

税收政策, 278, 289, 434, 447, 652, 668, 713, 717, 727, 755, 783, 819, 1267, 1269, 1270, 1274, 1276, 1296, 1299, 1300, 1306, 1310, 1311, 1313, 1315, 1316, 1319, 1327, 1341, 1343, 1345, 1346, 1350, 1378, 1389, 1403, 1410, 1414, 1418, 1442, 1460, 1500

税负, 122, 154, 170, 182, 278-280, 284, 292, 349, 406, 414, 415, 428, 433, 441, 697, 716, 728, 872, 888, 909, 910, 912, 913, 991, 992, 994, 1246, 1254, 1257, 1265, 1270, 1275, 1277, 1278, 1314, 1319, 1326, 1339, 1357, 1359, 1361

税负平衡, 1332

税法, 93, 122, 158, 159, 161, 175, 198, 238, 263, 264, 266, 274, 275, 282, 325, 349, 428, 470, 481, 524, 539, 576, 593, 632, 653, 654, 714, 726, 730, 731, 769, 771, 819, 926, 991, 995, 1013, 1014, 1160, 1161, 1163, 1214, 1238, 1252-1254, 1257, 1264, 1265, 1276, 1277, 1282, 1292, 1311, 1315, 1316, 1318, 1330, 1333, 1341-1343, 1348, 1354-1356, 1358, 1359, 1366, 1368, 1372, 1377, 1381, 1384, 1387, 1416-1418, 1441-1443, 1449, 1454, 1461

税政, 440, 505, 506, 540, 575, 576, 578, 580-583, 588, 603, 631, 649, 693, 694, 696-698, 714-716, 727, 744, 745, 780, 782, 797, 809, 810, 812, 822, 825, 900, 901, 909, 910, 912, 913, 930, 931, 933, 983, 985, 986, 990-993, 1020, 1139, 1163, 1263, 1266, 1272, 1275, 1288, 1292, 1293, 1313, 1316, 1328, 1344, 1353, 1356, 1364-1366, 1373, 1374, 1385, 1387, 1399, 1416, 1439, 1454, 1455, 1460, 1463, 1473, 1559

税基, 1002, 1168, 1318, 1326

税款收解, 718, 1384

税策, 694, 695

税源, 111, 153, 159, 162, 167, 172, 176, 177, 186, 197, 201, 264, 276, 278, 281, 283, 285, 289, 291, 306, 348, 383, 399, 412, 437, 441-443, 455, 457, 462, 463, 477, 478, 482, 497, 537, 538, 554, 602, 608, 609, 631, 632, 713, 766,

776, 784, **808-810**, 812, 820, 825, 930, 933, 1008, 1014, 1027, 1028, 1090, 1091, 1098, 1161, 1179, 1180, 1232, 1234, 1238, 1243, 1256, 1270, 1289, 1301, 1318, 1320, **1326, 1328, 1335, 1339, 1349, 1350, 1355, 1356,** 1383, 1389, 1390, 1404, 1405, 1410, 1461

税额, 18, 71, 143, 174, 213, 238, 269, 275, 295, 328, 368, 399, 415, 438, 447, 649, 656, 657, 659, 660, 1189, 1233, 1277, 1297, 1298, 1318, **1330, 1332, 1335,** 1343, 1344, 1348, 1350, 1352, 1353, 1375

税徽, 824, 825

增税, 77, 102, **120-123,** 164, 168, 169, 182, 186, 188, 198, 200, 240, 247, 250, 253, 291, 383, **387-389,** 399, 460, 470, 475, 485, 536, 538, 554, 575, 588, 590, 593, 627, 630, 631, 633, 641, 642, 650, 669, 688, 693, 761, 767, 777, 809, 842, 888, **909-911,** 950, 1106, 1179, 1182, 1240, 1274

避税, 279, 349, 422, 523, 524, 582, 754, 911-913, 957, 1429

税制, 30, 31, 71, 92, 117, 118, 121, 123, 145, 150, 153, 155, 156,
159-161, 170, 191, 203, 210, 211, 217, 225, 237, 260, 261, 264-266, 268, 275, 276, 279, 283, 285, 287, 288, **290-292,** 294, 296, 297, 306, 324, 325, **327-331,** 350, 391, 402, 412, 413, 415, 420, 424, 429, 438, 439, **443-446,** 457, 475, 477, 481, 482, 501, 534, 539, 582, 593, 602, 609, 626, 632, **635-638,** 652, **654-656,** 658, 659, 667, 674, 678, 715, 716, 718, 719, **726-728,** 744, 753, 754, 777, 780, 783, 787, 901, 994, 995, 1004, 1027, 1036, 1071, 1105, 1160, 1161, 1219, 1246, 1253, 1255, 1270, 1276, 1286, 1317, 1346, 1368, 1369, **1371-1373,** 1376, 1378, 1380, 1398, 1399, 1417, 1426, 1429, 1442, 1443, 1451, 1453, 1454, 1460, 1461, 1467, 1468, 1472, 1488, 1500

分遗产税制, 655, 656
单一税制, 754, 780
试行税制, 121, 122
复合税制, 780
总遗产税制, 655, 656
标准计税制, 1004, 1014
逆进税制, 144
税制改革, 289, 292, 326, 327, 430, 434, 443, 444, 470, 475, 477, 576, 638, 754, 1423, 1455
简化税制, 1270, 1274, 1276, 1281, 1341, 1346, 1348, 1368, 1379

税种，92，176，482，1220，1255，1256，1263，1270，1277，1286，1290，1311，1315，1332，1339，1341，1346，1347，1371，1384，1388，1442，1460，1461

丁税，329，415，438，715，728

土地移转税，770

土地增值税，770，771，1167

工商业税，1254，1270，1275，1277，1279，1290，1293，1297，1298，1313，1315，1326，1327，1329，1330，1332，1336，1337，1339，1341-1346，1348-1352，1354，1366，1369，1370，1374，1388，1405，1408，1460-1462

文化娱乐税，1462

牙税，202，289，305，428，1105

出口税，206，209，358，707，1115，1116

交易税，154，169，170，186，191，200-202，279，329，330，441，442，1208，1221，1224，1247，1280，1299，1312，1341，1360，1361，1373，1374，1408，1409

产业税，537

农业所得税，156，160，261，265

农业税，161，191，210，211，213-217，260，266-268，270-273，412，443，1256，1270，1277，1311，1341，1344，1375，1402

印花税，289，305，368，589，632，727，728，744，745，755-757，772，781，810-812，819，822，823，901，988，995，1013，1233，1252-1254，1277，1299，1311，1312，1316，1339，1341，1347，1368-1371，1374，1448，1455，1460，1461

地产税，1311，1312，1341，1356，1357，1388

地价税，768-772，781，1455

死亡税，447

过分利得税，477，478，487，555，582，588，609，611，632，646，648，649，666，682，713，716-719，727，728，730，735，744，781，811，819，820，823，881，901，994，995，1013，1015，1161，1454

估价税，436

利息所得税，463，1161，1312，1316，1339，1341，1346，1402，1460

财产税，153，167，191，328，436，769，781，1108，1191，1357

间接税，141，144，154，155，158，166，167，182，186，191，196，197，216，226，239，263，273，277，279，281，289，292，295，326-331，339，340，347，349，367，371，392，401，412，421，422，424，430，434-

446, 454, 457, 461-463, 475, 477, 481, 554, 575, 588, 593, 602, 608, 632, 652, 678, 679, 715, 716, 718, 719, 726-729, 753, 777, 778, 780, 807, 901, 910, 994, 1027, 1028, 1105, 1189, 1190, 1199, 1213, 1237, 1254-1257, 1271, 1279, 1375, 1378, 1453, 1454, 1472

周转税，1280, 1427, 1431, 1461

国际重复课税，1343

直接税，3, 13, 64, 141, 142, 144, 154, 155, 158, 164, 166, 167, 170, 185, 186, 191, 196, 197, 211, 217, 226, 238, 239, 263, 268, 276, 277, 279, 281, 289, 290, 292, 293, 295, 324, 326-331, 339-342, 347-350, 367, 371, 391, 392, 401, 412, 417, 421-424, 430, 434-437, 439-446, 454, 456, 457, 461-463, 474, 475, 477, 478, 481, 554, 575, 579, 582, 588, 593, 608, 632, 652, 678, 679, 691, 713-720, 726-729, 744, 745, 752-755, 772, 777, 778, 780, 781, 783-785, 810-812, 819-825, 871, 901, 902, 910-913, 924, 927-929, 931, 934, 942, 988, 994-996, 1002-1004, 1013-1015,

1022, 1027, 1028, 1031, 1035-1038, 1106, 1118, 1138, 1160, 1163, 1168, 1189, 1199, 1214, 1237, 1238, 1254, 1255, 1257, 1271, 1279, 1283, 1311, 1325-1328, 1332, 1339, 1357, 1375, 1453-1458, 1472, 1481, 1491, 1503, 1504, 1559

货物税，169, 170, 399, 632, 715, 728, 910, 988, 1189, 1217, 1232, 1233, 1255-1257, 1271, 1277, 1279, 1280, 1282, 1283, 1294, 1297, 1298, 1311-1313, 1315, 1317-1320, 1332, 1338, 1341, 1347, 1369, 1372-1379, 1390, 1398, 1406, 1407, 1460

临时财产税，781, 1180, 1191, 1202, 1203, 1239, 1458

保护关税，201, 290, 400, 447, 648, 1049, 1094, 1247

战事收益税，118

荒地税，770

消费税，71, 78, 92, 132, 144, 153-155, 167, 186, 191, 194, 197, 201, 203, 276, 277, 279, 280, 289, 296, 305, 328, 329, 389, 390, 392, 398, 399, 412, 428, 430, 436, 437, 439, 441, 444, 445, 454, 715, 728, 753, 767, 776, 780, 781, 910, 994, 1237, 1255, 1256, 1271, 1279, 1377,

1378

特种消费行为税, 1358, 1460

继承税, 239, 654, 655

资本税, 781

都市税 即 所得税

屠宰税, 1312, 1341, 1359, 1369, 1375, 1408, 1460

综合所得税, 156, 159, 160, 262, 264-266, 994, 1160, 1161

营业税, 72, 98, 202, 279, 289, 428, 487, 653, 781, 901, 924-934, 988, 995, 1005-1007, 1013, 1037, 1254, 1277, 1297, 1299, 1312, 1313, 1325, 1329, 1332, 1334, 1335, 1337, 1341-1347, 1352-1354, 1369, 1370, 1374, 1378, 1379, 1408, 1409, 1448, 1456

筵席税, 1312, 1358

溢额收益税 excess profits duty, 117

税率, 11, 29, 77, 117, 118, 121, 122, 154, 160-162, 164-167, 169, 185, 196, 197, 202, 211-215, 217, 238, 240, 255, 265, 267-276, 279, 281-283, 291, 295, 323, 343, 350, 383, 391-393, 399, 405, 415, 417, 421, 440, 441, 447, 475, 481, 482, 487, 524, 539, 582, 588, 608, 632, 653, 657, 659, 660, 691, 726, 727, 729, 730, 770, 771, 778, 871, 872, 912, 926, 995, 1008, 1036, 1161, 1189, 1238, 1247, 1253-1257, 1270, 1275, 1276,

1279, 1311-1313, 1316, 1318, 1335, 1337, 1345-1347, 1358, 1369, 1370, 1373-1376, 1408, 1409, 1439, 1461

工业税率, 1346, 1347

比例税率, 159, 160, 213, 264, 265, 267, 269, 481, 657, 660, 729, 1161

差别税率, 1358

标准税率, 142, 160, 265, 415, 726

商业税率, 1346, 1347

累进税率, 160, 210, 212, 214, 264, 265, 267-271, 415, 445, 481, 657, 660, 662, 729, 911, 1161, 1348, 1428

最高税率, 117, 169, 282, 291, 488, 658, 1214, 1257

税率制度, 657

税率范围, 276

缉私, 1281, 1294, 1388

赋税, 245, 248, 267, 276, 280, 316, 322, 327, 343, 356, 370, 390, 401, 402, 414, 415, 435, 437, 496, 510, 639, 648, 652-654, 659, 677, 718, 719, 775, 778, 780, 796, 900, 901, 910, 968, 982, 1018, 1047, 1048, 1107, 1394, 1472

赋税体系, 631, 638, 679, 718, 780

赋税政策, 460, 575, 611, 648, 649, 656, 691, 692, 694, 777-779, 910, 991

跌价, 163, 195, 388, 455, 475, 494, 542, 559-562, 564, 647, 733,

1077
跑合, 1338
遗产
    分遗产, 475, 655
    总遗产, 475, 655
    总遗产额, 655
    遗产评价, 658, 661, 663, 664, 666, 1016
    遗产税, 54, 153, 168, 169, 203, 284, 289, 322, 323, 326, 328, 334, **340-342**, 344, 347, 367, 370, 392, 393, 412, 417, 430, 436, 437, 440, 443, **446-448**, 455, 470, **474**, **475**, 477, 478, 501, 575, 582, 588, 593, 608, 632, **636-639**, **643**, 644, 648, **652-660**, 662, 663, 666, 668, 713, **715-721**, **727-730**, 734, 735, **738**, 739, 744, 745, 755, 772, 777, 778, 781, 783, 810, 811, 819, 822, 823, 901, 988, 994, 1013, **1015**, 1028, 1036, 1119, 1207, 1233, 1237, 1311, 1448, 1449, 1454, 1455, 1472, 1500
    遗嘱制度, 655
量入为出, 101, 164, 198, 837, 1090, 1301
量出为入, 101, 837, 1090, 1227, 1301
销号, 1380-1382, 1388
集体化, 112
集体支出, 64, 65, 619, 690, 695, 697, 773, 940, 1039, 1040, 1120, 1286
集体福利, 940
黑市, 495, 563, 593, 829, 834, 844, 849, 911, 920, 958, 959, 964, 965, 992, 1051, 1053, 1097

十三画以上

勤劳所得, 154, 161, 237, 265, 276, 279, 284, 292, 415, 440, 1102, 1166
廉洁政治, 576, 579
意外收入, 117, 240, 251
意识形态, 342, 347, 491, 543, 941, 1028
摊派, 289, 305, 498, 510, 524, 676, 741, 762, 763, 1214, 1238
新经济政策, 161, 210, 211, 216, 266-268, 273, 295, 557, 1301
新新经济政策, 161, 266, 273
概算, 17, 34, 77, 182, 184, 187, 188, 417, 418, 807, 808, 925, 962, 963, 1269, 1277, 1289, 1296, 1301, 1317, 1342
照证, 1320, 1321
献金, 523, 524, 589, 1000, 1001
畸形经济, 813, 814, 826, 1132
福利, 64, 65, 82, 309, 312, 324, 335, 377, 544, 646, 678, 694, 757, 778, 901, 940, 1072, 1120, 1149, 1220, 1239, 1240, 1272, 1286, 1337, 1395
简单化, 510, 611, 881
粮价, 828, 1010, 1043, 1044, 1064, 1065, 1069, 1108, 1165
输出, 110, 249, 353, 360, 573, 598, 600, 680, 702, 910, 1113, 1165
榨取, 73, 75, 80, 98, 108, 418, 419,

501、509、566、598、635、680、709、710、833、952、1108、1132、1190、1196、1197、1202、1216、1231、1235、1246、1249、1285

管制, 766、767、778、833、848、849、854、856、857、862、863、865、869、870、880-883、896-898、907、920、921、945、946、953、956、957、961、965、968、969、1031、1043-1047、1053、1056、1058、1065、1068、1069、1071、1111、1112、1148、1174、1178、1185、1193、1215、1224、1225、1229、1242、1280、1294、1325、1333

管制经济, 854

管理货币, 641、680、1031、1070

舆论, 22、50、80、103、117、254、310、373、377、385、406、424、425、430、534、558、569、602、607、618、620、622、654、697、721、745、747、752、817、818、840、871、882、886、912、987、1024、1041、1042、1051、1052、1057、1066、1104、1153、1202、1210、1287、1453、1459

豪门资本, 1175、1180

需要论, 8

增产, 632、1083、1172、1397、1403、1411

增税, 77、102、120-123、164、168、169、182、186、188、198、200、240、247、250、253、291、383、387-389、399、460、470、475、485、536、538、554、575、588、590、593、627、630、631、633、641、642、650、669、688、693、761、767、777、809、842、888、909-911、950、1106、1179、1182、1240、1274

暴涨, 613、736、783、823、915、1043、1058、1068、1075、1108、1144

暴落, 361、541、555、904、1074、1075、1199

暴跌 同 暴落

缴纳, 132、174、245、317、323、325、326、329、331、353、368、419、422、424、430、432、540、611、654、659、662、682、730、738、739、928、994、1015、1218、1232、1233、1293、1297、1365、1369、1402

一次缴纳, 659、662

分期缴纳, 659、662

申报法, 275、1348

扣交法, 1348

贴花法, 1348

薄俸, 1078、1079

薪水 即 薪资

薪资, 38、143、325、481、614、684、729、1047、1048、1069、1078、1311

薪酬, 9、10、12、38、167、186、197、211、212、214、215、217、268、271、273、354、462、463、477、619、632、682、836、920、921、1045、1064、1069、1094、1095、1378、1413、1455、1464、1466、1486

编后记

君慧　君定　君望

先父崔敬伯，早年留学日本、英国，攻读财政经济。归国后以毕生的精力投入到研究税学、创立新税、主持税政、普及税理的工作中。除担任过多所大学的教授，讲授财政经济学以外；还曾以国民政府川康直接税局局长、财政部直接税署副署长、新中国中央人民政府财政部税务总局副局长的身份，直接参与了民国和新中国的立税、治税和办税工作。在税收理论、立法、实践、教学等各个方面，为中国的税政建设和财税人才的培养做出了重要贡献。

为缅怀先父，我们曾于二零零六年初编写了一部《静泊——崔敬伯纪念文集》。其中除纪念文章外，还收录有先父解放前后发表的学术论文七篇。当时我们就开始酝酿要进一步搜集先父在财政学方面的文章，日后再出版一套崔敬伯财政论文专集，以表达我们对先父最好的感恩和怀念，同时还可以供相关机构和专家学者研究、参考。

从二零零六年到二零一三年，我们先后遍访了国家图书馆、首都图书馆、上海图书馆、上海科技情报研究所信息处理中心、天津图书馆、天津档案馆、中国科学院文献情报中心、社会科学院经济研究所图书馆、中央财经大学图书馆、北京大学图书馆、中国人民大学图书馆、财政部财政科学研究所图书馆、国家税务总局税收科

崔敬伯财政文丛 ◆◆◆ 编后记

学研究所资料室等单位，历时七年，搜集到先父从一九三零年伦敦留学时期开始，到其在北平、重庆、南京、长沙、北京各个不同时期发表在各报纸、期刊上的学术论文、译作、社论、社评、专论以及相关会议上的演讲、开幕词、总结报告等400余篇，时间跨度从一九三零年至一九八八年纵贯半个多世纪。

由于先父所发表的文章有相当多的部分是刊登在民国时期的报刊上，竖排版、繁体字。特别是在抗战时期发表于报刊上的文章，受当时物质条件有限，无论纸张、油墨、排版质量均不尽人意，屡屡出现字迹模糊、空白以致谬误，辨认难度较大。为此，我们组织了先父后人中第二代、第三代以致第四代的成员投入到搜集、整理、电脑录制、校核、编辑等这一艰巨的工作中。为了保证专集的质量，我们先后进行了四次校对，尤其对文章中的专业词汇、古汉语词汇和外语词汇，查阅了大量的工具书，逐一进行了审核和纠错。

本着遵重历史、实事求是的原则，我们在编辑过程中尽量保持文章的原貌，对文章的内容原则上不作变动。文章的编排则按照其发表的年代顺序。此项工作由先父的长子崔君望牵头组织、安排、调度，参与者包括先父后人中第二代、第三代以致第四代的成员李滔、赖毅敏、俞棉、崔嘉、魏平、李晴扬、崔军、崔捷、王华、崔援、李小建等人。我们当中既无从事财税事业的工作者，且缺乏严格的文科训练，受专业知识及文学水平有限，整理过程中难免存在缺点与不足，敬请读者予以批评及斧正！

值此《崔敬伯财政文丛》即将付梓之际，特别感谢全国政协常委、著名经济学家吴敬琏教授在百忙之中写来序言；衷心感谢关心、支持、赞助本书出版的中国财政协同发展创新中心的李俊生主任、马海涛执行主任以及中央财经大学财政史研究所所长王文素教授；衷心感谢河北省地税局研究所李胜良研究员为本书撰写了前言以及《崔敬伯年谱》。北京师范大学经济与资源管理研究院范世涛研究员、国家税务总局刘燕明主任、中央财经大学马金华教授均为本书的出版做了很多工作；中央编译出版社杜永明副编审对全书做了精心的编辑和校阅，在此一并表示感谢！